Francothèque

A RESOURCE *for* FRENCH STUDIES

edited by Gareth Thomas

with Jean-Yves Cousquer
Annie Lewis
Jeanine Picard

HODDER EDUCATION
PART OF HACHETTE LIVRE UK

Ouvrage préparé pour l'Open University

Cette anthologie fait partie du cours de l'Open University intitulé L210 **Mises au point**. Le cours comprend sept manuels:

1 Temps forts

2 France: accueil ou écueil?

3 Paysages médiatiques

4 La culture dans tous ses états

5 Les sciences à l'épreuve

6 Dissuader, persuader, gouverner

7 Dialogue des cultures

Ces sept livres, et les matériaux audio-visuels qui les accompagnent, sont aussi publiés sous forme de "packs" individuels.

Pour toute information sur les cours de Langues Vivantes de l'Open University, écrire à: Course Reservations and Sales Centre, P.O. Box 724, The Open University, Walton Hall, Milton Keynes MK7 6ZS.

Équipe de français de l'Open University

(ayant contribué à la réalisation de ce volume)

Bernard Haezewindt
Xavière Hassan
Stella Hurd
Marie-Noëlle Lamy
Ruth McCracken
Hélène Mulphin
Hugh Starkey

Remerciements

Nous tenons à remercier toute l'équipe de français de l'Open University, ainsi que les personnes qui nous ont aidés à réaliser ce volume, particulièrement Danièle Bourdais, Ann Breeds, Laurence Cole, Elaine Haviland et Christine Sadler. Nos remerciements vont tout spécialement à Ruth McCracken et à Marie-Noëlle Lamy.

British Library Cataloguing in Publication Data
Francothèque: a resource for French Studies
1. French language – textbooks for foreign speakers – English
2. France – Social life and customs – 20th century
I. Thomas, Gareth
448.2'421

ISBN: 978 0 340 67966 1

First published 1997
Impression number 11
Year 2008

Typeset by Wearset.
Printed in India for Hodder Education, part of Hachette Livre UK, 338 Euston Road, London NW1 3BH and for The Open University.

Table des matières

Introduction v

Chapitre 1

Histoires franco-françaises 1

L'Ancien Régime et la Révolution 3
L'Ancien Régime et sa contestation 3
La Révolution française (1789–99) 5
Le XIXème siècle – instabilité des régimes et révolutions 14
Le bonapartisme: ordre et autorité 14
Les révolutions 20
Le XXème siècle – la révolution est-elle finie? 26
L'affaire Dreyfus 26
La République et l'Église 29
Le Front populaire (1936) 33
Le sauveur en temps de crise 35
La révolution apprivoisée: mai 68 38
Vers le consensus? 41

Chapitre 2

Une société multiculturelle 42

Partir... Arriver... 44
Partir... 44
... Arriver 45
Travailler en France 47
Cadre de vie 52
Éducation et cultures 60
L'éducation 60
Générations 63
L'Islam en France 66
Devenir français 73

Chapitre 3

Médias 77

La presse écrite française 77
Presse quotidienne/presse magazine 77
Presse nationale/presse régionale 82
La radio 84
La télévision 87
Les grandes émissions d'hier et d'aujourd'hui 88
Le PAF (Paysage audiovisuel français) 92
La liberté de la presse 97
Liberté de la presse et législation 97
Liberté de la presse et vie privée 98
Médias et politique 102
Informer sans déformer? 105

Chapitre 4

Culture 109

La place actuelle des arts en France 110
L'architecture, symbole de l'art officiel français 122
La domination anglo-saxonne 125
Relation conflictuelle entre culture et état 133
La culture en perspective 144

Chapitre 5

Découvertes 149

Des réussites françaises 150
Y a-t-il un modèle français de développement scientifique et technologique? 163
Science et société: défis, atouts et menaces 166
Et demain? L'art délicat de la prospective 178

Chapitre 6

Politique et économie 183

Les pouvoirs sous la Ve République 183
La naissance de la Ve République 183
La Constitution 183
Les partis politiques 191
La gauche et la droite 191
Les partis de gouvernement 193
Les partis d'opposition contestataire 195
Politique économique 199
La politique extérieure 205
L'indépendance nationale 205
La construction européenne 206
Politique en panne ou grand dessein? 210

Chapitre 7

La francophonie 211

Qu'est-ce que la francophonie? 212
La diversité du monde francophone 222
Le français et le créole 222
Le français en Afrique 224
L'attachement du Québec à la langue française 227
Les Cajuns 229
La France et la défense du français 232
Faut-il être pessimiste sur l'avenir du français? 237

Acknowledgements 241

Introduction

Cette anthologie vise à fournir, en contexte, des repères qui permettront de mieux appréhender la société française et la culture francophone. Elle se compose d'une grande variété de documents authentiques et s'adresse à tous ceux qui, s'intéressant à la vie culturelle, sociale, politique et économique de la France, possèdent déjà une bonne compréhension du français écrit. Elle sera pour eux d'une aide précieuse, qu'ils travaillent en vue de l'acquisition d'un diplôme universitaire ou qu'ils la feuillettent par curiosité personnelle.

Thèmes

Que faut-il savoir de la France et de la culture francophone d'aujourd'hui pour pouvoir – au moins dans les grandes lignes – comprendre ce qui est dit dans un magazine, suivre un journal télévisé, saisir les moments-clés d'une discussion dans un café? C'est la question qui a guidé notre choix de thèmes pour ce recueil. La réponse est à plusieurs facettes.

La France moderne a été façonnée par des mouvements historiques tour à tour révolutionnaires et réactionnaires. Elle a construit son présent sur les influences multiculturelles héritées de son proche passé colonial. Elle s'est donné, pour comprendre les événements contemporains, une presse et des médias qui sont actuellement en pleine évolution. Elle vit une vie culturelle ambitieuse, dynamique et originale. Elle va de l'avant dans les domaines de la communication, de l'espace, de la microbiologie, de la génétique. Elle subit aujourd'hui les conséquences de ses visées politiques à l'échelle planétaire, de son rôle au sein de l'Union européenne, de ses traditions politiques nationales et des conditions économiques, parfois désastreuses, qui prévalent dans ses régions. Elle occupe une place sur la scène mondiale en tant que pays francophone: comme d'autres qui ont le français comme langue maternelle, officielle ou administrative, elle cherche à définir l'avenir qui est promis à sa langue – et par conséquent aux valeurs que celle-ci véhicule – face à la menace de domination anglo-saxonne entre autres. Enfin, connaître le français veut dire aussi connaître la francophonie, avoir une idée des aspirations linguistiques, culturelles et identitaires de pays où l'on a le français comme langue maternelle, officielle ou administrative. Chacun des grands thèmes évoqués ci-dessus correspond donc à un chapitre de notre anthologie.

Chaque chapitre, s'articulant autour d'une problématique définie dans l'introduction, peut se lire individuellement. Cependant, le lecteur sera confronté, au fil des chapitres, à la permanence de certains thèmes, notamment du rôle majeur joué par l'État en France. Parallèlement, la tension créée par ce besoin d'État et le désir d'une société plus démocratique, est à l'origine d'un certain nombre de conflits décrits dans l'ouvrage.

Composé entre 1994 et 1996, ce recueil est situé dans le temps. Il coïncide avec la fin de quatorze années de mitterrandisme, qui semblent avoir permis, d'une part, de mettre un point final à un certain nombre de divisions entre les Français, mais qui d'autre part, s'inscrivent aussi dans une certaine continuité, en particulier concernant la place de la France dans le monde. Devant l'intégration toujours plus forte de la France, non seulement à l'Europe mais aussi au reste du monde, le débat sur la souveraineté et l'identité nationales est aujourd'hui ouvert. Les Français s'aligneront-ils sur les modèles dominants ou trouveront-ils, comme par le passé, une voie originale qui permettra longtemps encore d'étudier un "modèle français"?

Choix et présentation des textes

Choisir des documents authentiques qui reflètent la vie d'une société, surtout dans son aspect contemporain, est une entreprise délicate tant est rapide l'évolution des mœurs, des sciences, des mentalités. Nous avons donc sélectionné dans la mesure du possible des textes significatifs, et dont la portée dépasse le contexte immédiat dans lequel ils ont été produits.

Les documents ont été choisis non seulement pour leur contenu mais aussi pour leur diversité linguistique. Par exemple, le discours d'une analyse historique est très différent de celui de la presse populaire, et il est important que le lecteur se familiarise avec un large éventail de styles et de registres. Enfin, notre choix de textes a été guidé par l'idée de projeter sur chaque thème un éclairage particulier, et non de chercher à "tout dire" sur le sujet . Bien que nous ayons souhaité le plus possible laisser les textes "parler" directement au lecteur, nous avons aussi tenu à lui donner des repères par le biais d'introductions, de liens et de conclusions dans chaque chapitre.

Sujets de Réflexion

Afin de guider la compréhension et de stimuler une analyse réfléchie, nous avons aussi proposé tout au long de l'ouvrage des Sujets de Réflexion. Certains d'entre eux invitent le lecteur à établir des comparaisons avec sa propre culture et les valeurs qui s'y rattachent. D'autres l'incitent à faire le point sur ses connaissances du thème développé, avant même d'aborder la lecture. Dans tous les cas, on pourra décider de les utiliser comme simple prétexte à une pause de lecture, ou plus intensivement, comme guide pour la prise de notes personnelles.

Notes et explications

Lorsque le langage utilisé ou les références culturelles citées présentent des difficultés de compréhension, nous avons introduit des notes apportant clarification. Elles se présentent avec ou sans parenthèses, selon qu'elles fournissent:

- une explication (dans ce cas, des parenthèses sont utilisées). Exemple:

  Arte réunira autant de monde qu'une soirée de diapos **[1]**.

1 diapos: (diminutif de "diapositives", photos projetées sur un écran)

- une équivalence de deux expressions (c'est à dire que l'on peut remplacer l'une par l'autre dans le texte). Exemple:

  Si cela m'était arrivé, je sautais **[1]**, c'était clair.

1 je sautais: je perdais mon poste

Ces notes sont en nombre limité: en effet il n'est pas essentiel que le lecteur soit capable d'expliquer chaque terme afin de comprendre, l'important étant le plus souvent de saisir l'impact d'un texte.

Orthographe et typographie

Les documents réunis ici proviennent de sources extrêmement diverses, et leur orthographe d'origine a été respectée, afin de conserver aux textes de l'anthologie leur caractère authentique. C'est pourquoi le lecteur trouvera parfois des variations, par exemple en ce qui concerne les majuscules ("Ministre de la Culture" ou "ministre de la Culture"?), et leur accentuation (État ou Etat?).

Signalisation

Certains textes sont reproduits sur deux pages. Dans le cas où le texte continue au verso une flèche indique la poursuite de la lecture.

CHAPITRE 1

Histoires franco-françaises

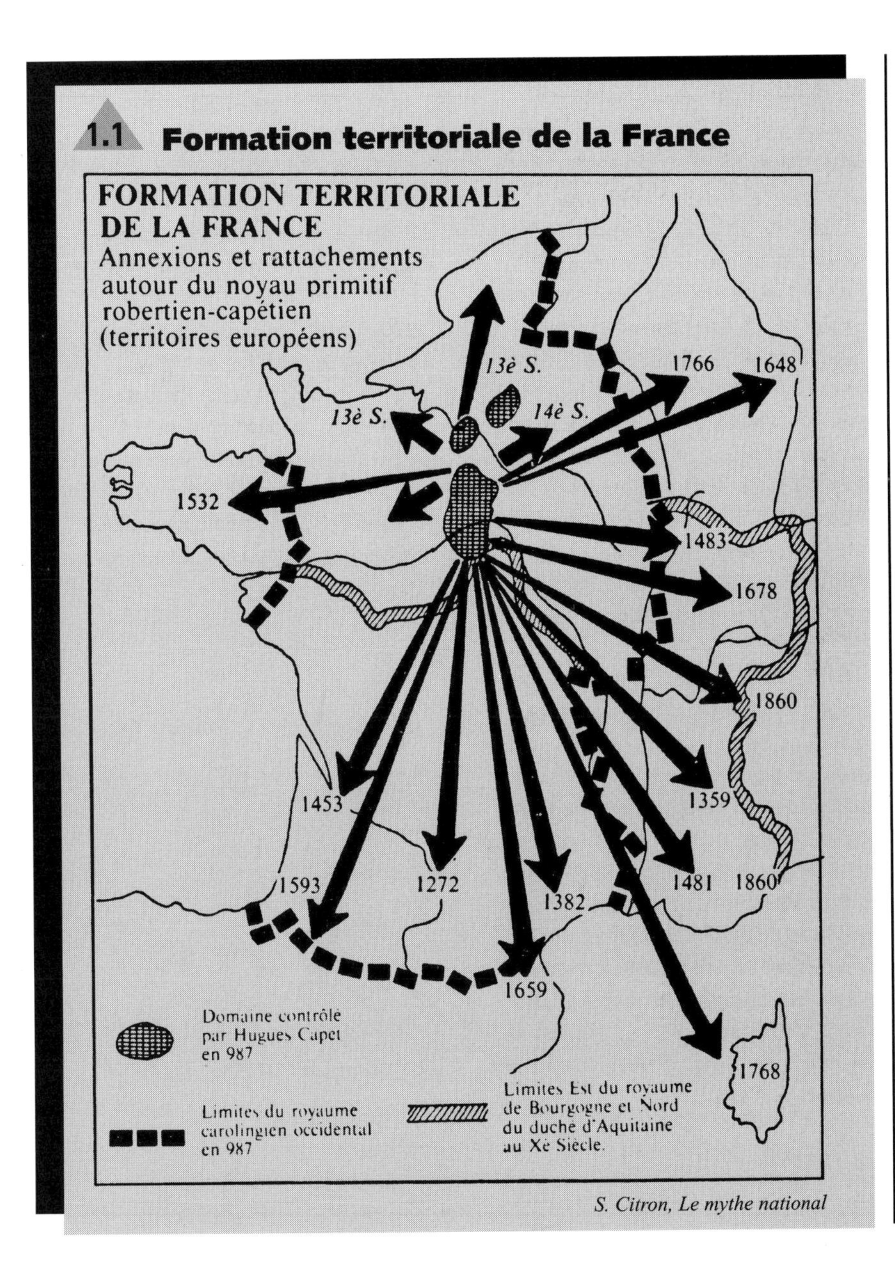

1.1 Formation territoriale de la France

S. Citron, Le mythe national

Au risque de simplifier, de grossir certains aspects de l'histoire de la France, et d'en oublier d'autres qui sont aussi importants, on a choisi d'illustrer dans ce chapitre un thème particulier, celui des conflits qui ont divisé les Français pendant plus de deux siècles.

Il n'y a pas d'histoire sans conflit. Dans le cas de la France cependant, les historiens sont allés jusqu'à parler d'une véritable "guerre civile" entre Français. Cela peut paraître surprenant dans un pays qui est, avec la Grande-Bretagne, l'un des plus anciens États-nations d'Europe.

Une unité précoce

L'unité territoriale et politique de la France s'est en effet construite de bonne heure, par extension progressive d'un domaine royal initialement limité à l'Ile-de-France. À la fin du XVIIIème siècle, le visage de la France est, à peu de choses près, celui d'aujourd'hui: Nice et la Savoie deviendront françaises en 1860; perdues en 1870, l'Alsace et la Lorraine seront reprises à l'Allemagne en 1918.

Des luttes sans merci

Pourtant, les Français sont loin d'avoir été un peuple uni. Au cours des deux derniers siècles, ils se sont au contraire livrés à des luttes politiques sans merci, qui se sont traduites par une profonde instabilité des régimes politiques: depuis 1789, la France a connu cinq républiques, deux monarchies différentes, deux empires, sans compter la dictature du régime de Vichy pendant la seconde guerre mondiale; quinze constitutions, soit une en moyenne tous les treize ans!

La Révolution (1789–99), qui met fin à des siècles d'une monarchie qui constituait un ordre à la fois politique, social et religieux, a ouvert dans la communauté nationale une véritable fracture qui se prolongera jusqu'au XXème siècle. André Siegfried, pionnier de la science politique française, résumait en 1913 ce conflit en ces termes:

> *Deux conceptions de la société, à travers un duel séculaire et passionné, se disputent le pays depuis la Révolution. L'une, ayant l'autorité pour base, assied l'équilibre politique sur une hiérarchie d'autorités sociales, comme elle établit l'équilibre de l'univers sur la toute puissance de la divinité. Avec le prêtre, le noble et le roi, représentants non discutés d'un ordre d'essence supérieure, elle construit une cité [...] où l'on n'attend rien de durable qui ne vienne d'en haut, où les droits du peuple ne sont mentionnés qu'après ses devoirs, où la discipline passe avant la liberté. C'est, avec des atténuations ou des variantes qui la rajeunissent, la conception de l'Ancien Régime. L'autre, basée sur l'égalité et la liberté, restitue à chaque citoyen sa part de souveraineté, affirme ses droits plus que ses devoirs, dresse les anciens subordonnés contre leurs anciens maîtres et par là renie la vieille et traditionnelle notion de hiérarchie sociale et religieuse. C'est celle de la Révolution.*
>
> *Tableau politique de la France de l'Ouest sous la 3e République*

Dans cette lutte contre le noble, le prêtre et le roi, la bourgeoisie s'alliait avec les classes populaires. À partir du milieu du XIXème siècle, cependant, avec la croissance d'un prolétariat urbain et la naissance des doctrines socialistes, une menace de révolution sociale se dessine. La bourgeoisie se retrouve alors souvent aux côtés de ses ennemis d'hier pour défendre le droit de propriété contre les nouvelles "classes dangereuses".

De nombreux autres pays ont connu ces deux types de conflit. Ce qui est spécifiquement français, par contre, c'est la férocité des affrontements auxquels ils ont donné lieu: c'est par milliers qu'on peut chiffrer le nombre des victimes de la Révolution, ainsi que celles des insurrections populaires de juin 1848 et de la Commune de Paris en 1871. Dans un tel climat de haine et de peur, l'adversaire politique ne peut être qu'un ennemi avec lequel tout compromis équivaut à une trahison. Monarchie, empire, république: aucun régime politique n'est, au XIXème siècle, acceptable par tous les citoyens, et la victoire d'un camp n'est souvent acquise que par la force, coup d'état ou révolution. Ces luttes politiques implacables ont contribué à façonner ce que l'historien Bernard Manin a appelé une "culture de l'exclusion", qui continuera à marquer les conflits du XXème siècle.

Depuis 1870, la République s'est peu à peu enracinée, et les Français ont pris l'habitude de régler leurs conflits par les élections plutôt que par les armes. Fait sans précédent dans l'histoire de France, les institutions de la Ve République, mises en place par de Gaulle en 1958, ne sont guère contestées aujourd'hui. Et pourtant, aujourd'hui comme hier, les Français sont prompts à manifester en masse leur mécontentement: à tout moment peut apparaître un pouvoir de la rue, que bien peu de gouvernements ont la témérité d'ignorer.

Points de repère

1589–1610	Henri IV
1610–43	Louis XIII
1643–1715	Louis XIV
1715–24	La Régence (minorité de Louis XV)
1724–74	Louis XV
1774–92	Louis XVI
1789–99	Révolution française
1799–1804	Consulat (Bonaparte Premier Consul)
1804–15	Empire (Napoléon 1er)
1815–30	Restauration des Bourbons: • 1815–24 (Louis XVIII) • 1824–30 (Charles X)
1830	Révolution: "Les Trois Glorieuses"
1830–48	Monarchie de Juillet (Louis-Philippe d'Orléans)
1848	Révolution
1848–52	Seconde République
1852–70	Second Empire (Napoléon III)
1870–1940	Troisième République
1940–44	Régime de Vichy (Maréchal Pétain)
1944–46	Gouvernement provisoire (Général de Gaulle)
1946–58	Quatrième République
1958–	Cinquième République

L'Ancien Régime et la Révolution

Louis XIV, qui personnifie la monarchie de droit divin

L'Ancien Régime et sa contestation

On appelle "Ancien Régime" l'ordre politique et social qui connaît son apogée au XVIIIème siècle, sous Louis XIV. Le roi est alors un monarque absolu, détenteur d'une autorité sans partage qu'il tient de Dieu. La société de l'Ancien Régime est divisée en trois "ordres": le clergé, la noblesse et le "tiers état", troisième ordre composé de la masse du peuple. Les deux premiers ordres jouissent d'importants privilèges, notamment de privilèges fiscaux: eux-mêmes exemptés d'impôts, clergé et noblesse ont le droit de faire payer au peuple des impôts pour leur propre profit.

Le XVIIème siècle voit naître et se diffuser dans les milieux cultivés un mouvement d'idées nouvelles, qui contestent les fondements de l'ancienne société. L'esprit nouveau, porté par des écrivains philosophes tels que Montesquieu, Voltaire, Diderot ou Rousseau, s'attaque essentiellement aux "préjugés", ces croyances, maximes ou institutions qui ne sont pas justifiées par la seule "raison", mais par la coutume, la religion ou la superstition. Doués de raison par la nature, tous les hommes ont vocation à être libres et égaux. Ce sont les préjugés et les coutumes qui les maintiennent dans l'esclavage. Les idées du "siècle des Lumières" contiennent potentiellement la destruction à venir des autorités religieuses, politiques et sociales.

Les principes de la monarchie absolue

Bossuet (1627–1704), évêque de Meaux, fut chargé de l'instruction du Dauphin **[1]**. Rédigée à l'intention de celui-ci, *la Politique tirée de l'Écriture Sainte* expose les principes de la monarchie de droit divin.

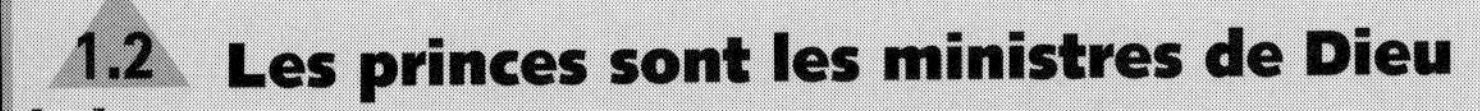

1.2 Les princes sont les ministres de Dieu

[...]

Nous avons déjà vu que toute puissance vient de Dieu.

« Le prince, ajoute saint Paul, est ministre de Dieu pour le bien. Si vous faites mal, tremblez; car ce n'est pas en vain qu'il a le glaive **[2]**: et il est ministre de Dieu, vengeur des mauvaises actions. »

Les princes agissent donc comme ministres de Dieu, et ses lieutenants sur la terre. C'est par eux qu'il exerce son empire.

C'est pour cela que nous avons vu que le trône royal n'est pas le trône d'un homme, mais le trône de Dieu même.

[...]

Il paraît de tout cela que la personne des rois est sacrée, et qu'attenter sur eux c'est un sacrilège.

Quand même ils ne s'acquitteraient pas de [leur] devoir **[3]**, il faut respecter en eux leur charge et leur ministère. « Obéissez à vos maîtres, non seulement à ceux qui sont bons et modérés, mais encore à ceux qui sont fâcheux **[4]** et injustes. »

[...]

La puissance de Dieu se fait sentir en un instant de l'extrémité du monde à l'autre: la puissance royale agit en même temps dans tout le royaume. [...]

Considérez le prince dans son cabinet. De là partent les ordres qui font aller de concert les magistrats et les capitaines, les citoyens et les soldats, les provinces et les armées par mer et par terre. C'est l'image de Dieu, qui assis dans son trône au plus haut des cieux fait aller toute la nature.

Bossuet, Politique tirée de l'Écriture Sainte

1 Dauphin: (fils aîné de Louis XIV, héritier du trône)
2 glaive: (épée qui est le symbole de la justice royale et divine)
3 quand même ils ne s'acquitteraient pas de [leur] devoir: même s'ils ne remplissaient pas leur devoir
4 fâcheux: (qui cause du mécontentement) (*archaïque*)

Sous l'Ancien Régime, la France compte un certain nombre de "Parlements", à Paris et dans certaines provinces. Ces Parlements ne participent pas, comme le Parlement britannique, à l'élaboration et au vote des lois. Leurs fonctions sont essentiellement judiciaires et administratives. Au XVIIIème siècle, cependant, un certain nombre d'entre eux osent contester l'autorité royale.
Le 3 mars 1766, Louis XV réaffirme les principes de la monarchie absolue devant le Parlement de Paris.

1.3 Louis XV: Discours du 3 mars 1766 au Parlement de Paris

« Comme s'il était permis d'oublier que c'est en ma personne seule que réside la puissance souveraine [...]; que c'est de moi seul que mes cours **[1]** tiennent leur existence et leur autorité; que la plénitude de cette autorité, qu'elles n'exercent qu'en mon nom, demeure toujours en moi et que l'usage n'en peut jamais être tourné contre moi; que c'est à moi seul qu'appartient le pouvoir législatif, sans dépendance et sans partage **[2]**; [...]; que l'ordre public tout entier émane de moi; que j'en suis le gardien suprême; que mon peuple n'est qu'un avec moi et que les droits et les intérêts de la nation, dont on ose faire un corps séparé du monarque, sont nécessairement unis avec les miens et ne reposent qu'en mes mains. Je suis persuadé que les officiers de mes cours ne perdront jamais de vue ces maximes sacrées et immuables qui sont gravées dans le cœur de tout sujet fidèle. »

L'Histoire par les textes, de la Renaissance à la Révolution

1 cours: (cours de justice, y compris les Parlements)
2 sans dépendance et sans partage: il ne dépend que de moi et je ne le partage avec personne

Charles de Montesquieu

Jean-Jacques Rousseau

La philosophie des Lumières

Montesquieu est, en France, le principal avocat de la séparation des trois pouvoirs: législatif, exécutif et judiciaire.

Jean-Jacques Rousseau, pour sa part, construit dans ses écrits une société radicalement différente, où la communauté des citoyens exerce la souveraineté sans partage.

1.4 Deux citations

Lorsque, dans la même personne ou dans le même corps de législature, la puissance législative est réunie à la puissance exécutrice, il n'y a point de liberté, parce qu'on peut craindre que le même monarque ou le même sénat ne fasse des lois tyranniques pour les exécuter tyranniquement.

Montesquieu, De l'esprit des lois

L'homme est né libre, et partout il est dans les fers.

Rousseau, Du contrat social

SUJET DE REFLEXION

Dans quelle mesure peut-on dire que la philosophie des Lumières était révolutionnaire (documents 1.4 et 1.5)?

"L'homme est né libre, et partout il est dans les fers." Cette formule de Rousseau a-t-elle toujours un sens aujourd'hui? ■

Commencée en 1751 par Diderot et un certain nombre de collaborateurs, *l'Encyclopédie* constitue un dictionnaire des connaissances de l'époque dans les sciences et les arts. Dans bon nombre de ses articles, les auteurs se livrent aussi à une critique des autorités politiques et religieuses.

1.5 Extraits de l'Encyclopédie

AUTORITÉ POLITIQUE. Aucun homme n'a reçu de la nature le droit de commander aux autres. La liberté est un présent du ciel, et chaque individu de la même espèce a le droit d'en jouir aussitôt qu'il jouit de la raison. [...]
[Diderot]

REPRÉSENTANTS (*Droit politiq. Hist. mod.*) Les *représentants* d'une nation sont des citoyens choisis, qui dans un gouvernement tempéré **[1]** sont chargés par la société de parler en son nom, de stipuler ses intérêts, d'empêcher qu'on ne l'opprime, de concourir à **[2]** l'administration. [...]

Telle est l'origine de ces assemblées connues sous le nom de *diètes, d'états généraux* **[3]**, de *parlements*, de *sénats*, qui presque dans tous les pays de l'Europe participèrent à l'administration publique, approuvèrent ou rejetèrent les propositions des souverains, et furent admis à concerter avec eux les mesures nécessaires au maintien de l'état. [...]

La nation française fut autrefois représentée par l'assemblée des états généraux du royaume, composée du clergé et de la noblesse, auxquels par la suite des temps on associa le tiers état, destiné à représenter le peuple. Ces assemblées nationales ont été discontinuées depuis l'année 1628. [...]

Nul homme, quelles que soient ses lumières **[4]**, n'est capable sans conseils, sans secours, de gouverner une nation entière; nul ordre dans l'état ne peut avoir la capacité ou la volonté de connaître les besoins des autres. Alors le souverain impartial doit écouter les voix de tous ses sujets, il est également intéressé à les entendre et à remédier à leurs maux; mais, pour que les sujets s'expliquent sans tumulte, il convient qu'ils aient des *représentants*. [...]
[d'Holbach]

1 tempéré: où le pouvoir est limité par des règles préétablies
2 concourir à: contribuer à
3 états généraux: (assemblée nationale des représentants des trois ordres: clergé, noblesse, tiers-état. Ces états généraux n'ont pas été réunis depuis 1614, et non 1628, comme le dit d'Holbach)
4 ses lumières: ses capacités et son savoir

La Révolution française (1789–99)

La France actuelle doit l'essentiel de ses traits à la Grande Révolution.

Maurice Agulhon, L'Histoire, No 113, juillet/août 1988

La Révolution française met brutalement fin à l'Ancien Régime et marque le début d'une ère nouvelle dans l'histoire de France. En abolissant les privilèges du clergé et de la noblesse, elle supprime la division de la société en trois ordres, et constitue ainsi une rupture sociale. Cette révolution est aussi essentiellement politique: devant la souveraineté du monarque, se dresse celle de la "Nation"; les "sujets" deviennent "citoyens".

Dans cette extraordinaire décennie, on peut distinguer trois phases principales:

1789–92: la monarchie constitutionnelle

En 1788, le pays est en crise: grave déficit des finances publiques, mauvaises récoltes. Louis XVI convoque les États généraux pour mai 1789. Appuyés sur un peuple de Paris souvent prêt à recourir à la force, les députés du tiers état sortent vainqueurs du conflit qui les oppose aux ordres privilégiés ainsi qu'au roi. L'essentiel des conquêtes de la Révolution est effectué pendant cette période: Déclaration des Droits, abolition des privilèges, adoption d'une Constitution. Le roi partage le pouvoir avec l'Assemblée des représentants de la nation.

1792–94: le durcissement de la Révolution

Avec la complicité du roi, une coalition de puissances européennes menace de rétablir l'Ancien Régime: en septembre 1792, la royauté est abolie, la République proclamée. Un pas décisif est franchi avec l'exécution du roi (début 1793). La Révolution se durcit, défendant "la patrie en danger" sur les frontières, faisant face, à partir de 1793, à l'insurrection contre-révolutionnaire des Vendéens, pourchassant partout, et jusque dans ses propres rangs, les "ennemis de la liberté". Sous la dictature du Comité de Salut Public, dominé par Robespierre, la guillotine fonctionne à plein temps. C'est l'époque de la Terreur.

1794–1799: la réaction bourgeoise

En juin 1794, Robespierre et ses amis sont à leur tour guillotinés. Le danger d'une version égalitaire et sociale de la révolution est écarté. Une version bourgeoise de la République s'installe. Le nouveau régime est cependant instable: pris entre les extrémistes des deux bords (royalistes et révolutionnaires), ces "modérés" sont également incapables de gérer les conflits entre les pouvoirs exécutif et législatif qu'ils ont créés. Paralysé, le régime sera balayé par le coup d'état du général Bonaparte, en novembre 1799 (coup d'état du 18 brumaire).

Les esprits en 1789

Avant les élections aux États généraux, "Sa Majesté" invite tous ses sujets à "faire parvenir jusqu'à elle ses vœux et ses réclamations". Quarante mille "cahiers de doléances" **[1]** seront ainsi rédigés, témoignages précieux de l'opinion de l'époque.

1.6 Cahiers de doléances

Ah! vos impôts, Sire!

« Sire! [...] nous nous disons dans notre chagrin, si le bon roi le savait! Nous sommes accablés d'impôts de toutes sortes; nous vous avons donné jusqu'à présent une partie de notre pain et il va bientôt nous manquer si cela continue. Si vous voyiez les pauvres chaumières que nous habitons! La pauvre nourriture que nous prenons! Vous en seriez touché [...]. Nous payons la taille **[2]** [...] et les ecclésiastiques ne paient rien de tout cela. Pourquoi donc est-ce que ce sont les riches qui payent le moins et les pauvres qui payent le plus? »

Cahier de la paroisse de Culmont, près de Chaumont

« L'abolition entière des droits de gabelle, l'impôt le plus onéreux qui existe pour la classe la plus malheureuse, le peuple [...] Un pauvre journalier, père de cinq ou six enfants, est obligé de se passer fort souvent de souper, ainsi que sa famille, parce que sa journée de 15, 18 ou 20 sous ne peut être suffisante pour lui fournir une demi-livre de sel de 10 sous 9 deniers qu'il lui faudrait tous les jours pour faire tremper la soupe [...] et est réduit par conséquent à se nourrir de gros pain simplement. »

Cahier d'Ecquevilly (Prévôté de Paris-hors-les-murs)

Il faut au royaume une Constitution

« L'Assemblée observe que ce sont des vœux qu'elle fait et non des conditions qu'elle prescrit [...].

1. Le roi et la Nation pourront également proposer les lois; mais elles ne seront exécutées qu'après qu'elles auront été approuvées par l'un et par l'autre [...].

3. Le pouvoir exécutif des lois résidera dans le roi seul [...].

5. Le roi ne pourra établir aucun impôt sans le consentement de la Nation, et ce consentement ne sera pas donné pour toujours mais pour un temps limité et tout au plus jusqu'à la prochaine assemblée des États généraux [...].

Cahier de la ville de Domme (Périgord)

Les droits de la noblesse ...

« Nous nous réservons les droits honorifiques, exemptions et autres distinctions qui tiennent à notre dignité et qui sont essentiels dans une monarchie. »

Noblesse du bailliage d'Orléans

« Nous conserverons toujours pour la noblesse [...] le respect dû à son rang. Nous conviendrons éternellement de la supériorité qu'elle a toujours eue sur nous. »

Allainville (bailliage d'Orléans)

... en question

« Fermer l'entrée des emplois et des professions honorables à la classe la plus nombreuse et la plus utile, c'est étouffer le génie et le talent [...] La noblesse jouit de tout, possède tout, et voudrait s'affranchir de tout **[3]**; cependant si la noblesse commande les armées, c'est le Tiers État qui les compose; si la noblesse verse une goutte de sang, le Tiers État en répand des ruisseaux. La noblesse vide le trésor royal, le Tiers État le remplit; enfin, le Tiers État paie tout et ne jouit de rien. »

Lauris (sénéchaussée **[4]** d'Aix)

La dîme [5] et les droits seigneuriaux [6]

« De tous les abus qui existent en France, le plus affligeant pour le peuple, c'est la richesse immense, l'oisiveté, les exemptions, le luxe inouï du haut clergé. Ces richesses sont composées en grande partie de la sueur des peuples sur lesquels le clergé perçoit un impôt affreux **[7]** sous le nom de dîme. »

Paroisse de Mirabeau (sénéchaussée d'Aix)

dans Histoire 2e, sous la direction de Robert Frank

1 doléances: plaintes
2 taille: (impôt versé au Trésor royal)
3 s'affranchir de tout: être exempte de toute obligation
4 sénéchaussée: (circonscription d'administration de la justice sous l'Ancien Régime)
5 dîme: (impôt versé au clergé: le dixième de la récolte)
6 droits seigneuriaux: (ce qui est dû au seigneur: taxes, partie de la récolte, etc.)
7 affreux: abominable

1.7 Estampe 'Le paysan écrasé par les privilèges'

1.8

QU'EST-CE QUE LE TIERS-ETAT?

1°. Qu'eſt-ce que le Tiers-Etat? Tout.

2°. Qu'a-t-il été juſqu'à préſent dans l'ordre politique? Rien.

3°. Que demande-t-il? A y devenir quelque choſe.

Brochure de l'abbé Sieyès (janvier 1789)

SUJET DE REFLEXION

"Qu'est-ce que le Tiers État? Tout", déclare l'abbé Sieyès dans son pamphlet [document 1.8]. Expliquez et illustrez, en vous appuyant sur les documents de cette section.

Quels étaient les sentiments du peuple envers le roi en 1789?

En dehors des élections, comment les citoyens de votre pays font-ils entendre leurs revendications ou "doléances"? ■

1.9 Les trois ordres en mai 1789

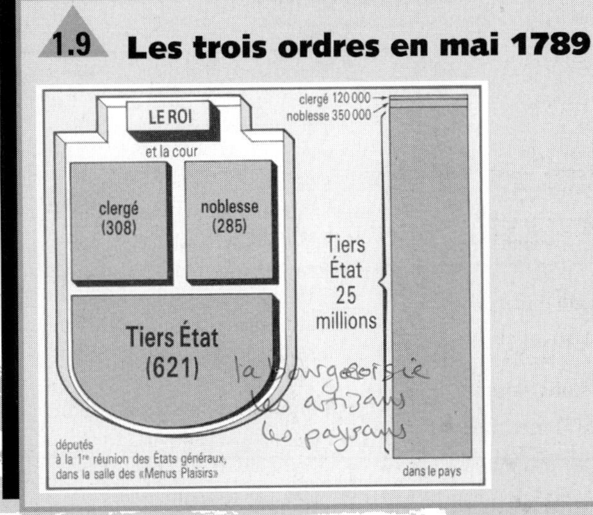

Histoire/géographie 4e, sous la direction de J-M. Lambin, P. Desplanques et J. Martin, Hachette Livre, 1989

Une ère nouvelle

Héritiers du mouvement des Lumières, les artisans de la Révolution partagent la même foi dans le progrès. Ils se donnent pour tâche de faire table rase, de rompre radicalement avec le passé, afin de créer un monde nouveau, un homme nouveau.

1.10 La Déclaration des droits de l'homme et du citoyen

Les représentants du peuple français, constitués en Assemblée nationale, considérant que l'ignorance, l'oubli ou le mépris des droits de l'homme sont les seules causes des malheurs publics et de la corruption des gouvernements, ont résolu d'exposer, dans une déclaration solennelle, les droits naturels, inaliénables et sacrés de l'homme, afin que cette déclaration, constamment présente à tous les membres du corps social, leur rappelle sans cesse leurs droits et leurs devoirs; [...]

En conséquence, l'Assemblée nationale reconnaît et déclare, en présence et sous les auspices de l'Être Suprême **[1]**, les droits suivants de l'Homme et du Citoyen.

Article premier. Les hommes naissent et demeurent libres et égaux en droits. Les distinctions sociales ne peuvent être fondées que sur l'utilité commune.

Art. 2. Le but de toute association politique est la conservation des droits naturels et imprescriptibles de l'homme. Ces droits sont la liberté, la propriété, la sûreté **[2]**, et la résistance à l'oppression.

Art. 3. Le principe de toute souveraineté réside essentiellement dans la Nation. Nul corps, nul individu ne peut exercer d'autorité qui n'en émane expressément **[3]**.

Art. 4. La liberté consiste à pouvoir faire tout ce qui ne nuit pas à autrui: ainsi, l'exercice des droits naturels de chaque homme n'a de bornes que celles qui assurent aux autres membres de la société la jouissance de ces mêmes droits. Ces bornes ne peuvent être déterminées que par la loi.

Art. 5. La loi n'a le droit de défendre **[4]** que les actions nuisibles à la société. Tout ce qui n'est pas défendu par la loi ne peut être empêché, et nul ne peut être contraint à faire ce qu'elle n'ordonne pas.

Art. 6. La loi est l'expression de la volonté générale. Tous les citoyens ont droit de concourir personnellement, ou par leurs représentants, à sa formation **[5]**. Elle doit être la même pour tous, soit qu'elle protège, soit qu'elle punisse. Tous les citoyens étant égaux à ses yeux, sont également admissibles à toutes dignités, places et emplois publics, selon leur capacité, et sans autre distinction que celle de leurs vertus et de leurs talents.

Art. 7. Nul homme ne peut être accusé, arrêté ni détenu que dans les cas déterminés par la loi, et selon les formes qu'elle a prescrites. Ceux qui sollicitent, expédient, exécutent ou font exécuter des ordres arbitraires **[6]**, doivent être punis; mais tout citoyen appelé ou saisi **[7]** en vertu de la loi, doit obéir à l'instant: il se rend coupable par la résistance.

Art. 8. La loi ne doit établir que des peines strictement et évidemment nécessaires, et nul ne peut être puni qu'en vertu d'une loi établie et promulguée antérieurement au délit, et légalement appliquée.

Art. 9. Tout homme étant présumé innocent jusqu'à ce qu'il ait été déclaré coupable, s'il est jugé indispensable de l'arrêter, toute rigueur **[8]** qui ne serait pas nécessaire pour s'assurer de sa personne **[9]**, doit être sévèrement réprimée par la loi.

Art. 10. Nul ne doit être inquiété **[10]** pour ses opinions, même religieuses, pourvu que leur manifestation ne trouble pas l'ordre public établi par la loi.

Art. 11. La libre communication des pensées et des opinions est un des droits les plus précieux de l'homme; tout citoyen peut donc parler, écrire, imprimer librement, sauf à répondre de **[11]** l'abus de cette liberté dans les cas déterminés par la loi.

Art. 12. La garantie des droits de l'homme et du citoyen nécessite une force publique; cette force est donc instituée pour l'avantage de tous, et non pour l'utilité particulière de ceux auxquels elle est confiée.

Art. 13. Pour l'entretien de la force publique, et pour les dépenses d'administration, une contribution **[12]** commune est indispensable: elle doit être également répartie entre tous les citoyens, en raison de leurs facultés **[13]**.

[...]

Art. 16. Toute société dans laquelle la garantie des droits n'est pas assurée, ni la séparation des pouvoirs déterminée, n'a point de constitution.

Art. 17. La propriété étant un droit inviolable et sacré, nul ne peut en être privé, [...]

Déclaration des droits de l'homme et du citoyen (26 août 1789)

1 Être Suprême: (dieu de la Raison, en dehors de toute religion révélée. L'Église catholique, pilier de l'Ancien Régime, est dans sa grande majorité dans le camp de la contre-révolution. C'est le début d'une hostilité durable entre l'Église et ce qui deviendra la République)
2 sûreté: sécurité
3 qui n'en émane expressément: qui ne provienne pas explicitement de la Nation
4 de défendre: d'interdire
5 concourir [...] à sa formation: contribuer [. . .] à faire la loi
6 arbitraires: despotiques (la prison de la Bastille, prise le 14 juillet 1789, était le symbole d'une justice royale arbitraire et oppressive)
7 appelé ou saisi: interpellé ou arrêté
8 rigueur: violence
9 s'assurer de sa personne: effectuer son arrestation
10 inquiété: persécuté
11 sauf à répondre de: sauf dans le cas où il est responsable de
12 une contribution: un impôt
13 en raison de leurs facultés: selon leurs capacités financières

SUJET DE REFLEXION

En quoi cette Déclaration des droits est-elle "révolutionnaire" en 1789?

Ce texte figure aujourd'hui dans le préambule de l'actuelle Constitution de la Ve République. Ces principes ont-ils vieilli, à votre avis? ■

1.11 Discours de Robespierre

« Le peuple français semble avoir devancé de deux mille ans le reste de l'espèce humaine » – Robespierre, Convention nationale 18 floréal An II (7 mai 1794)

Le monde moral, beaucoup plus encore que le monde physique, semble plein de contrastes et d'énigmes. La nature nous dit que l'homme est né pour la liberté, et l'expérience des siècles nous montre l'homme esclave; ses droits sont écrits dans son cœur, et son humiliation dans l'histoire. Le genre humain respecte Caton **[1]**, et se courbe sous le joug **[2]** de César. [...]

Le monde a changé, il doit changer encore. Qu'y a-t-il de commun entre ce qui est et ce qui fut? Les nations civilisées ont succédé aux sauvages errant dans les déserts; les moissons fertiles ont pris la place des forêts antiques qui couvraient le globe; un monde a paru au-delà des bornes du monde; les habitants de la terre ont ajouté les mers à leur domaine immense; l'homme a conquis la foudre **[3]** et conjuré le ciel. Comparez le langage imparfait des hiéroglyphes avec les miracles de l'imprimerie; [...]

Tout a changé dans l'ordre physique; tout doit changer dans l'ordre moral et politique. La moitié de la révolution du monde est déjà faite; l'autre moitié doit s'accomplir.

La raison de l'homme ressemble encore au globe qu'il habite; la moitié en est plongée dans les ténèbres, quand l'autre est éclairée. Les peuples de l'Europe ont fait des progrès étonnants dans ce qu'on appelle les arts et les sciences, et ils semblent dans l'ignorance des premières notions de la morale publique; ils connaissent tout, excepté leurs droits et leurs devoirs. [...]

Cependant le genre humain est dans un état violent qui ne peut être durable. La raison humaine marche depuis longtemps contre les trônes, à pas lents, et par des routes détournées, mais sûres. [...]

Le despotisme n'est plus guère défendu que par l'habitude et par la terreur, et surtout par l'appui que lui prête la ligue des riches et de tous les oppresseurs subalternes **[4]** qu'épouvante le caractère imposant de la révolution française.

Le peuple français semble avoir devancé de deux mille ans le reste de l'espèce humaine; on serait tenté de le regarder, au milieu d'elle, comme une espèce différente. L'Europe est à genoux devant les ombres des tyrans que nous punissons.

En Europe, un laboureur, un artisan sont des animaux dressés pour le plaisir d'un noble; en France, les nobles cherchent à se transformer en laboureurs et en artisans, et ne peuvent pas même obtenir cet honneur.

L'Europe ne conçoit pas qu'on puisse vivre sans rois, sans nobles; et nous, que l'on puisse vivre avec eux.

L'Europe prodigue **[5]** son sang pour river les chaînes et l'humanité **[6]**; et nous pour les briser.

Nos sublimes voisins entretiennent gravement l'univers de la santé du roi, de ses divertissements, de ses voyages; ils veulent absolument apprendre à la postérité à quelle heure il a dîné, à quel moment il est revenu de la chasse, quelle est la terre heureuse qui, à chaque instant du jour, eut l'honneur d'être foulée par ses pieds augustes; quels sont les noms des esclaves privilégiés qui ont paru, en sa présence, au lever, au coucher du soleil.

Nous lui apprendrons, nous, les noms et les vertus des héros morts en combattant pour la liberté; nous lui apprendrons dans quelle terre les derniers satellites des tyrans **[7]** ont mordu la poussière; nous lui apprendrons à quelle heure a sonné le trépas **[8]** des oppresseurs du monde.

1. Caton: (défenseur de la liberté, opposé à César)
2. joug: pouvoir tyrannique
3. l'homme a conquis la foudre: (référence à Benjamin Franklin, inventeur du paratonnerre)
4. subalternes: de second rang
5. prodigue: donne généreusement
6. river les chaînes et l'humanité: enchaîner l'humanité
7. satellites des tyrans: (serviteurs qui imposent par la force la volonté des tyrans)
8. le trépas: la mort

Maximilien de Robespierre

SUJET DE REFLEXION

Comment réagissez-vous à la lecture de ce discours de Robespierre? Un tel discours pourrait-il être prononcé de nos jours? ■

La Révolution a poussé jusqu'à l'obsession sa volonté d'unité nationale et d'uniformisation de la société. Toutes les constitutions républicaines ont depuis proclamé que "la République est une et indivisible". Ainsi, les révolutionnaires énoncent des principes d'unification linguistique et de répression des langues minoritaires, politique qui sera poursuivie sans relâche jusqu'au XXème siècle.

1.12 Barère, Rapport sur les idiomes Comité de salut public, 8 pluviôse An II (27 janvier 1794)

De la langue esclave des courtisans à la langue de la liberté et de l'égalité

Je viens appeler aujourd'hui votre attention sur la plus belle langue de l'Europe, celle qui la première a consacré franchement les droits de l'homme et du citoyen, celle qui est chargée de transmettre au monde les plus sublimes pensées de la liberté et les plus grandes spéculations de la politique.

Longtemps elle fut esclave, elle flatta les rois, corrompit les cours et asservit **[1]** les peuples; longtemps elle fut déshonorée dans les écoles, et mensongère dans les livres de l'éducation publique; astucieuse **[2]** dans les tribunaux, fanatique dans les temples, barbare **[3]** dans les diplômes, amollie **[4]** par les poètes, corruptrice sur les théâtres, elle semblait attendre ou plutôt désirer une plus belle destinée.

Épurée **[5]** enfin, et adoucie par quelques auteurs dramatiques, ennoblie et brillante dans les discours de quelques orateurs, elle venait de reprendre de l'énergie, de la raison et de la liberté sous la plume de quelques philosophes que la persécution **[6]** avait honorés avant la révolution de 1789.

Mais elle paraissait encore n'appartenir qu'à certaines classes de la société; elle avait pris la teinte des distinctions nobiliaires **[7]**; et le courtisan, non content d'être distingué par ses vices et ses dépravations, cherchait encore à se distinguer dans le même pays par un autre langage. On eût dit **[8]** qu'il y avait plusieurs nations dans une seule. Cela devait exister dans un gouvernement monarchique [...] dans un pays où il fallait un certain ramage **[9]** pour être de ce qu'on appelait *la bonne compagnie*, et où il fallait siffler la langue **[10]** d'une manière particulière pour être un homme *comme il faut*.

Ces puériles distinctions ont disparu avec les grimaces **[11]** des courtisans ridicules et les hochets **[12]** d'une cour perverse. L'orgueil même de l'accent plus ou moins pur ou sonore n'existe plus, depuis que des citoyens rassemblés de toutes les parties de la République ont exprimé dans les assemblées nationales leurs vœux pour la liberté et leurs pensées pour la législation commune. [...] Les hommes libres se ressemblent tous; et l'accent vigoureux de la liberté et de l'égalité est le même, soit qu'il sorte de la bouche d'un habitant des Alpes ou des Vosges, des Pyrénées ou du Cantal, du Mont-Blanc ou du Mont-Terrible, soit qu'il devienne l'expression des hommes dans des contrées centrales, dans des contrées maritimes ou sur les frontières.

Le complot de l'ignorance et du despotisme en Alsace, Bretagne, Corse et pays Basque

Quatre points du territoire de la République méritent seuls de fixer l'attention du législateur révolutionnaire sous le rapport des **[13]** idiomes qui paraissent les plus contraires à la propagation de l'esprit public et présentent des obstacles à la connaissance des lois de la République et à leur exécution.

Parmi les idiomes anciens, nous avons observé [...] que l'idiome appelé bas-breton **[14]**, l'idiome basque, les langues allemande et italienne ont perpétué le règne du fanatisme et de la superstition, assuré la domination des prêtres [et] des nobles [...], empêché la révolution de pénétrer dans neuf départements importants, et peuvent favoriser les ennemis de la France. [...]

La langue d'un peuple libre doit être une et la même pour tous

Nous avons révolutionné le gouvernement, les lois, les usages, les mœurs, les costumes, le commerce et la pensée même; révolutionnons donc aussi la langue, qui est leur instrument journalier.

Vous avez décrété l'envoi des lois à toutes les communes de la République; mais ce bienfait est perdu pour celles des départements que j'ai déjà indiqués. Les lumières portées à grands frais aux extrémités de la France s'éteignent en y arrivant, puisque les lois n'y sont pas entendues **[15]**. [...]

Citoyens, la langue d'un peuple libre doit être une et la même pour tous.

Dès que les hommes pensent, dès qu'ils peuvent coaliser leurs pensées, l'empire **[16]** des prêtres, des despotes et des intrigants touche à sa ruine.

Donnons donc aux citoyens l'instrument de la pensée publique, l'agent le plus sûr de la révolution, le même langage.

1 asservit: réduit à l'esclavage
2 astucieuse: n'hésitant pas à utiliser tous les moyens permis pour atteindre son objectif
3 barbare: incompréhensible
4 amollie: affaiblie et privée de son énergie
5 épurée: (rendue plus pure, raffinée)
6 persécution: (par exemple, Voltaire et Diderot ont été emprisonnés à cause de leurs écrits)
7 avait pris la teinte des distinctions nobiliaires: permettait aux nobles de se distinguer
8 on eût dit: on aurait pu croire
9 ramage: langage prétentieux
10 il fallait siffler la langue: (peut-être une manière de prononcer les "s")
11 grimaces: manières hypocrites
12 hochets: jouets futiles
13 sous le rapport des: en ce qui concerne les
14 bas-breton: (langue bretonne qui est parlée en Basse-Bretagne, partie ouest de la Bretagne)
15 entendues: comprises
16 l'empire: (le pouvoir, la domination absolue)

SUJET DE REFLEXION

"La langue d'un peuple libre doit être une et la même pour tous". Qu'en pensez-vous?

Y a-t-il dans le document 1.12 des idées qui vous paraissent pertinentes, vous étonnent, vous amusent, vous choquent? Lesquelles et pourquoi?

Plusieurs langues sont-elles parlées dans votre pays? Quels efforts ont été faits pour les préserver? ■

Des luttes sans merci

En juillet 1792, la Patrie est proclamée "en danger". Des volontaires des provinces s'enrôlent et se dirigent vers Paris. Parmi ceux-ci, des Marseillais entonnent un "Chant de guerre pour l'armée du Rhin", qui deviendra la *Marseillaise*.

1.13 La Marseillaise

Allons enfants de la Patrie,
Le jour de gloire est arrivé.
Contre nous de la tyrannie
L'étendard sanglant est levé (*bis*).
Entendez-vous dans les compagnes
Mugir ces féroces soldats.
Ils viennent jusque dans vos bras
Égorger vos fils, vos campagnes.

Aux armes citoyens,
Formez vos bataillons.
Marchons ! Marchons !
Qu'un sang impur
Abreuve nos sillons !

Paroles et musique: R. de Lisle

1 Contre nous de la tyrannie/L'étendard sanglant est levé: (inversion poétique: l'ordre normal des mots serait: l'étendard sanglant de la tyrannie est levé contre nous)

1.14 Mettre fin à la Révolution ou la poursuivre?

Mettre fin à la Révolution

Il faut savoir terminer une révolution

« Allons-nous terminer la Révolution? Allons-nous la recommencer? Vous avez rendu tous les hommes égaux devant la loi; vous avez consacré la liberté civile et politique, vous avez pris pour l'État tout ce qui avait été enlevé à la souveraineté du peuple. Un pas de plus serait funeste et redoutable; un pas de plus dans la ligne de l'égalité, et c'est la destruction de la propriété. »

Barnave, 15 juillet 1791.

Des modérés?

« Robespierre nous accuse d'être des modérés [...]. Non je ne le suis pas, dans ce sens que je voudrais éteindre l'énergie nationale. [...] Mais c'est au législateur à prévenir autant qu'il peut les désastres de la tempête par de sages conseils; et si sous prétexte de révolution il faut, pour être patriote, se déclarer le protecteur du meurtre et du brigandage, je suis modéré. [...]

Notre modération a sauvé la République de ce fléau terrible, la guerre civile. »

Vergniaud, Discours à la Convention, 10 avril 1793

Contre la mort

« Déjà trop de journées flétrissent aux yeux des étrangers les événements glorieux du 10 août **[1]**. Il est temps d'opposer des digues insurmontables au torrent dévastateur qui semble nous menacer encore une fois. Le massacre de Louis XVI, également odieux et impolitique **[2]**, serait le signal d'un affreux carnage. »

Lettre de Roland, ministre de l'Intérieur à Pétion, maire de Paris, 5 octobre 1792.

Poursuivre la Révolution

Qu'est-ce que le gouvernement révolutionnaire?

« Le but du gouvernement constitutionnel est de conserver la République; celui du gouvernement révolutionnaire est de la fonder. La Révolution est la guerre de la liberté contre ses ennemis; la Constitution est le régime de la liberté victorieuse et paisible. Le gouvernement révolutionnaire a besoin d'une activité extraordinaire précisément parce qu'il est en guerre. »

Discours de Robespierre à la Convention, 25 décembre 1793.

Révolution ou modération?

« La chose publique **[3]** est prête à périr, et nous avons presque la certitude qu'il n'y a que les remèdes les plus prompts et les plus violents qui puissent la sauver. [. . .] L'expérience prouve maintenant que la Révolution n'est point faite. [. . .] Et nous devons conduire au port le vaisseau de l'État ou périr avec lui. »

Lettre de Jean Bon Saint-André à Barère, 26 mars 1793.

Louis doit mourir pour que vive la République

« Il n'y a point ici de procès à faire. Louis n'est point un accusé. Vous n'êtes point des juges.

Louis fut roi et la République est fondée **[4]**. Louis a été détrôné par ses crimes. Louis dénonçait le peuple français comme rebelle: il a appelé, pour le châtier, les armes des tyrans ses confrères, la victoire et le peuple ont décidé que lui seul était rebelle. Louis ne peut donc être jugé: il est déjà condamné ou la République n'est pas absoute.

En effet, si Louis peut encore être l'objet d'un procès, il peut être innocent: que dis-je! Il est présumé l'être jusqu'à ce qu'il soit jugé: mais si Louis est absous, si Louis peut être présumé innocent, que devient la Révolution?

Pour moi, j'abhorre la peine de mort prodiguée par vos lois; et je n'ai pour Louis ni amour, ni haine; je ne hais que ses forfaits **[5]**. [...] Je prononce à regret cette fatale vérité [...] mais Louis doit mourir parce qu'il faut que la patrie vive [...]. Je demande que la Convention nationale le déclare dès ce moment traître à la Nation française, criminel envers l'humanité. »

Robespierre, Discours du 3 décembre 1792, à la Convention.

1 10 août (10 août 1792: insurrection populaire qui s'empare des Tuileries, résidence du roi depuis 1789; la royauté est suspendue)
2 impolitique: politiquement désastreux
3 La chose publique: (le mot république vient du latin "res publica", la chose publique)
4 la République est fondée: (elle a été proclamée le 22 septembre 1792)
5 forfaits: crimes

de Histoire 2e, sous la direction de Robert Frank

1.15 Une journée sous la Terreur

9 Mercredi

Ther. 30 degrés. Il a fait une chaleur excessive; le temps s'est couvert à midi de gros nuages venant de Sud; le Vent s'est élevé et le ciel s'est découvert.
M de Sellier a dîné avec moi. Le soir il a fait de l'orage et a tombé une bonne lavasse **[1]**.
On a tranché la tête aujourd'hui mercredi 9 juillet, à 60 personnes:

1 — *Ornano*, âgé de 60 ans. Ex-noble;
lieutenant du Gouvernement de Bayonne,
[…]
5 — *Moricaud*, 54 ans, né à Versailles; épicier à Paris,
6 — *Faquet*, 59 ans. Ex-valet de Chambre de la Tante de Capet **[2]**
[…]
19 — *Tardieu-Malessy*, 64 ans. Maréchal de Camp,
20 — *Paignen*, 56 ans. Femme de Tardieu-Malessy,
21 — *Tardieu-Malessy*. Fille âgée de 23 ans,
22 — *Tardieu-Malessy*, 27 ans. Femme divorcée de Dubois Berrenger, émigré,
[…]
32 — *Didier*, 65 ans. Ex-chanoine de St-Opportune,
33 — *Delaporte*, 60 ans. Négociant,
[…]
44 — *Artois Levis*, 28 ans. Née à Paris. Ex-noble. Femme de Duluc à Bron,
45 — *Michel*, 50 ans. Veuve du Maréchal Levis,
46 — *Guillemin*, 50 ans. Ex-domestique,
47 — *Sainte-Marie*, âgée de 17 ans. Ex-noble, […]
48 — *Charbonnier Ste Croix*, 37 ans. Ex-noble, […]

Tous convaincus de s'être déclarés ennemis du peuple en provoquant la dissolution de la représentation nationale, la résistance aux autorités constituées, le découragement des citoyens et des volontaires appelés à la défense de la patrie; en applaudissant aux assassinats des représentants du peuple et cherchant à ébranler la fidélité des citoyens envers la République…
ont été *condamnés à mort*.

R. Aubert, Journal d'un bourgeois de Paris sous la Révolution

SUJET DE REFLEXION

Sur quels points principaux les partisans et les adversaires de la poursuite de la Révolution étaient-ils en désaccord?

"La France actuelle doit l'essentiel de ses traits à la Grande Révolution", écrit l'historien contemporain Maurice Agulhon. Quel événement ou période particulière de l'histoire de votre pays y a laissé une marque durable? ■

1 lavasse: pluie
2 Capet: Louis XVI (après la chute de la royauté, il a retrouvé un simple nom de famille – la dynastie régnante était celle des Capétiens)

Parmi les illustres guillotinés de cette époque, la femme Capet, c'est à dire, la reine Marie-Antoinette

Le XIXème siècle – instabilité des régimes et révolutions

Succession de régimes politiques divers, révolutions et insurrections populaires, le XIXème siècle perpétue l'âpre conflit entre l'Ancien Régime et la Révolution. Cependant, un retour pur et simple à l'Ancien Régime est désormais impossible. La Révolution a fait vivre des principes – souveraineté de la nation, égalité devant la loi – qui ne pourront plus être ignorés:

- Napoléon devient Empereur (1804) à la fois par le sacre, à la manière des anciens rois, *et* par le vote du peuple.
- La Restauration (1815–30: Louis XVIII, puis Charles X), imposée par les puissances étrangères victorieuses à Waterloo, voit le retour de la dynastie des Bourbons: il s'agit cependant d'une monarchie constitutionnelle, qui instaure un pouvoir parlementaire et accepte le principe d'égalité devant la loi et devant l'impôt. Ce régime est balayé par une révolution en 1830.
- La Monarchie de Juillet (1830–48) constitue un compromis original entre les deux camps: héritier de la branche cadette des Bourbons, qui a activement participé à la Révolution, le nouveau monarque Louis-Philippe est un roi "bourgeois", qui remplace le drapeau blanc à fleur de lys par le drapeau tricolore, étend les libertés publiques et les pouvoirs du Parlement. Ce régime du "juste milieu", qui consacre le règne de la bourgeoisie riche, est cependant sourd aux évolutions sociales de l'époque et s'enferme dans un conservatisme étroit: il est à son tour renversé par une révolution en février 1848.
- La IIe République (1848–52), puis la IIIe (1870–1940), porteuses du principe de la souveraineté du peuple, se chargent elles-mêmes d'écraser le peuple de Paris insurgé (juin 1848, mai 1870), prouvant ainsi qu'on peut à la fois être héritier de la Révolution et rassurer les adversaires de la Révolution.

Il n'est pas possible, dans le cadre de ce chapitre, d'évoquer ces divers régimes. On se bornera à illustrer deux aspects de l'histoire de ce siècle qui illustrent les deux tentations extrêmes entre lesquelles la France ne cesse d'osciller:

- d'une part, le bonapartisme, qui illustre une tentation autoritaire qui se manifeste périodiquement et qui a en partie survécu à travers le gaullisme; le bonapartisme a en outre laissé sa trace dans les institutions de la France.
- d'autre part, la tradition d'insurrections populaires, dont la mémoire a nourri les luttes sociales et politiques au XXème siècle.

Le bonapartisme: ordre et autorité

Consulat et empire (1799–1815)

Bonaparte est, sous la Révolution, un jeune général qui s'illustre par ses victoires militaires. La république bourgeoise instaurée après la chute de Robespierre est de plus en plus incapable de surmonter ses divisions sans le secours de l'armée. Bonaparte en profite pour prendre le pouvoir par le coup d'état de novembre 1799. Il entend réconcilier les Français, profondément divisés après dix années de luttes et de bouleversements, en imposant une version autoritaire de la République, le Consulat. Au sein d'un exécutif très renforcé composé de trois "consuls", il s'impose vite comme le seul maître du pouvoir. Les assemblées parlementaires ne sont plus élues, mais désignées; le peuple n'est consulté que par plébiscite, répondant par oui ou par non à une question. C'est par plébiscite que Bonaparte devient consul à vie en 1802, puis Empereur en 1804 sous le nom de Napoléon 1er.

On a surtout retenu de cette période l'épopée militaire de Napoléon à travers l'Europe. Il a cependant laissé une œuvre intérieure considérable qui a survécu à bien des égards: institutions administratives, système d'enseignement d'État, le Code Civil, qui reste à la base du droit privé français, et même un système de distinctions honorifiques, la Légion d'Honneur.

Porté au pouvoir par ses succès militaires, Napoléon doit à la défaite de Waterloo de l'avoir perdu, en 1815.

1.16 Constitution de l'An VIII (13 décembre 1799)

TITRE IV

Du gouvernement

Art. 39 — Le gouvernement est confié à trois consuls nommés pour dix ans, et indéfiniment rééligibles.
Art. 40 — Le Premier Consul **[1]** a des fonctions particulières, dans lesquelles il est momentanément suppléé **[2]**, quand il y a lieu, par un de ses collègues.
Art. 41 — Le Premier Consul promulgue les lois, il nomme et révoque **[3]** à volonté les membres du Conseil d'État, les ministres, les ambassadeurs et autres agents extérieurs en chef, les officiers de l'armée de terre et de mer, les membres des administrations locales …
Art. 95 — La présente Constitution sera offerte de suite **[4]** à l'acceptation du peuple français.

1 Premier Consul: (il s'agit de Bonaparte)
2 suppléé: remplacé
3 révoque: renvoie (s'utilise pour un fonctionnaire)
4 de suite: immédiatement

1.17 Sénatus-consulte [1] du 28 floréal An XII (18 mai 1804)

Art. 1 — Le gouvernement de la République est confié à un Empereur, qui prend le titre d'Empereur des Français. [...]
Art. 2 — Napoléon Bonaparte, Premier Consul actuel de la République, est Empereur des Français. [...]
Art. 142 — La proposition suivante sera présentée à l'acceptation du peuple, [...]: 'Le peuple veut l'hérédité de la dignité impériale dans la descendance directe, naturelle **[2]**, légitime et adoptive de Napoléon Bonaparte.

1 sénatus-consulte: (loi émanant du sénat sous le Consulat)
2 naturelle: (un enfant naturel est un enfant né hors du mariage)

SUJET DE REFLEXION

Quels sont les signes de l'instauration d'un pouvoir autoritaire sous le Consulat? ■

1.18 La proclamation de l'Empire et le sacre

Bonaparte se fit sacrer et couronner à Paris en présence du pape Pie VII qu'il fit venir à Notre-Dame, le 2 décembre 1804. La cérémonie apparut aux yeux de certains comme la seconde mort des Capétiens **[1]**. Le sacre des rois de France à Reims symbolisait l'union du trône et de l'autel, le roi, par ce sacrement, devenait un clerc **[2]**, plus qu'un clerc un thaumaturge **[3]**, un homme marqué par Dieu et capable de guérir. Le pouvoir descendait du ciel sur la terre. Avec le sacre de Napoléon, le pouvoir vient d'abord des hommes **[4]**: le plébiscite, la reconnaissance du souverain par les Français, précéda la cérémonie. Par le sacre qui confirmait le vœu populaire et fondait sa légitimité, l'Empereur démontrait que Dieu n'était plus du côté des aristocrates. Désormais, ceux qui tenteraient de renouveler l'attentat projeté par Cadoudal **[5]** seraient doublement sacrilèges, leur acte serait tourné contre la Nation et contre Dieu. Napoléon, en frappant l'imagination du plus grand nombre, en flattant aussi le goût du merveilleux, jouait de la psychologie collective des Français. [...] Après le sacre, il procéda lui-même à son couronnement indiquant ainsi que s'il restait lié à la religion par le sacre, il ne détenait le pouvoir que par sa volonté exprimant celle de la Nation.

Napoléon aimait à raconter cette anecdote: s'étant déguisé en bourgeois, il rencontra au cours d'une promenade une paysanne; il la questionna. Autrefois, lui dit-il, il y avait Louis XVI, aujourd'hui il y a Napoléon, qu'y a-t-il donc de changé? La paysanne répondit que celui-là avait été le roi des aristocrates alors que celui-ci était le roi du peuple.

J P Bertaud, Le Consulat et l'Empire

1 Capétiens: (dynastie des rois de France qui avaient régné depuis Hugues Capet, devenu roi en 987)
2 clerc: serviteur de Dieu (d'habitude membre du clergé)
3 thaumaturge: faiseur de miracles
4 le pouvoir vient d'abord des hommes: (les rois étaient 'rois *de France*', Napoléon devient 'Empereur *des Français*')
5 Cadoudal: (contre-révolutionnaire breton, responsable en 1803 d'un complot contre Bonaparte)

SUJET DE REFLEXION

Pourquoi Napoléon a-t-il voulu être sacré? Pourquoi s'est-il lui-même couronné?

L'existence d'un souverain héréditaire est-elle compatible, selon vous, avec la démocratie? ■

1.19 David: *Le Sacre*

Sacre de L'Empereur Napoléon 1er et Couronnement de l'Impératrice Joséphine dans la Cathédrale Notre-Dame de Paris, le 2 décembre 1804, J.L. David, Musée du Louvre. Reproduced by kind permission of the Mansell Collection Ltd

L'administration

Avec une bonne administration, tous les individus oublieront les factions dont on les a faits membres et il leur sera permis d'être français.

Bonaparte, 18 brumaire An VIII

1.20 *Loi du 28 pluviôse An VIII (1800)*

[...]

Art. 2 — Il y aura, dans chaque département **[1]**, un préfet **[2]**, un conseil de département, et un conseil général de département, [...]

Art. 3 — Le préfet sera chargé seul de l'administration.

Art. 20 — Les préfets nommeront et pourront suspendre de leurs fonctions les membres des conseils municipaux.

1 département: (la Révolution a supprimé les anciennes provinces (Bretagne, Bourgogne, etc.) pour les remplacer par de nouvelles unités administratives, les départements)

2 préfet: (fonctionnaire représentant le pouvoir central dans le département)

1.21 Las Cases, *Mémorial de Sainte Hélène,* 1823: propos tenus par Napoléon, le 7 novembre 1816

L'organisation des préfectures, leur action, les "résultats obtenus étaient admirables et prodigieux. La même impulsion se trouvait donnée au même instant à 40 millions d'hommes; et, à l'aide de ces centres d'activité locale, le mouvement était aussi rapide à toutes les extrémités qu'au cœur même. Les préfets, avec toute l'autorité et les ressources locales dont ils se trouvaient investis, étaient eux-mêmes des empereurs au petit pied **[1]**".

1 empereurs au petit pied: (le préfet est un empereur en plus petit)

1.22 Thibaudeau, Mémoires sur le Consulat, 1826

Je fus nommé à Bordeaux (2 mars 1800) [...]
Le Premier Consul voulait que les préfets donnassent **[1]** des repas, des bals, des fêtes, pour procurer de la considération à l'autorité, de la dignité au gouvernement, et lui rallier les partis. [...] Cette nouvelle existence formait un grand contraste avec les habitudes de toute ma vie et une grande innovation pour le public; depuis longtemps les autorités n'avaient aucune représentation **[2]**. C'était un passage subit des formes simples et modestes de la République aux manières monarchiques. Les préfets rappelaient les intendants **[3]**; le nom seul avait changé. J'avais à recevoir une sorte de cour et quelque protection à dispenser. [...] Loin de rougir de mon inexpérience, je descendis dans les détails de l'administration pour faire mon apprentissage.

1 donnassent: (verbe donner, à l'imparfait du subjonctif)
2 n'avaient aucune représentation: (avaient cessé de se faire voir, en organisant des fêtes, des cérémonies, etc.)
3 intendants: (sous l'Ancien régime, administrateurs locaux nommés par le roi et agissant en son nom)

SUJET DE REFLEXION

Quels sont les pouvoirs et les fonctions caractéristiques de l'administration créée par Bonaparte?

En quoi le rôle des fonctionnaires décrit ici [documents 1.20–1.22] est-il semblable à celui qu'ils ont dans votre pays? En quoi est-il différent? ■

La famille

Les vertus privées peuvent seules garantir les vertus publiques: et c'est par la petite patrie, qui est la famille, que l'on s'attache à la grande; ce sont les bons pères, les bons maris, les bons fils qui font les bons citoyens.

Commentaire des auteurs, Portalis, Tronchet, Bigot de Préameneu et Maleville sur le Code Civil.

1.23 Extraits du Code Civil

Titre IX: De la puissance paternelle

[...]
Article 371: L'enfant à tout âge, doit honneur et respect à ses père et mère.
Article 372: Il reste sous leur autorité jusqu'à sa majorité ou son émancipation.
Article 373: Le père seul exerce cette autorité durant le mariage. [...]
Article 377: Depuis l'âge de seize ans commencés **[1]** jusqu'à l'âge de la majorité ou de l'émancipation, le père pourra seulement requérir la détention **[2]** de son enfant pendant six mois au plus.

1 seize ans commencés: (après l'anniversaire des seize ans)
2 requérir la détention: demander l'emprisonnement (dans sa générosité, le Code Civil limite cette détention à un maximum de six mois!)

La religion

Pendant la Révolution, la question religieuse a profondément divisé les Français. En 1801, Bonaparte signe avec le Pape le "Concordat", compromis visant à pacifier les esprits. L'État s'engage à rémunérer le clergé, celui-ci à prêter serment de fidélité envers l'État. Par-dessus tout, Bonaparte voit l'intérêt qu'il a de s'assurer les services d'une institution aussi attachée que lui à l'ordre et à l'autorité.

1.24 Bonaparte devant le Conseil d'État (1800)

Quant à moi je ne vois pas dans la religion le mystère de l'Incarnation mais le mystère de l'ordre social. Elle rattache au ciel une idée d'égalité qui empêche **[1]** *que le riche ne soit massacré par le pauvre.*

1 elle rattache au ciel une idée d'égalité qui empêche: elle promet l'égalité dans l'autre monde, ce qui empêche

SUJET DE REFLEXION

À quoi servent la religion et l'Église aux yeux de Napoléon?

Les Églises tendent-elles, selon vous, à défendre l'autorité et l'ordre établis? Peuvent-elles être un ferment de révolution ou de changement? ■

1.25 LE CATÉCHISME IMPÉRIAL DE 1806. LEÇON VII:

« — Quels sont les devoirs des chrétiens à l'égard des princes qui les gouvernent, et quels sont en particulier nos devoirs envers Napoléon 1er, notre Empereur?

— Les chrétiens doivent aux princes qui les gouvernent, et nous devons en particulier à Napoléon 1er, notre Empereur, l'amour, le respect, l'obéissance, la fidélité, le service militaire, les tributs ordonnés **[1]** pour la conservation et la défense de l'Empire et de son trône: nous lui devons encore des prières ferventes pour son salut et pour la prospérité spirituelle et temporelle de l'État.

— Pourquoi sommes-nous tenus de tous ces devoirs envers notre Empereur?

— C'est, premièrement, parce que Dieu qui crée les empires et les distribue selon sa volonté, en comblant notre Empereur de dons, soit dans la paix, soit dans la guerre, l'a établi notre souverain, l'a rendu le ministre de sa puissance et son image sur la terre. Honorer et servir notre Empereur est donc honorer et servir Dieu même. Secondement, parce que Notre Seigneur Jésus-Christ, tant par sa doctrine que par ses exemples, nous a enseigné lui-même ce que nous devons à notre souverain: il est né en obéissant à l'édit de César Auguste; il a payé l'impôt prescrit et, de même qu'il a ordonné de rendre à Dieu ce qui appartient à Dieu, il a aussi ordonné de rendre à César ce qui appartient à César **[2]**. »

1 les tributs ordonnés: l'impôt ordonné
2 il est né en obéissant à l'édit de César ... [...] ce qui appartient à César: (référence à la Bible: Saint Marc, chapitre 12)

L'éducation

1.26 *Décret du 17 mars 1808*

Art. 1 – L'enseignement public, dans tout l'Empire est confié exclusivement à l'Université **[1]**.
Art. 2 – Aucune école, aucun établissement quelconque d'instruction ne peut être formé hors de l'Université impériale, et sans l'autorisation de son chef.
Art. 3 – Nul ne peut ouvrir d'école, ni enseigner publiquement, sans être membre de l'Université impériale, et gradué par l'une de ses facultés. [...]
Art. 38 – Toutes les écoles de l'Université impériale prendront pour base de leur enseignement: 1) Les préceptes de la religion catholique, 2) La fidélité à l'Empereur, [...]

1 l'Université: (se réfère ici à tout le système d'enseignement)

SUJET DE REFLEXION

En quoi les documents de la section sur le Consulat et l'Empire permettent-ils de dire que le bonapartisme était autoritaire? ■

1.27 *Un lycée sous Bonaparte*

Chaque lycée, limité au chiffre de deux cents élèves en moyenne, n'aura que six professeurs: trois pour les lettres françaises et latines; trois pour les mathématiques; c'est là ce qu'ils devront enseigner essentiellement. [...] Passé douze ans, les élèves apprennent les exercices militaires, sous la direction d'un adjudant qui commande tous les mouvements effectués dans la journée. Les élèves sont divisés en compagnies de vingt-cinq; chaque compagnie a un sergent et quatre caporaux, choisis parmi les meilleurs sujets.

Chaque lycée aura une bibliothèque de quinze cents volumes; le catalogue de ces bibliothèques sera identique partout; aucun livre nouveau ne devra être introduit sans l'autorisation spéciale du Ministre de l'Intérieur.

Lettre de l'envoyé de Prusse à Paris, 17 décembre 1802

Le second empire (1852–70)

La tradition bonapartiste s'avèrera durable. Malgré le retour de la monarchie après Waterloo, deux révolutions sont survenues, en 1830 et en 1848. La deuxième a balayé la monarchie de Louis-Philippe, fondé une nouvelle République, instauré le suffrage universel. Sont ainsi élus une Assemblée nationale et un Président de la République, Louis-Napoléon Bonaparte, neveu de Napoléon, qui a bénéficié auprès des masses paysannes du souvenir glorieux laissé par l'Empereur. L'Assemblée nationale, conservatrice, fort peu républicaine, et qui restreint bientôt le suffrage aux citoyens les plus fortunés, entre en conflit avec un Président qui a ses propres ambitions: celui-ci s'empare du pouvoir par un coup d'État en décembre 1851, et rétablit l'Empire par plébiscite un an plus tard. Il prend le nom de Napoléon III.

1.28 DISCOURS DU PRINCE-PRÉSIDENT ANNONÇANT LA RESTAURATION PROCHAINE DE L'EMPIRE

(Bordeaux, 9 octobre 1852)

Messieurs,

L'invitation de la Chambre et du Tribunal de commerce de Bordeaux que j'ai acceptée avec empressement me fournit l'occasion de remercier votre grande cité de son accueil si cordial, de son hospitalité si pleine de magnificence, et je suis bien aise aussi, vers la fin de mon voyage, de vous faire part des impressions qu'il m'a laissées.

Le but de ce voyage, vous le savez, était de connaître par moi-même nos belles provinces du Midi, d'approfondir leurs besoins. Il a, toutefois, donné lieu à un résultat beaucoup plus important.

En effet, je le dis avec une franchise aussi éloignée de l'orgueil que d'une fausse modestie, jamais peuple n'a témoigné **[1]** d'une manière plus directe, plus spontanée, plus unanime, la volonté de s'affranchir **[2]** des préoccupations de l'avenir, en consolidant dans la même main un pouvoir qui lui est sympathique **[3]**. C'est qu'il connaît, à cette heure, et les trompeuses espérances dont on le berçait et les dangers dont il était menacé. Il sait qu'en 1852 la société courait à sa perte, parce que chaque parti se consolait d'avance du naufrage général par l'espoir de planter son drapeau sur les débris qui pourraient surnager. Il me sait gré **[4]** d'avoir sauvé le vaisseau en arborant seulement le drapeau de la France.

Désabusé d'absurdes théories, le peuple a acquis la conviction que les réformateurs prétendus n'étaient que des rêveurs, car il y avait toujours inconséquence, disproportion entre leurs moyens et les résultats promis.

Aujourd'hui la France m'entoure de ses sympathies, parce que je ne suis pas de la famille des idéologues. Pour faire le bien du pays, il n'est pas besoin d'appliquer de nouveaux systèmes mais de donner, avant tout, confiance dans le présent, sécurité dans l'avenir. Voilà pourquoi la France semble vouloir revenir à l'Empire.

Il est néanmoins une crainte à laquelle je dois répondre. Par esprit de défiance **[5]**, certaines personnes se disent: L'Empire, c'est la guerre. Moi je dis: L'Empire, c'est la paix.

C'est la paix, car la France la désire, et lorsque la France est satisfaite, le monde est tranquille. [...]

J'en conviens, cependant, j'ai, comme l'Empereur, bien des conquêtes à faire. Je veux, comme lui, conquérir à la conciliation les partis dissidents et ramener dans le courant du grand fleuve populaire les dérivations hostiles qui vont se perdre sans profit pour personne.

Je veux conquérir à la religion, à la morale, à l'aisance, cette partie encore si nombreuse de la population qui, au milieu d'un pays de foi et de croyance, connaît à peine les préceptes du Christ; qui, au sein de la terre la plus fertile du monde, peut à peine jouir de ses produits de première nécessité.

Nous avons d'immenses territoires incultes à défricher, des routes à ouvrir, des ports à creuser, des rivières à rendre navigables, des canaux à terminer, notre réseau de chemins de fer à compléter. Nous avons, en face de Marseille, un vaste royaume à assimiler **[6]** à la France. Nous avons tous nos grands ports de l'Ouest à rapprocher du continent américain par la rapidité de ces communications qui nous manquent encore. Nous avons partout enfin des ruines à relever, de faux dieux à abattre, des vérités à faire triompher.

Voilà comment je comprendrais l'Empire, si l'Empire doit se rétablir. Telles sont les conquêtes que je médite, et vous tous qui m'entourez, qui voulez, comme moi, le bien de notre patrie, vous êtes mes soldats.

1 témoigné: montré/manifesté
2 s'affranchir: se libérer (en confiant le pouvoir à Louis-Napoléon, le peuple n'aura plus à se préoccuper de l'avenir)
3 qui lui est sympathique: qui lui plaît
4 il me sait gré: il m'est reconnaissant
5 par esprit de défiance: par manque de confiance
6 un vaste royaume à assimiler: (il s'agit de l'Afrique du Nord, particulièrement l'Algérie et le Maroc)

SUJET DE REFLEXION

Dans le discours de Bordeaux [document 1.28], pourquoi Louis-Napoléon juge-t-il nécessaire de dire: "l'Empire, c'est la paix"?

Est-ce le discours d'un démocrate? ■

Les révolutions

La Révolution de 1830

Après l'ère napoléonienne, la Restauration ramène à la tête du pays les rois Louis XVIII, puis Charles X. En 1830, les Parisiens se rebellent contre Charles X, à l'occasion de sa signature des Ordonnances de Saint-Cloud, qui suspendent la liberté de la presse, entre autres mesures impopulaires. Des barricades sont érigées dans les rues, faites de charrettes renversées, de pavés, de meubles. Pendant trois jours, les 27, 28 et 29 juillet 1830, le peuple de Paris affronte les soldats du roi Charles X, qui est contraint d'abdiquer, mettant ainsi fin à la Restauration. Ces journées de victoire du peuple ont été nommées les Trois Glorieuses. Cependant, la bourgeoisie ne permettra pas l'instauration de la République. Un nouveau monarque, Louis-Philippe 1er, remplacera Charles X et régnera pendant ce que l'on a appelé la Monarchie de Juillet.

1.29 Lettre d'A. Duval à la princesse Constance

« Paris, le 15 août 1830 **[1]**,
Hé-bien, Madame, que dites-vous des Parisiens? ne sont-ils pas habiles dans l'art des révolutions? en trois jours, ils renversent un trône, chassent un roi et en prennent un autre; puis, ils vont tranquillement reprendre leurs travaux ordinaires. J'ai vu ces prodiges là, et j'ai encore peine à y croire. [...] Quand les habitants, vainqueurs à la grève **[2]**, vinrent faire le siège du Louvre où les Suisses **[3]** s'étaient renfermés [...] je fermai promptement mes fenêtres; mais les balles n'en pénétrèrent pas moins chez moi. J'en conserve, comme monuments de ces grandes journées, plusieurs qui sont venues s'aplatir sur les murs de notre appartment. Mais quelle fut ma joie, quand je vis le pavillon tricolore flotter, tout à coup, sur la colonnade et les portes du Louvre! Je crus rêver: non, le peuple avait pénétré de tous côtés dans l'enceinte: les Suisses qui restaient s'étaient rendus. Oh! si les Parisiens avaient voulu se défendre en 1815 **[4]** comme ils se sont défendus contre les troupes royales, jamais les armées de la coalition n'auraient pénétré dans la capitale. Partout, dans toutes les rues, sur tous les quais, sur les boulevards, on avait formé dans une seule nuit, de formidables barricades. Dans toutes les maisons, et jusques aux greniers, on avait transporté des pierres énormes, les meubles les plus pesants; et toutes les rues étaient dépavées; à peine avait-on laissé un étroit passage de deux pieds au plus, pour que l'on pût circuler. Avec de tels moyens de défense, Paris, selon moi, pourrait résister à une armée de 300 000 hommes. »

1 1830: (révolution qui a chassé le roi Charles X)
2 grève: (place de Grève, située là où se trouve aujourd'hui l'Hôtel de Ville de Paris)
3 Suisses: (soldats de la garde royale)
4 1815: (année de la défaite finale de Napoléon)

1.30 Delacroix: *La liberté guidant le peuple*

La Liberté Guidant le Peuple (le 28 juillet 1830), E. Delacroix, Musée du Louvre. Reproduced by kind permission of the Mansell Collection Ltd

La révolution de 1848

Une crise économique et sociale, le refus, de la part du gouvernement, d'élargir le droit de vote, provoquent en février 1848 une révolution "surprise" qui balaie la Monarchie de Juillet. Dans un grand élan de fraternité romantique, la République est proclamée, le suffrage universel instauré, des chantiers, appelés "Ateliers Nationaux", créés pour donner du travail aux chômeurs. Cette ferveur unanime est de courte durée: devant la montée d'un mouvement ouvrier qui s'éveille aux idées d'un socialisme naissant, l'Assemblée républicaine élue en avril prend peur. En juin, elle ferme les Ateliers Nationaux. Cette mesure provoque le soulèvement des quartiers populaires de Paris. Le général républicain Cavaignac écrase l'insurrection dans le sang.

1.31 LES JOURNÉES DE JUIN 1848

LE 23 JUIN

[. . .]

D'après nos nouvelles d'hier, force nous était de **[1]** croire que les barricades avaient été disposées d'une façon assez incohérente. Les informations détaillées d'aujourd'hui font ressortir le contraire. Jamais encore les ouvrages de défense **[2]** des ouvriers n'ont été exécutés avec un tel sang-froid, avec une telle méthode.

La ville était divisée en deux camps. La ligne de partage partait de l'extrémité nord-est de la ville, de Montmartre, pour descendre jusqu'à la porte Saint-Denis, de là, descendait la rue Saint-Denis, traversait l'île de la Cité et longeait la rue Saint-Jacques, jusqu'à la barrière. Ce qui était à l'est était occupé et fortifié par les ouvriers; c'est de la partie ouest qu'attaquait la bourgeoisie et qu'elle recevait ses renforts.

De bonne heure, le matin, le peuple commença en silence à élever ses barricades. Elles étaient plus hautes et plus solides que jamais. Sur la barricade à l'entrée du faubourg Saint-Antoine, flottait un immense drapeau rouge **[3]**.

Le boulevard Saint-Denis était très fortement retranché **[4]**. Les barricades du boulevard, de la rue de Cléry et les maisons avoisinantes, transformées en véritables forteresses, constituaient un système de défense complet. C'est là, comme nous le relations **[5]** hier déjà, que commença le premier combat important. Le peuple se battit avec un mépris indicible **[6]** de la mort. Sur la barricade de la rue de Cléry, un fort détachement de gardes nationaux fit une attaque de flanc. La plupart des défenseurs de la barricade se retirèrent. Seuls sept hommes et deux femmes, deux jeunes et belles grisettes **[7]**, restèrent à leur poste. Un des sept monte sur la barricade, le drapeau à la main. Les autres commencent le feu. La garde nationale **[8]** riposte, le porte-drapeau **[9]** tombe. Alors une des grisettes, une grande et belle jeune fille, vêtue avec goût, les bras nus, saisit le drapeau, franchit la barricade et marche sur la garde nationale. Le feu continue et les bourgeois de la garde nationale abattent la jeune fille comme elle arrivait près de leurs baïonnettes. Aussitôt, l'autre grisette bondit en avant, saisit le drapeau, soulève la tête de sa compagne, et, la trouvant morte, jette, furieuse, des pierres sur la garde nationale. Elle aussi tombe sous les balles des bourgeois. Le feu devient de plus en plus vif. On tire des fenêtres, de la barricade; les rangs de la garde nationale s'éclaircissent **[10]**; finalement, des secours arrivent et la barricade est prise d'assaut. Des sept défenseurs de la barricade, un seul encore était vivant; il fut désarmé et fait prisonnier. Ce furent les lions et les loups de Bourse **[11]** de la 2ᵉ légion qui exécutèrent ce haut fait **[12]** contre sept ouvriers et deux grisettes.

La jonction des deux corps et la prise de la barricade sont suivies d'un moment de silence anxieux. Mais il est bientôt interrompu. La courageuse garde nationale ouvre un feu de peloton bien nourri **[13]** sur la foule des gens désarmés et paisibles qui occupent une partie du boulevard. Ils se dispersent épouvantés. Mais les barricades ne furent pas prises. C'est seulement lorsque Cavaignac **[14]** arriva lui-même avec la ligne **[15]** et la cavalerie, après un long combat et vers 3 heures seulement, que le boulevard fut pris jusqu'à la porte Saint-Martin.

Friedrich Engels, dans K. Marx, Les Luttes de classes en France

1 force nous était de: nous étions obligés de
2 ouvrages de défense: fortifications
3 drapeau rouge: (drapeau de la révolution socialiste; en février 1848, on avait arboré le drapeau tricolore)
4 retranché: défendu par diverses fortifications
5 nous le relations: nous le rapportions
6 indicible: (qu'aucun mot ne peut exprimer)
7 grisettes: (jeunes filles des milieux populaires)
8 garde nationale: (milice composée de bourgeois armés, chargée de maintenir l'ordre)
9 porte-drapeau: (celui qui portait le drapeau)
10 s'éclaircissent: deviennent moins compacts
11 les lions et les loups de Bourse: (deux des unités de combat de la garde nationale)
12 ce haut fait: cet exploit
13 un feu de peloton bien nourri: une fusillade intense et continue
14 Cavaignac: (général républicain qui a reçu de l'Assemblée les pleins pouvoirs pour rétablir l'ordre)
15 la ligne: l'infanterie de ligne

SUJET DE REFLEXION

De quel côté de la barricade se trouve Engels? Relevez les détails qui le montrent. ■

1.32 Lutte de classes

Les ouvriers n'avaient plus le choix: il leur fallait ou mourir de faim ou engager la lutte. Il répondirent, le 22 juin, par la formidable insurrection où fut livrée la première grande bataille entre les deux classes qui divisent la société moderne. C'était une lutte pour le maintien ou l'anéantissement de l'ordre *bourgeois*. Le voile qui cachait la République se déchirait.

On sait que les ouvriers, avec un courage et un génie sans exemple, sans chefs, sans plan commun, sans ressources, pour la plupart manquant d'armes, tinrent en échec cinq jours durant l'armée **[1]**, la garde mobile, la garde nationale de Paris ainsi que la garde nationale qui afflua de la province. On sait que la bourgeoisie se dédommagea de ses transes mortelles **[2]** par une brutalité inouïe et massacra plus de 3 000 prisonniers.

Les représentants officiels de la démocratie française étaient tellement prisonniers de l'idéologie républicaine qu'il leur fallut plusieurs semaines pour commencer à soupçonner le sens du combat de Juin. Ils furent comme hébétés **[3]** par la fumée de la poudre dans laquelle s'évanouissait leur République imaginaire.

Karl Marx, Les Luttes de classes en France

1 tinrent en échec cinq jours durant l'armée: résistèrent à l'armée pendant cinq jours
2 se dédommagea de ses transes mortelles: (la bourgeoisie se vengea sur les ouvriers de la peur intense qu'ils lui avaient causée)
3 hébétés: frappés de stupeur

1.33 Journées de Juin

(Sorrente.)

Me voici enfin arrivé à cette insurrection de Juin, la plus grande et la plus singulière qui ait eu lieu dans notre histoire et peut-être dans aucune autre: la plus grande, car, pendant quatre jours, plus de cent mille hommes y furent engagés et il y périt cinq généraux **[1]**; la plus singulière, car les insurgés y combattirent sans cri de guerre, sans chefs, sans drapeaux et pourtant avec un ensemble merveilleux et une expérience militaire qui étonna les plus vieux officiers.

Ce qui la distingua encore parmi tous les événements de ce genre qui se sont succédé depuis soixante ans parmi nous, c'est qu'elle n'eut pas pour but de changer la forme du gouvernement, mais d'altérer l'ordre de la société. Elle ne fut pas, à vrai dire, une lutte politique (dans le sens que nous avions donné jusque-là à ce mot) mais un combat de classe, une sorte de guerre servile **[2]**. [...] On ne doit y voir qu'un effort brutal et aveugle, mais puissant des ouvriers pour échapper aux nécessités de leur condition qu'on leur avait dépeinte **[3]** comme une oppression illégitime et pour s'ouvrir par le fer **[4]** un chemin vers ce bien-être imaginaire qu'on leur avait montré de loin comme un droit. C'est ce mélange de désirs cupides **[5]** et de théories fausses qui rendit cette insurrection si formidable après l'avoir fait naître. On avait assuré à ces pauvres gens que le bien **[6]** des riches était en quelque sorte le produit d'un vol fait à eux-mêmes. On leur avait assuré que l'inégalité des fortunes était aussi contraire à la morale et à la société qu'à la nature. Les besoins et les passions aidant, beaucoup l'avaient cru. [...]

Il faut remarquer encore que cette insurrection terrible ne fut pas l'entreprise d'un certain nombre de conspirateurs, mais le soulèvement de toute une population contre une autre. Les femmes y prirent autant de part que les hommes. Tandis que les premiers combattaient, les autres préparaient et apportaient les munitions; et, quand on dut enfin se rendre, elles furent les dernières à s'y résoudre **[7]**.

A. de Tocqueville, Souvenirs

1 il y périt cinq généraux: cinq généraux y moururent
2 guerre servile: révolte d'esclaves
3 dépeinte: décrite
4 par le fer: par la force des armes
5 cupides: avides de possessions matérielles
6 le bien: (les possessions)
7 s'y résoudre: (accepter finalement de se rendre)

SUJET DE REFLEXION

En quoi les interprétations de Marx [document 1.32] et de Tocqueville [document 1.33] concordent-elles? Dans quelle mesure diffèrent-elles? ■

La Commune de Paris (1871)

La guerre de 1870 contre la Prusse a tourné au désastre militaire. Napoléon III est fait prisonnier, c'est la fin du Second Empire. La République est proclamée. Paris, assiégé par les Prussiens, veut poursuivre le combat. Un armistice signé en janvier 1871 prévoit l'élection d'une Assemblée nationale qui décidera du sort de la guerre. La France rurale vote massivement pour les candidats de la paix, qui sont en forte majorité monarchistes. Devant une Assemblée pacifiste et monarchiste, Assemblée qui commet le suprême affront de s'installer à Versailles, le peuple de Paris décide de se gouverner lui-même, en élisant une "Commune de Paris", petite république inspirée des idées socialistes du temps (26 mars). Thiers, nommé par l'Assemblée chef du pouvoir exécutif à Versailles, mobilise en province une armée de 130 000 hommes, qui entre dans Paris le 20 mai. Dans la semaine qui suit, 20 000 hommes, femmes et enfants sont tués ou exécutés; 40 000 sont arrêtés, beaucoup sont déportés; on estime qu'après la "Semaine sanglante", la capitale a perdu 100 000 habitants, soit le quart de sa population ouvrière.

SUJET DE REFLEXION

Quelle est la valeur symbolique de l'installation du gouvernement à Versailles? ■

1.34 Versailles–Paris

1 se regardant en chien de faïence: se regardant avec hostilité

1.35 Proclamation de Thiers

aux Parisiens le 8 mai 1871

La France, librement consultée par le suffrage universel, a élu un gouvernement qui est le seul légal. En présence de ce gouvernement, la Commune, c'est-à-dire la minorité qui vous opprime et qui ose se couvrir de l'infâme drapeau rouge, a la prétention d'imposer à la France ses volontés. Elle viole les propriétés, emprisonne les citoyens pour en faire des otages, transforme en désert vos rues et vos places publiques (...), retarde l'évacuation du territoire par les Allemands. (...)

Le gouvernement qui vous parle a réuni une armée sous vos murs. La France veut en finir avec la guerre civile.

Se regardant en chien de faïence.... [1]

1.36 La semaine sanglante

Ce n'est qu'après une lutte de huit jours que les derniers défenseurs de la Commune succombèrent sur les hauteurs de Belleville et de Ménilmontant, et c'est alors que le massacre des hommes, des femmes et des enfants sans défense, qui avait fait rage toute la semaine, et n'avait cessé de croître, atteignit son point culminant. Le fusil ne tuait plus assez vite, c'est par centaines que les vaincus furent exécutés à la mitrailleuse. Le Mur des fédérés **[1]**, au cimetière du Père-Lachaise, où s'accomplit le dernier massacre en masse, est aujourd'hui encore debout, témoin à la fois muet et éloquent de la furie dont la classe dirigeante est capable dès que le prolétariat ose se dresser pour son droit. Puis, lorsqu'il s'avéra impossible d'abattre tous les Communards, vinrent les arrestations en masse, l'exécution de victimes choisies arbitrairement dans les rangs des prisonniers, la relégation des autres dans de grands camps en attendant leur comparution devant les conseils de guerre. Les troupes prussiennes, qui campaient autour de la moitié nord de Paris, avaient l'ordre de ne laisser passer aucun fugitif, mais souvent les officiers fermèrent les yeux quand les soldats écoutaient plutôt la voix de l'humanité que celle de leur consigne; et en particulier il faut rendre cet hommage au corps d'armée saxon qui s'est conduit d'une façon très humaine et laissa passer bien des gens, dont la qualité de combattant de la Commune était évidente.

Friedrich Engels, dans K. Marx, La guerre civile en France

1 le Mur des fédérés: (Ce mur, situé au cimetière du Père-Lachaise où les derniers Communards furent massacrés, demeure un lieu symbolique de commémoration pour les partis de gauche)

1.37 Les écrivains [1] contre la Commune

« Il y a sous toutes les grandes villes des fosses aux lions, des cavernes fermées d'épais barreaux où l'on parque les bêtes fauves, les bêtes puantes, les bêtes venimeuses, toutes les perversités réfractaires **[2]** que la civilisation n'a pu apprivoiser, ceux qui aiment le sang, ceux que l'incendie amuse comme un feu d'artifice, ceux que le vol délecte, ceux pour qui l'attentat à la pudeur **[3]** représente l'amour, tous les monstres du cœur, tous les difformes de l'âme **[4]**: population immonde, inconnue au jour **[5]**, et qui grouille sinistrement dans les profondeurs des ténèbres souterraines. Un jour, il advient ceci que **[6]** le belluaire **[7]** distrait oublie ses clefs aux portes de la ménagerie, et les animaux féroces se répandent par la ville épouvantée avec des hurlements sauvages. Des cages ouvertes, s'élancent les hyènes de 93 **[8]** et les gorilles de la Commune. »

R. GAUTIER, « Paris-Capitale » (octobre 1871)

« Ce qui arrive est tout uniment la conquête de la France par l'ouvrier et l'asservissement, sous son despotisme, du noble, du bourgeois, du paysan. Le gouvernement quitte les mains de ceux qui possèdent pour aller aux mains de ceux qui ne possèdent pas, de ceux qui ont un intérêt matériel à la conservation de la société à ceux qui sont complètement désintéressés d'ordre, de stabilité, de conservation ... »

GONCOURT, *Journal*, mardi 28 mars 1871

« ... Messieurs les ouvriers, par cela seul qu'ils caressaient mieux la bouteille **[9]** que le travail, et se lavaient fort peu les mains, n'ayant pas le temps de le faire, se sont mis en tête que tout leur était dû, leur appartenait sur la terre, et qu'ils en savaient assez long, n'ayant jamais appris que chacun leur métier **[10]**, pour se substituer avantageusement à **[11]** tous les gouvernements des peuples civilisés. Grâce à ces merveilleuses théories [...], il est avéré **[12]** [...] que l'expérience, le travail, la science, la réflexion, la méditation ne sont rien, ne servent à rien, qu'il suffit d'être grossier, mal élevé, de puer la crasse et le tabac, et d'avoir en toute occasion l'injure et la pipe à la bouche, pour être regardé comme un être supérieur. [...]

« Ce n'est même plus la barbarie qui nous menace, ce n'est même plus la sauvagerie qui nous envahit, c'est la bestialité pure et simple. »

E. FEYDEAU, *Consolation* 1872

de P. Lidsky, Les écrivains contre la Commune

1 écrivains: (les écrivains de l'époque ont en forte majorité été anti-communards)
2 réfractaires: (incorrigibles, résistant à tout traitement)
3 l'attentat à la pudeur: une conduite sexuelle criminelle
4 monstres du cœur, [...] difformes de l'âme: (ceux dont le cœur est monstrueux et l'âme difforme)
5 inconnue au jour: qui ne voit jamais la lumière du jour
6 il advient ceci que: il arrive que
7 le belluaire: (le dompteur de bêtes féroces, le gardien de ces bêtes)
8 hyènes de 93: (il s'agit ici des révolutionnaires de la Terreur de 1793)
9 ils caressaient [...] la bouteille: (ils aimaient boire)
10 n'ayant jamais appris que chacun leur métier: chacun n'ayant jamais appris autre chose que son métier
11 se substituer [...] à: (remplacer)
12 avéré: reconnu comme vrai

En juin 1871, l'un des responsables de la Commune réfugié à Londres, Eugène Pottier, écrit un poème qu'il titre *l'Internationale*. Les ouvriers le chantent pour la première fois en 1888, à la fête des travailleurs de Lille. Ce sera l'hymne de la gauche révolutionnaire.

On connaît les premières strophes et le refrain. Voici le chant dans son entier:

1.38 L'Internationale

Debout! les damnés de la terre!
Debout! les forçats **[1]** de la faim;
La raison tonne **[2]** en son cratère,
C'est l'éruption de la fin.
Du passé faisons table rase,
Foule esclave, debout! debout!
Le monde va changer de base:
Nous ne sommes rien, soyons tout!

Refrain:
C'est la lutte finale
Groupons-nous et demain
L'Internationale
Sera le genre humain.

Il n'est pas de sauveur suprême:
Ni Dieu, ni César, ni Tribun **[3]**,
Producteurs, sauvons-nous nous-mêmes!
Décrétons le salut commun!
Pour que le voleur rende gorge **[4]**,
Pour tirer l'esprit du cachot **[5]**,
Soufflons nous-mêmes notre forge
Battons le fer quand il est chaud.

L'État comprime **[6]** et la loi triche;
L'Impôt saigne le malheureux;
Nul devoir ne s'impose au riche;
Le droit du pauvre est un mot creux.
C'est assez languir en tutelle **[7]**,
L'Egalité veut d'autres lois;
« Pas de droits sans devoirs, dit-elle,
Égaux, pas de devoirs sans droits! »

Hideux dans leur apothéose,
Les rois de la mine et du rail
Ont-ils jamais fait autre chose
Que dévaliser le travail **[8]**.
Dans les coffres-forts de la bande
Ce qu'il a créé s'est fondu **[9]**.
En décrétant qu'on lui rende
Le peuple ne veut que son dû.

Les rois nous saoulaient de fumées,
Paix entre nous, guerre aux tyrans!
Appliquons la grève aux armées,
Crosse en l'air **[10]** et rompons les rangs!
S'ils s'obstinent, ces cannibales,
A faire de nous des héros,
Ils sauront bientôt que nos balles
Sont pour nos propres généraux.

Ouvriers, paysans, nous sommes
Le grand parti des travailleurs;
La terre n'appartient qu'aux hommes,
L'oisif ira loger ailleurs.
Combien de nos chairs se repaissent **[11]**!
Mais si les corbeaux, les vautours,
Un de ces matins disparaissent,
Le soleil brillera toujours!

1 forçats: (condamnés aux travaux forcés; ici, ceux qui sont condamnés à une faim perpétuelle)
2 tonne: gronde
3 tribun: (homme qui prétend parler au nom du peuple)
4 rende gorge: rende ce qu'il a volé
5 cachot: (cellule de prison)
6 comprime: opprime
7 en tutelle: sous la contrainte
8 dévaliser le travail: voler aux ouvriers les fruits de leur travail
9 ce qu'il a créé s'est fondu: ce que le travailleur a créé a disparu
10 crosse en l'air: refusons de nous battre
11 de nos chairs se repaissent: dévorent notre chair

SUJET DE REFLEXION

Pourquoi n'y a-t-il pas de place pour un compromis entre les deux camps, tels qu'ils s'expriment à travers les écrivains cités et le poème *l'Internationale* [documents 1.37 et 1.38]?

En quoi le sens de la devise "Liberté, égalité, fraternité" a-t-il changé depuis la Révolution française?

La lutte des classes a-t-elle été aussi violente dans votre pays? Quelles formes cette lutte y a-t-elle prises? ■

Le XXème siècle – la révolution est-elle finie?

La République proclamée en 1870 est très incertaine puisque les élections de 1871 voient la victoire d'une majorité de monarchistes. Ceux-ci sont cependant divisés en deux camps, chacun soutenant son prétendant au trône. La République est finalement adoptée, faute de mieux, en 1875, comme "le régime qui nous divise le moins". En écrasant la Commune de 1871, ce régime a montré qu'il n'était pas synonyme de "révolution", mais d'ordre et de conservation sociale. La République va progressivement s'enraciner au fil du temps, imposer ses symboles et ses rituels (la *Marseillaise* devient l'hymne national, le 14 juillet la fête nationale), développer des mœurs démocratiques qui vont civiliser les conflits. Si l'on excepte la période exceptionnelle du régime de Vichy (1940–44), qui a fait couler beaucoup de sang, les guerres entre Français ne sont plus aussi meurtrières.

Cependant le débat politique français restera longtemps marqué par la violence des affrontements du siècle précédent. Longtemps l'adversaire politique restera avant tout un ennemi avec lequel tout compromis serait sacrilège. Ceci explique peut-être la fortune du préfixe "anti" dans le vocabulaire politique: anti-France, anticapitaliste, anticommuniste, anticlérical, etc.

Les textes qui suivent, qui permettent de mesurer le chemin parcouru depuis l'époque des révolutions, révèlent toutefois la permanence, chez les Français, "d'une culture de l'exclusion".

L'affaire Dreyfus

Vers la fin du XIXème siècle se développe une nouvelle droite nationaliste, xénophobe, antisémite, hostile à la démocratie parlementaire. C'est dans ce climat de tension extrême que le capitaine Dreyfus, israélite d'origine alsacienne est condamné pour espionnage en 1894 par un tribunal militaire. Malgré l'accumulation des preuves de l'innocence de Dreyfus et de la culpabilité d'un autre officier, l'Armée, par la voix de ses plus hauts responsables, s'obstine à trouver Dreyfus coupable par tous les moyens. À partir de 1898, les passions se déchaînent: pour les "dreyfusards", héritiers de la Révolution française et de la défense des droits de l'homme, le droit d'un individu à la justice est sacré; de leur côté, les "antidreyfusards" mènent une campagne nationaliste et antisémite virulente: c'est la France, la patrie, et l'honneur de son armée qui sont attaqués et qu'il s'agit à tout prix de défendre.

1.39 Affaire Dreyfus: chronologie

1894 sept.

Les services de renseignements militaires entrent en possession d'un bordereau **[1]** manuscrit, promettant à l'attaché militaire allemand de lui fournir des secrets militaires.

1894/15 oct.

Arrestation du capitaine Alfred Dreyfus, accusé d'être l'auteur du bordereau.

1894/22 déc.

Le Conseil de Guerre **[2]** condamne Dreyfus à la déportation à vie.

1895/5 janv.

Dreyfus est dégradé **[3]**, envoyé à l'île du Diable (Guyane).

1896 mars.

Le colonel Picquart découvre une correspondance entre un militaire français, le commandant Esterhazy et l'attaché militaire allemand. L'écriture d'Esterhazy ressemble à celle du bordereau.

1897 nov.

À ceux qui demandent la révision du procès, le Président du Conseil **[4]** Jules Méline déclare: "Il n'y a pas d'affaire Dreyfus".

1898/11 janv.

Esterhazy est jugé et acquitté par le Conseil de Guerre.

1898/13 janv.

Émile Zola publie *J'accuse*.

1898 fév.

Zola est condamné à un an de prison.

1898 fév.

Fondation de la Ligue des Droits de l'Homme (dreyfusarde) et de la Ligue de la patrie française (nationaliste, antidreyfusarde).

1899 fév.

Déroulède **[5]** essaie d'entraîner un régiment à marcher sur l'Élysée. Cette tentative de coup d'état échoue.

1899 sept.

Dreyfus de nouveau devant le Conseil de guerre à Rennes: il est déclaré coupable avec circonstances atténuantes et condamné à dix ans de réclusion. Par décret du Président de la République, Dreyfus est gracié **[6]**.

1906/12 juill.

La Cour de Cassation **[7]** casse **[8]** le jugement de Rennes et réhabilite Dreyfus. Dreyfus est réintégré dans l'armée et décoré de la Légion d'Honneur.

d'après Histoire 1ère, sous la direction de Robert Frank

---

1 bordereau: (fiche qui établit une liste; ici, liste des documents fournis à l'Allemagne)
2 Conseil de Guerre: (cour de justice militaire)
3 dégradé: (lors d'une cérémonie publique, Dreyfus fut dépouillé de tous les insignes de son grade)
4 Président du Conseil: (Premier ministre à l'époque)
5 Déroulède: (l'un des chefs du mouvement nationaliste)
6 gracié: (on lui accorde le pardon)
7 Cour de Cassation: (cour suprême de justice)
8 casse: annule

1.40 Extraits de *J'accuse!*

[...] Mais cette lettre est longue, monsieur le Président, et il est temps de conclure.

J'accuse le lieutenant colonel de Paty de Clam d'avoir été l'ouvrier diabolique de l'erreur judiciaire **[1]**, en inconscient, je veux le croire, et d'avoir ensuite défendu son œuvre néfaste, depuis trois ans, par les machinations **[2]** les plus saugrenues **[3]** et les plus coupables. [...]

J'accuse le général Billot d'avoir eu entre les mains les preuves certaines de l'innocence de Dreyfus et de les avoir étouffées, de s'être rendu coupable de ce crime de lèse-humanité et de lèse-justice **[4]**, dans un but politique et pour sauver l'état-major compromis.

J'accuse le général de Boisdeffre et le général Gonse de s'être rendus complices du même crime, l'un sans doute par passion cléricale **[5]**, l'autre peut-être par cet esprit de corps qui fait des bureaux de la guerre l'arche sainte **[6]**, inattaquable.

J'accuse les trois experts en écritures, les sieurs Belhomme, Varinard et Couard, d'avoir fait des rapports mensongers et frauduleux, à moins qu'un examen médical ne les déclare atteints d'une maladie de la vue et du jugement.

J'accuse les bureaux de la guerre d'avoir mené dans la presse, particulièrement dans *L'Eclair* et dans *L'Echo de Paris*, une campagne abominable, pour égarer l'opinion et couvrir leur faute.

En portant ces accusations, je n'ignore pas que je me mets sous le coup des articles **[7]** 30 et 31 de la loi sur la presse du 29 juillet 1881, qui punit les délits de diffamation. Et c'est volontairement que je m'expose.

Quant aux gens que j'accuse, je ne les connais pas, je ne les ai jamais vus, je n'ai contre eux ni rancune **[8]** ni haine. Ils ne sont pour moi que des entités, des esprits de malfaisance sociale. Et l'acte que j'accomplis ici n'est qu'un moyen révolutionnaire pour hâter l'explosion de la vérité et de la justice.

Je n'ai qu'une passion, celle de la lumière **[9]**, au nom de l'humanité qui a tant souffert et qui a droit au bonheur. Ma protestation enflammée n'est que le cri de mon âme. Qu'on ose donc me traduire en cour d'assises **[10]** et que l'enquête ait lieu au grand jour!

J'attends.

Veuillez agréer, monsieur le Président, l'assurance de mon profond respect.

Émile Zola, dans L'Aurore, 13 janvier 1898

1 l'ouvrier [...] de l'erreur judiciaire: le responsable de la condamnation d'un innocent
2 machinations: intrigues
3 saugrenues: absurdes
4 crime de lèse-humanité et de lèse-justice: (crime qui porte atteinte à l'honneur de l'humanité et de la justice)
5 passion cléricale: (qui cherche à préserver l'autorité sociale et politique de l'Église catholique; l'Église a dans l'ensemble pris parti contre Dreyfus)
6 arche sainte: (coffre où les Hébreux gardaient les Tables de la Loi)
7 je me mets sous le coup des articles: je risque d'être accusé de transgresser les articles
8 rancune: désir de vengeance
9 lumière: vérité
10 traduire en cours d'assises: faire passer devant la justice

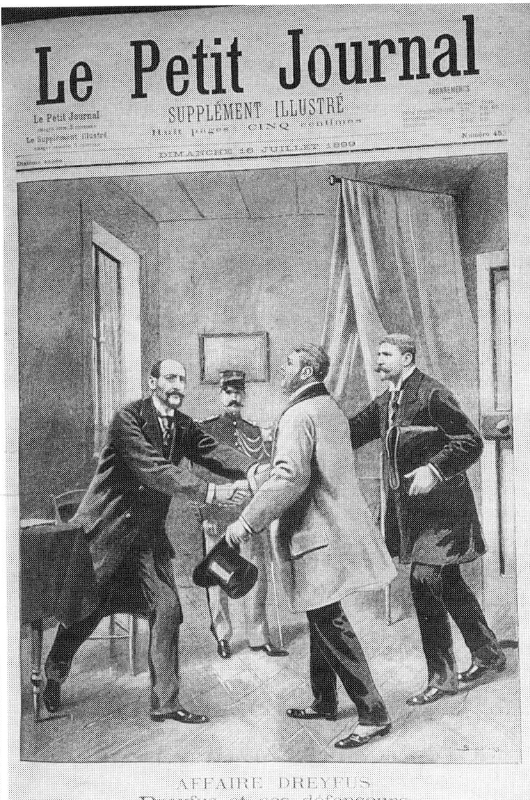

À la une, 16 juillet 1899

1.41 Extraits de Barrès, *Scènes et doctrines du nationalisme*

Sur les dreyfusards

Les amis de Dreyfus [...] injurient tout ce qui nous est cher, notamment la patrie, l'armée [...]. Leur complot désarme et divise la France, et ils s'en réjouissent. Quand même leur client serait **[1]** un innocent, ils demeureraient des criminels.

Sur Zola

M. Zola était prédestiné pour le dreyfusisme. Il obéit à de profondes nécessités intérieures.

Qu'est-ce que M. Emile Zola? Je le regarde à ses racines: cet homme n'est pas un Français.

Il se prétend **[2]** bon Français; je ne fais pas le procès de **[3]** ses prétentions, ni même de ses intentions. Je reconnais que son dreyfusisme est le produit de sa sincérité. Mais je dis à cette sincérité: il y a une frontière entre vous et moi. Quelle frontière? Les Alpes.

Nous ne tenons pas nos idées et nos raisonnements de la nationalité que nous adoptons, et quand je me ferais naturaliser Chinois en me conformant scrupuleusement aux prescriptions de la légalité chinoise, je ne cesserais pas d'élaborer des idées françaises et de les associer en Français **[4]**. Parce que son père et la série de ses ancêtres sont des Vénitiens, Emile Zola pense tout naturellement en Vénitien déraciné.

Les esprits perspicaces ont toujours senti ce qu'il y a d'étranger, voire d'anti-français dans le talent de Zola. [...] C'est sincèrement qu'il pense nous rapprocher de la Vérité et nous rectifier; en nous redressant selon son type, il nous froisse **[5]**, il excite nos répugnances secrètes. Il a écrit la *Débâcle* **[6]** sans tenir compte du point de vue français et n'a certainement pas compris qu'il blessait le monde militaire.

Sur Dreyfus

Une note d'un de ses chefs a été lue au procès: « Je trouve au capitaine Dreyfus beaucoup d'intelligence, mais il a un esprit bien différent de l'esprit de la vieille armée. » En effet, la plante Dreyfus soumise à la culture **[7]** qui d'un Français quelconque fait un militaire ne s'harmonisera pas avec le parterre **[8]**. Lui-même a quelque conscience de cette irréductible différence; il se connaît comme d'une autre espèce. Un jour que le colonel Bertin-Mourot parlait du désespoir qu'il avait éprouvé [...] à voir les Alsaciens-Lorrains enlevés à leur Dieu et à leur ancienne patrie **[9]**, le capitaine Dreyfus dit: « Pour nous autres juifs, ce n'est pas la même chose. En quelque pays que nous soyons, notre Dieu est avec nous **[10]**. »

Ce déraciné qui se sent mal à l'aise dans un des carreaux **[8]** de notre vieux jardin français, devait tout naturellement admettre que dans un autre milieu il eût trouvé son bonheur. [...]

Je n'ai pas besoin qu'on me dise pourquoi Dreyfus a trahi. En psychologie, il me suffit de savoir qu'il est capable de trahir et il me suffit de savoir qu'il a trahi. L'intervalle est rempli. Que Dreyfus est capable de trahir, je le conclus de sa race. Qu'il a trahi, je le sais parce que j'ai lu les pages de Mercier et de Roget qui sont de magnifiques travaux.

Quant à ceux qui disent que Dreyfus n'est pas un traître, le tout, c'est de s'entendre **[11]**. Soit! ils ont raison: Dreyfus n'appartient pas à notre nation et dès lors **[12]** comment la trahirait-il? Les Juifs sont de la patrie où ils trouvent leur plus grand intérêt. Et par là on peut dire qu'un Juif n'est jamais un traître.

1 quand même leur client serait: même si leur client était
2 il se prétend: il affirme qu'il est
3 je ne fais pas le procès de: je ne critique pas
4 en Français: comme un Français
5 il nous froisse: il blesse notre fierté
6 *Débâcle*: (roman de Zola qui évoque la guerre de 1870)
7 la culture: (ici, dans les deux sens du mot: culture d'une plante, et valeurs de l'armée nationale)
8 parterre/carreaux: (parties d'un jardin affectées à une culture particulière. Ici, Dreyfus ne peut s'intégrer au parterre, devenir un soldat français comme les autres)
9 les Alsaciens-Lorrains enlevés [...] à leur ancienne patrie: (l'Alsace et la Lorraine sont allemandes depuis 1871)
10 notre Dieu est avec nous: (bien que lui-même d'origine alsacienne, Dreyfus ne réagit pas comme les autres devant la perte de l'Alsace-Lorraine)
11 s'entendre: se comprendre sur le sens des mots
12 dès lors: dans ces conditions

SUJET DE REFLEXION

Qu'est-ce que Zola et Dreyfus ont en commun, selon Barrès, l'auteur du document 1.41?

Une simple affaire judiciaire peut devenir une affaire politique. De telles affaires ont-elles existé dans votre pays? Comment sont-elles devenues politiques? ■

La République et l'Église

À travers le XIXème siècle l'Église catholique est demeurée monarchiste de cœur, hostile aux idées libérales issues du siècle des Lumières et de la Révolution. Aussi n'est-il pas étonnant que la vie politique sous la IIIe République (1870–1940) ait été dominée par le conflit, à la fois philosophique et politique, entre républicains et catholiques. Les deux camps se disputent essentiellement le contrôle de l'éducation. Les lois Jules Ferry, de 1881 à 1883, rendent l'instruction gratuite et obligatoire jusqu'à 13 ans, et favorisent l'expansion de l'enseignement primaire public. Celui-ci devient aussi "laïque": aucun enseignement religieux n'y est donné, au nom de la "neutralité" de l'école publique. En 1905 est votée la loi de "séparation de l'Église et de l'État", selon laquelle la République assure la liberté de conscience et le libre exercice des cultes, mais "ne reconnaît, ne salarie ni ne subventionne aucun culte".

Les catholiques se rallieront progressivement à la République au cours du XXème siècle. La "guerre scolaire", qui s'est apaisée depuis les années soixante, est cependant prompte à se ranimer, comme en témoignent les énormes manifestations organisées par les catholiques en 1984, par les "laïques" en 1993.

1.42 On ne forme pas un républicain comme on forme un catholique

[...] Le premier devoir d'une République est de faire des républicains, et [...] l'on ne fait pas un républicain comme on fait un catholique. Pour faire un catholique, il suffit de lui imposer la vérité toute faite: la voilà, il n'a plus qu'à l'avaler. Le maître a parlé, le fidèle répète (*Bravos et vifs applaudissements*). Je dis catholique, mais j'aurais dit tout aussi bien un protestant ou un croyant quelconque. (...)

... Bible ou pape, c'est toujours l'autorité prétendue surnaturelle, et toute l'éducation cléricale aboutit à ce commandement: croire et obéir, foi aveugle et obéissance passive.

Pour faire un républicain, il faut prendre l'être humain si petit et si humble qu'il soit, un enfant, un adolescent, une jeune fille; il faut prendre l'homme le plus inculte **[1]**, le travailleur le plus accablé par l'excès du travail, et lui donner l'idée qu'il faut penser par lui-même, qu'il ne doit ni foi ni obéissance à personne, que c'est à lui de chercher la vérité et non pas à la recevoir toute faite d'un maître, d'un directeur, d'un chef, quel qu'il soit, temporel ou spirituel. (*Nouveaux applaudissements*).

Citoyens, je vous en prie, réfléchissez-y: est-ce qu'on apprend à penser comme on apprend à croire? Croire, c'est ce qu'il y a de plus facile, et penser, ce qu'il y a de plus difficile au monde. Pour arriver à juger soi-même d'après la raison, il faut un long et minutieux apprentissage; cela demande des années, cela suppose un exercice méthodique et prolongé.

C'est qu'il ne s'agit de rien moins que de faire un esprit libre. Et si vous voulez faire un esprit libre, qui est-ce qui doit s'en charger, sinon un autre esprit libre?

[...] (*Bravos et applaudissements*).

Ferdinand BUISSON. *Discours au congrès radical de 1903.*

1 inculte: ignorant

1.43 Le silence sur Dieu équivaut à sa négation

On se figure que le silence de l'instituteur sur la religion équivaut de sa part à un acte de neutralité: c'est là une pure chimère.

Ne pas parler de Dieu à l'enfant pendant sept ans, alors qu'on l'instruit six heures par jour, c'est lui faire accroire positivement que Dieu n'existe pas, ou qu'on n'a nul besoin de s'occuper de lui. [...]

Expliquer à l'enfant les devoirs de l'homme envers lui-même et envers ses semblables, et garder un silence profond sur les devoirs de l'homme envers Dieu, c'est lui insinuer clairement que ces devoirs n'existent pas ou qu'ils n'ont aucune importance. (...)

[...]

En pareil cas, et de la part d'un instituteur, le silence équivaut à la négation.

Mgr FREPPEL, *discours prononcé à la Chambre de députés, 21 décembre 1880*

1.44 Les Rouges [1] et les Blancs [2] en Bretagne

Il faut être un rouge avéré [3], et même un rouge vif [4], pour oser mettre sa fille à l'école communale [5]. Car il y a une autre école, tenue par les bonnes sœurs [6], protégée par le recteur [7] et son vicaire [8]. Elle se trouve en contrebas du chemin qui longe l'église au sud. Les filles des Blancs y reçoivent une éducation religieuse, raffinée, propre à en faire de bonnes brebis du Seigneur. Y vont aussi d'autorité [9] celles dont les parents vivent dans la dépendance des Blancs, c'est-à-dire leur doivent leur travail et leur pain quotidien. Surtout si vous répandez votre sueur sur une ferme appartenant à un Blanc de la ville, Quimper ou Paris, si vous devez abriter votre famille sous un toit de Blanc, il n'est pas question que vous fassiez instruire vos filles ailleurs que chez les Sœurs sous peine d'être invité à décamper à la prochaine Saint-Michel [10] […]. Tête rouge, mauvaise tête, révolutionnaire! Même les Rouges connus comme tels, travaillant chez les Rouges et donc sans obligation aucune à l'égard des Blancs, sont en butte à [11] d'incessantes tracasseries. Tantôt ils se voient refuser une corde [12] de bois à feu ou un cheval et une charrette pour leurs gros travaux (et presque tous les chevaux sont aux Blancs), tantôt l'un des prêtres ou les deux ensemble assiègent sans relâche la pauvre mère de famille, souvent plus impressionnable que son mari, pour la faire résister à celui-ci qui a déjà promis sa fille à la directrice de la communale. Car les instituteurs, eux aussi, font du porte à porte pour recruter les fillettes. D'abord parmi les Rouges et les jeux sont faits d'avance, mais les vrais Rouges ne sont pas nombreux, surtout dans le bourg et la campagne riche. Là où il y en a le plus, c'est au village de Penhors sur la mer, habité par des pêcheurs qui font sonner très haut le nom de la République, ce qui n'empêche pas qu'ils honorent privément [13] la Vierge de leur chapelle tout en abreuvant le clergé de sarcasmes à propos des ors et des argents qu'il tire des pardons [14]. La grande affaire des instituteurs laïques est de convaincre les ménagers [15] qui ne sont pas sujets des Blancs et professent une sympathie pour les Rouges sans trop se déclarer pour eux. C'est aussi le cas des commerçants dont la clientèle est partagée entre les deux clans. Pour tous ceux-là, la décision dépend de savants calculs. Entre surtout en ligne de compte, en faveur de la communale, l'ambition [16] de voir la fille accéder à la dignité d'institutrice ou de postière, l'école des sœurs préparant surtout des ménagères bonnes catholiques qui resteront chez elles, à moins qu'elles n'entrent en religion. Les prêtres et leurs alliés contre-attaquent en proclamant bien haut que l'école laïque est *l'école du Diable*, qu'on n'y apprend jamais la moindre prière (et le salut éternel alors!), que le Christ n'y a pas droit d'entrée sur sa croix, que les instituteurs rouges corrompent la jeunesse et sapent les fondements mêmes de la société.

P-J. Hélias, Le cheval d'orgueil

1 les Rouges: (partisans de l'école publique)
2 les Blancs: (partisans de l'école "libre" catholique)
3 avéré: reconnu par tous
4 vif: intense
5 école communale: école publique de la commune
6 bonnes sœurs: religieuses
7 le recteur: (nom donné en Bretagne au curé, qui dirige une paroisse)
8 le vicaire: (prêtre qui assiste le curé)
9 d'autorité: sans que l'on tolère de discussion
10 la prochaine Saint-Michel: (les loyers étaient renouvelés le jour de la Saint-Michel)
11 sont en butte à: sont confrontés à
12 une corde: (unité de mesure pour le bois de chauffage)
13 privément: en privé
14 pardons: (fêtes religieuses en Bretagne)
15 les ménagers: (les gens qui gèrent et entretiennent une propriété qui ne leur appartient pas)
16 entre en ligne de compte […] l'ambition: (on tient compte de l'ambition)

SUJET DE REFLEXION

D'après le document 1.44, quels sont les divers facteurs qui entraient en ligne de compte lorsqu'il s'agissait de choisir une école pour sa fille en Bretagne? Pourquoi cette décision est-elle souvent difficile? ■

1.45 Extrait de *La femme du Boulanger*

Scène: Peu après la sortie de l'école communale d'un petit village.
Au détour d'une rue, M. l'Instituteur rencontre M. le Curé. Il détourne la tête. Le curé s'avance vers lui.
C'est un très jeune prêtre, extrêmement distingué, qui porte des lunettes cerclées d'or. L'instituteur aussi est très jeune; il doit sortir de l'École Normale **[1]**, *et c'est certainement son premier poste.*

LE CURÉ Pardon, monsieur l'Instituteur, je désire vous dire deux mots si vous n'y voyez pas d'inconvénients.

L'INSTITUTEUR (*glacé*) Je n'en vois aucun. Un chien regarde bien un évêque **[2]**. M. le Curé peut donc parler à M. l'Instituteur.

LE CURÉ (*pincé*) Malgré le ton désobligeant de votre réponse, les devoirs de ma charge m'obligent à continuer cette conversation.

L'INSTITUTEUR Permettez. Vous dites que je vous ai parlé sur un ton désobligeant, et je reconnais que c'est vrai. Mais je tiens à vous rappeler qu'au moment où je suis arrivé ici, c'est-à-dire au début d'octobre, je vous ai rencontré deux fois le même jour. La première fois c'était le matin.

LE CURÉ Sur la place de l'Église.

L'INSTITUTEUR C'est exact. Je vous ai salué; vous ne m'avez pas répondu. La deuxième fois, c'était…

LE CURÉ À la terrasse du cercle **[3]**. Vous étiez assis devant un grand verre d'alcool.

L'INSTITUTEUR Un modeste apéritif.

LE CURÉ Si vous voulez, enfin, c'était de l'alcool.

L'INSTITUTEUR Soit. Je vous ai encore salué, en ôtant mon chapeau.

LE CURÉ C'était un chapeau melon.

L'INSTITUTEUR C'est exact. Vous ne m'avez pas répondu. Pourquoi?

LE CURÉ (*grave*) Parce que je ne vous avais pas vu.

L'INSTITUTEUR Quoi?

LE CURÉ Et je ne vous ai pas vu me saluer parce que je n'ai pas voulu vous voir.

L'INSTITUTEUR Et pour quelle raison? J'arrivais ici, vous ne m'aviez jamais vu. Je vous salue très poliment, vous détournez la tête. Vous m'avez donc fait un affront sans me connaître.

LE CURÉ (*avec un rire un peu méprisant*) Oh! monsieur, je vous connaissais!

L'INSTITUTEUR Ah? vous aviez reçu une fiche de l'évêché?

LE CURÉ Oh! pas du tout, monsieur… Monseigneur a des occupations et des travaux plus utiles et plus nobles que ceux qui consisteraient à remplir des fiches sur le caractère et les mœurs de chaque instituteur laïque. Ce serait d'ailleurs un très gros travail, et peu ragoûtant **[4]**. Non, monsieur, je n'ai pas reçu votre fiche et je n'avais pas besoin de la recevoir, parce que vous la portiez sur vous.

L'INSTITUTEUR J'ai une tête de scélérat **[5]**?

LE CURÉ Ne me faites pas dire ce que je ne dis pas. Non, monsieur, non, vous n'avez pas absolument une tête de scélérat. Non. Et puis, même avec une tête de scélérat, un homme peut se racheter par la foi, et par la stricte observance des pratiques recommandées par notre sainte mère l'Église. Mais il ne s'agit pas de votre tête. Ce qui m'a permis de vous démasquer du premier coup, c'est le journal qui sortait de votre poche. C'était *le Petit Provençal*. **[6]** (*avec feu*) Ne niez pas, monsieur, je l'ai vu. Vous lisiez *le Petit Provençal*.

L'INSTITUTEUR (*calme et souriant*) Mais oui, je lis *le Petit Provençal*. Je suis même abonné.

LE CURÉ Abonné! C'est complet.

L'INSTITUTEUR Vous ne voudriez pas que je lise *la Croix*? **[7]**

LE CURÉ (*avec force*) Mais si, monsieur, je le voudrais! Mais je vous estimerais bien davantage, monsieur, si vous lisiez *la Croix*! Vous y trouveriez une morale autrement nourrissante, autrement succulente que les divagations fanatiques de journalistes sans Dieu.

L'INSTITUTEUR C'est pour ça que vous m'avez arrêté? Pour me placer un abonnement à *la Croix*?

LE CURÉ Non, monsieur. Je vous ai arrêté pour vous rappeler vos devoirs. Non pas envers vous-même—car vous me paraissez peu disposé à songer à votre salut éternel—mais vos devoirs envers vos élèves—ces enfants que le gouvernement vous a confiés—peut-être un peu imprudemment.

L'INSTITUTEUR Il est certain que le vieillard que vous êtes peut donner des conseils au gamin que je suis.

LE CURÉ En effet, monsieur. Quoique nous soyons à peu près du même âge, je crois que la méditation et l'élévation quotidienne de l'âme par la prière m'ont donné plus d'expérience de la vie que vous n'avez pu en apprendre dans vos manuels **[8]** déchristianisés. Vous êtes, je crois, tout frais émoulu **[9]** de l'École Normale…

L'INSTITUTEUR Vous êtes, je crois, tout récemment éclos **[9]** du Grand Séminaire?

LE CURÉ Enfin, peu importe. Ce que j'ai à vous dire est très grave. Vous avez fait, l'autre jour—avant-hier exactement—une leçon sur Jeanne d'Arc.

L'INSTITUTEUR Eh oui, ce n'est pas que ce soit amusant, mais c'est dans le programme.

LE CURÉ (*sombre*) Bien. À cette occasion, vous avez prononcé devant des enfants, les phrases suivantes: « Jeanne d'Arc était une bergère de Domrémy. Un jour qu'elle gardait ses moutons, *elle crut entendre des voix* ». C'est bien ce que vous avez dit?

L'INSTITUTEUR C'est très exactement ce que j'ai dit.

LE CURÉ (*gravement*) Songez-vous à la responsabilité que vous avez prise quand vous avez dit « crut entendre »?

L'INSTITUTEUR Je songe que j'ai justement évité de prendre une responsabilité. J'ai dit que Jeanne d'Arc « crut entendre des voix. » C'est-à-dire qu'en ce qui la concerne elle les entendait fort clairement—mais en ce qui me concerne, je n'en sais rien.

LE CURÉ Comment, vous n'en savez rien?

L'INSTITUTEUR Ma foi, monsieur le curé, je n'y étais pas.

LE CURÉ Comment, vous n'y étiez pas?

L'INSTITUTEUR Et ma foi non. En 1431, je n'étais même pas né.

LE CURÉ Oh! n'essayez pas de vous en tirer par une pirouette **[10]**. Vous n'avez pas le droit de dire « crut entendre. » Vous n'avez pas le droit de nier un fait historique. Vous devez dire « Jeanne d'Arc entendit des voix ».

L'INSTITUTEUR Mais dites donc, il est très dangereux d'affirmer des choses pareilles—même s'il s'agit d'un fait historique. Il me semble me rappeler que lorsque Jeanne d'Arc, devant un tribunal présidé par un évêque qui s'appelait Cauchon, déclara qu'elle avait entendu des voix, ce Cauchon-là la condamna à être brûlée vive—ce qui fut fait à Rouen, sur la place du Marché.—Et comme, malgré ses voix, elle était combustible, la pauvre bergère en mourut.

LE CURÉ Réponse et langage bien digne d'un d'abonné du *Petit Provençal*. Je vois, monsieur, que je n'ai rien à attendre d'un esprit aussi borné et aussi grossier **[11]** que le vôtre. Je regrette d'avoir engagé une conversation inutile et qui m'a révélé une profondeur de mauvaise foi **[12]** que je n'aurais jamais osé imaginer.

L'INSTITUTEUR (*goguenard*) En somme vous êtes furieux parce que j'ai parlé de Jeanne d'Arc, qui, selon vous, vous appartient. Mais vous-même, monsieur le Curé, il vous arrive de piétiner mes plates-bandes **[13]**. Ainsi, vous avez dit aux enfants du catéchisme que je me trompais, et qu'en histoire naturelle il n'y avait pas trois règnes, qu'il y avait quatre règnes.

LE CURÉ Mais parfaitement: le règne minéral, le règne végétal, le règne animal et le règne humain, ce qui est scientifiquement démontré.

L'INSTITUTEUR Il est scientifiquement démontré que le règne humain est une absurdité.

LE CURÉ Vous vous considérez donc comme un animal?

L'INSTITUTEUR Sans aucun doute!

LE CURÉ Je vous crois trop savant pour ne pas admettre qu'en ce qui vous concerne, vous avez certainement raison. Permettez donc que je me retire sans vous saluer, car je ne salue pas les animaux… (*Il s'éloigne.*)

L'INSTITUTEUR Et vous, qu'est-ce que vous croyez être, espèce de pregadiou **[14]**?

LE CURÉ *Vade retro, Satana* **[15]**!

L'INSTITUTEUR Va te cacher, va, fondu! (*Il hausse les épaules et s'en va de son côté.*)

M. Pagnol, La femme du Boulanger

1. École Normale: (école qui préparait les futurs instituteurs publics)
2. un chien regarde bien un évêque: puisque même un chien peut regarder un évêque
3. cercle: (endroit où se réunissent les membres d'un club)
4. peu ragoûtant: peu appétissant
5. scélérat: bandit/criminel
6. *le Petit Provençal*: (journal régional de gauche, maintenant disparu)
7. *la Croix*: (à l'origine, l'organe officiel du catholicisme; le journal est toujours le quotidien catholique le plus important)
8. manuels: livres scolaires
9. vous êtes tout frais émoulu/vous êtes tout récemment éclos: vous venez de sortir
10. de vous en tirer par une pirouette: d'éviter une question par une plaisanterie
11. grossier: vulgaire
12. une profondeur de mauvaise foi: un manque total de sincérité
13. de piétiner mes plates-bandes: d'envahir un domaine qui m'appartient
14. pregadiou: (celui qui passe son temps à prier, dans le dialecte régional)
15. *vade retro, Satana*: retire-toi, Satan! (latin)

SUJET DE REFLEXION

Pourquoi les deux personnages [document 1.45] ont-ils des souvenirs aussi précis des occasions auxquelles ils se sont vus?

Ce dialogue est extrait d'une pièce de théâtre. La littérature peut-elle, à votre avis, aider à mieux connaître une société? ■

Le Front populaire (1936)

Devant la montée des extrêmes-droites en Europe et en France même, les partis de gauche (y compris, pour la première fois, le Parti communiste) s'unissent et gagnent les élections de 1936. Un gouvernement de "Front populaire", dirigé par le socialiste Léon Blum, est nommé. Deux millions de salariés sont bientôt en grève, occupant leurs lieux de travail. Revendiquant l'héritage de la Révolution et de la Commune, ce mouvement social est cependant plus révolutionnaire en paroles qu'en actes et se déroule dans la joie et la bonne humeur plus que dans la colère: on est loin des affrontements sanglants du XIXème siècle. Confronté à des difficultés économiques, le gouvernement Blum ne dure guère plus d'un an. Même s'il n'a pas transformé la société, le Front populaire laissera cependant le souvenir de quelques grandes mesures sociales: reconnaissance du droit syndical dans les entreprises, la "semaine de 40 heures", les deux semaines de congés payés.

L'enthousiasme

1.46 *Les occupations d'usines*

Cette grève est en elle-même une joie. Une joie pure. Une joie sans mélange.

Oui, une joie. J'ai été voir les copains dans une usine où j'ai travaillé il y a quelques mois... Joie de pénétrer dans l'usine avec l'autorisation souriante d'un ouvrier qui garde la porte. Joie de trouver tant de sourires, tant de paroles d'accueil fraternel... Joie de parcourir librement ces ateliers où on était rivé sur **[1]** sa machine... Joie d'entendre, au lieu du fracas impitoyable des machines, de la musique, des chants et des rires... Joie de passer devant les chefs la tête haute... Joie de vivre, parmi ces machines muettes, au rythme de la vie humaine... Bien sûr, cette vie si dure recommencera dans quelques jours. Mais on n'y pense pas... Enfin, pour la première fois, et pour toujours, il flottera autour de ces lourdes machines d'autres souvenirs que le silence, la contrainte, la soumission. Des souvenirs qui mettront un peu de fierté au cœur, qui laisseront un peu de chaleur humaine sur tout ce métal.

On se détend complètement. On n'a pas cette énergie farouchement tendue, cette résolution mêlée d'angoisse si souvent observée dans les grèves. On est résolu, bien sûr, mais sans angoisse. On est heureux.

Simone Weil, La Révolution prolétarienne, 10 juin 1936

1 rivé sur: attaché à

1.47 *Le 14 juillet*

COMME EN QUATRE-VINGT-NEUF
DANS L'ÂME DU PEUPLE REVIT AUJOURD'HUI
L'ESPRIT DE LA GRANDE RÉVOLUTION.

Ce qui s'est réveillé, dans l'inoubliable journée du 14 juillet 1936, c'est l'esprit éternellement jeune de la Révolution française, l'esprit de Quatre-Vingt-Neuf.

Tout l'évoquait: images de la prise de la Bastille, bonnets phrygiens **[1]**, et cette Marseillaise qui, reconquise, redevenait l'hymne du peuple, et ces trois couleurs qui, ravies aux fascistes, redevenaient l'emblème de la liberté.

Et puis aussi, et puis surtout, que ce fût à l'ombre du drapeau tricolore ou du drapeau rouge, aux accents de *La Marseillaise* ou de *L'Internationale*, il y avait ce qui fut le caractère original de la Révolution naissante: certitude joyeuse de servir le Droit, spontanéité de l'élan fraternel, et ce quelque chose de jeune qui annonce les grandes nouveautés...

Nous hésitons à le dire, nous hésitons même à nous en rendre compte, parce que le présent, faute de recul **[2]**, n'a pas la majesté du passé, parce qu'on voit mal l'histoire quand on est dans l'histoire; mais, tout de même, nous le sentons: *le 14 juillet 1936, il s'est accompli quelque chose d'aussi grand que le 14 juillet 1789...*

Eh bien! de même que les hommes de 89 n'auraient rien pu faire s'ils avaient tenté d'agir sous le feu des canons de la Bastille, de même nous ne ferions rien si nous ne commencions par briser ces deux forces plus redoutables que les canons: la Banque qui vole, la Presse qui ment.

Si donc nous voulons traduire la volonté de ce Peuple qui s'est levé le 14 juillet, formidable et pacifique et d'autant plus formidable qu'il était plus pacifique, pas d'hésitations, pas de délais. Qu'au 89 intellectuel, au 89 politique, succède enfin le 89 économique.

Albert Bayet, La Lumière, 18 juillet 1936

1 bonnets phrygiens: (bonnets portés par les révolutionnaires de 1789; la République est symbolisée par un buste de femme portant un bonnet phrygien)
2 faute de recul: parce qu'on ne bénéficie pas de la distance nécessaire

La peur

1.48 LE VERTIGE DES MASSES

Il suffit de voir un président du Conseil lever le poing devant un torrent humain, hurlant *L'Internationale*, de voir les ministres en exercice, comme Paul Faure, Salengro, Spinasse, se dépenser **[1]** dans des meetings populaires et se livrer aux plus dangereuses improvisations jaillies des pires imaginations démagogiques, pour comprendre que le pouvoir réel a déserté le Palais-Bourbon **[2]**, que les assemblées issues du suffrage universel ne sont plus que des figurations sans importance, et que, désormais, c'est la foule anonyme, irresponsable, la foule passionnée, aveugle et déchaînée, la foule trompée par dix ans de démagogie, aigrie par trois ans de crise, oui, c'est la foule qui exerce le pouvoir. [...]

La démocratie n'a jamais été le règne de l'anarchie, non plus que celui de l'arbitraire **[3]** de la foule. Car, pour immenses qu'elle soient, les foules du Front populaire ne représentent quand même qu'une faible minorité dans le pays.

Mais il faut bien admettre, et c'est là qu'est le danger, le sérieux danger de la situation, que nos ministres, après s'être servis de la foule pour décrocher leurs maroquins **[4]**, connaissent aujourd'hui, avec l'ivresse du pouvoir, le vertige des masses qui les ont portés. [...]

Vertige qui leur fait tout subir et tout accepter.

Vertige qui fait d'eux de simples jouets qui se briseront comme fétus de paille au premier remous de ces masses qui les acclament encore, mais qu'ils sont incapables de discipliner et de sortir de l'anarchie où il les ont conduites.

Pierre TAITTINGER, « Le vertige des masses », L'Ami du peuple, 18 juillet 1936

1. se dépenser: dépenser toute leur énergie
2. Palais-Bourbon: (siège de l'Assemblée nationale)
3. de l'arbitraire: (du pouvoir arbitraire/du despotisme)
4. décrocher leurs maroquins: obtenir leurs postes ministériels (le maroquin est le portefeuille ministériel)

1.49 Les banquiers vus par les Communistes

1.50 Les Communistes vus par la droite

© Cliché Bibliothèque Nationale de France, Paris

SUJET DE REFLEXION

Pourquoi pensez-vous que les salariés se sont mis en grève après la victoire du Front populaire? Quelle est la signification des occupations d'usines?

Pourquoi les références au passé sont-elles importantes pour le peuple du Front populaire? Que signifie l'expression "le 89 économique" dans le document 1.47?

Dans quelle mesure les "guerres civiles" du XIXème siècle vous semblent-elles terminées d'après ces documents? ■

Le sauveur en temps de crise

Les Français succombent périodiquement à la tentation autoritaire. Dans les moments difficiles, les institutions démocratiques de la République sont accusées d'exacerber les divisions politiques, d'engendrer l'impuissance des gouvernants, d'être à la source de tous les maux. C'est ainsi qu'à plusieurs reprises, on a eu recours à un chef, souvent militaire, jugé seul capable d'assurer l'unité nationale autour de sa personne, de restaurer par son autorité l'ordre et la discipline. Bonaparte mit ainsi fin à la première République, son neveu Louis Napoléon à la seconde, le Maréchal Pétain à la troisième, le général de Gaulle à la quatrième.

La Seconde Guerre mondiale offre un exemple frappant d'une telle expérience. Au lendemain de la défaite de 1940, les parlementaires de la IIIe République abandonnent le pouvoir à Pétain, qui signe l'armistice, et engage le pays dans la voie de la collaboration avec l'Allemagne. Simultanément, de Londres, de Gaulle appelle le pays à poursuivre le combat. À travers la lutte entre "collaborateurs" et "résistants", ces quatre années d'occupation allemande voient se ranimer une guerre ancienne entre Français, dont les traces, plus d'un demi-siècle plus tard, ne sont toujours pas effacées.

1.51 LE GOUVERNEMENT DE VICHY

Vichy abolit la République, puisque le régime s'appelle officiellement « Etat français ». Il est une véritable monarchie sans monarque, le maréchal Pétain, chef de l'Etat, chef du gouvernement, possède tous les pouvoirs (plus que n'en avait Louis XIV, a-t-on pu écrire), et il est l'objet d'un véritable culte; or cela n'est pas justifié par la nécessité prétendue d'une dictature provisoire et circonstancielle **[1]**, mais par principe, parce que l'autorité est bonne, et le suffrage mauvais. C'est à tous les échelons que la nomination est ainsi substituée à l'élection [...] Le régime prend une revanche — dans le court terme — sur la gauche triomphante du Front populaire, dont les chefs, notamment Blum et Daladier, sont arrêtés, inculpés comme « responsables de la défaite » et traduits en « cour de justice ». A plus long terme, la revanche est contre la République elle-même, voire contre la Révolution de 1789 [...] La devise Travail-Famille-Patrie remplace Liberté-Egalité-Fraternité. Bien entendu, la contestation syndicale n'est pas plus admise que la contestation parlementaire; le régime se veut social, mais dans un sens parternaliste [...]. L'allégeance morale et l'aide matérielle à l'Eglise catholique se substituent à la laïcité.

Enfin, cette contre-révolution à la française, loin de chercher à se distinguer des fascistes vainqueurs, accepte encore de leur ressembler sur le point le plus détestable, l'antisémitisme. Dès le 3 octobre 1940, les citoyens d'origine juive reçoivent un statut spécial; les fonctionnaires juifs sont révoqués. Avec eux le sont aussi les francs-maçons, mais pour d'autres raisons (comme tous les régimes de droite, Vichy leur attribue la qualité d'aile marchante de la République **[2]** et de la modernité révolutionnaire). Bien entendu les communistes sont la troisième « bête noire » — mais cela est moins original, la législation utilisée d'abord contre eux datant de 1939. Les grandes catégories sociales ont leur destin: les instituteurs sont suspects, les anciens combattants sont choyés **[3]** — pour ne citer que deux exemples significatifs. [...]

La ligne générale était bien celle d'une contre-révolution délibérée et d'une collaboration recherchée. Loin de se contenter d'expédier les affaires courantes en faisant le gros dos, Vichy prolongeait et aggravait, à la faveur de la présence de l'occupant, la vieille guerre civile française.

M. Agulhon, A. Nouschi, R. Schor, La France de 1940 à nos jours

1 circonstancielle: dictée par les circonstances du moment
2 aile marchante de la République: (à l'avant-garde de ceux qui soutiennent la République, les francs-maçons sont les héritiers du Siècle des Lumières et de la Révolution)
3 choyés: entourés de soins et d'affection

Comparez la devise "Travail-famille-patrie" à la devise "Liberté-égalité-fraternité" [voir document 1.51]. ■

Les alliés ont bombardé Paris. De Vichy, Pétain se rend à Paris pour exprimer son soutien à la population parisienne. Voici le témoignage d'un pétainiste.

1.52 26 avril 1944: Pétain à Paris

[...] J'étais sur cette place, illuminée par un chaud soleil, au sein de cette mer humaine débordante d'enthousiasme. Nous écoutions le Maréchal, nous regardions le chef de l'Etat, mais nos yeux étaient attirés par le drapeau français que l'on avait hissé, pour la première fois depuis l'armistice, au campanile **[1]** de l'Hôtel de Ville **[2]**. Comme nous étions heureux d'être Français! Dès que le Maréchal eut terminé son allocution improvisée, un frisson patriotique fit vibrer cette foule parisienne, la souleva, lui fit entonner « La Marseillaise » à pleins poumons. Oui, c'est à pleins poumons que nous avons chanté l'hymne national avec le grand soldat, clamant **[3]** notre foi dans les destinées de la patrie, convaincus de retrouver bientôt notre liberté. Au diable la politique! Nous étions entre Français — les occupants, pour un jour avaient disparu — transportés de joie de pouvoir clamer, unis par une même ardeur, une même pensée et un même amour, les strophes célèbres de Rouget de Lisle **[4]**. Il n'y avait plus de pétainistes, de collaborateurs, de résistants; il n'y avait plus que des Français. Maints **[5]** visages étaient baignés de larmes. « Il reviendra bientôt », disaient les Parisiens... La vue du grand chef prestigieux redonnait courage et espérance.

[...] Pouvions-nous imaginer qu'ils [les Allemands] l'emmèneraient en exil, quatre mois plus tard, et qu'il ne serait pas là, avec le général de Gaulle **[6]** à ses côtés, « tout à l'aise », pour fêter la Libération de Paris? Nous étions naïfs, j'étais très jeune, nous ne comprenions rien à LA POLITIQUE. Vingt ans après, je ne parviens pas à regretter mon enthousiasme de la place de l'Hôtel de Ville, car en ces minutes — en ces seules minutes — j'ai cru possible la réconciliation des Français, l'unité de tout un peuple autour de son drapeau et de son chef. Je n'étais pas le seul! Quand le Maréchal se fut retiré, il resta sur tous les visages un rayon qui ne s'effaçait pas. Des gens, près de moi, se serraient la main sans rien dire; leur silence, maintenant, s'expliquait par l'émotion puissante qui faisait perler les larmes au coin des yeux. Pour nous tous, Parisiens, c'était une journée historique. Tout Paris allait suivre avec un même élan de ferveur, au long des trottoirs de l'Hôtel de Ville à l'hôpital Bichat, aux Invalides, à la Bastille, à la Porte Dorée... Comme quatre mois plus tard...

L'après-midi, dans Paris, ce fut un enthousiasme délirant. Le soleil était toujours de la partie, et, malgré le vent assez frais, c'était un bel après-midi de printemps.

Le Maréchal avait décidé de se rendre à l'hôpital Bichat au chevet des blessés **[7]** des derniers bombardements anglo-américains. Sur tout le parcours qu'emprunta le cortège, le chef de l'Etat fut l'objet d'ovations passionnées. Pas une note discordante, pas un coup de sifflet, pas un seul cri hostile! Les trottoirs de la rue de Rivoli, de l'avenue et de la place de l'Opéra étaient noirs de monde. Des grappes humaines garnissaient les fenêtres et les marches de l'Académie nationale de musique. Sur le passage du chef de l'Etat, debout dans sa voiture découverte, saluant militairement de sa main gantée de blanc, c'était une immense clameur qui s'élevait: « Vive le Maréchal! Vive Pétain! A Paris! A Paris! A Paris! » La foule n'était pas moindre tout autour de la place Clichy, bien qu'aucun itinéraire officiel n'ait été rendu public, et qu'on n'ait pu faire, le concernant **[8]**, que des suppositions. Les maigres cordons d'agents **[9]** étaient rompus aux cris de « Vive le Maréchal! », et quand la voiture gagna la rue de Clichy, la foule se précipita sur ses traces, malgré le service d'ordre.

Avant l'arrivée à l'hôpital Bichat, une grosse infirmière, tout de blanc vêtue, ne dissimulait pas ses sentiments: « On n'a pas besoin de voir ce vieux singe… » La foule emplissait le boulevard Ney. Soudain, une clameur, venant de l'avenue de Saint-Ouen, annonça l'arrivée du cortège motorisé. Quand le chef de l'Etat descendit devant la porte de l'hôpital, la foule redoubla ses acclamations. Le Maréchal serra quelques mains, pénétra dans l'hôpital, et passa entre les rangs serrés des membres du corps médical. Au premier rang, la grosse infirmière, transfigurée, presque en extase, hurlait: « Vive le Maréchal! » Elle n'avait pas résisté au prestige, au charme de Pétain… Un des médecins dit: « Maintenant, le Maréchal est là, les critiques, les scepticismes, les attaques ne sont plus qu'un cauchemar. Tout est oublié. »

Dans le pavillon de chirurgie **[10]**, le Maréchal se montra pour chacun aussi affectueux que s'il était venu pour lui seul **[11]**. Pendant plus d'une demi-heure, il alla d'un lit à l'autre, apportant aux blessés le réconfort de sa présence, la chaleur de ses mains tendues. Dans une salle où étaient rassemblés les grands blessés, il dit: « Mes amis, ma sympathie va surtout à vous, parce que je sais que c'est toujours à ceux qui n'ont rien qu'on enlève tout. Ce sont toujours les classes les moins privilégiées qui supportent le lourd fardeau des souffrances. » Il quitta enfin le pavillon, encadré par le préfet de police et le préfet de la Seine. Une jeune femme lui offrit, en rougissant beaucoup, un modeste bouquet de fleurs.

Devant l'hôpital, les habitants de ce quartier populaire étaient de plus en plus nombreux, rassemblés dans le plus parfait désordre, disloquant, avec le sourire, les barrages des agents, hurlant sans trêve: « Vive le Maréchal! Pétain à Paris! » Le Maréchal devait aussitôt prendre place dans son auto mais, devant cette ferveur populaire, il ne sut pas résister. Dédaigneux de tout protocole, écartant ses suivants, il se dirigea d'un pas alerte vers le peuple, il plongea dans la foule délirante. En quelques secondes, pressé, acclamé, entouré, vénéré. Pétain se trouva isolé des officiels. Des femmes baisaient sa capote **[12]** kaki, des hommes tentaient de toucher ses gants, sa canne… Il avait une parole pour chacun et, interminablement, serrait les mains qui se tendaient. L'émotion était visible sur ce visage qu'un sourire attendri marquait d'une douce empreinte **[13]**. Mais le temps lui était compté **[14]**. Le grand vieillard s'excusa d'échapper à l'indicible élan de la multitude. C'est dans le tumulte et l'enthousiasme populaire qu'il remonta dans sa voiture. Avant de partir, il salua la foule militairement, de sa main dégantée, pour la remercier de son accueil. […]

Il ne devait pas revenir, sinon dans un fourgon cellulaire **[15]**, comme un malfaiteur, un an plus tard, pour s'entendre condamner à mort **[16]**.

Ce jour-là, pourtant, c'était bien tout l'enthousiasme d'une nation qui s'était déchaîné vers celui qui avait pris pour tâche de la maintenir en vie, malgré la défaite de 1940, et de la mener, tant bien que mal, vers le salut de la Libération. Philippe Henriot **[17]** avait raison lorsqu'il clamait au micro de la radio nationale « ce n'est pas une ovation, c'est un plébiscite… » […]

C'était, en effet, un plébiscite ce 26 avril 1944; comme ce sera un plébiscite le 26 août 1944, quand de Gaulle descendra les Champs-Elysées.

A. Brissaud, La dernière année de Vichy

1 campanile: petit clocher
2 Hôtel de Ville: la mairie
3 clamant: proclamant haut et fort
4 Rouget de Lisle: (auteur de *La Marseillaise*)
5 maints: un grand nombre de
6 avec le général de Gaulle: (selon une opinion répandue à l'époque, Pétain était le bouclier, et de Gaulle l'épée de la France, deux faces complémentaires d'une même politique)
7 de se rendre […] au chevet des blessés: d'aller voir les blessés
8 le concernant: (en ce qui concernait cet itinéraire)
9 cordons d'agents: (cordons de policiers séparant la foule de Pétain)
10 pavillon de chirurgie: (bâtiment où est situé le service de chirurgie)
11 s'il était venu pour lui seul: s'il s'agissait d'une visite privée
12 capote: (manteau du soldat)
13 marquait d'une douce empreinte: rendait très doux
14 le temps lui était compté: il disposait de peu de temps
15 fourgon cellulaire: (véhicule destiné au transport des prisonniers)
16 condamner à mort: (Pétain sera ensuite gracié par de Gaulle, et finira ses jours en prison)
17 Philippe Henriot: (journaliste de radio qui avait pris parti pour les Allemands)

1.53 De Gaulle dans Paris libéré

26 août 1944

Au cours de la matinée, on me rapporte que de toute la ville et de toute la banlieue, dans ce Paris qui n'a plus de métro, ni d'autobus, ni de voitures, d'innombrables piétons sont en marche. A 3 heures de l'après-midi, j'arrive à l'Arc de triomphe. Parodi et Le Troquer, membres du gouvernement, Bidault et le Conseil national de la Résistance, Tollet et le Comité parisien de la libération, des officiers généraux: Juin, Kœnig, Leclerc, d'Argenlieu, Valin, Bloch-Dassault, les préfets: Flouret et Luizet, le délégué militaire Chaban-Delmas, beaucoup de chefs et de combattants des forces de l'intérieur, se tiennent auprès du tombeau **[1]**. Je salue le Régiment du Tchad, rangé en bataille devant l'Arc et dont les officiers et les soldats, debout sur leurs voitures, me regardent passer devant eux, à l'Étoile, comme un rêve qui se réalise. Je ranime la flamme **[2]**. Depuis le 14 juin 1940, nul n'avait pu le faire qu'en présence de l'envahisseur. Puis, je quitte la voûte et le terre-plein. Les assistants s'écartent. Devant moi, les Champs-Élysées!

Ah! C'est la mer! Une foule immense est massée de part et d'autre de la chaussée. Peut-être deux millions d'âmes. Les toits aussi sont noirs de monde. A toutes les fenêtres s'entassent des groupes compacts, pêle-mêle avec des drapeaux. Des grappes humaines sont accrochées à des échelles, des mâts, des réverbères. Si loin que porte ma vue, ce n'est qu'une houle **[3]** vivante, dans le soleil, sous le tricolore.

Je vais à pied. Ce n'est pas le jour de passer une revue où brillent les armes et sonnent les fanfares. Il s'agit, aujourd'hui, de rendre à lui-même, par le spectacle de sa joie et l'évidence de sa liberté, un peuple qui fut, hier, écrasé par la défaite et dispersé par la servitude. Puisque chacun de ceux qui sont là a, dans son cœur, choisi Charles de Gaulle **[4]** comme recours de sa peine **[5]** et symbole de son espérance, il s'agit

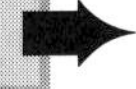

qu'il le voie **[6]**, familier et fraternel, et qu'à cette vue resplendisse l'unité nationale. Il est vrai que des états-majors se demandent si l'irruption d'engins blindés ennemis ou le passage d'une escadrille jetant des bombes ou mitraillant le sol ne vont pas décimer cette masse et y déchaîner la panique. Mais moi, ce soir, je crois à la fortune de la France. Il est vrai que le service d'ordre craint de ne pouvoir contenir la poussée de la multitude. Mais je pense, au contraire, que celle-ci se disciplinera. Il est vrai qu'au cortège des compagnons **[7]** qui ont qualité pour **[8]** me suivre se joignent, indûment, des figurants **[9]** de supplément. Mais ce n'est pas eux qu'on regarde. Il est vrai, enfin, que moi-même n'ai pas le physique, ni le goût, des attitudes et des gestes qui peuvent flatter l'assistance **[10]**. Mais je suis sûr qu'elle ne les attend pas.

Je vais donc, ému et tranquille, au milieu de l'exultation indicible de la foule, sous la tempête des voix qui font retentir mon nom, tâchant, à mesure, de poser mes regards sur chaque flot de cette marée afin que la vue de tous ait pu entrer dans mes yeux, élevant et abaissant les bras pour répondre aux acclamations. Il se passe, en ce moment, un de ces miracles de la conscience nationale, un de ces gestes de la France, qui parfois, au long des siècles, viennent illuminer notre Histoire. Dans cette communauté, qui n'est qu'une seule pensée, un seul élan, un seul cri, les différences s'effacent, les individus disparaissent. Innombrables Français dont je m'approche tour à tour, à l'Étoile, au Rond-Point **[11]**, à la Concorde, devant l'Hôtel de Ville, sur le parvis de la Cathédrale, si vous saviez comme vous êtes pareils! Vous, les enfants, si pâles! qui trépignez et criez de joie; vous, les femmes, portant tant de chagrins, qui me jetez vivats **[12]** et sourires; vous, les hommes, inondés d'une fierté longtemps oubliée, qui me criez votre merci; vous, les vieilles gens, qui me faites l'honneur de vos larmes, ah! comme vous vous ressemblez! Et moi, au centre de ce déchaînement, je me sens remplir une fonction qui dépasse de très haut ma personne, servir d'instrument au destin.

Général de Gaulle, Mémoires de guerre

1 tombeau: (celui du Soldat Inconnu, situé sous l'Arc de Triomphe de l'Étoile)
2 flamme: (celle qui brûle sur ce tombeau)
3 houle: (mer agitée)
4 Charles de Gaulle: (il parle de lui-même à la troisième personne)
5 recours de sa peine: (dans sa peine, chacun s'est tourné vers de Gaulle)
6 il s'agit qu'il le voie: il faut que chacun voie de Gaulle
7 compagnons: (ceux qui avaient rejoint de Gaulle à Londres)
8 qui ont qualité pour: qui sont autorisés à
9 figurants: (ceux qui n'ont joué aucun rôle pour libérer le pays)
10 l'assistance: les spectateurs
11 Rond-Point: (Rond-Point des Champs Elysées)
12 vivats: acclamations (par exemple, vive de Gaulle!)

SUJET DE REFLEXION

La similarité de ces deux scènes [documents 1.50 et 1.51], à quelques mois d'intervalle, vous semble-t-elle déconcertante ou compréhensible? Pourquoi? Pour quelles raisons peut-on vouloir se donner un chef et l'adorer? ■

La révolution apprivoisée: mai 68

L'impuissance des gouvernements de la IVe République à résoudre le problème de la guerre d'Algérie plonge de nouveau la France dans une crise nationale en 1958. Après plusieurs années de retraite, de Gaulle revient alors au pouvoir. Avec la Ve République, la France semble finalement trouver la stabilité politique qui lui avait jusqu'alors manqué. Cependant, en mai 1968, une révolte étudiante, suivie d'une grève générale, fait trembler le régime sur ses bases: barricades, occupations d'usines, l'histoire est-elle en train de se répéter? De Gaulle dissout l'Assemblée nationale: les élections de juin donnent une très confortable majorité aux gaullistes. La "révolution" s'est éteinte d'elle-même; le parti de l'ordre l'a emporté.

1.54 LA FÊTE DE L'UTOPIE

Désormais, nous vivions la fête, le temps des miracles, le pouvoir libérateur de la parole…

Du pavé **[1]** néolithique, on passait à la démocratie athénienne, les esclaves en moins, mais des milliers d'agoras en plus!

Après avoir chassé la nuit, vaincu la « force », on allait *changer la vie*, vivre enfin, libres, égaux, fraternels, heureux…

L'Utopie poussait comme une herbe folle entre les pavés. La douce folie, l'imagination… explosion intérieure mais aussi fabuleuse libération!

Plus de chefs, plus d'ordres, plus de flics, plus rien, la plage **[2]**, les mots, la liberté!

Le Mouvement de Mai tentait d'apprivoiser le ciel sur la terre, de confondre rêve et réalité.

Mais si les troupes turbulentes, courageuses, heureuses régnaient sans partage dans *l'ordre du rêve*, elles ne dominaient pas *l'ordre politique*, malgré le renfort de milliers et de milliers d'inconnus, au sens propre de malheureux. Et d'ailleurs le seul mot de « politique » soulevait des huées **[3]**. Un mot de l'« ancien monde ».

Tous désiraient faire la Révolution. Personne ne savait comment. Au vrai, beaucoup ne s'en souciaient plus, trop occupés à vivre et à *guérir* **[4]**, absents déjà à ce bas-monde.

Lorsque la France entière, comme par enchantement, par contagion en tout cas, bascula dans la grève générale, les drapeaux rouges et la « fête », on crut deviner, à travers la brume, les rivages d'une nouvelle Floride **[5]**.

Et les groupuscules **[6]** partirent nombreux vers les usines, à la recherche de la « Classe » **[7]** et de la Révolution [...]

Et pourtant! Nous vivions la rencontre des fleuves **[8]** et les échanges et les rencontres « impossibles » **[9]**...

Je me souviens des premiers jours, à la Sorbonne « libre ».

Amphis bondés **[10]**, ivresse, naïveté, spontanéité, délire, gentillesse, bonne volonté... Et ces graffiti, sur les murs, qui faisaient froncer les sourcils groupusculaires.

« Déjà deux jours de bonheur... » « Je voudrais dire quelque chose... » « L'imagination prend le pouvoir », paroles de tous comprises par tous, chômeurs, agrégés **[11]**, inconnus.

La gentillesse, et toujours la parole. Des heures et des heures.

On avait brisé quelque chose, le silence, la solitude, quelque chose... On parlait de tout. Partout et toujours. Et ce défoulement sans rivages avait un aspect touchant, poignant même.

Et jamais, jamais, l'ombre d'une vulgarité.

Avant l'arrivée des « ouvriers professionnels », délégués au grand amphi par certains groupuscules, des travailleurs anonymes, intimidés, maladroits et admirables prenaient la parole. Ils la prenaient contre leurs habitudes, et s'en étonnaient presque.

Ils n'avaient rien de précis à proposer. Aucun programme à défendre. Aucun « public » à gagner. Ils parlaient de façon simple, lumineuse parfois, de ce « qu'ils avaient sur le cœur »: l'injustice, le crédit, le boulot, l'ennui, l'humiliation... Ils ne réclamaient pas de fusillades. La haine était étrangement absente. On vivait déjà dans un « autre monde ». Et la Sorbonne attirait l'éternelle clientèle des émigrations: les pauvres, les malheureux, les désespérés, les petits prophètes, les aventuriers aussi, et les truands.

Mais on remarquait surtout la générosité, la gentillesse de tous ces inconnus venus servir à quelque chose, se sentir enfin utiles aux autres.

J. A. Penault, Un printemps rouge et noir

1. pavé: (arme des manifestants contre la police)
2. plage: (image du retour à l'état de nature, à une totale liberté)
3. huées: cris de désapprobation
4. guérir: (désintoxiquer leur esprit des idées toutes faites, des préjugés de l'époque)
5. nouvelle Floride: (sorte de paradis terrestre)
6. groupuscules: (groupes "minuscules" d'extrême gauche, très actifs à l'époque)
7. la "Classe": (la classe ouvrière)
8. rencontre des fleuves: (rencontre du mouvement étudiant et du mouvement ouvrier)
9. les échanges et les rencontres "impossibles": (beaucoup pensaient à l'époque qu'ouvriers et étudiants ne pourraient pas dialoguer. Les événements ont montré par la suite que la rencontre de ces deux mouvements a échoué)
10. bondés: pleins de monde
11. agrégés: (professeurs d'université)

1.55 Graffiti de mai 68

Il est interdit d'interdire.

Le Pouvoir avait ses universités,
les étudiants les ont prises.
Le Pouvoir avait ses usines,
les ouvriers les ont prises.
Le Pouvoir avait sa radio,
les journalistes l'ont prise.
Le Pouvoir n'a plus que le pouvoir,
NOUS LE PRENDRONS.

Si je pense que rien ne doit changer, je suis un con.
Si je ne veux pas penser, je suis un lâche.
Si je pense que j'ai intérêt à ce que rien ne change, je suis un salaud.
Si je suis un con, un lâche et un salaud ...je suis pour de Gaulle.

Les gaullistes ont-ils un chromosome de trop **[1]**?

Oubliez tout ce que vous avez appris, commencez par rêver.

Nous ne voulons pas d'un monde où la certitude de ne pas mourir de faim s'échange contre le risque de mourir d'ennui.

L'imagination prend le pouvoir.

La politique se passe dans la rue.

La barricade ferme la rue mais ouvre la voie.

Soyons réalistes, demandons l'impossible.

Un homme n'est pas stupide ou intelligent, il est libre ou il n'est pas.

Parlez à vos voisins.

Ne changeons pas d'employeurs, changeons l'emploi de la vie.

Les murs ont des oreilles. Vos oreilles ont des murs.

Un flic dort en chacun de nous, il faut le tuer.

Les gens qui travaillent s'ennuient quand ils ne travaillent pas. Les gens qui ne travaillent pas ne s'ennuient jamais.

Défense de ne pas afficher, Loi du 22 mars 1968

1. un chromosome de trop: (ceci expliquerait la violence de la police)

1.56 G. Pompidou [1] sur mai 68

La coexistence de mouvements d'étudiants dans toutes les universités du monde n'est pas un hasard et ne s'explique pas, tant s'en faut [2] et même si cet aspect des choses ne peut être négligé, par la propagande et l'action souterraine de mouvements clandestins du type castriste [3] ou maoïste. Il y a dans cette révolte d'une jeunesse intellectuelle contre l'ordre établi, qu'il s'agisse de l'ordre universitaire, politique ou social, une manifestation comme une autre de la lutte des générations, de l'éternelle aspiration au « ôte-toi de là que je m'y mette » [4]. Mais il y a autre chose et rien ne sert de s'étonner que des jeunes gens, en général entretenus largement par la société pour leur permettre de poursuivre les études qu'ils ont choisies à l'âge où tant d'autres sont déjà obligés de gagner leur vie, se révoltent contre cette société qui les choie. Oui, au regard de [5] tant d'autres jeunes, ces révolutionnaires de Mai étaient des nantis [6], des privilégiés. Mais beaucoup de révolutions sont le fait de privilégiés insatisfaits. Le problème est de savoir pourquoi les nôtres étaient insatisfaits. Et je crois précisément que, nourris, logés, entretenus, travaillant fort peu, ne désirant certainement pas affronter la vie active (le prétexte de l'absence de débouchés est à mes yeux secondaire), les problèmes de l'emploi ne hantaient certainement pas les cervelles des meneurs de Mai (leur principale préoccupation étant plutôt de retarder le plus possible le jour où il leur faudrait exercer un métier…), ces jeunes gens trouvaient dans leur demi-oisiveté et l'absence de problèmes matériels à la fois le temps de réfléchir et celui de s'ennuyer. Or, s'ils n'étaient pas bêtes — et beaucoup ne l'étaient pas — leurs réflexions ne pouvaient manquer de les conduire sur la voie d'une certaine désespérance. Ne croyant à rien […], ayant renié Dieu, la famille, la patrie, la morale, feignant d'avoir une conscience de classe tout en sachant parfaitement qu'ils n'étaient pas des travailleurs, encore moins des prolétaires, mais des désoccupés sans vocation et par suite sans espoir, ils ne pouvaient que se tourner vers la négation, le refus, la destruction. Et la possibilité surgie tout à coup de l'action violente, de la « fête » où toutes conventions sont abolies et tous tabous levés [7], apparaissait comme une occasion unique d'échapper à l'ennui, « fruit de la morne incuriosité ».

Qu'on ne croie pas que je sois sévère pour cette jeunesse. Bien au contraire. Certes, j'ai mon opinion sur quelques meneurs [8] gras et bien nourris, parfaitement conscients de servir leur amusement et leurs petites ambitions en jouant avec un feu où ils laissaient à ceux qui les suivaient le soin de se brûler les doigts. Certes, un certain nombre de jeunes filles du monde [9] qui dénouaient précipitamment les chignons d'Alexandre [10] et revêtaient des blue-jeans crasseux [11] pour aller jouer aux barricades ne me paraissent pas relever de l'hagiographie révolutionnaire [12].

Pour aller jusqu'au bout de notre pensée, avouons qu'on ne lit pas sans agacement [13] les hymnes en vers et en prose consacrés « aux héros de Mai ». Dieu sait que tout fut fait pour éviter que le sang coulât. Il y fallut — de la part du Gouvernement et de moi-même — une attention constante. Il y fallut — de la part des forces de l'ordre beaucoup de sang-froid et de discipline. Il y fallut enfin un peu de chance. Mais n'y fallut-il pas aussi quelque prudence de la part des héros? Quand on sert vraiment la Révolution et qu'on est prêt à donner sa vie, on en manque rarement l'occasion. « Tu veux la guerre, tu auras la mort, Danton », disait Robespierre. Danton est mort sur la guillotine et aussi Robespierre. Che Guevara n'est pas mon maître à penser. Mais il brûlait de l'idéal révolutionnaire, il était prêt à mourir pour cet idéal, et donc il est mort. Il y a loin de ce type d'hommes à la présidence de l'U.N.E.F [14] ou du S.N.E. Sup. [15]

Néanmoins, ces réserves faites [16] sur quelques-uns, au fond des âmes et des cœurs de beaucoup, et sans doute de la plupart, quel désespoir secret, quelle recherche même inconsciente d'un idéal perdu, d'une revalorisation de l'homme!

On a beaucoup souligné le caractère quasi sexuel de cette excitation collective. Il y a là plus qu'une similitude. Même s'ils croyaient chercher le plaisir, je suis convaincu qu'ils cherchaient l'amour. Mais quel amour et l'amour de quoi? Quelques-uns ont cédé au rêve « étrange et pénétrant » de l'inconnu et ce qu'ils connaissaient le moins, bien sûr, c'était la condition ouvrière. Seulement, les ouvriers les ont accueillis avec des sarcasmes. Les ouvriers travaillent pour vivre, les ouvriers gagnent leur pain et se préoccupent d'améliorer leur niveau de vie avant de philosopher sur la société de consommation. J'imagine que pour ceux qui étaient sincères, et je croirais volontiers que beaucoup l'étaient, il ne dut pas y avoir de moment plus dur ni de déception plus grave que de se voir accueillis comme des hommes d'une autre classe, comme les profiteurs d'une société dont ils se croyaient les ennemis, si ce n'est les victimes.

G. Pompidou, Le nœud gordien

1 Pompidou: (premier ministre à l'époque)
2 tant s'en faut: loin de là
3 castriste: (partisan de Fidel Castro)
4 "ôte-toi de là que je m'y mette": "va-t'en, je veux ta place"
5 au regard de: par rapport à
6 nantis: (favorisés qui ne manquaient de rien)
7 toutes conventions sont abolies et tous tabous levés: les règles et inhibitions de la vie normale disparaissent
8 meneurs: chefs (sens péjoratif)
9 du monde: de la haute société parisienne
10 chignons d'Alexandre: (coiffure des jeunes filles de bonne famille)
11 crasseux: sales
12 relever de l'hagiographie révolutionnaire: avoir leur place dans la galerie des saints ou héros des révolutions
13 agacement: irritation
14 U.N.E.F.: Union Nationale des Étudiants de France (syndicat étudiant)
15 S.N.E. Sup.: Syndicat National de l'Enseignement Supérieur (syndicat de professeurs de l'enseignement supérieur)
16 ces réserves faites: si on excepte les réserves faites ci-dessus

SUJET DE REFLEXION

Que pensez-vous du portrait que Pompidou fait des étudiants dans le document 1.56?

Qu'est-ce qui, d'après vous, était "révolutionnaire" et qu'est-ce qui ne l'était pas dans le mouvement de mai 1968?

Choisissez un ou deux graffiti [voir document 1.55] qui ont retenu votre attention. Dites pourquoi. ■

Vers le consensus?

Le 28 septembre 1958, les Français ont, à une très forte majorité (85% de "oui"), approuvé la Constitution de la Ve République. C'était la première fois qu'un régime politique faisait, en France, l'objet d'un aussi vaste consensus populaire. Les partis et hommes politiques de gauche, dont François Mitterrand, qui avaient d'abord manifesté une profonde hostilité envers les nouvelles institutions, y ont finalement trouvé leur place: Président de la République de 1981 à 1995, François Mitterrand n'a pas jugé bon de changer la Constitution, trouvant que cet habit, initialement taillé sur mesure pour de Gaulle, ne lui allait pas si mal après tout. Est-ce à dire que les guerres franco-françaises soient à présent terminées? C'est du moins l'avis du politologue Olivier Duhamel, qui voit dans l'actuelle pacification des esprits l'aboutissement d'un processus entamé il y a plus d'un siècle.

1.57 La Révolution est finie

LA GUERRE CIVILE IDÉOLOGIQUE EST TERMINÉE. LE COMBAT CONSTITUTIONNEL EST PACIFIÉ.

Consensus idéologiques

Les royalistes ne sont plus qu'une curiosité historique. La République est acceptée par tous, au moins dans sa version minimale de dévolution non héréditaire du pouvoir. La démocratie est acceptée par tous, au moins dans sa version minimale d'attribution compétitive du pouvoir par le peuple et pour une durée déterminée. La République démocratique est acceptée par tous, au moins dans sa version minimaliste de droits politiques, économiques et sociaux accordés aux Français et de souveraineté issue du peuple.

Cela ne signifie pas que les affrontements idéologiques aient disparu, pas davantage qu'ils n'aient rien à voir avec le clivage cristallisé lors de la Révolution française; mais que ces affrontements se sont atténués et civilisés. On ne s'entre-tue plus en France pour des raisons politiques – nationalistes corses et basques exceptés. Et ces affrontements ne portent plus sur la légitimité du régime.

Consensus constitutionnels

La République est acceptée depuis la fin du XIXe siècle. La Révolution française s'est achevée quelque part entre 1871 et 1905. 1871 lorsque les conservateurs découvrent avec l'écrasement de la Commune que le suffrage universel peut réduire au silence le peuple de Paris. 1890 lorsque le cardinal Lavigerie consacre le ralliement de l'Eglise à la République. 1899 lorsque le capitaine Dreyfus est gracié, avant d'être réhabilité sept ans plus tard. 1905 lorsque est consacrée la séparation des Eglises et de l'Etat. Depuis lors, excepté durant l'occupation nazie, la démocratie pluraliste ne sera plus sérieusement contestée en France. Tous s'accordent sur le type de régime légitime.

Les querelles constitutionnelles se sont transférées à un rang inférieur, qui concerne la définition du régime le plus efficace. Cette dispute elle-même disparaîtra peu à peu sous la 5e République dont les grandes règles furent adoptées par l'immense majorité des citoyens et, de ce fait, cessèrent d'être ouvertement contestées par l'immense majorité de la classe politique. Des discussions subsistent, plus techniques que philosophiques. L'histoire constitutionnelle n'est pas finie. Mais elle s'est assagie et se déroule désormais dans le cadre de la 5e République.

O. Duhamel, Le pouvoir politique en France

CHAPITRE 2

Une société multiculturelle

"Nos ancêtres les Gaulois . . ." C'est ainsi qu'en France, depuis des générations, les manuels scolaires consacrés à l'histoire débutaient. Et pourtant, rien n'est plus loin de la réalité que ce mythe des origines communes. En effet, pendant des siècles, la France ne fut qu'une mosaïque de peuples et de cultures dont la diversité demeure visible de nos jours.

Plurielle par ses origines, la France l'est aujourd'hui d'autant plus qu'elle est devenue, depuis le siècle dernier, l'un des plus importants pays d'immigration: de nos jours, un Français sur trois compte au moins un parent, grand-parent ou arrière-grand-parent étranger. La population étrangère représentait 6,4% de la population au recensement de 1990.

1 Français par acquisition: qui a acquis la nationalité française

2.1 Français, étrangers et immigrés résidant en France

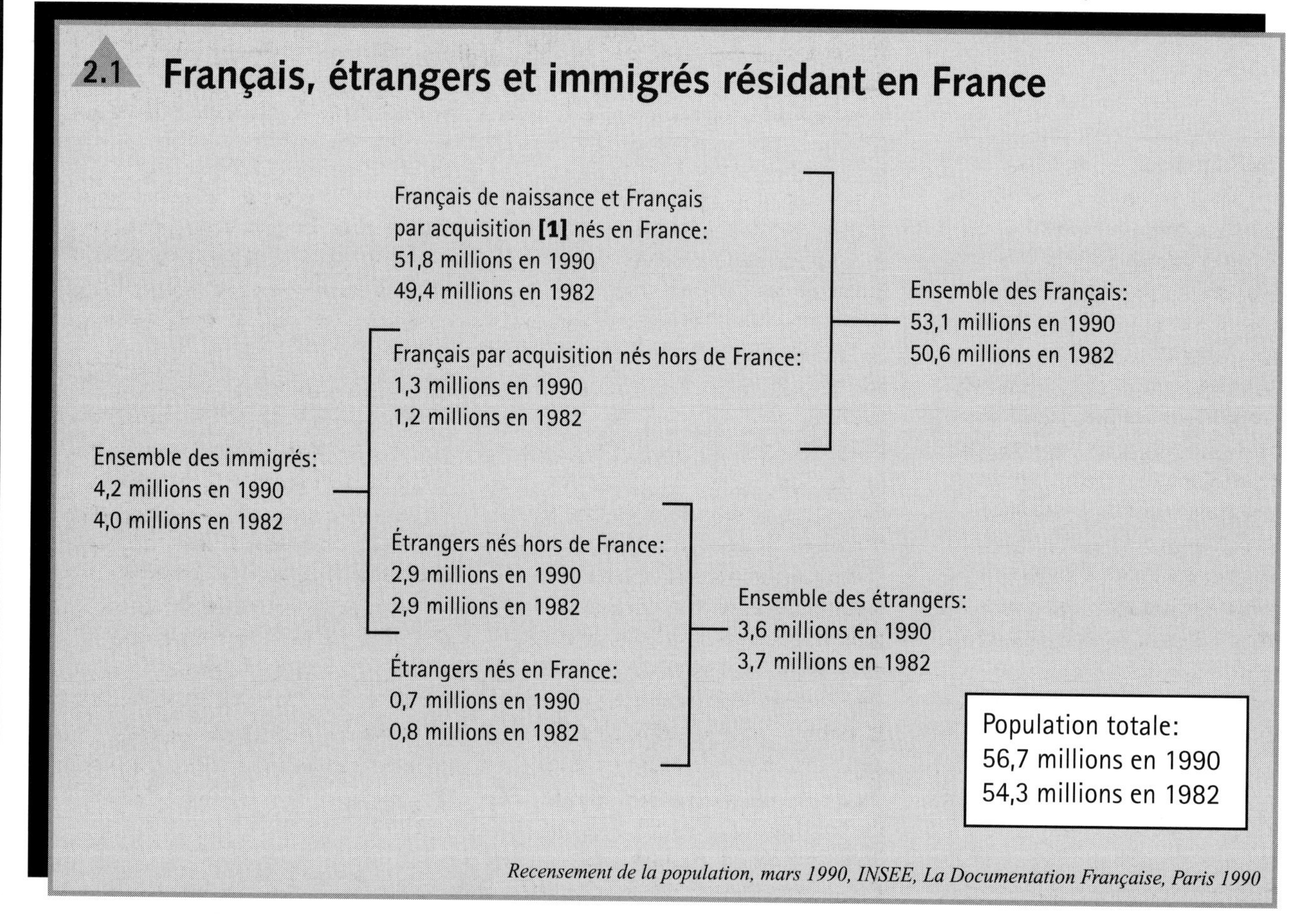

Recensement de la population, mars 1990, INSEE, La Documentation Française, Paris 1990

À partir du milieu du XIXème siècle, la France a recouru à l'immigration pour des motifs économiques et démographiques: l'affaiblissement durable de la natalité française, ainsi que l'industrialisation du pays, ont créé d'énormes besoins de main-d'œuvre. Les étrangers ont ainsi fourni des bataillons d'ouvriers peu qualifiés, prêts à effectuer les travaux pénibles que les Français étaient peu enclins à accepter. S'ouvrant toutes grandes pendant les périodes de croissance, les portes de la France tendaient à se refermer lorsque l'activité économique se ralentissait (années trente, années quatre-vingts et quatre-vingt-dix). D'autre part, l'origine géographique de la population immigrée a évolué: d'abord frontalière (Belgique et Italie), elle s'est progressivement diversifiée (Pologne, pays du Maghreb, d'Afrique noire, d'Asie).

2.2 Répartition des étrangers par nationalité depuis 1921

en %

Nationalités	**1921**	**1931**	**1954**	**1968**	**1975**	**1982**	**1990**
Nationalités d'Europe (y c. ex-URSS) dont:	93,7	90,5	81,1	72,3	61,1	47,8	40,7
Allemands	4,9	2,6	3,0	1,7	1,3	1,2	1,5
Belges	22,8	9,3	6,1	2,5	1,6	1,4	1,6
Espagnols	16,6	13,0	16,4	23,2	14,5	8,8	6,0
Italiens	29,4	29,8	28,7	21,8	13,4	9,2	7,0
Polonais	3,0	18,7	15,2	5,0	2,7	1,7	1,3
Portugais	0,7	1,8	1,1	11,3	22,0	20,7	18,1
Nationalités d'Afrique dont:	2,5	3,9	13,0	24,8	34,6	43,0	45,4
Algériens			12,0	18,1	20,6	21,7	17,1
Marocains	2,4	3,2	0,6	3,2	7,6	11,9	15,9
Tunisiens			0,3	2,3	4,1	5,2	5,7
Nationalités d'Afrique noire francophone	...	...	...	...	2,0	3,4	4,9
Autres	3,8	5,6	5,9	2,9	4,3	9,2	13,9
Ensemble des étrangers	**100**	**100**	**100**	**100**	**100**	**100**	**100**

Recensement de la population, mars 1990, INSEE, La Documentation Française, Paris 1990

La population immigrée demeure aujourd'hui concentrée surtout dans les zones industrielles et urbaines du Nord, de l'Est, du bassin parisien, ainsi que dans les régions bordant la Méditerranée.

Après la guerre, la France a connu trente années de croissance exceptionnelle; en 1945, l'État prit lui-même l'initiative d'organiser et de contrôler le recrutement des travailleurs étrangers en créant l'Office national de l'immigration (l'ONI). En 1974, les premiers effets de la crise amènent le gouvernement français à suspendre l'immigration. Depuis lors, si l'on excepte une phase plus libérale après l'élection de François Mitterrand à la présidence de la République en 1981 (régularisation de 130 000 immigrés clandestins, droit reconnu aux étrangers de former des associations sans autorisation préalable), la politique des gouvernements successifs, tant de gauche que de droite, n'a pas substantiellement changé: elle vise d'une part à rendre effective la suspension de toute nouvelle immigration de main-d'œuvre, sauf pour les citoyens des pays de l'Union Européenne, et d'autre part à faciliter l'intégration des immigrés déjà installés, en leur permettant de faire venir leur famille (politique de regroupement familial).

Cependant, depuis les années quatre-vingts, c'est l'intégration même des immigrés qui est devenue un thème central du débat politique. Une xénophobie croissante, dont la renaissance de l'extrême droite est le signe le plus évident, prend pour cible principale les Maghrébins. Ceux-ci sont tenus responsables de tous les maux de la société (chômage, délinquance...); on prétend en outre que leur culture est incompatible avec celle des Français, et par conséquent qu'ils sont "inassimilables". L'intégration des immigrés est rendue plus difficile par la fragilité d'une société française qui s'interroge sur sa propre cohésion: ayant découvert ses "nouveaux pauvres" dans les années quatre-vingts, la France d'aujourd'hui parle de ses "exclus", de sa "société à deux vitesses", de sa "fracture sociale"...

Et pourtant, un regard sur le passé peut inciter à un certain optimisme: les sentiments anti-maghrébins s'expriment de nos jours en des termes comparables à ceux qui visaient, à la fin du siècle dernier, les immigrés belges et italiens; les enfants de ceux-ci ont depuis fait leur chemin et sont devenus des Français comme les autres. Malgré le pessimisme ambiant, il est permis de penser qu'aujourd'hui comme hier, l'intégration est en marche: mobilité sociale entre les générations, mariages mixtes en sont des signes certains. On en trouvera d'autres dans ce chapitre.

Partir... Arriver...

2.3 Liberté, égalité, fraternité

Reproduced by kind permission of Plantu

Partir....

2.4 Un Algérien témoigne

LES GENS N'ONT QUE LA FRANCE À LA BOUCHE

C'est ainsi que la France nous pénètre tous jusqu'aux os. Une fois que tu t'es mis cela dans la tête, c'est fini, cela ne sort plus de ton esprit; finis pour toi les travaux, finie l'envie de faire quelque chose d'autre; on ne voit plus d'autre solution que partir. A partir de ce moment, la France s'est installée dans toi, elle ne te quitte plus; tu l'as toujours devant les yeux. Nous devenons alors comme des possédés.

A. Sayad, L'immigration ou les paradoxes de l'altérité

2.5 HALIMA

Tu te rappelles quand tu as quitté ton pays,
Quand tu nous as tous quittés?
C'était un matin, début septembre.
Toute la famille était réunie.
On avait chargé les bagages sur l'Aronde **[1]**
Le moteur tournait au ralenti
Tu te rappelles que tous on pleurait
Tellement le cœur était déchiré
Et puis vint l'heure du départ
Le Derbe était rempli de larmes **[2]**
Papa a fait une marche arrière
Et personne n'osait regarder derrière

De villages en villes, nous sommes arrivés à Tanger
Sans se parler, on se comprenait
Le peu de larmes qui nous restaient
Venait juste de s'arrêter de couler
Les passeports étaient tamponnés
Nous embarquions sur le Boatotât
Halima, Oh Halima, eh Halima!
Du haut de la passerelle
Je voyais la mosquée de Tanger
Qui peu à peu disparaissait
Dans le bateau, tout le monde s'amusait
Et moi, moi, je pensais

De Malaga jusqu'à Irun, les routes défilaient
Le voyage commençait à nous fatiguer.
A la douane tout s'est bien passé
Et puis je suis devenu ÉMIGRÉ!
Halima, Oh Halima! Eh Halima!
En arrivant à Toulouse, tu as jeté la Djellaba **[3]**
Pour mettre la Minijupa

Tu as largué **[4]** *tes babouches* **[5]**
Pour te chausser de rangers
Tu as renié ton nom, Halima
Et tu prétends que tu t'appelles Patricia!
Et tu joues à la Gaouria **[6]**

Mais pourquoi fais-tu comme ça?
Ne vois-tu pas que tu joues avec toi?
Au fond d'eux, tu es comme moi.
Pense un peu à ta patrie,
N'oublie pas tes origines
Et surtout ta « famille »,
Et que tu resteras toujours une maghrébine comme moi.

DRISS

dans Ils tissent les couleurs de la France

1 Aronde: (voiture de marque Simca datant des années cinquante)
2 Le Derbe était rempli de larmes: les gens du quartier pleuraient ("Derbe" veut dire "quartier" en Afrique du nord)
3 Djellaba: robe (vêtement ample porté par les personnes des deux sexes au Maroc)
4 largué: abandonné (familier)
5 babouches: chaussures (de cuir, sans talon, portées dans les pays musulmans)
6 Gaouria: Française (féminin de gaouri, désigne l'Européen ou le Français en Afrique du nord)

...Arriver

2.6 Journal à plusieurs voix

Histoires différentes et pourtant la même. Les formalités qui n'en finissent pas. Tout ce qu'il faut quitter. Tout ce qu'il faut accepter. D'un coup. En bloc. Ce saut dans l'inconnu!

Les mêmes mots chez toutes: « C'est dur… » « J'ai froid »… et surtout: « J'ai peur… » Ils ne recouvrent pas toujours la même crainte:

« En voyant les Français, dit Fatima B, on a peur. peur "de peau". Je vois personne en noir! Ils sont tous des blancs! Maintenant, c'est fini, mais j'ai eu peur pendant trois ou quatre mois. Chez nous, on est tous des noirs. Quand on voit un blanc, c'est "UN" blanc. De temps en temps. Là, on quitte tous les noirs et on arrive à Orly: tout le monde il est blanc... **[1]** C'est la différence… C'est ce qui fait peur. Envie de se sauver! Depuis la naissance, on est tous des noirs: tu les connais tous. Ici, tu ne connais personne! C'est étonnant, quoi! » Fatima analyse très bien ce qu'elle a ressenti en débarquant à Orly. Ce qui fait peur, c'est l'autre, le différent. Pour elle, ce sont les blancs qui sont étranges. Etrangers.

M.L. Bonvicini, Immigrer au féminin

1 tout le monde il est blanc: tout le monde est blanc (utilisation du pronom, typique de certains parlers populaires)

2.7 ELEMENTS DE LEGISLATION

RESIDER ET TRAVAILLER EN FRANCE

1. Résider en France

Depuis la loi du 2 août 1989, c'est à partir de 18 ans que les étrangers doivent posséder un titre de séjour **[1]** pour pouvoir vivre en France. Vous en demanderez un toutefois si, entre 16 et 18 ans, vous désirez travailler, suivre un stage de formation professionnelle ou vous inscrire à l'ANPE **[2]**.

Ce titre de séjour établit votre droit à résider en France et votre situation: salarié, étudiant, membre de famille ou « toute profession ».

Adressez-vous:

pour Paris:
à la Préfecture de Paris, Ile de la Cité,
7, bd du Palais, 75004 Paris;
pour la province:
à la préfecture, à la sous-préfecture,
à la mairie ou au commissariat de police.

Les différents titres de séjour

- ***La carte de séjour temporaire***

Valable un an, elle peut être renouvelée: commencez les démarches **[3]** 3 mois avant sa date d'expiration.

Vous y avez droit au plus tard à 18 ans si:

- vous êtes entré régulièrement en France par le regroupement familial **[4]** et l'un de vos parents a une carte de séjour temporaire;
- vous êtes entré régulièrement en France avant l'âge de 18 ans et avant le 7 décembre 1984 et l'un de vos parents a une carte de séjour temporaire.

Précisez au moment de votre demande si vous désirez une autorisation de travail. Vous l'obtiendrez de plein droit.

- ***La carte de résident***

Valable 10 ans, elle est renouvelée automatiquement et donne le droit de travailler.

Vous l'obtenez de plein droit notamment dans l'un des cas suivants:

- vous êtes étranger mais l'un de vos parents est français; vous devez être âgé de moins de 21 ans ou être à la charge de vos parents;
- vous pouvez justifier que vous résidez habituellement en France depuis l'âge de 10 ans;
- vous êtes entré en France régulièrement par le regroupement familial et l'un de vos parents a la carte de résident;
- vous êtes entré en France avant l'âge de 18 ans et avant le 7 décembre 1984 et l'un de vos parents a la carte de résident;
- l'un de vos parents a le statut de réfugié politique.

- ***Le certificat de résidence***

Pour les Algériens, c'est l'équivalent de la carte de séjour temporaire ou de la carte de résident. Ils doivent détenir ce titre dès l'âge de 16 ans. Il est valable 1 an ou 10 ans.

Le certificat d'un an est délivré aux nouveaux arrivants autorisés à séjourner en France. Il porte la mention du motif du séjour: étudiant, visiteur, membre de famille.

Vous obtenez un certificat de 10 ans notamment dans l'un des cas suivants:

- vous êtes algérien, mais l'un de vos parents est français; vous devez être âgé de moins de 21 ans ou bien être à la charge de vos parents;
- vous êtes entré en France régulièrement par le regroupement familial et l'un de vos parents a un certificat de résidence de 10 ans;
- vous pouvez justifier que vous résidez habituellement en France depuis l'âge de 10 ans;
- vous pouvez justifier être entré en France avant 18 ans et avant le 22 décembre 1985 et l'un de vos parents a un certificat de résidence de 10 ans.

La carte de ressortissant [5] d'un pays membre de la CEE (Communauté économique européenne).

2. Le Travail

• ***Travailler: comment y parvenir?***

Deux conditions à remplir d'abord:

– Etre âgé de 16 ans au moins.

Cette règle connaît quelques exceptions: dans certaines conditions vous pouvez, avant 16 ans, entrer en apprentissage ou effectuer des travaux temporaires « légers » pendant les vacances.

– Avoir l'autorisation de travailler, si vous êtes étranger.

Pour pouvoir travailler vous devez être en possession:

• soit d'une carte de séjour temporaire (pour les Algériens, un certificat de résidence d'un an) portant la mention « salarié »;

• soit d'une carte de résident (pour les Algériens un certificat de résidence de 10 ans);

• soit d'une carte de ressortissant CEE, sans mention particulière, ou portant la mention « toutes activités professionnelles » pour les Espagnols et les Portugais jusqu'au 31 décembre 1992.

Renseignez-vous auprès de la préfecture ou de la direction départementale du travail et de l'emploi (adresse à la mairie).

• Vous avez trouvé un emploi.

• ***C'est le premier. Quelques informations utiles***

Au moment de votre embauche **[6]**, on vous demandera:

– des renseignements sur votre état civil **[7]**;

– votre numéro de Sécurité Sociale. Si vous n'êtes pas immatriculé, votre employeur doit effectuer cette démarche;

– si vous êtes étranger, le titre qui vous autorise à travailler. La loi oblige votre employeur à conserver une photocopie de ce titre.

dans M.L. Bonvicini, Immigrer au féminin

1 titre de séjour: (document qui donne le droit de séjourner dans le pays)
2 ANPE: Agence Nationale pour l'Emploi
3 démarches: formalités administratives
4 regroupement familial: (politique plus ou moins libérale selon les époques permettant aux immigrés de faire venir leur famille proche)
5 ressortissant: (personne qui a le statut de citoyen d'un pays)
6 au moment de votre embauche: au moment où vous obtenez un emploi
7 état civil: (condition des individus en ce qui concerne les relations de famille, la naissance, le mariage, le décès)

2.8 *LILY*

On la trouvait plutôt jolie Lily
Elle arrivait des Somalies Lily
Dans un bateau plein d'émigrés
Qui venaient tous de leur plein gré **[1]**
Vider les poubelles de Paris.
Elle croyait qu'on était égaux Lily
Au pays de Voltaire et d'Hugo Lily
Mais pour Debussy en revanch'
Il faut deux noires pour un' blanch' **[2]**
Ça fait un sacré distingo **[3]**.
Elle aimait tant la liberté Lily
Elle rêvait de fraternité Lily
Un hôtelier rue Secrétan
Lui a précisé en arrivant
Qu'on ne recevait que des Blancs.
[...]

chanson de Pierre Perret

1 de leur plein gré: volontairement
2 un' blanch': une blanche (en musique, note qui équivaut à deux notes noires)
3 un sacré distingo: une grande différence (familier)

SUJET DE REFLEXION

Celui qui émigre doit faire face au problème de sa propre identité. Comment les documents 2.4 à 2.8 illustrent-ils ce thème? ■

Travailler en France

À partir des années cinquante, employeurs et pouvoirs publics ont encouragé la venue de travailleurs étrangers dont une économie en pleine croissance avait besoin. Ils ont ainsi trouvé à bon marché une main-d'œuvre toute faite, composée essentiellement d'hommes jeunes, peu qualifiés, venus sans leur famille, occupant des emplois souvent pénibles.

Si certains sont depuis rentrés au pays, beaucoup se sont installés définitivement en France. Comme par le passé, la seconde génération, éduquée en France, a fréquemment connu une réelle mobilité professionnelle par rapport à celle des parents. Cependant, cette intégration par l'emploi est rendue difficile par les mutations économiques des vingt dernières années: robotisation, déclin d'industries qui faisaient beaucoup appel aux travailleurs étrangers. Artisans de la croissance économique, les immigrés sont également les premières victimes du chômage.

2.9 QUELLE VIE PROFESSIONNELLE ONT LES IMMIGRES?

Employés dans l'industrie

Plus des deux tiers **[1]** de la main-d'œuvre immigrée est employée dans le secteur secondaire. Une telle répartition est due au développement sans précédent qu'a connu l'industrie au cours des années 45–73 et à la nature des emplois qu'elle offrait: la plupart des postes étaient peu rémunérés et les tâches pénibles. Les immigrés, venus de pays où les conditions de vie étaient précaires et désireux de gagner rapidement le plus d'argent possible pour entretenir leur famille restée au pays, acceptaient plus facilement que les Français n'importe quel travail. L'exemple du Bâtiment et des Travaux publics où travaillent le quart des immigrés, est révélateur. Les emplois offerts exigent la mobilité: il faut suivre l'avancement d'une autoroute, ou aller d'un chantier à un autre. Les immigrés acceptaient sans difficulté de se déplacer. Ce n'était pas le cas des Français. Pour les employeurs, les immigrés ont donc vite constitué la main d'œuvre idéale qu'ils recrutaient souvent au sein des mêmes communautés nationales. On trouve les Portugais et les Italiens rassemblés dans la construction, les Algériens dans les Travaux publics, les Espagnols dans la métallurgie, les Marocains dans les mines du Nord et de Lorraine, etc. Cette relative spécialisation de la main d'œuvre immigrée s'est faite presque spontanément. Les immigrés partaient du pays sur le conseil d'un parent ou d'un ami qui leur trouvait une place dans sa propre entreprise ou dans une entreprise du même secteur.

Peu qualifiés et peu payés

Les nouveaux arrivants n'avaient aucune expérience professionnelle de l'industrie. Souvent analphabètes, en tout cas sans diplômes, ils n'avaient pas de qualification. Les emplois auxquels ils pouvaient prétendre étaient par conséquent parmi les plus bas de l'échelle sociale: OS **[2]** ou manœuvres **[3]**. Après quelques années de travail, les possibilités de promotion restent très minces. Faute de culture de base, les travailleurs immigrés sont peu aptes à suivre des cours de formation permanente **[4]**. Beaucoup ne restent pas assez longtemps dans la même entreprise pour bénéficier d'une promotion "à l'ancienneté".

Enfin, à un niveau de qualification supérieur, la main d'œuvre immigrée entre en concurrence avec la main d'œuvre française: les immigrés qualifiés ont de sérieuses difficultés à trouver un emploi.

La plupart des immigrés touchent par conséquent des salaires proches du SMIC **[5]**. L'écart des salaires est plus grand dans les régions à forte concentration de travailleurs immigrés, notamment en Ile-de-France (qui rassemble 36 % de la main d'œuvre étrangère). Les plus mal lotis **[6]** en ce domaine sont les travailleurs nouvellement arrivés. Parlant mal le français, peu sûrs d'eux-mêmes et de leurs droits, ils n'osent pas réclamer lorsqu'ils s'aperçoivent d'une irrégularité. Après quelques années de travail en France, leur situation devient moins précaire et les écarts de salaire avec les Français ont tendance à s'atténuer.

Travaux pénibles et horaires lourds

Les travaux les moins qualifiés sont presque toujours les plus répétitifs et les plus pénibles. Dans les ateliers ou sur les chantiers, les ouvriers subissent le bruit des machines ou des véhicules, évoluent dans la poussière, sont exposés aux intempéries **[7]** (chantiers) ou aux variations de température (ateliers). Ces travaux sont recensés parmi les plus dangereux. Selon la Caisse Nationale d'Assurance Maladie des travailleurs salariés, 82,1 % des accidents du travail concernent les emplois ouvriers. Les immigrés, en majorité ouvriers, sont donc proportionnellement plus touchés que les Français par les accidents du travail, notamment au cours des six premiers mois de travail en France, alors qu'ils sont encore inexpérimentés et peu familiarisés avec les machines. Néanmoins le taux global d'accidents ➡

1 deux tiers: (chiffre de 1984; cette proportion tend à diminuer depuis les années quatre-vingts. Voir aussi document 2.10)
2 OS: ouvrier spécialisé (peu qualifié, l'OS travaille le plus souvent à la chaîne)
3 manœuvres: (ouvriers qui exécutent des travaux manuels non qualifiés)
4 suivre des cours de formation permanente: continuer de recevoir une éducation pendant leur vie professionnelle
5 SMIC: Salaire minimum interprofessionnel de croissance (salaire minimum fixé par la loi)
6 mal lotis: (défavorisés, désavantagés par rapport aux autres)
7 intempéries: rigueurs du climat (chaleur, froid, neige…)

du travail a tendance à diminuer du fait d'une surveillance accrue et d'une application plus rigoureuse des règles de sécurité.

Les horaires, en revanche, restent lourds. En moyenne, l'horaire hebdomadaire est plus élevé dans les secteurs qui emploient plus de 15 % d'immigrés (secteur minier, bâtiment). Dans les entreprises qui fonctionnent 24 heures sur 24, selon le système des équipes, les 2/3 sont des immigrés. 80 % des travaux de nuit, selon une enquête réalisée par le Centre d'Etudes pour l'Emploi, sont effectués par des immigrés. Leur situation matérielle les pousse à accepter le travail de nuit ou le travail par équipes, plus fatigant, mais mieux rémunéré. Pour les mêmes raisons, les immigrés assurent volontiers des heures supplémentaires. Au total, ils travaillent davantage que les Français.

La législation du travail

La discrimination de fait entre Français et étrangers est parfaitement illégale, que ce soit au niveau des emplois, des horaires de travail, de l'embauche. La loi du 1er juillet 1972 prévoit ainsi des sanctions contre tout employeur qui "aura refusé d'embaucher ou aura licencié une personne **[8]** en raison de son origine ou de son appartenance à une ethnie, une nation, une race ou une religion déterminée".

Les lois syndicales de 1972 et de 1975 autorisent les immigrés à être élus aux fonctions de délégué du personnel et de membre du comité d'entreprise. Les travailleurs immigrés peuvent également exercer des responsabilités au sein de l'administration ou de la direction d'un syndicat. Cette mesure modifie considérablement leur vie professionnelle. Elle leur permet de nouer des contacts plus étroits avec les travailleurs français, de mieux faire valoir **[9]** leurs revendications, de mieux veiller au respect de leurs droits. D'autres lois garantissent aux immigrés les mêmes avantages qu'aux Français en matière de sécurité sociale. Dans la mesure où ils cotisent **[10]**, ils ont droit en contrepartie à l'assurance maladie, à la retraite, aux régimes spéciaux de protection (assurance contre les accidents du travail par exemple).

Lorsqu'elles résident en France, leurs familles touchent les allocations familiales au même taux que les familles françaises. Lorsqu'elles sont restées dans le pays d'origine, les familles des immigrés perçoivent **[11]** les allocations à des taux négociés avec les pays d'origine.

J. Bodin et S. Casademont, L'immigration, Centre d'information éducative 1984

8 aura licencié une personne: aura privé une personne de son emploi (en général pour motif économique)
9 faire valoir: défendre
10 cotisent: versent des contributions régulières
11 perçoivent: reçoivent (de l'argent)

2.10 *Emploi et chômage en France*

Répartition des actifs par catégorie socioprofessionnelle selon la nationalité en 1990

en %

Catégorie socioprofessionnelle	**Français**	**Union européenne**	**dont Espagnols**	**Italiens**	**Portugais**	**Maghrébins**	**Autres nationalités**
Agriculteurs exploitants	4,3	0,9	1,1	1,3	0,2	0,1	0,4
Artisans, commerçants, chefs d'entreprise	7,4	6,9	6,5	12,9	4,7	5,2	5,9
Cadres, professions intellectuelles supérieures	11,1	5,9	4,0	6,1	0,9	2,6	10,3
Professions intermédiaires	19,6	8,9	9,2	12,6	4,8	5,5	9,2
Employés	28,2	21,1	24,9	15,0	22,3	15,8	18,9
– Des services directs aux particuliers **[1]**	*4,5*	*11,5*	*14,8*	*6,0*	*13,6*	*6,3*	*7,8*
Ouvriers	28,5	55,3	53,4	51,2	66,0	66,5	49,9
– Ouvriers qualifiés	*16,4*	*27,8*	*28,0*	*31,9*	*31,1*	*28,2*	*20,0*
– Ouvriers non qualifiés	*11,1*	*25,2*	*20,5*	*18,4*	*32,6*	*34,2*	*28,8*
– Ouvriers agricoles	*1,0*	*2,3*	*5,0*	*0,9*	*2,3*	*4,1*	*1,1*
Chômeurs n'ayant jamais travaillé	1,0	0,9	0,9	0,9	1,0	4,2	5,4
Ensemble	**100**	**100**	**100**	**100**	**100**	**100**	**100**
Effectif en milliers	**23 667**	**678**	**96**	**103**	**392**	**562**	**380**

INSEE, recensement de la population

1 particuliers: personnes privées

Taux de chômage par âge selon la nationalité en 1992

en %

	Groupe d'âge			
	Ensemble	**15 à 24 ans**	**25 à 49 ans**	**50 ans ou plus**
Français	**9,5**	**20,3**	**8,5**	**6,9**
Étrangers	**18,6**	**29,8**	**17,0**	**18,3**
dont:				
– Portugais	8,7	15,4	7,3	9,1
Africains	29,3	50,1	27,2	27,2
– Maghrébins	29,6	50,6	27,3	27,5
– Autres Africains	27,8	–	26,5	22,3
Autres nationalités	16,4	28,6	15,2	15,0

Adapté de INSEE, enquête sur l'emploi, 1992

dans Les Étrangers en France

2.11

"La France aux Français" est le slogan des Croix de Feu, un mouvement ultra nationaliste d'avant-guerre. L'emblème à droite de la photo est celui du parti d'extrême-droite, Ordre Nouveau (disparu aujourd'hui).

© Maxime Cléry/Rapho

2.12 Insertion et trajectoires sociales des immigrés et de leurs enfants

Une enquête réalisée par l'INSEE en 1986–87 permet d'observer l'évolution sociale des immigrés et de comparer la situation de leurs enfants avec la leur.

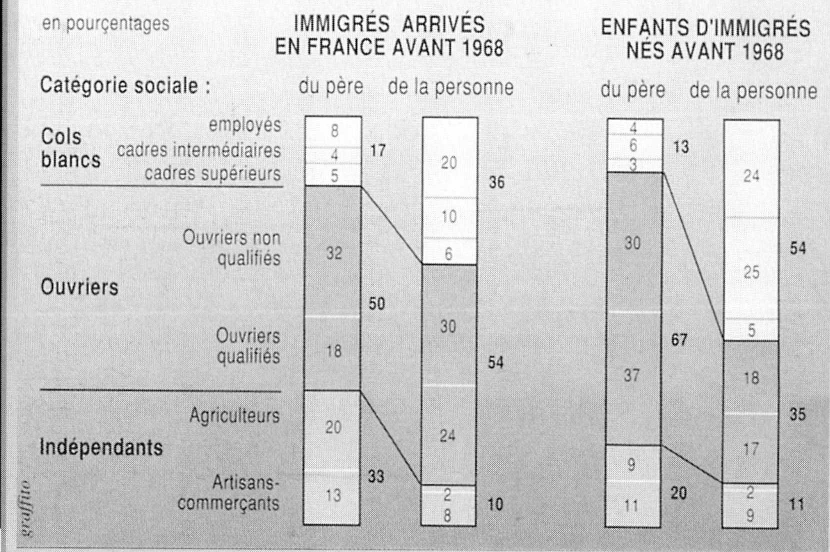

Lire ainsi: sur 100 immigrés arrivés en France avant 1968, 36 sont des cols blancs (2e colonne), alors que 17 des pères l'étaient (1re colonne), etc.
Sur 100 fils d'immigrés nés avant 1968, 54 sont des cols blancs (4e colonne), alors que 13 des pères l'étaient (3e colonne), etc.

Ces chiffres montrent que, contrairement au misérabilisme qui gouverne tant de réflexions sur l'intégration, une partie importante de la première génération, et surtout de la deuxième, a été en mesure d'accéder à une position sociale plus élevée que celle de leurs parents. Ou, à tout le moins, a suivi l'évolution de la société française du secteur secondaire **[1]** vers le secteur tertiaire **[2]** (cette tertiarisation n'étant pas toujours l'indice d'un passage à des métiers plus qualifiés ou plus lucratifs).

INSEE, données sociales, dans Penser l'intégration

1 secteur secondaire: (principalement l'industrie)
2 secteur tertiaire: (principalement les services tels que la banque, l'administration, l'enseignement, l'armée…)

2.13 Ces immigrés dont on a besoin

La France durcit le ton [1] et ferme ses frontières aux étrangers. Elle risque pourtant de se priver de compétences qui viennent combler les défaillances nationales.

Réforme du Code de la nationalité **[2]**, restrictions des conditions d'entrée et de séjour des étrangers en France: les mesures adoptées par le gouvernement ne faciliteront pas la vie des immigrés. Crise économique aidant, ils demeurent suspects de voler nos emplois, de profiter de notre Sécurité sociale et de casser nos banlieues.

Voilà pour l'image. La réalité y ressemble de moins en moins. L'immigré a changé. Il n'est plus seulement l'éboueur ou l'OS d'hier, mais, de plus en plus souvent, un cadre, ayant fait des études en France ou dans son pays d'origine. En 1992, d'après l'Insee, 192 000 étrangers occupaient des postes d'encadrement **[3]** – 70 000 de plus qu'en 1982.

Parmi eux, médecins et enseignants n'en finissent plus de combler les postes délaissés par les diplômés nationaux en quête de rémunérations plus motivantes. Dans la recherche, cette tendance n'est pas nouvelle, mais l'offre venue de l'Est contribue à redistribuer les cartes […] Quant aux étudiants, ils sont accueillis de

1 durcit le ton: (devient plus ferme, plus intransigeant(e))
2 réforme du Code de la nationalité: (loi du 22 juillet 93 restreignant l'accès à la nationalité française)
3 postes d'encadrement: postes de direction

plus en plus nombreux par nos grandes écoles [4], au nom du rayonnement de la culture française.

Une évolution en contradiction avec le discours politique dominant depuis l'arrêt de l'immigration en 1974. A force de durcir le ton, la France risque de se priver de compétences et de rendre la vie impossible à des gens qui nous rendent de réels services. Sur le terrain, ces derniers font les frais [5] de logiques contradictoires. Logique économique: la santé et l'Education nationale ont des missions de service public à assumer, et des emplois à pourvoir [6]. Logique culturelle: la France, par tradition, se veut [7] terre d'asile. Logique politique: l'opinion pousse à la fermeture des frontières et à la défense des prérogatives des ressortissants nationaux.

Comment sortir de l'impasse? Certains spécialistes–politologues [8], démographes – prônent une immigration sélective par l'instauration de quotas. « Chaque année, des représentants des pouvoirs publics, du patronat et des syndicats se réuniraient pour évaluer les besoins, secteur par secteur. Ce serait un système souple, révisable d'année en année par la négociation », écrit Jean-Claude Barreau, ancien président de l'Office des migrations internationales, aujourd'hui conseiller de Charles Pasqua [9], dans son ouvrage controversé *De l'immigration en général et de la nation française en particulier*. Le Canada et l'Australie pratiquent cette politique. Les Etats-Unis également, mais en établissant des quotas par nationalité.

En France en 1993...

... les étrangers représentent en moyenne:

6,5 %

de la population active totale...

... mais

8 %	**12 %**	**17 %**
des effectifs totaux des chercheurs au CNRS [10]	des maîtres auxiliaires [11] dans le secondaire	des médecins des hôpitaux en région parisienne

Sources: ministère de l'Education nationale, CRNS, ministère des Affaires sociales

L'Expansion

4 grandes écoles: (institutions sélectives et prestigieuses de l'enseignement supérieur)
5 font les frais: sont les victimes
6 des emplois à pourvoir: (des emplois vacants)
7 se veut: prétend être
8 politologues: (experts de science politique)
9 Charles Pasqua: (ministre de l'Intérieur, 1993–5)
10 CNRS: Centre national de la recherche scientifique
11 maîtres auxiliaires: enseignants (qui font partie de la catégorie professionnelle la moins favorisée)

SUJET DE REFLEXION

Dans quelle mesure la place des immigrés sur le marché de l'emploi vous semble-t-elle avoir évolué au cours des dernières décennies?

D'après votre étude des documents 2.9 à 2.13, la France a-t-elle toujours besoin des travailleurs immigrés?

"Deux millions de chômeurs, c'est deux millions d'immigrés en trop". Quelles réflexions personnelles vous inspire ce slogan du Front National? ■

Cadre de vie

L'évolution des conditions de logement des immigrés reflète le passage d'une immigration de main-d'œuvre, envisagée d'abord comme temporaire, à une immigration familiale durable:

• Dans les années soixante, si l'immigration est encouragée, on se préoccupe peu de loger les nouveaux arrivants; c'est l'époque du logement provisoire, insalubre, surpeuplé. La plupart d'entre eux vivent misérablement en marge de la société, dans des bidonvilles, des "cités de transit" construites en toute hâte, des hôtels meublés. L'État se contente de construire des foyers "Sonacotra", hébergements collectifs qui leur sont réservés.
• Depuis les années soixante-dix, les conditions de logement des familles immigrées se sont améliorées; près de 25% des ménages étrangers sont propriétaires de leur logement (58% des Français le sont). Beaucoup, cependant, ont pour cadre de vie les "banlieues": "cités", "grands ensembles", "ZUP" (zones à urbaniser en priorité), tous ces termes désignent souvent des quartiers difficiles, à habitat très dense (tours et grands immeubles), en marge de la ville et souvent de la société.

2.14 Marseille: la ville de toutes les folies

« C'est un port, l'un des plus beaux du bord des eaux. Il est illustre sur tous les parallèles… Phare français **[1]**, il balaye de sa lumière les cinq parties de la terre. Il s'appelle le port de Marseille. » (1927, Albert Londres.)

Soixante ans plus tard, deux générations à peine, mais des années-lumière. Marseille – Marseille antique, lieu de civilisation, de rencontres, d'échanges – Marseille port de la Méditerranée, ouvert sur toutes les grandes civilisations de l'Occident et de l'Orient – et Marseille aujourd'hui, abcès de fixation **[2]**, haut lieu de l'immigration et haut lieu de la tension raciste.

Pourquoi ce basculement, pourquoi cette crise?

Tout commence dans le quotidien, dans les cercles vicieux du quotidien, des cités. C'est toujours la même histoire. Pendant les trente glorieuses **[3]**, la France devient un Etat industriel moderne. Elle a besoin de main-d'œuvre. Elle la fait venir des campagnes, et d'ailleurs, d'Espagne, du Portugal, du Maghreb. Cette main-d'œuvre, on lui construit, vite, trop vite, et mal, des cités immenses, des machines qui n'ont qu'une fonction: que les ouvriers puissent y loger… Pas y vivre. A Marseille, la ville croît vers le nord. A toute allure. Grandies trop vite, ces cités ne constituent pas une cité. Elles manquent de l'essentiel. Dans le XIIIe et le XIVe arrondissement de Marseille, il n'y a, ainsi, que… quatre salles communes. Les mariages, les fêtes, il faut les faire ailleurs – souvent dans des appartements. Là, les difficultés commencent. Les cloisons sont minces. Tout peut devenir gêne pour le voisin, et toute gêne devient vite insupportable.

Dehors, rien, ou si peu de choses. Pas de terrains de sport, des terrains vagues **[4]**. Pas de gymnases. Rien d'autre à faire que ne rien faire.

Vient la crise, le chômage. Il touche d'abord, et le plus fort, les emplois les moins qualifiés, les emplois pour lesquels on est allé chercher tant d'étrangers. Les loyers rentrent déjà plus difficilement, les offices d'HLM **[5]** gèrent au jour le jour **[6]**, ils économisent sur l'entretien. Le cycle des dégradations commence. Si une boîte aux lettres cassée est réparée le jour même, c'est une boîte aux lettres qui a été cassée, un point c'est tout. Mais si une semaine passe, si personne ne paraît vouloir faire quelque chose, ça n'est plus une boîte aux

1 Phare français: Prestigieux port français
2 abcès de fixation: lieu où sont concentrés tous les problèmes
3 trente glorieuses: trente années de croissance économique d'après-guerre
4 terrains vagues: espaces urbains laissés à l'abandon
5 HLM: Habitations à loyer modéré (logements sociaux)
6 gèrent au jour le jour: sont trop préoccupés par le court terme pour penser au long terme

lettres qui est cassée, ce sont dix boîtes aux lettres qui sont détruites – et bientôt le temps où les boîtes aux lettres pouvaient servir à ce qu'on y mette les lettres paraît lointain.

Dix boîtes aux lettres cassées en bas d'une cage d'escalier, c'est une cage d'escalier avec des graffiti, une cage d'escalier qu'on ne nettoie plus, où on ne change plus les ampoules grillées – peu à peu une cage d'escalier où on trouve normal que les vitres soient cassées, que les globes d'éclairage disparaissent.

La crise dure. Les immigrés sont de plus en plus nombreux à perdre leur emploi, leurs enfants de moins en moins nombreux à en trouver. Pour eux, à seize ans, l'école c'est fini. Où aller? Il n'y a pas où aller. Alors ils sont là, dans les cages d'escalier, dans les halls d'entrée des immeubles. Ils zonent **[7]**.

Et tout se délite **[8]** peu à peu. La misère vient, et avec elle la délinquance. Les vols se multiplient. Les tensions entre voisins s'exacerbent. Construits trop vite, peu adaptés à leurs habitants, les bâtiments n'arrangent rien. Les appartements sont trop petits pour les familles nombreuses, l'atmosphère y est étouffante – et les jeunes préfèrent encore rester dehors. Le moindre bruit se répercute chez le voisin du dessus, chez le voisin du dessous, chez les voisins d'à côté.

Tout concourt à transformer le chômage, la médiocrité du logement en crise entre communautés. Les jeunes qui traînent dans les cités, ce sont souvent, très souvent, des enfants d'immigrés. Normal: leurs parents habitent là, ils ont plus d'enfants que les autres – et les jeunes ne trouvent pas d'emploi. Les décalages de coutumes **[9]**, de rythme de vie deviennent autant de sources de tension: le Ramadan fournit chaque année son lot d'incidents, de petits drames, parfois de vrais drames. Dans cet environnement, tout devient agression: le moindre bruit est intolérable, toute silhouette dans la nuit passe pour celle d'un voleur d'autoradio en puissance **[10]**, le terrain est mûr pour les tragédies de l'autodéfense. L'étonnant, c'est peut-être qu'il n'y en ait pas encore plus...

Alors les Français qui le peuvent s'en vont – s'ils sont fonctionnaires, militaires, ils se débrouillent pour obtenir de changer de cité. En 1966, il y avait 20 % de Maghrébins, à la cité Fond-Vert dans le XIVe arrondissement de Marseille. Vingt ans après, il ne reste que dix familles françaises; sur 3 000 habitants, 70 % sont arabes.

La cité devient la zone **[11]**: les petits commerces sont partis – trop de larcins à répétition, et, en plus, la concurrence des hypermarchés; des équipements collectifs, il n'y en a jamais eu; l'entretien est depuis longtemps abandonné: à quoi bon? Les autorités baissent les bras: au Plan d'Aou **[12]**, les deux tiers des 900 logements sont inoccupés. Ceux qui le sont encore le sont à 90 % par des étrangers. Des carcasses de voitures brûlées traînent. L'office **[13]** mure les logements des rez-de-chaussée, les habitants des étages mettent du grillage aux fenêtres; depuis six ans, le centre commercial est fermé – muré lui aussi.

Personne ne peut aimer vivre dans ces cités. Y supporter son voisin, est presque impossible. Terrain parfait pour les thèses racistes **[14]**: le voisin, c'est un étranger, c'est l'étranger. A la cité des Flamants, 50 % de pauvres, 45 % de votes pour le Front national... Il ne faut pas aller chercher bien loin pour comprendre comment montent les tensions, comment des enchaînements de causes à effets qui ont bien peu à voir avec la nationalité, avec les origines, avec la religion, avec les coutumes, alimentent le racisme au quotidien. Les virus sont ceux du chômage, du logement, de l'échec scolaire; et les symptômes sont la haine, le rejet de l'autre, la désignation d'un bouc émissaire.

H. Désir, SOS Désirs

---

7 zonent: traînent à ne rien faire
8 se délite: se désintègre
9 les décalages de coutumes [...] deviennent: la distance créée entre groupes ethniques par les différences de coutumes [...] devient
10 en puissance: potentiel
11 devient la zone: se transforme en quartier misérable (et peu fréquentable)
12 Plan d'Aou: (cité d'un quartier au nord de Marseille)
13 office: (office d'HLM)
14 thèses racistes: (opinions ou arguments racistes)

2.15 Les grands ensembles

Les Français qui ont été obligés de rester là parce que leurs moyens ne leur ont pas permis, comme d'autres, de partir, finissent par subir le même type de ségrégation sociale et spatiale que les immigrés. En outre, ils sont pour la plupart « pauvres parmi les pauvres », connus des services sociaux pour les problèmes qu'ils rencontrent ou qu'ils posent. Les « familles lourdes » **[1]**, assistées, ce sont souvent eux, davantage que les familles d'immigrés dont le dynamisme n'est plus à prouver. Ce sont, comme les décrivent les travailleurs sociaux, des familles qui, fréquemment, ne savent plus se prendre en charge **[2]**; qui, de génération en génération, n'ont connu que des échecs matériels, affectifs, scolaires, et qui, dans l'élévation générale du niveau de vie, n'ont pas pu s'insérer, tout en s'étant laissé prendre par l'idéologie de la consommation. Ces familles-là sont celles qui posent le plus de problèmes à la communauté. [...]

Autrement dit, les nombreuses familles françaises vivant sur les mêmes lieux que les immigrés sont des familles marginalisées, pauvres, qui supportent mal d'être logées à la même enseigne **[3]** que les étrangers avec lesquels elles craignent d'être confondues et qu'elles jalousent dès qu'ils bénéficient des mêmes avantages qu'elles-mêmes. Elles finissent par se sentir minoritaires (même lorsque ce n'est pas le cas) et développent un complexe obsidional **[4]** facile à exploiter dans le sens du racisme. [...]

Partout, on constate la même mise en garde, véritable leitmotiv depuis quelques années, contre la présence importante d'étrangers en un même lieu de résidence **[5]**. Il s'agit officiellement d'une crainte de voir se constituer des ghettos. En réalité, c'est affirmer indirectement que là où vivent des étrangers en nombre relativement important, il ne peut qu'y avoir des conflits parce qu'ils en sont intrinsèquement porteurs **[6]**. (De là à désigner tous les étrangers comme des voyous et des délinquants en puissance, il n'y a qu'un pas, très vite franchi.) Parce qu'il sont « différents », inintégrables et qu'ils constitueraient en eux-mêmes une « nuisance », comme le disait un jeune Marocain de Dreux, dans le très beau reportage de télévision « Les étrangers sont-ils toxiques? ». Cela signifie donc que les étrangers sont seuls responsables des malaises perçus dans les grands ensembles ou les quartiers populaires. [...]

Le logement, qui, dans certaines conditions, est un facteur d'intégration, ne l'a pas été ici. Tant que les immigrés avaient, en quelque sorte, des logements spécifiques (bidonvilles, baraques de chantier, cités de transit, etc.), qu'il n'y avait donc pas de cohabitation, leurs différences dans les modes de vie, s'il y en avait, ne se remarquaient pas. Par la suite, lorsqu'ils ont commencé à avoir accès avec leurs familles au logement social, on a essayé de les disséminer le plus possible par « souci de **[7]** faire accepter aux Français la présence des immigrés en la leur dissimulant le plus possible », explique Jacques Barrou qui ajoute: « Le fait de vouloir faire d'eux des citoyens de la ville comme les autres [...] a contribué à accroître leur visibilité dans un contexte global défavorable où ils sont le plus souvent montrés comme fortement perturbateurs et sources d'agression contre la société globale. »

La venue des familles **[8]** a accentué cette « visibilité », ne serait-ce que par l'accroissement du nombre d'étrangers qu'elle a occasionné. En outre, qui dit familles dit enfants. Or les enfants se font toujours remarquer. Surtout, elles se sont naturellement introduites dans tous les espaces sociaux à la fois (alors que ces travailleurs étaient naguère confinés dans un habitat spécifique et dans les entreprises). On les voit aujourd'hui dans les écoles, les commerces, les rues, les centres de soins **[9]**, les espaces de loisirs, les jardins publics, les transports en commun. Enfin, on ne peut négliger le fait que les épouses, venues dans leur majorité plusieurs années après les travailleurs, se sont intégrées beaucoup plus lentement et tardivement, en particulier celles qui, ne travaillant pas à l'extérieur (c'est le cas de la plupart des Maghrébines), se sont trouvées très isolées par rapport à la population française. Par ailleurs, elles n'avaient pas été préparées à leur transplantation qui leur a souvent été imposée. Culturellement, elles sont, généralement, beaucoup plus fidèles que les hommes aux coutumes et aux traditions de leur pays qu'elles sont, en principe, chargées de transmettre aux enfants. En ce sens, elles constituent un facteur important de « visibilisation » des immigrés. Puis viennent leurs enfants, que l'on remarque presque toujours plus que les petits autochtones **[10]**. C'est aussi cette « visibilité » qu'on a appelée « distance culturelle ».

J. Minces, La génération suivante

1 familles lourdes: familles les plus difficiles pour les services sociaux
2 se prendre en charge: résoudre leurs problèmes elles-mêmes
3 être logées à la même enseigne: être traitées de la même façon
4 complexe obsidional: (psychose de celui qui se sent assiégé)
5 partout, on constate la même mise en garde [...] contre la présence importante d'étrangers en un même lieu de résidence: (tout le monde dit qu'il est risqué de permettre à un trop grand nombre d'étrangers de résider au même endroit)
6 ils en sont intrinsèquement porteurs: ils en portent les germes en eux-mêmes
7 par souci de: parce qu'on voulait essayer de
8 la venue des familles: (l'arrivée des membres des familles à cause de la politique de "regroupement familial")
9 soins: (soins médicaux)
10 autochtones: Français d'origine

2.16 ADIL JAZOULI: LA PAROLE AUX JEUNES MAGHRÉBINS

« Les nouvelles formes d'expression qui apparaissent chez les jeunes Maghrébins de France portent souvent la marque d'une longue expérience et d'un profond sentiment d'exclusion sociale, économique et politique. […] Dans l'analyse de ce sentiment d'exclusion qu'expriment un grand nombre de ces jeunes, plusieurs significations apparaissent: ils se sentent exclus parce qu'ils sont d'origine maghrébine, enfants de manœuvres et d'ouvriers, jeunes dans une société vieillissante que leur jeunesse effraie; ce sentiment d'exclusion commence pour certains très tôt à l'école, ensuite, c'est le lieu d'habitation, le manque de loisirs et de moyens, des frustrations quotidiennes de leurs désirs et rêves d'enfants ou d'adolescents.[…]

Ce sentiment d'exclusion est renforcé par les conditions de logement qu'ont subies la plupart des familles d'origine maghrébine: bidonvilles, cités d'urgence ou de transit **[1]**, cités HLM coincées entre deux autoroutes ou reléguées à la périphérie des agglomérations urbaines, etc. D'autant plus que très souvent, le lieu d'habitation donne une « *renommée* » aux jeunes qui y habitent et conditionne en partie leur scolarité et leur accès au monde professionnel. Dans une monographie, un jeune qui avait vécu dans les années soixante dans le plus grand bidonville de la région parisienne, « La Folie » à Nanterre, raconte:

– « *Vraiment, je me demande, qui est-ce qui a pu inventer le bidonville? Un sadique certainement (...). Les ordures, on les laissait; les rats, on les laissait; les gosses tombaient malades, ils avaient pas de place pour apprendre à marcher. On avait honte, on était sales, et pourtant on essayait d'être propres pour pas qu'on sache* **[2]** *qu'on était du bidonville* ».

Plusieurs histoires allant dans le même sens sont racontées par des jeunes des cités de transit de la région parisienne, de Marseille et d'ailleurs…

– « *Comment veux-tu te sentir comme les autres quand tu vis dans une cité pourrie, qui a été construite pour deux ans et qui dure depuis dix ans, coincée entre une autoroute et une ligne de chemin de fer, avec comme horizon une zone industrielle. J'y ai vécu jusqu'à l'âge de dix-huit ans, après je me suis tirée* **[3]**, *c'était ça ou la super-dépression nerveuse, ou le suicide, comme pas mal de filles de la cité. Quand tu vis là-dedans, tu es convaincue que ça été voulu comme ça, qu'on t'as mis sur la touche* **[4]** *pour que t'y restes, pour que tu te sentes jamais chez toi, tu es là près de la sortie, et à tout moment, on peut te mettre carrément dehors* ». (Malika, 25 ans, Marseille) Pour d'autres jeunes, ceux qui ont grandi dans les grands ensembles et les ZUP **[5]** qui ont été construites à tour de bras **[6]** dans les années soixante, le sentiment d'être exclu est le même, mais il est différent dans sa nature: si on les a parqués à la périphérie des villes, ce n'est pas pour les exclure totalement de l'espace urbain et social, mais pour les empêcher d'y entrer.

RACINES DE BÉTON

Mais en même temps, beaucoup de jeunes aiment leur cité, malgré l'envie de partir loin qui les traverse à tout moment quand l'impression d'étouffer sous le poids des tours devient insupportable. Ainsi, au moment où, durant l'été 1983, certaines tours du quartier Montmousseau de la ZUP des Minguettes **[7]** devaient être détruites dans le cadre d'un programme de réhabilitation,

1 cités d'urgence ou de transit: bâtiments (construits en urgence, pour fournir des logements temporaires)
2 pour pas qu'on sache: pour qu'on ne sache pas (familier)
3 je me suis tirée: je suis partie (argot)
4 on t'a mis sur la touche: on t'a laissé de côté, exclu
5 ZUP: zone à urbaniser en priorité
6 à tour de bras: (en y mettant toute son énergie, sans compter)
7 la ZUP des Minguettes: (une des banlieues "difficiles" de Lyon, aujourd'hui rasée)

plusieurs groupes de jeunes adolescents d'origine maghrébine ont essayé de s'y opposer, alors même qu'il y avait consensus général sur la nécessité de cette opération: pour eux, c'était leur enfance, leur maison, leur passé, leur territoire qu'on faisait imploser en même temps que ces tours. Les politiques urbaines apparaissaient alors comme étant toujours imposées par des institutions ou des centres de décision lointains. Mêmes certains jeunes militants de l'association « SOS Avenir Minguettes », qui avaient pourtant été associés partiellement au plan de réhabilitation du quartier, étaient partagés **[8]**!

– « *A quoi ça rime* **[9]** *maintenant de détruire les tours, c'est déjà trop tard, on est marqués, catalogués, il fallait pas construire autant de tours, ils nous demandent notre avis quand il n'y a plus d'autre solution, sinon ils s'en passeraient bien. En attendant, c'est tous nos souvenirs qu'ils dynamitent* ». (F.A., 22 ans, les Minguettes) (...)

dans Droit de vivre

8 étaient partagés: hésitaient
9 à quoi ça rime: à quoi ça sert (français parlé)

SUJET DE REFLEXION

Marseille, ville cosmopolite: autrefois lieu de civilisation, de rencontres, d'échanges; aujourd'hui, haut lieu de la tension raciste.

Comment expliquer un tel changement, selon vous?

Comment pourrait-on, à votre avis, améliorer les relations entre les communautés dans les quartiers "difficiles"?

Les jeunes dont parle Jazouli dans le document 2.16 détestent mais en même temps aiment leur "cité". Est-ce compréhensible, selon vous, et comment expliquer ce paradoxe? ■

2.17 Le seuil de tolérance

Parfois, on apprend qu'un voisin, ne supportant pas les odeurs de cuisine ou la musique lors d'une fête familiale, prend son fusil et tire sur des Arabes. Il s'exprime. Il signifie quelque chose de flou et de précis en même temps: cette communauté d'étrangers le dérange par sa façon de vivre – rien de très précis – alors il décide, froidement ou bien sous le coup de la colère ou de la démence, de l'éliminer physiquement ou symboliquement.

L'exaspération est à son comble. Lorsque le même geste se reproduit pour les mêmes raisons dans d'autres lieux du pays, ce n'est plus une affaire d'individu à individu – ce n'est plus un fait divers isolé et exceptionnel – mais c'est une affaire qui concerne l'ensemble d'une société.

Les sociologues ont trouvé une explication bien commode et qui a été adoptée par tout le monde, y compris les partis de gauche comme le PS **[1]** ou le PCF **[2]**. Il s'agit du fameux *seuil de tolérance*: à partir d'un certain pourcentage (10 à 11 %) d'étrangers dans un espace habité, les risques de non-tolérance de l'Autre sont réels et peuvent aboutir à des drames. Ainsi, pour éviter des réactions de violence raciste, il faut bien doser l'espace **[3]**. Là s'insinue une perversité inattendue: il y aurait **[4]** des étrangers moins étrangers que d'autres. Ainsi, les immigrés appartenant à la sphère de la civilisation judéo-chrétienne comme les Portugais, les Espagnols ou les Italiens, seraient aujourd'hui mieux tolérés que ceux qui viennent d'une culture trop différente, comme la culture musulmane (Arabes et Turcs). Peut-être que les immigrés européens s'adaptent mieux que les autres. Ils se sentent aussi mieux acceptés. [...]

Plus la distance entre les deux cultures est grande, plus l'autre devient l'écran de l'angoisse et du refus. Le Français lit en quelque sorte son image et son destin sur le visage de la grande différence. Le *seuil de tolérance* n'est au fond qu'une formule dont on se sert avec bonne conscience pour justifier, avec l'alibi scientifique, l'impossible coexistence des cultures et des hommes.

Le danger du *seuil de tolérance* n'est pas dans sa formulation. Il réside plutôt dans le fait qu'il permet la manipulation des mentalités. On se sent autorisé à rejeter l'étranger au nom de la science. Le *seuil de tolérance* sera ainsi invoqué comme justification.

Seuil et tolérance évoquent ainsi l'image d'une porte qui se ferme automatiquement, laissant derrière elle des familles avec bagages et enfants.

T. Ben Jelloun, L'Hospitalité française © Èditions du Seuil, 1984

1 PS: parti socialiste (le 10 décembre 1989, François Mitterrand a déclaré que "le seuil de tolérance a été atteint dans les années soixante-dix". Il s'en est plus tard excusé)
2 PCF: parti communiste français
3 bien doser l'espace: (distribuer "scientifiquement" les étrangers, sans dépasser une certaine proportion)
4 il y aurait: certains prétendent qu'il y a

2.18 *L'INTOLÉRANCE DES GRANDS SENTIMENTS*

François de Closets: « SOS gâchis »

L'installation d'une communauté étrangère est toujours ressentie comme une gêne par les couches les plus pauvres de la société. C'est le phénomène du « petit blanc », c'est-à-dire des petites gens qui se sentent en concurrence avec les nouveaux arrivants.

Dès lors que l'immigration de main-d'œuvre **[1]** suscitée dans les années 60 se transformait en immigration de peuplement **[2]**, il était inévitable que se produisent de telles frictions. Au départ, il ne s'agit pas de racisme, mais de xénophobie. La différence est essentielle. Le raciste reproche à l'Autre d'être ce qu'il est, le xénophobe lui reproche d'être où il est. Dans le premier cas, il ne faut pas chercher à comprendre, il faut combattre; dans le second, au contraire, comprendre et appliquer immédiatement un traitement social. Tout le monde sait que l'étranger est aisément accepté dans un cadre de vie agréable, qu'il est ressenti comme un envahisseur dans un cadre de vie détestable. Mais ces vérités furent superbement ignorées par une société qui, au nom du racisme, imposait le silence aux « petits blancs ».

On le vit bien lorsque le maire communiste de Vitry **[3]** lança ses bulldozers pour s'opposer à la construction d'un foyer supplémentaire sur le territoire de sa commune. Au lieu de s'interroger sur l'accueil des immigrés, on s'empressa de noyer le poisson **[4]** dans un déluge de protestations moralisatrices.

SOS Racisme s'inscrivit exactement dans cette ligne en proclamant haut et fort que le problème de l'immigration n'existait pas. Les difficultés qui pouvaient surgir étaient tout entières imputées aux racistes. [...] Quelles peuvent être les conséquences d'une telle erreur? Tout d'abord, les gens qui vivent ces conditions difficiles, qui s'en plaignent et qui s'entendent traiter de racistes par des personnalités qui, à l'évidence, vivent loin des incommodités, ne peuvent qu'être tentées de rejoindre Le Pen **[5]**. D'autre part, la classe politique qui ne s'intéressait guère aux cités multiraciales fut confortée dans sa volonté de ne rien faire par la crainte d'être taxée de racisme. N'a-t-il pas suffi à Jacques Chirac **[6]** d'affirmer qu'il réprouvait mais pouvait comprendre certaines réactions xénophobes – réflexion que je fais mienne **[7]** – pour s'entendre accuser de racisme? En confondant racisme et xénophobie, en entravant **[8]** le traitement social de la cohabitation, SOS Racisme a poussé le peuple des « petits Blancs » dans les bras de Le Pen.

L'Événement du jeudi

1 immigration de main-d'œuvre: (immigration composée uniquement de travailleurs qui rentreront plus tard dans leur pays)
2 immigration de peuplement: (immigration destinée à s'installer définitivement, avec femmes et enfants)
3 maire communiste de Vitry: (protestant ainsi contre la concentration des immigrés dans les villes ouvrières de la banlieue parisienne, ce maire, ainsi que le parti communiste, ont été accusés de racisme)
4 noyer le poisson: (confondre les problèmes pour empêcher la véritable question d'apparaître clairement)
5 Le Pen: (chef du Front national, parti d'extrême droite qui veut renvoyer chez eux les immigrés)
6 Jacques Chirac: (le 19 juin 1991, Jacques Chirac a parlé d'une "overdose d'étrangers" et a évoqué "le bruit et l'odeur" qu'ils occasionnent dans les HLM)
7 réflexion que je fais mienne: remarque que je partage
8 entravant: empêchant

2.19 Les géraniums

Reproduced by kind permission of D. Pessin

En 1984, Harlem Désir a fondé SOS Racisme, association qui a pendant plusieurs années mobilisé les jeunes contre les manifestations de racisme. Popularisée par le badge "Touche pas à mon pote" (= ne touche pas à mon copain immigré), l'action de SOS Racisme a été contestée par certains, dont François de Closets. Journaliste de télévision, celui-ci est l'auteur de nombreux livres sur la France.

2.20 *LA HAINE ET LES PRÉJUGÉS RESTENT À VAINCRE*

Harlem Désir: « SOS les principes »

Pour le président de SOS Racisme **[1]**, *les accusations de François de Closets sont aussi « indigentes » que le discours politique sur l'immigration*

L'EVENEMENT DU JEUDI: SOS Racisme est aujourd'hui accusé et vous-même en particulier, d'avoir cédé au piège des bons sentiments [2], d'avoir refusé de reconnaître qu'il existe aujourd'hui en France un problème de l'immigration. Dans le livre qu'il s'apprête à publier, François de Closets vous cite: « *Le problème n'est pas l'immigration, c'est le racisme.* » Comme si immigration et racisme n'étaient pas liés.

Harlem DESIR: C'est évident qu'il y a un problème de l'immigration en France. [...] Qui, plus que SOS, a popularisé l'idée que, pour faire reculer le racisme, il fallait réussir l'intégration des immigrés? Ce qui fait monter le racisme, c'est de ne pas casser **[3]** les ghettos, de ne pas se donner les moyens d'enrayer l'échec scolaire, de laisser s'installer une géographie ethnique dans nos villes. Nous n'avons pas attendu M. de Closets pour nous en apercevoir. C'est également le cocktail des peurs liées à la crise, à l'incertitude face à l'avenir, à l'entrée dans l'Europe par exemple. On ne peut donc réduire le racisme au problème de la quantité d'immigrés présents dans un pays.

■ **François de Closets vous accuse de refuser l'idée d'un « seuil de tolérance »...**

– C'est une notion sans fondement: à Hérouville-Saint-Clair par exemple, dans la banlieue de Caen, il y a beaucoup plus d'immigrés qu'à Caen. Pourtant le Front national obtient beaucoup plus de voix dans la seconde ville. Parce qu'à Hérouville-Saint-Clair, on mène une véritable politique d'insertion **[4]** accompagnée d'une pédagogie sur ce que les immigrés apportent à la ville.

En Allemagne de l'Est, les immigrés sont en pourcentage beaucoup moins nombreux qu'en RFA **[5]** et pourtant le racisme y est beaucoup plus fort. On pourrait également parler de la virulence de l'antisémitisme en Pologne où il n'y a pratiquement plus aucun juif.

La rhétorique du seuil de tolérance n'a pour objet que de justifier l'exclusion, de dire: « *il y en a trop, il faut les expulser* » et de dédouaner **[6]** le racisme. Il y a par contre des seuils de misère, de pauvreté, d'exclusion, de ghettoïsation qui sont largement dépassés et qui rendent possible l'exploitation des préjugés et la désignation de boucs émissaires. Quant aux flux migratoires, s'il est évident que chaque pays cherche à les contrôler, les hommes politiques feraient mieux de dire la vérité: la France continuera à avoir besoin des immigrés

1 SOS Racisme: (association antiraciste présidée par Harlem Désir jusqu'en 1992 (puis par Fodé Sylla))
2 au piège des bons sentiments: à la tentation de montrer de la bonne volonté
3 c'est de ne pas casser: c'est d'omettre de casser
4 une véritable politique d'insertion: (terme utilisé par les socialistes dans les années quatre-vingts; on utilise aujourd'hui le mot "intégration")
5 RFA: République Fédérale d'Allemagne
6 dédouaner: rendre innocent

pour son économie et sa démographie, elle restera un pays d'immigration.

■ **François de Closets vous reproche aussi d'avoir pratiqué un « manichéïsme réducteur » [7] en confondant racisme et xénophobie.**

– Vouloir faire de cette distinction une opposition radicale est d'une pauvreté intellectuelle affligeante. On n'a jamais vu de grande flambée de xénophobie sans racisme, ni l'inverse. Nous constatons surtout un transfert du discours raciste vers un discours xénophobe pour ne pas tomber sous le coup de la loi [8]. On parle de « préférence nationale » [9], mais on pense sang français, France blanche. On dit « *Monsieur Mohamed se croit tout permis* [10] », ce qui revient au même que « sale bougnoule » [11] mais n'est pas condamnable devant les tribunaux. Racisme et xénophobie doivent se combattre [12] d'un même élan. A la fois par un traitement social mais aussi par des valeurs fortes. Car la bataille est aussi à mener sur le plan des principes. Ce qui fait la force de Le Pen, c'est d'avoir en face de lui des hommes politiques au discours mou qui n'osent pas défendre leurs idées, qui ont mis un mouchoir sur leurs valeurs [13]. Dans ce climat de confusion et de démission, Le Pen apparaît comme quelqu'un qui parle clair. Face à cela, pas de concession de principe possible.

L'Événement du jeudi, propos recueillis par Jean-François Dupaquier

7 avoir pratiqué un "manichéisme réducteur": avoir trop simplifié le problème
8 tomber sous le coup de la loi: (loi de 1972 qui condamne les actes, insultes et discriminations racistes)
9 préférence nationale: (politique du Front national qui donnerait la priorité aux Français pour l'emploi et l'aide sociale)
10 se croit tout permis: pense qu'il a le droit de faire ce qu'il veut
11 sale bougnoule: sale type (insulte raciste désignant un Arabe)
12 se combattre: être combattus
13 ont mis un mouchoir sur leurs valeurs: n'ont plus osé défendre publiquement leurs valeurs

SUJET DE REFLEXION

Pourquoi François Mitterrand, après avoir utilisé le terme "seuil de tolérance", s'en est-il excusé? Expliquez les implications de cette notion.

Quels sont, selon vous, les meilleurs moyens de combattre le racisme? ■

Éducation et cultures

L'éducation

L'école française a toujours été un puissant outil d'intégration nationale. Refusant, dans la tradition républicaine, de distinguer les enfants en fonction de leur appartenance régionale, ethnique ou religieuse, elle imposait à tous un moule culturel unique, une assimilation forcée. Ainsi l'école a-t-elle constitué une véritable machine à franciser Bretons, Basques et immigrés de toutes origines.

À partir des années soixante-dix, dans un climat plus favorable au respect des identités culturelles, l'école s'est ouverte aux langues et cultures des pays d'origine des enfants: grâce à une pédagogie plus respectueuse des "différences", on espérait favoriser l'épanouissement des enfants d'immigrés à l'école, et améliorer ainsi leurs performances scolaires. Cette expérience a cependant été abandonnée, et l'on est revenu aux principes traditionnels de l'école républicaine: l'appartenance à une culture différente n'explique pas l'échec scolaire; si les enfants d'immigrés réussissent moins bien à l'école que la moyenne des petits Français, c'est qu'ils appartiennent en majorité aux classes sociales défavorisées. À origine sociale égale, les élèves qui ont des parents français ont des taux de réussite similaires à ceux dont les parents sont étrangers.

2.21 Manifestation de SOS Racisme

Paris, le 29 novembre 1987 – SOS Racisme, © Alain Pinoges/CIRIC

2.22 La francisation par l'école

« J'en témoigne: fils d'immigré, c'est à l'école et à travers l'histoire de France que s'est effectué en moi un processus d'identification mentale. Je me suis identifié à la personne France, j'ai souffert de ses souffrances historiques, j'ai joui de ses victoires, j'ai adoré ses héros, j'ai assimilé cette substance qui me permettait d'être en elle, à elle, parce qu'elle intégrait à soi non seulement ce qui est divers et étranger, mais ce qui est universel. Dans ce sens, le « nos ancêtres les Gaulois » **[1]** que l'on a fait ânonner **[2]** aux petits Africains ne doit pas être vu seulement dans sa stupidité. Ces Gaulois mythiques sont des hommes libres qui résistent à l'invasion romaine, mais qui acceptent la culturisation **[3]** dans un Empire devenu universaliste après l'édit de Caracalla **[4]**. Dans la francisation, les enfants reçoivent de bons ancêtres, qui leur parlent de liberté et d'intégration, c'est-à-dire de leur devenir de citoyens français.

Il y a eu certes des difficultés et de très grandes souffrances et humiliations subies par les immigrés, vivant à la fois accueil, acceptation, amitié et refus, rejet, mépris, insultes. Les réactions populaires xénophobes, la permanence d'un très virulent antisémitisme, n'ont pu toutefois empêcher le processus de francisation, et, en deux ou au plus trois générations, les Italiens, Espagnols, Polonais, juifs de l'Est et de l'Orient méditerranéen, se sont trouvés intégrés jusque dans et par le brassage du mariage mixte. Ainsi, en dépit de puissants obstacles, la machine à franciser laïque **[5]** et républicaine a admirablement fonctionné pendant un demi-siècle.

Edgar Morin, dans Le Monde

1. nos ancêtres les Gaulois: (ainsi débutaient les livres d'histoire de France des écoles primaires, qu'étudiaient même les petits Africains de l'Empire colonial français)
2. ânonner: lire en hésitant (comme un débutant)
3. la culturisation: l'adaptation culturelle
4. l'édit de Caracalla: (l'empereur romain Caracalla donna le statut de citoyen romain aux habitants de l'Empire)
5. laïque: (ne reconnaissant aucune religion officielle)

SUJET DE REFLEXION

Qu'est-ce que l'auteur du document 2.22 admirait dans la machine scolaire française? D'après la description qu'il en donne, vous paraît-elle admirable? Justifiez votre réponse. ■

2.23 Une réussite exemplaire

J'ignore quelle valeur pédagogique peuvent avoir ces lignes pour un adolescent d'origine maghrébine en 1991, qui se débat dans des problèmes qui m'ont heureusement été épargnés.

Pour lui, l'école actuelle ne semble pas forcément un gage **[1]** de réussite ou d'insertion. Mais qu'est-ce qui l'est aujourd'hui? La naissance, la richesse? Lorsque j'étais adolescent, on était chômeur par accident, par paresse ou par incapacité. Ce n'est plus le cas depuis quelques années. Je considérais, je considère toujours que ce n'est pas la misère qui fait problème, mais plutôt le fait de ne pas savoir ou pouvoir s'en sortir.

J'ai passé mes premières années de classe dans cette école communale du XIXème arrondissement. Les fils d'immigrés y étaient très peu nombreux. Deux ou trois par classe et jamais de fille. Cette situation me fut largement bénéfique, car, ne parlant que le kabyle **[2]** en arrivant en France, je fus contraint d'apprendre vite le français pour comprendre mes maîtres, imiter mes camarades dans leurs jeux et leur façon de s'exprimer. Si, en 1991, recommençant la vie qui fut la mienne, je me trouvais dans une des classes dont on dit qu'elles sont occupées à 90% par des immigrés blancs ou noirs, que deviendrais-je? Sans doute parlerais-je kabyle avec mes camarades kabyles, arabe avec les Arabes, et un charabia **[3]** misérable avec tous les autres.

Qu'on mesure sur ce seul constat les dangers de la ségrégation scolaire, même lorsqu'on la dissimule sous l'habit commode du prétendu respect de la différence **[4]** et de la pluriculture. Plongé dans un milieu entièrement nouveau, placé parmi des enfants dont le français était la langue maternelle, je n'avais d'autre solution que de les imiter, de les suivre, et plus tard de tenter de les précéder. J'y suis vite parvenu et assez bien, je crois.

Salem Kacet **[5]** *Le droit à la France*

1. un gage: une garantie
2. kabyle: (langue parlée en Kabylie, région montagneuse d'Algérie)
3. charabia: jargon
4. même lorsqu'on la dissimule [...] du prétendu respect de la différence: (même lorsqu'on prétend respecter la différence)
5. Salem Kacet: (cardiologue au Centre hospitalier de Lille, adjoint au maire de Roubaix)

SUJET DE REFLEXION

Pourquoi Salem Kacet [document 2.23] a-t-il eu plus de chance que les petits Maghrébins d'aujourd'hui? ■

2.24

L'école et le souci des différences

J-P. – Je viens de recompter mes élèves. Ne parlons pas "nationalité": beaucoup, nés en France ou arrivés depuis longtemps, sont de nationalité française. Parlons plutôt origine: sur 28 élèves, on compte 10 Européens et 18 d'origine africaine (8 d'Afrique du Nord, un Antillais, les autres d'Afrique noire ou métissés). Les pays sont divers: Cameroun, Congo, Mali, Zaïre, Sénégal…

Concrètement, que peut-on voir dans mon école qui traduit notre souci des différences, des diverses cultures?

Au mois de septembre, une maîtresse de CM1 **[1]** avait affiché dans le couloir des photos d'enfants de tous pays, prises dans un ancien calendrier de l'UNICEF. Il a fallu chercher pour ajouter une petite Européenne parce que cela ne reflétait pas exactement la réalité. Des initiatives comme celles-là montrent que nous sommes tout de même sensibles à la diversité de races que nous rencontrons dans nos classes.

En début d'année, dans ma classe, chacun se présente en disant de quel pays il vient, ou du moins d'où viennent ses parents. Chaque enfant essaie de faire le drapeau du pays de son origine. On tente de voir plus loin que le pays où l'on vit: j'ai affiché dans la classe une carte du monde et nous y recherchons ensemble leur pays: les enfants y sont très sensibles. Ma collègue de CP **[2]** le fait aussi. Ainsi, un démarrage en primaire se fait à partir de la géographie.

Sur le plan pédagogique, c'est autre chose. Une collègue me dit ne vouloir faire étudier la France qu'en fin d'année: "L'enfant se préoccupe de son espace proche; pourquoi lui parler de l'espace lointain? Pour lui, la France, qu'est-ce que c'est?" Cette collègue a plus d'expérience que moi en CE1 **[3]**. Pourtant quand je vois les enfants passionnés à rechercher leur pays sur la carte, je ne vois pas pourquoi j'attendrais la fin de l'année, qu'ils aient "mûri" en passant de 7 à 8 ans, pour les faire parler de leur pays…

J'ai donc continué. J'ai fait un album des différents pays, avec des photos de villages, des timbres, des cartes postales. Je mettais l'album à la disposition des enfants. Je le transforme d'année en année, les pays d'origine des élèves n'étant plus les mêmes. A ces petits moyens concrets, les enfants se reconnaissent dans la classe.

Cette année, je n'ai rien dit de cet album, mis à côté de mon bureau, mais seulement: "Les documents qui sont là, vous ne les prenez pas, vous ne les mélangez pas…" Cette fois, je ne les avais pas classés par pays, mais par thèmes. Et un jour, je vois Sélimata, du Mali, qui ouvre l'album et me dit: "C'est bien, ça!" et va chercher d'autres enfants pour faire partager sa découverte!

M-L B. – Avec les "Femmes du Lundi" **[4]**, nous avons eu la même surprise. Elles n'avaient jamais lu de carte. Nous avons recherché sur une carte du monde l'Algérie, la Tunisie, le Sénégal… Puis je me suis procuré à l'IGN **[5]** une carte d'état-major **[6]** de leur région: elles y ont découvert leurs villages, les marigots **[7]** où elles allaient puiser l'eau, le coude du fleuve où elles lavaient le linge, l'emplacement des marchés… Fatima a même identifié "sa" case **[8]**, dans "son" village. A partir de là – l'imaginerait-on? – nous avons pu étudier les points cardinaux: le Nord, le Sud, l'Est et l'Ouest prenaient un sens. Et enfin, nous sommes arrivées à lire… le plan d'Evry **[9]**! Nous aussi avons fait du chemin en sens inverse.

L'insertion: déracinement ou double culture?

J-P. – Mais, dans le même temps, j'entends des collègues dire: "Ils sont en France: c'est pour s'adapter au système français et l'école est faite pour cela". Mais … les adapter à la France sans leur faire perdre leur identité culturelle?

M-L B. – On dit "insertion". Mais comment insérer si on ne fait pas la place à ce qui doit être inséré? Comment les immigrés et leurs enfants pourront-ils "s'insérer" si on leur fait constamment sentir qu'il sont "étrangers" et qu'il leur faut tout abandonner de ce qui les faisait vivre? S'insérer, ce n'est pas tout abandonner, c'est accéder à une double culture…

dans M. L. Bonvicini, Immigrer au féminin

1 CM1: (Cours moyen: 9 ans)
2 CP: (Cours préparatoire: 6 ans)
3 CE1: (Cours élémentaire: 7 ans)
4 Femmes du Lundi: (séance d'éducation, réservée aux femmes immigrées)
5 l'IGN: Institut géographique national
6 carte d'état-major: carte détaillée (établie par les autorités militaires)
7 marigots: bras morts des fleuves (sous les tropiques)
8 case: maison (habitation rudimentaire des pays chauds)
9 Evry: (ville nouvelle de la banlieue sud de Paris)

SUJET DE REFLEXION

Quelles sont les critiques adressées à l'institutrice dans le document 2.24 par certaines de ses collègues? Sa pratique pédagogique vous semble-t-elle justifiée?

Plus généralement, à travers ces différents textes sur l'éducation et les immigrés, se dessine un débat sur le respect des différences à l'école:

- **l'enseignement doit-il refléter et développer l'identité de la culture d'origine de l'enfant?**
- **quels sont les arguments avancés des deux côtés? Comment, d'après vous, l'école peut-elle le mieux favoriser l'intégration d'un jeune immigré?** ■

Générations

Attachée à maintenir sa culture d'origine, la première génération rêve souvent de retourner au pays, et ne s'intègre que très partiellement à la société d'accueil. La génération des enfants, qui a grandi en France, est au contraire celle de la "rupture": étrangers aux valeurs et au pays d'origine de leurs parents, les jeunes issus de l'immigration veulent souvent s'intégrer. Mais il existe aussi une nouvelle génération d'enfants d'immigrés, qui ayant été témoins de l'échec d'intégration de leurs parents, de leur misère sont tentés de refuser l'intégration. Privés d'identité, les jeunes nés en France de parents maghrébins se sont donné le nom de "Beurs" dans les années quatre-vingts. Le mot est né de l'inversion des syllabes du mot *reub* ("arabe"), donnant beur.

2.25 La génération de la rupture.

Les générations des tranchées **[1]** et des mines ont dû s'éteindre. Celle qui a surgi ces dernières années a ceci de particulier: elle n'a pas fait le voyage **[2]**. Génération involontaire, elle est destinée à encaisser les blessures **[3]**. Ces jeunes, dont on estime le nombre à 400 000, ne sont pas immigrés dans cette société; ils le sont dans la vie. Renvoyés à la périphérie, partout en exil, nomades de leur propre être, ils tournent en rond et parfois s'engouffrent dans un tunnel, un labyrinthe d'où ils sortent en piteux état.

Nés en France, ils ont grandi comme ces herbes sauvages qu'on ne voit pas jusqu'au jour où elles envahissent le jardin et où on se met à les arracher. Ces jeunes vivent avec l'idée d'être un jour ou l'autre fauchés **[4]** parce qu'ils n'étaient pas prévus ni attendus; ils débarquent **[5]** aujourd'hui avec leurs vingt ans dont personne ne veut. Eux aussi, comme Paul Nizan **[6]**, ils ne laisseraient personne dire que c'est le plus bel âge de la vie. Ils sont là sans l'avoir voulu, sans avoir rien décidé et doivent s'adapter au paysage où les parents sont usés par le travail et l'exil, comme ils doivent arracher les jours à un avenir non dessiné et qu'ils sont obligés d'inventer à défaut de le vivre.

Génération à l'avenir confisqué ou plus précisément omis, laissé de côté par les uns, préfabriqué par les autres, inimaginé par tous, elle pose aujourd'hui aussi bien à la France qu'au pays des parents un problème quasi insoluble. On dirait qu'ils ont débarqué dans la vie à l'insu de tout le monde **[7]**; et puis ils ont grandi sans qu'on les ait vus grandir. Ils ont eu vingt ans presque à contrecœur. Déjà, à dix-huit ans, il leur faut choisir pour quel pays se battre **[8]** un jour. Ils se sentent cependant comme ces enfants faits dans la peur ou le péché et qu'on a oubliés ou qu'on a décidé de ne pas déclarer à l'état civil **[9]** pour ne pas avoir à les reconnaître un jour et être responsables de leurs faits et gestes.

Adil Jazouli, qui a étudié cette génération constate: « Les enfants sont allés à l'école française, ils ont grandi dans les quartiers populaires français, leurs copains sont français et, brusquement, les parents s'aperçoivent qu'entre eux et leur progéniture, un écart énorme se creuse. Leurs enfants ne les comprennent plus, et vice versa; ils ont enfanté une génération de mutants. »

Problème d'identité? C'est plus complexe. C'est un problème de paternité ou plus exactement de maternité: la France qui les a vus naître se comporte comme une marâtre **[10]** embarrassée, sans tendresse et sans justice.

La mère amnésique.

L'Algérie, qui pourrait être une mère, est aussi exaspérée que la France; elle a en outre le comportement de la mère amnésique; elle veut bien les reprendre sous son toit, mais elle leur demande de s'adapter, c'est-à-dire de changer: parler arabe, oublier l'enfance, se forger une nouvelle mémoire et surtout bien se tenir, ne pas poser trop de problèmes et ne pas perturber le paysage apparemment tranquille de la jeunesse locale.

C'est curieux! la mère méditerranéenne est souvent boulimique et étouffante d'affection pour ses enfants **[11]**. Elle est aussi intraitable **[12]** pour les enfants qu'elle n'a pas désirés et qui se pointent **[13]** un jour lui réclamant sa reconnaissance. Elle ne fera pas l'effort de leur parler une langue qu'ils pourront comprendre. Elle les ignorera avec dédain et sans mauvaise conscience.

L'autre, la marâtre, n'a ni le temps ni la disponibilité affective pour s'occuper d'eux. Elle les laisse, livrés à eux-mêmes, dans les grands ensembles, et n'intervient souvent que pour les châtier en cas d'infraction.

T. Ben Jelloun, L'Hospitalité française,
© Éditions du Seuil, 1984

---

1 les générations des tranchées: (celles qui ont creusé des tranchées, construit des routes, etc.)
2 n'a pas fait le voyage: n'a pas émigré (elle est née en France)
3 encaisser les blessures: recevoir tous les coups
4 fauchés: éliminés (comme l'herbe qu'on coupe avec une faux)
5 débarquent: arrivent sans être attendus
6 Paul Nizan: (écrivain dont le livre *Aden Arabie* débute par ces mots: "J'avais vingt ans. Je ne laisserai personne dire que c'est le plus bel âge de la vie.")
7 à l'insu de tout le monde: sans que personne ne le sache
8 pour quel pays se battre: dans quel pays faire leur service militaire
9 qu'on a décidé de ne pas déclarer à l'état civil: à qui personne n'a donné d'identité officielle
10 comme une marâtre: comme une mauvaise mère (péjoratif) (la marâtre de quelqu'un est la femme de son père, épousée après le départ ou la disparition de la mère biologique)
11 boulimique et étouffante d'affection pour ses enfants: dévorante d'attention et d'amour pour ses enfants
12 intraitable: inflexible (et refusant tout compromis)
13 se pointent: arrivent (argot)

SUJET DE REFLEXION

Expliquez les expressions suivantes, utilisées dans le document 2.25:

- **"génération involontaire, elle est destinée à encaisser les blessures"**
- **"ils ont grandi sans qu'on les ait vus grandir"**
- **"ils débarquent aujourd'hui avec leurs vingt ans dont personne ne veut"**
- **"une génération de mutants"**

Dans quelle mesure les problèmes de la seconde génération sont-ils différents, à votre avis, de ceux de la première génération d'immigrés? ■

2.26 Filles de la seconde génération

Par leur scolarité, leur vie en France au contact d'autres femmes, émancipées et pourtant respectables, les jeunes filles d'origine maghrébine ont découvert que leurs possibilités ne se réduisaient pas aux seuls rôles d'épouse et de mère. Pourtant on leur impose fréquemment d'étouffer leurs aspirations ou leurs rêves, et de se conformer à l'idée que la famille et le groupe se font d'une fille « décente », de crainte d'être rejetées par elle, voire par la communauté. Elles subissent des interdits, nombreux, rigoureux et d'autant moins bien vécus qu'ils ne concernent que les filles, paraissent anachroniques et les coupent de leurs camarades de classe avec lesquelles elles ont fort peu de différence. Que les rigueurs de cette Loi **[1]** ne soient pas partout ni toujours aussi fortes n'y change rien, puisqu'elle demeure pour de nombreux parents musulmans la référence même de ce que doit être un bon croyant et surtout une bonne croyante. Le dilemme que connaissent ainsi les jeunes filles repose certes sur les contradictions – voire les incompatibilités – entre deux cultures, mais davantage sur le fait que la « modernité » qui reconnaît l'égalité de droit entre les personnes et le droit de chaque individu à décider de son sort n'a pas encore pénétré dans de larges secteurs de l'opinion musulmane. L'impact de la colonisation, l'« occidentalisation » de classes dirigeantes par ailleurs souvent corrompues, dans les pays de départ (et dans la plupart des pays du tiers monde) expliquent en partie la crispation **[2]** de nombre de ces familles d'origine rurale sur des valeurs traditionnelles parfois dépassées au pays même.

Certes toutes les jeunes filles ne subissent plus, tant s'en faut **[3]**, ces contraintes, mais pour nombre d'entre elles, même « francisées » et dont les parents ont admis cette « francisation », le problème demeure: comment ne pas être rejetée, comment continuer à être respectée tout en satisfaisant des aspirations plus individualistes et en menant la vie d'une femme « moderne ». L'équilibre est difficile à trouver, surtout lorsque l'on a acquis un esprit critique et que l'on commence à l'exercer aussi sur ses traditions. Mais, pour des raisons historiques et sociologiques, tous les membres de la communauté – parfois tous les membres d'une même famille – n'ont pas accompli ce chemin **[4]**.

Bien sûr l'acceptation des exigences parentales, pour les filles comme pour les garçons, est souvent fonction de **[5]** la cohésion familiale et des cadres, sûrs, solides, qu'offre la famille. Mais il apparaît très fortement que dans nombre de familles immigrées, maghrébines ou antillaises pour la plupart, la famille a éclaté d'une façon ou d'une autre.

J. Minces, La génération suivante

1 Loi: Loi coranique
2 la crispation: le solide attachement
3 tant s'en faut: loin de là
4 n'ont pas accompli ce chemin: n'ont pas été aussi loin sur le chemin de l'émancipation
5 est souvent fonction de: dépend souvent de

2.27 Le voile du silence

Je compris alors qu'il **[1]** m'avait menée en bateau **[2]**, qu'il s'était payé la tête **[3]** d'Olivier, qu'il n'accepterait jamais que j'épouse un Français, que j'étais cloîtrée pour toujours: je décidai de m'enfuir.

M'enfuir avec le danger que cela comportait. Mon père, « déshonoré », déciderait sûrement de me supprimer **[4]**. J'allais être bientôt majeure, certes, mais majeure aux yeux de la loi: pas de « nos » lois. J'étais une femme algérienne, donc une éternelle mineure **[5]**. Mais j'étais prête à tout plutôt que de continuer à vivre ainsi.

J'exposai mon plan à ma mère, avec le secret espoir qu'elle pourrait me défendre, le temps venu, vis-à-vis de mon père.

– Tu sais, je ne pars pas pour suivre un garçon, je pars pour vivre de façon autonome. J'irai d'abord chez une amie....

C'était exact. Une ancienne camarade de l'école du spectacle, que j'avais pu joindre **[6]** en secret, accepta de venir me chercher en voiture, une nuit... ➡

1 il: (la jeune Algérienne qui parle se réfère à son père)
2 m'avait menée en bateau: m'avait trompée (le père a laissé croire à sa fille qu'il accepterait son union avec Olivier, qui est français)
3 s'était payé la tête de: (s'était moqué de, avait fait marcher)
4 supprimer: tuer
5 mineure: (personne n'ayant pas encore atteint l'âge de la majorité légale)
6 joindre: contacter

Ma mère, jusqu'ici complice, se mit alors en travers de mon chemin, me frappa, essayant de m'empêcher de partir. Je suppose qu'elle craignait les représailles paternelles.

Elle n'avait pas tort. Quand mon père rentra le lendemain matin et s'aperçut de mon absence, il prit un revolver et partit comme un fou en hurlant: « Je vais la tuer, je vais la tuer! » Puis, ne sachant où me trouver, il revint se venger sur sa femme, l'accusant de m'avoir mal élevée, la corrigeant **[7]** pour cette faute.

Je connus ces détails quand je revis ma mère et ma sœur Fatima en cachette, par la suite, de temps en temps, dans un café ou sous un porche. J'avais alors trouvé un poste d'hôtesse d'accueil **[8]** et repris, parallèlement, des cours à l'université de Vincennes, dans la section « cinéma ». Je logeais dans une chambre de bonne, à la grande surprise d'Olivier qui me disait sans cesse:

– Pourquoi ne viens-tu pas habiter chez nous? Mes parents t'aiment beaucoup, ils sont prêts à te recevoir.

Il avait en effet un père et une mère adorables, tout disposés à m'adopter. Mais moi, empêtrée dans mes vieux principes malgré ma révolte permanente, je ne voulais pas qu'il fût dit que j'étais partie « avec un homme ». Je voulais prouver à mes parents que j'étais restée une fille « honorable ».

Djura, Le voile du silence

7 corrigeant: battant

8 hôtesse d'accueil: (femme chargée de recevoir les visiteurs, par exemple, dans une entreprise)

2.28 Le mariage chez les jeunes issus de l'immigration

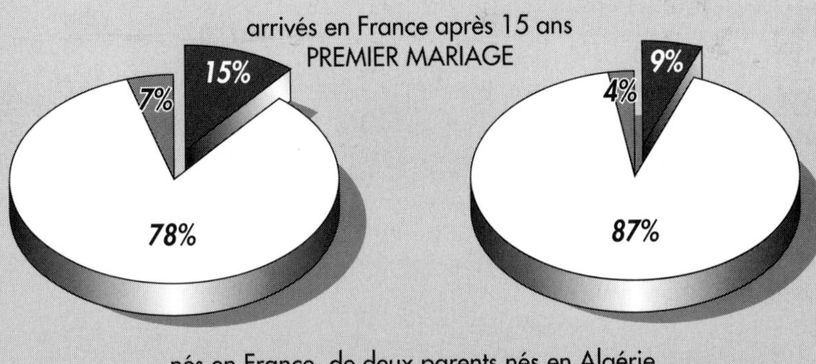

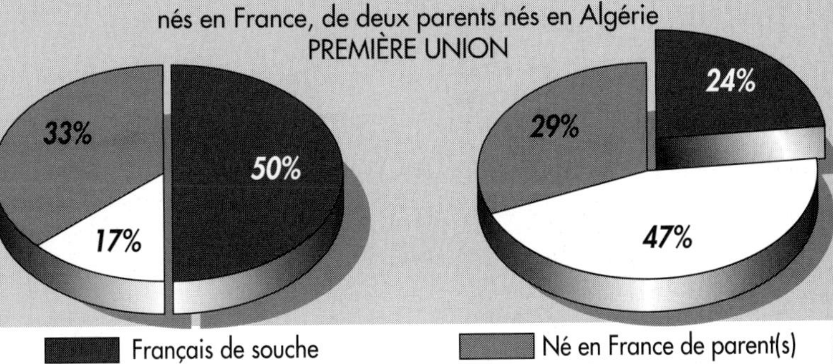

Français de souche
Immigré
Né en France de parent(s) immigré(s)

Le Monde

SUJET DE REFLEXION

Pourquoi le mariage mixte est-il un sujet explosif?

Quelles conclusions tirez-vous du tableau "Le mariage chez les jeunes issus de l'immigration" [document 2.28]? ■

1 le conjoint: l'époux ou l'épouse

2 Français de souche: de famille française depuis plusieurs générations

L'Islam en France

On présente souvent l'Islam comme la deuxième religion de France, avec une population de 2,5 à 3 millions de musulmans. Il s'est implanté de façon plus visible avec l'installation définitive des familles maghrébines. Cette visibilité, fortement accrue par l'attention des médias, exacerbe les réactions de rejet à l'égard des populations d'origine maghrébine: un courant d'opinion considère que l'Islam, étranger aux traditions françaises, constitue une menace pour l'identité nationale, la preuve que certaines cultures ne peuvent être assimilées. Pour d'autres, la montée d'un fondamentalisme militant mettrait en péril les valeurs de tolérance et de neutralité religieuse de la République.

La présence de l'Islam n'a cependant rien d'une invasion, si l'on en juge par les taux de pratique religieuse des générations nées en France.

2.29 Pratique religieuse

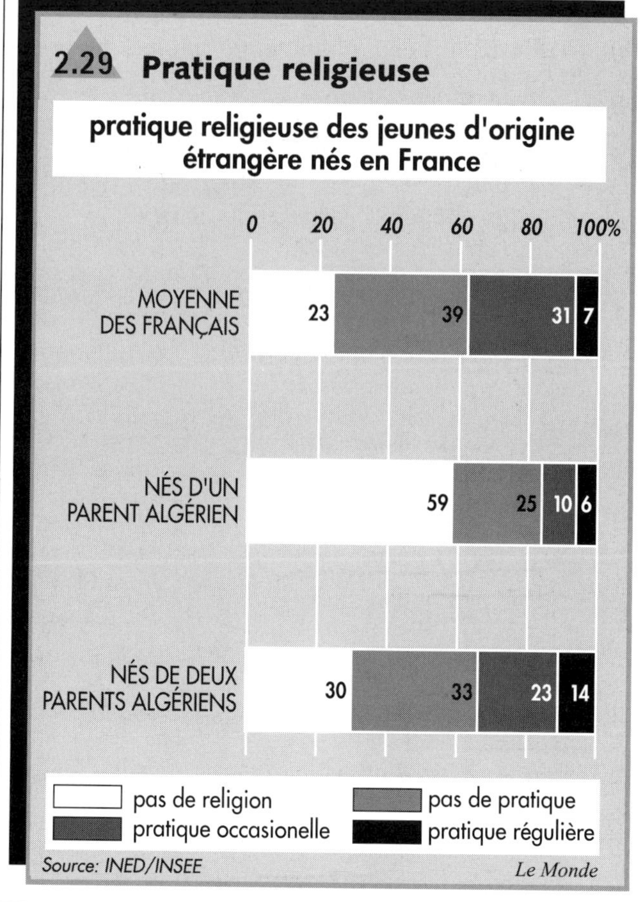

Source: INED/INSEE *Le Monde*

2.30 La police française fait la chasse aux islamistes

Reproduced by kind permission of Plantu

2.31 SEVRAN LIBRE

Le journal de l'opposition

LIBÉRONS SEVRAN des socialo-communistes

EDITION SPÉCIALE EDITION SPÉCIALE EDITION SPÉCIALE

ENCORE TOP SECRET:

UNE MOSQUÉE A SEVRAN!

Les élus de l'opposition **[1]** sont en mesure de vous le révéler:

SEVRAN VA AVOIR SA MOSQUEE!

En effet, un nommé Saadaoui, Président de l'Association Culturelle de Sevran, est en passe **[2]** d'acquérir pour 650 000 francs, mille mètre carrés (ancienne usine de produits pharmaceutiques) au 42, boulevard Stalingrad, afin d'y célébrer le culte musulman.

AVEC LA BENEDICTION DU CAMARADE VERGNAUD!

Notre barbu de maire **[3]** ne voit plus que par le Coran et avant de donner le droit de vote aux étrangers **[4]** il veut les réunir autour de cet insensé projet de mosquée, qui risque de troubler la paix publique dans ce quartier du canal de l'Ourcq **[5]** avant de s'étendre à toute la ville, voire à toute la région.

ET NOTRE MAIRE VOULAIT GARDER CE PROJET SECRET!

Il s'est bien gardé – ce grand démocrate – de **[6]** parler de cette affaire aux habitants de ce quartier pavillonnaire **[7]** bien tranquille, lui qui se targue sans cesse de tenir des réunions de quartier **[8]**!

ALORS, CAMARADE, ON OCCULTE?

Il est vrai qu'un mauvais coup se mijote **[9]** mieux dans le secret absolu!
Mais c'est trop tard!

Aujourd'hui ça ne prend plus **[10]**, et les habitants ont appris l'attristante nouvelle.

Stupéfaits! Atterrés! Navrés!

Ils n'en reviennent pas **[11]** ! Et ils ont décidé d'expédier une lettre-pétition au camarade VERGNAUD – Monsieur 11% **[12]** depuis les Européennes – pour protester.

LES ENTENDRA-T-IL?

Les élus de l'opposition, eux, sont décidés à défendre tous les Sevranais qui par leurs impôts versés vont financer ce projet, car l'Association qui gérerait ce bel édifice vivrait en partie des subventions... de la mairie!

SEVRANAIS ... A VOS POCHES! [13]

... ou alors luttez avec l'opposition que mène Pierre FLEURY à Sevran pour

OBTENIR UN REFERENDUM!

Le peuple souverain doit décider si, OUI ou NON, il est opportun d'édifier une mosquée sur le sol de sa ville!

Ne laissons pas la dictature communiste – dont plus personne en France ne veut – imposer ses projets!

Ne laissons pas notre ville se transformer dans l'anarchie!

Notre ville est française et nous, fiers de l'être!

VEILLONS TOUS ENSEMBLE POUR QUE SEVRAN RESTE UNE BELLE VILLE FRANÇAISE

Les élus de l'opposition.
Sevran Libre

reproduit dans Les banlieues de l'islam, de Gilles Kepel, coll. L'Epreuve des Faits, © Editions de Seuil 1987

UNION DE L'OPPOSITION

1 l'opposition: les partis de droite (opposés à la majorité de gauche qui dirige la municipalité)
2 en passe de: sur le point de
3 notre barbu de maire: notre maire qui porte la barbe (comme les militants islamistes)
4 le droit de vote aux étrangers: (mesure accordant aux étrangers le droit de voter dans les élections municipales, qui figurait au programme de Mitterrand en 1981; devant l'hostilité de l'opinion, le projet avait été abandonné en 1985)
5 canal de l'Ourcq: (canal qui relie la rivière Ourcq à la Seine)
6 il s'est bien gardé [...] de: il s'est délibérément abstenu [...] de
7 pavillonnaire: composé de petites maisons individuelles
8 se targue [...] de tenir des réunions de quartier: se glorifie d'être démocrate en organisant des réunions avec les habitants
9 un mauvais coup se mijote: un mauvais tour se prépare
10 ça ne prend plus: on ne se laisse plus tromper
11 ils n'en reviennent pas: ils ont du mal à le croire
12 Monsieur 11 %: (le parti communiste n'a eu que 11 % des voix aux élections européennes)
13 à vos poches: soyez prêts à payer (pour la mosquée)

SUJET DE REFLEXION

Quels sont les arguments utilisés dans le document 2.31 pour discréditer l'adversaire politique? Comment se manifeste, de façon explicite ou voilée, l'hostilité envers la communauté musulmane? ■

2.32 L'islam aide à s'intégrer

Les musulmans, assurément, peuvent prier n'importe où, mais pourquoi n'auraient-ils pas leurs lieux de culte? Ceux qui s'épouvantent à l'idée (au fantasme) de voir le « sol de France », comme dit P. Chaunu **[1]**, se couvrir de minarets (mais beaucoup de mosquées n'ont pas de minaret) montrent non seulement qu'ils n'ont aucun sens esthétique (ont-ils jamais admiré les mosquées de Fès ou de Damas?), mais, surtout, qu'ils ne comprennent rien à la fonction de régulation sociale de la mosquée **[2]**.

Comme l'église autrefois pour les Polonais du Nord (et pour les Polonais de la Pologne de Jaruzelski), comme le local de la section syndicale ou du parti, la mosquée est d'abord un lieu de réunion et d'expression: on s'y retrouve entre soi – on se retrouve **[3]** –, on y est reconnu à part entière **[4]** et, parce qu'on a conscience d'appartenir à un groupe, on a soi-même davantage conscience d'être quelqu'un – une personne.

Plus de dignité, une identité plus forte – sans oublier l'information qui s'échange, la culture qu'on reçoit ou développe: loin de séparer, ou d'opposer, la mosquée intègre, ou permet de mieux s'intégrer à la société ... française. L'expérience prouve que plus un être est enraciné dans sa propre culture, plus il est susceptible d'en acquérir une autre. Ce sont les sans-culture qui sont condamnés à vivre dans les marges. Épaves ou fauteurs de troubles **[5]**.

Fréquenter une mosquée, faire l'aumône, observer le ramadan, aller (éventuellement) en pèlerinage à La Mecque, en quoi est-ce plus gênant pour l'ordre public que d'assister à la messe, payer le denier du culte **[6]**, faire carême **[7]**, aller à Lourdes, ou monter à genoux **[8]** les marches du Sacré-Cœur **[9]**? A lire **[10]** les derniers sondages sur certaines mœurs hexagonales **[11]**, on regrette (presque) que la deuxième religion de France ne soit pas la première: si davantage de Français pratiquaient l'islam ou s'en inspiraient, n'y aurait-il pas un peu moins de crasseux (67 p.100 avouent qu'ils ne se lavent pas tous les jours), un peu moins d'obèses (61 p.100 sont trop gros), beaucoup moins d'ivrognes?...

Il y aurait davantage de polygames, de femmes cloîtrées? Mais il n'est nul besoin d'être musulman pour maltraiter sa femme: il suffit d'être un rustre. Apparemment, ils ne manquent pas, puisque les pouvoirs publics ont dû ouvrir des centres d'accueil pour les femmes que leurs maris battaient. Lesquels, bien entendu, ne sont pas plus chrétiens que les autres ne sont musulmans: ce n'est pas une religion, quelle qu'elle soit, qui détermine le statut des femmes, c'est la structure et le mode d'organisation d'une société. Au XIXe siècle, la plupart des Françaises étaient aussi « musulmanes » que peuvent l'être aujourd'hui des Saoudiennes, des Siciliennes ou des Calabraises...

M. Maschino, Êtes-vous vraiment Français?, Éditions Bernard Grasset

1 P. Chaunu: historien français de droite
2 la fonction de régulation sociale de la mosquée: la contribution de la mosquée à l'intégration (ce qui renforce la cohésion de la société)
3 on s'y retrouve entre soi – on se retrouve: on s'y retrouve entre membres du groupe, et on se retrouve soi-même
4 à part entière: pleinement
5 fauteurs de troubles: ceux qui causent des troubles
6 le denier du culte: la somme versée par les paroissiens chaque année au curé
7 faire carême: (faire abstinence entre Mardi-Gras et Pâques)
8 monter à genoux: (pénitence que s'imposent certains catholiques)
9 le Sacré-Cœur: (église du Sacré-Cœur de Montmartre qui domine Paris, on y accède en montant un grand nombre de marches)
10 à lire: quand on lit
11 mœurs hexagonales: mœurs des Français (la France est souvent appelée l'Hexagone)

SUJET DE REFLEXION

"La mosquée intègre, ou permet de mieux s'intégrer dans la société française". Comment comprenez-vous cette phrase de Maschino [document 2.32]? ■

2.33 Derrière le foulard islamique

Il a suffi que trois collégiennes de Creil (Oise) se voient interdire le port du foulard islamique par un principal intransigeant, en octobre 1989, pour qu'une affaire très mineure en apparence prenne des allures de psychodrame national. Deux décrets du Conseil d'Etat **[1]**, des circulaires ministérielles et une série de jugements administratifs contradictoires n'ont fait qu'alimenter la confusion. Aujourd'hui, personne ne sait exactement combien d'adolescentes demandent à porter le foulard à l'école. Des dizaines? Des centaines? La seule chose sûre est que le mouvement a fait tache d'huile **[2]**, dans un climat de plus en plus dégradé.

L'objet même du délit prête à confusion **[3]**. On ne sait pas nommer en français cette pièce de tissu (*hidjab* en arabe) qui recouvre la nuque et le cou pour ne laisser apparaître que l'ovale du visage. « Tchador » a une connotation trop iranienne, « voile » paraît excessif... A défaut de mieux, on s'est rabattu sur « foulard islamique ».

Permis? Défendu? Nul ne le sait plus très bien. A trois ans d'intervalle, le Conseil d'Etat a donné deux signaux différents. Son avis du 27 novembre 1989 laissait la question ouverte. « *Le port de signes religieux n'est pas en lui-même incompatible avec la laïcité* **[4]** *de l'école publique* », déclarait-il, en admettant toutefois l'interdiction pour toute une série de raisons, parmi lesquelles la provocation, le prosélytisme ou l'atteinte à la liberté ou à la dignité de l'élève. Les chefs d'établissement avaient donc carte blanche. Mais, dans un arrêt, le 2 novembre, le même Conseil d'Etat annulait un article du règlement intérieur du collège de Montfermeil (Seine-Saint-Denis) interdisant le foulard islamique. Dès lors, la voie était ouverte pour remettre en cause toutes les réglementations semblables par le biais des tribunaux administratifs **[5]**.

Les partisans de la tolérance ne comprennent pas que tant de bruit soit fait autour d'un fichu **[6]**. Ils plaident pour le respect d'une autre religion, d'une autre culture, en faisant remarquer qu'à l'école publique des chrétiens portent parfois une croix et des juifs une kippa **[7]**. Si les musulmans, seuls, sont l'objet d'une discrimination, n'est-ce pas en raison d'une forte xénophobie et d'une peur irraisonnée de l'Islam? L'acharnement contre quelques adolescentes, déjà en butte aux pressions familiales **[8]**, leur semble insupportable. Et ce n'est pas en les excluant de l'école, ajoutent-ils, que l'on fera avancer les choses, au contraire: renvoyer ces jeunes musulmanes chez elles, c'est les condamner définitivement à ne pas évoluer.

Ces arguments, qui ne manquent pas de poids, se voient renforcés par l'attitude irresponsable, pour ne pas dire hystérique, de certains élus et de certains médias qui associent « voile » et « violence » et veulent nous persuader que l'école publique est menacée d'islamisation. Les bonnes raisons ne manquent pourtant pas de s'opposer sereinement au port du *hidjab* à l'école.

Le foulard islamique n'est pas de même nature que de petits signes d'appartenance religieuse, à peine visibles (croix, étoile de David ou nom d'Allah, portés au bout d'une chaînette) et qui n'ont jamais posé de problèmes. Par hypothèse, admettrait-on aujourd'hui, à l'école publique, une jeune catholique habillée en religieuse?

Mais, surtout, le foulard islamique n'est ni un simple fichu ni une simple expression de la foi musulmane. Il symbolise l'inégalité des sexes et l'enfermement de la femme. Ce n'est pas un hasard si les grandes luttes féministes dans des pays musulmans ont commencé par un débat sur le voile. Dans l'Egypte des années 30, c'est en se dévoilant au passage du roi Fouad que Hoda Chaaraoui et ses amies affirmaient leur volonté d'être des citoyennes à part entière.

Ces femmes agissaient ainsi sans renier aucunement l'islam, pour la bonne raison que le Coran reste très vague sur la nécessité de se voiler. Le port du foulard n'est pas une obligation, vient d'affirmer, on ne peut plus clairement, le recteur de la Mosquée de Paris. Même si c'en était une, à la limite, cela mériterait discussion: l'école publique n'a pas à respecter tous les interdits de toutes les religions.

En réalité, l'affaire du foulard ne se limite pas... au foulard. Dans plus d'un cas, les familles des élèves voilées ont réclamé des dispenses **[9]** d'éducation physique, voire **[10]** de cours de musique ou de sciences naturelles. Pourquoi ne s'opposeraient-elles pas demain à la mixité dans les classes? En Grande-Bretagne, au nom du « respect des différences », certaines écoles en sont arrivées à des réglementations qui seraient inacceptables en France.

La controverse serait assez simple si elle n'opposait que l'institution scolaire à des familles musulmanes. Certes, un militant islamiste ne se cache pas nécessairement derrière chaque foulard, et il faut savoir distinguer le cas de collégiennes contraintes par leur famille à porter le voile des lycéennes se voilant de leur propre initiative. Mais, de toute évidence, les militants intégristes se sont saisis de ce débat et l'utilisent habilement. Ils n'ont pas tous la grossièreté de cet imam turc de Nantua, expulsé en novembre 1993 après avoir déclaré tout haut que la loi française passait après la loi d'Allah. Faisant discrètement pression sur les familles, ces islamistes se battent ouvertement sur le terrain légal. Leurs avocats connaissent désormais sur le bout des doigts les failles **[11]** de la réglementation dans ce domaine.

Le message venu de France

Sous prétexte que le débat sur le foulard ne s'est pas présenté de la même manière dans les autres pays européens, les partisans de la tolérance ont tendance à le réduire à une minable controverse franco-française **[12]**. C'est ignorer ce qui se passe en Algérie, où des femmes se font agresser ou assassiner parce qu'elles refusent de porter le voile. C'est ignorer aussi l'importance que les défenseurs de la modernité, de l'autre côté de la Méditerranée, attachent aux messages venus de France. Une culpabilité vague et paralysante à l'égard des musulmans, ex-colonisés, n'est plus de mise **[13]**. Respecter l'islam aujourd'hui, c'est lui reconnaître la possibilité de s'adapter au monde contemporain. Il s'agit de savoir si l'on table **[14]**, oui ou non, sur un islam moderne, compatible avec les lois françaises et la laïcité.

Les Français – et parmi eux les enseignants – sont massivement opposés au port du foulard islamique à l'école. Le débat ne porte, en réalité, que sur la manière de l'interdire sans exclure les adolescentes concernées. Cela exige un mélange de fermeté dans les principes et de bon sens dans l'application. Il aurait fallu édicter une règle **[15]** claire, interdisant des signes religieux aussi manifestes, et laisser aux chefs d'établissement scolaires une certaine latitude pour l'appliquer intelligemment, par un dialogue avec les familles et le recours éventuel à des médiateurs. On a fait plutôt l'inverse: une règle floue, conduisant des chefs d'établissement à se montrer intransigeants, avant d'être désavoués par les tribunaux administratifs. Il n'existe pas de cocktail plus efficace pour multiplier les conflits et encourager la xénophobie.

Le Monde 13.9.94

1. du Conseil d'Etat: de la juridiction suprême (pour les affaires concernant les administrations publiques)
2. a fait tache d'huile: s'est répandu
3. prête à confusion: n'est pas facile à définir
4. laïcité: (principes qui définissent la neutralité de l'école à l'égard des religions; par exemple, toute propagande ou prosélytisme religieux y sont interdits)
5. par le biais des tribunaux administratifs: en faisant appel aux tribunaux administratifs
6. fichu: foulard
7. kippa: (petit bonnet rond porté par les hommes de religion juive)
8. en butte aux pressions familiales: confrontés à des pressions familiales
9. ont réclamé des dispenses de: ont demandé à être exemptées de
10. voire: même
11. failles: points faibles
12. franco-française: entre Français
13. n'est plus de mise: n'est plus convenable ou acceptable
14. l'on table: l'on compte
15. édicter une règle: établir une règle

SUJET DE REFLEXION

L'auteur du document 2.33 fait un compte rendu des arguments pour et contre l'autorisation du port du foulard. Relevez ces arguments.

Votre pays aurait-il réagi de la même façon dans des circonstances semblables? ■

2.34 La circulaire Bayrou

VOICI le texte intégral de la circulaire adressée, mardi 20 septembre, par François Bayrou, ministre de l'Education Nationale, à tous les chefs d'établissement.

Depuis plusieurs années, de nombreux incidents sont intervenus dans les établissements scolaires à l'occasion de manifestations spectaculaires d'appartenance religieuse ou communautaire.

Les chefs d'établissement et les enseignants ont constamment manifesté leur souhait de recevoir des instructions claires. Il m'a donc paru nécessaire de vous apporter les précisions suivantes.

En France, le projet national et le projet républicain se sont confondus autour d'une certaine idée de la citoyenneté **[1]**. Cette idée française de la nation et de la République est, par nature, respectueuse de toutes les convictions, en particulier des convictions religieuses, politiques et des traditions culturelles. Mais elle exclut l'éclatement de la nation en communautés séparées, indifférentes les unes aux autres, ne considérant que leurs propres règles et leurs propres lois, engagées dans une simple coexistence. La nation n'est pas seulement un ensemble de citoyens détenteurs de droits individuels. Elle est une communauté de destin.

Cet idéal se construit d'abord à l'école. L'école est, par excellence, le lieu d'éducation et d'intégration où tous les enfants et tous les jeunes se retrouvent, apprennent à vivre ensemble et à se respecter. La présence, dans cette école, de signes et de comportements qui montreraient qu'ils ne pourraient pas se conformer aux mêmes obligations, ni recevoir les mêmes cours et suivre les mêmes programmes, serait une négation de cette mission. A la porte de l'école doivent s'arrêter toutes les discriminations, qu'elles soient de sexe, de culture ou de religion. Cet idéal laïque et national est la substance même de l'école de la République et le fondement du devoir d'éducation civique qui est le sien.

C'est pourquoi il n'est pas possible d'accepter à l'école la présence et la multiplication de signes si ostentatoires que **[2]** leur signification est précisément de séparer certains élèves des règles de vie communes de l'école. Ces signes sont, en eux-mêmes, des éléments de prosélytisme, à plus forte raison **[3]** lorsqu'ils s'accompagnent de remise en cause de certains cours ou de certaines disciplines **[4]**, qu'ils mettent en jeu la sécurité des élèves **[5]** ou qu'ils entraînent des perturbations dans la vie en commun de l'établissement.

Je vous demande donc de bien vouloir proposer aux conseils d'administration, dans la rédaction des règlements intérieurs, l'interdiction de ces signes ostentatoires, sachant que la présence de signes plus discrets, traduisant seulement l'attachement à une conviction personnelle, ne peut faire l'objet des mêmes réserves **[6]**, comme l'ont rappelé le Conseil d'Etat et la jurisprudence administrative. Je vous demande aussi de ne pas perdre de vue que notre devoir est d'abord d'éducation.

Aucune entreprise éducative n'est concevable sans énoncé préalable d'une règle claire **[7]** . Mais l'adhésion à la règle **[8]** est souvent le résultat d'un travail de persuasion.

Les recteurs et inspecteurs d'académie **[9]** soutiendront donc tous les efforts qui seront les vôtres pour convaincre au lieu de contraindre, pour rechercher des médiations avec les familles, et pour prouver aux élèves qui seraient en cause **[10]** que notre démarche est une démarche de respect. L'accès au savoir est le moyen privilégié de la construction d'une personnalité autonome. Notre mission est bien de continuer à l'offrir à tous et à toutes.

Je vous prie de ne pas omettre d'informer toutes les familles des règlements intérieurs adoptés par les conseils d'administration des établissements.

Je vous prie de demander aux enseignants de toutes disciplines, aux personnels d'éducation et à l'ensemble de vos équipes, d'expliquer aux élèves dont ils ont la charge ce double mouvement de respect des convictions et de fermeté dans la défense du projet républicain de notre pays. Responsables de vos établissements, en liaison avec les équipes pédagogiques, représentants du ministre, je vous confirme que vous avez toute ma confiance pour rechercher le meilleur rythme et les meilleures conditions d'application de ces principes.

- UNE PROPOSITION DE REGLEMENT INTERIEUR

En annexe à cette circulaire, le ministre de l'éducation propose un article destiné à être inséré dans le règlement intérieur des établissements:

Le port par les élèves de signes discrets manifestant leur attachement personnel à des convictions, notamment religieuses, est admis dans l'établissement. Mais les signes ostentatoires, qui constituent en eux-mêmes des éléments de prosélytisme ou de discrimination, sont interdits. Sont interdits aussi les attitudes provocatrices, les manquements aux obligations d'assiduité et de sécurité, les comportements susceptibles de constituer des pressions sur d'autres élèves, de perturber le déroulement des activités d'enseignement ou de troubler l'ordre dans l'établissement.

Le Monde de l'éducation

1 une certaine idée de la citoyenneté: une certaine conception des droits et devoirs des citoyens
2 signes si ostentatoires que: signes qui proclament l'appartenance religieuse de façon si visible que
3 à plus forte raison: et plus encore
4 remise en cause de certains cours ou de certaines disciplines: refus d'assister à certaines classes ou d'étudier certaines matières (pour des motifs religieux)
5 la sécurité des élèves: (le port du foulard pourrait être dangereux en éducation physique, par exemple)
6 réserves: interdictions (euphémisme administratif)
7 sans énoncé préalable d'une règle claire: sans formuler auparavant une règle claire
8 l'adhésion à la règle: l'acceptation de la règle
9 les recteurs et inspecteurs d'académie: (les responsables de l'éducation au niveau de la région et du département)
10 qui seraient en cause: qui seraient concernés

2.35 Signes 'ostentatoires' de la différence?

Mohamed Lounes/Gamma Press. Reproduced by kind permission of Frank Spooner Pictures Ltd

SUJET DE REFLEXION

La circulaire [document 2.34] a pour objectif de donner des "instructions claires" aux enseignants. Vous semblent-elles l'être et vous paraissent-elles raisonnables? ■

2.36

Pour une nouvelle loi de la laïcité,

Par Michel Winock

UNE CIRCULAIRE NE SUFFIT PAS

La question des foulards islamiques est devenue une affaire d'Etat **[1]**. Après les atermoiements **[2]** de la gauche au pouvoir, la circulaire de François Bayrou aux chefs d'établissement de l'école publique a eu le mérite de mettre les points sur les « i ». Tolérance des insignes « discrets » d'appartenance religieuse, condamnation des signes « ostentatoires ».

Là-dessus, l'offensive des islamistes s'est poursuivie. A Goussainville, à Mantes-La-Jolie, nous avons eu droit à des manifestations de jeunes gens qui entendent **[3]** que leurs sœurs et leurs cousines continuent à se couvrir du foulard. Et cela au nom de la tolérance. [...]

Notre tolérance, à nous républicains, s'appelle laïcité. Il faut bien y revenir puisque, selon toute apparence, on confond la liberté et son contraire. Dans notre société pluraliste, nul ne peut être inquiété, en raison de sa foi, de ses croyances, de ses pratiques religieuses, mais à une condition: que les manifestations de la religion ne troublent pas l'ordre public – c'est ce que précise en toutes lettres notre Déclaration des droits de l'homme et du citoyen; que les convictions religieuses ne soient pas un brandon de discorde **[4]**. Il n'est pas tolérable de nous entendre dire, comme naguère par cet imam de Nantua, que « *la loi d'Allah* » est « *au-dessus* » des lois françaises. Une loi d'Allah, du reste, interprétée dans le sens fondamentaliste, qui est loin d'être acceptée par la majorité des musulmans.

La France est composite. Elle ne peut sauvegarder son unité que par la relativisation de toutes les religions. Les monothéismes sont exécutifs **[5]** par nature, voulant régenter la vie politique comme la vie privée. Laisser l'un d'eux imposer ses règles et *a fortiori* **[6]** ses excès, envers et contre le reste de la société, c'est renoncer à la neutralité nécessaire au maintien de la cohésion nationale. Dans notre pays, la religion est une affaire privée. L'école a notamment pour but de faire cohabiter les religionnaires **[7]** et les incroyants dans une même patrie.

Notre République est fondée sur un principe, celui de l'intégration. Elle récuse **[8]** la ségrégation, elle n'entend pas voir se construire des ghettos, bien que ceux-ci, déjà, apparaissent là où le marché **[9]** a laissé se constituer des concentrations de marginalité **[10]**. Renoncer à la laïcité, c'est accepter la dissolution de notre contrat social et accélérer le processus de formation d'une collectivité multiculturelle dénuée d'esprit commun.

Il est donc temps que le législateur énonce clairement le droit. Une circulaire ministérielle est insuffisante. Il importe qu'une fois pour toutes ceux et celles qui ont choisi la France comme terre d'accueil sachent que c'est au prix d'un respect des coutumes républicaines et de la vraie tolérance.

Le foulard islamique est chargé d'une symbolique antiféministe que nous récusons sans réserve. Permettrons-nous, dans nos propres établissements scolaires, l'insigne de l'assujettissement **[11]**? Le respect des religions, la liberté de pensée et d'expression vont de pair **[12]** avec le refus du communautarisme **[13]** qui crée des Etats dans l'Etat, des barrières entre les groupes, et qui attise la haine entre les citoyens.

L'Événement du jeudi

1 affaire d'Etat: affaire de la plus haute importance
2 atermoiements: hésitations
3 entendent: veulent absolument
4 un brandon de discorde: une source de discorde
5 exécutifs: autoritaires
6 a fortiori: à plus forte raison
7 les religionnaires: ceux qui ont une religion
8 récuse: refuse d'accepter
9 le marché: la loi du marché (de l'offre et de la demande)
10 concentrations de marginalité: endroits où vivent beaucoup de "marginaux" (personnes ne jouissant pas des avantages et/ou refusant les règles de la vie en société)
11 l'insigne de l'assujettissement: le signe qui symbolise la soumission
12 vont de pair: vont ensemble (l'un n'allant pas sans l'autre)
13 communautarisme: (tendance pour une communauté à s'isoler en s'accrochant à ses propres valeurs)

2.37 Derrière chaque foulard, se cache un islamiste

Reproduced by kind permission of Serguei

SUJET DE REFLEXION

Le ministre de l'Education nationale [document 2.34] et Michel Winock [document 2.36] définissent l'idéal républicain. Relevez les points communs entre ces deux définitions et résumez-en les aspects principaux.

Les républicains et les musulmans concernés par l'affaire défendent leur position au nom de la tolérance. Lesquels sont intolérants à vos yeux?

Des pratiques ou coutumes religieuses peuvent-elles jamais, selon vous, être inacceptables? ■

Devenir français

La France a une tradition libérale en matière d'accès à la nationalité française. La législation combine le "droit du sang", qui accorde la nationalité aux enfants nés de parents français, et le "droit du sol", qui l'accorde aux enfants d'étrangers nés en France.

Cependant, le Code de la nationalité a été révisé dans un sens plus restrictif par la majorité de droite élue en 1993, au terme d'un débat passionné. Cette réforme, dont la portée peut paraître relativement modeste, n'est cependant pas étrangère à un climat de racisme croissant dans certaines couches de la population. En cette fin de siècle, l'accueil de l'étranger est devenu un enjeu politique central.

2.38 La révision du Code de la nationalité

(loi de 23 juillet 1993, applicable à partir du 1er janvier 1994)

Principes généraux

Dès 16 ans, et sans autorisation parentale, tout individu concerné peut demander l'acquisition, la réintégration, la déclaration ou la perte de la nationalité française. (Article 5)
(Auparavant, le Code de 1973 exigeait du mineur une autorisation de ses parents ou de son tuteur)

Statut du mineur étranger

Il bénéficiera d'une carte de résident valable jusqu'à l'âge de 21 ans. Cette carte lui sera renouvelée pour dix ans s'il n'a pas manifesté la volonté d'être français avant 21 ans. (Article 15–1)

Acquisition de la nationalité française à raison de la naissance et de la résidence en France

Conditions d'acquisition

Tout individu né en France de parents étrangers est français à condition d'en manifester la volonté entre 16 et 21 ans, de justifier d'une résidence habituelle en France pendant les cinq années qui précèdent la demande et d'y résider à ce moment-là. (Article 11)
(L'ancien Code lui accordait automatiquement la nationalité française à sa majorité sauf s'il la refusait avant ses 18 ans)

Refus d'accorder la nationalité française

Causes de refus

L'étranger perd le droit à la nationalité française si, entre 18 et 21 ans, il a fait l'objet de crime ou délit contre la sûreté de l'Etat ou lié au terorrisme; s'il a été condamné à six mois ou plus d'emprisonnement ferme (pour proxénétisme **[1]**, trafic de stupéfiants, assassinat, viol). (Article 12)

Adapté de Croissance, n° 364 octobre 1993

1 proxénétisme: (activité visant à tirer profit de la prostitution des autres)

2.39

Reproduced by kind permission of Plantu

2.40 **Sondage "Être français"**

Pour demander la nationalité française : 58 %

Actuellement, les enfants d'étrangers nés en France acquièrent automatiquement la nationalité française à 18 ans. A l'avenir, on envisage qu'ils devront en faire la demande. Cette réforme vous paraît-elle souhaitable, acceptable, pas souhaitable ou inacceptable ?

Souhaitable	26	58
Acceptable	32	
Pas souhaitable	13	40
Inacceptable	27	
Sans opinion	2	

Être français, c'est important : 53 %

Pour vous, être français est-ce très important, assez important, pas très important ou pas important du tout ?

Très important	17	53
Assez important	36	
Pas très important	28	46
Pas important du tout	18	
Sans opinion	1	

Etre français, c'est d'abord être né en France : 42 %

Pour vous, être français, c'est :

(Réponses à l'aide d'une liste.)

Être né en France	42
Avoir le droit de voter	33
Avoir des papiers d'identité française	31
Habiter en France	28
Se reconnaître dans certaines valeurs (démocratie, droits de l'homme)	23
Parler le français	22
Se considérer soi-même comme français	20
Avoir des parents français	13
Sans opinion	1

Le total des pourcentages est supérieur à 100, les personnes interrogées ayant pu donner plusieurs réponses.

Leur patrie ? Le pays d'origine des parents : 55 %

Si je vous demande « quelle est votre patrie ? », que me répondez-vous ?

(Réponse spontanée.)

	Ensemble des interviewés	Nationalité des parents			
		Algérienne	Tunisienne ou Marocaine	Portugaise	Autres nationalités
Cite la France	31	27	26	40	34
Cite le pays d'origine de ses parents	55	59	60	46	51
Sans réponse	14	14	14	14	15

Ce sondage a été réalisé par la Sofres pour « le Nouvel Observateur », les 6 et 7 mai 1993, auprès d'un échantillon national de 400 jeunes de 15 à 17 ans nés en France de parents étrangers, vivant dans des communes de plus de 10 000 habitants et selon la méthode des quotas (sexe, nationalité des parents) et stratification par région.

Le Nouvel Observateur

SUJET DE REFLEXION

Quelles conclusions peut-on tirer du sondage [document 2.40] sur le sentiment d'appartenance nationale des jeunes nés en France de parents étrangers?

L'obligation de formuler leur volonté d'être français rendra-t-elle, à votre avis, l'intégration des jeunes concernés plus facile ou plus difficile?

Chacun éprouve un certain attachement à son pays. De quoi est fait cet attachement dans votre cas? Envisageriez-vous d'émigrer? De renoncer à votre nationalité d'origine pour prendre celle du pays qui vous accueille? ■

2.41 Le nouveau code de la nationalité: *le pour et le contre*

Pour le nouveau code de le nationalité

Jean Claude Barreau **[1]**

– L'obligation d'avoir à formuler explicitement la volonté d'être Français ne peut-elle pas placer des jeunes d'origine étrangère dans une situation délicate, face à leur entourage par exemple?

• C'est Marceau Long **[2]** qui a attiré mon attention sur le fait qu'un certain nombre de jeunes nés en France n'ont pas le sentiment d'être Français à vingt ans alors qu'ils le sont, parce que, pour eux, la nationalité est liée au père. La filiation est extrêmement forte psychologiquement, et c'est vrai, en particulier, pour beaucoup de jeunes Turcs ou Marocains. D'où l'idée de la Commission Long de demander un acte positif (en signant un papier) à l'occasion de n'importe quelle démarche d'état civil **[3]**, ce qui lui fait prendre conscience qu'il n'est plus étranger. Et le jeune Turc ou le jeune Marocain ne pourra plus dire « je ne suis pas Français ». Je pense que c'est utile, mais évidemment cela nécessite, en même temps, d'importantes campagnes d'information du type: « Jeunes étrangers, vous avez le droit – parce que ça reste un droit – de devenir Français, à partir de 16 ans, manifestez-le ».

Contre le nouveau code de le nationalité

Jean-Michel Belorgey **[4]**

– Supprimer toute possibilité de devenir Français avant seize ans, est-ce que ce n'est pas placer 800.000 enfants dans une position fragile parce que pendant seize ans ils risquent d'être renvoyés à leurs condition d'étranger en France?

• Je suis convaincu que le raisonnement sur les manifestations de la volonté est un raisonnement faux sociologiquement, psychologiquement et passablement hypocrite. Je crois qu'il y a un changement de conditions pour tous ces jeunes. Ils étaient auparavant, par le jeu de l'automaticité **[5]**, des Français en puissance, sauf s'ils déclinaient la possibilité de devenir Français. Aujourd'hui, ils ne sont plus des Français en puissance, ils sont des étrangers qui peuvent opter pour la nationalité française, sous un certain nombre de conditions. Notamment qu'ils ne tombent pas sous le coup de la justice pénale, y compris pour des délits relativement mineurs.

En plus de cela, régler des problèmes de famille, cela reste quand même une opération compliquée à conduire pour quelqu'un qui doit s'occuper de trouver du travail, ou poursuivre sa scolarité. C'est aussi de la paperasse **[6]**, de la procédure. Enfin, je suis persuadé que cette loi posera des problèmes aux jeunes Maghrébins. Opter pour la nationalité française, c'est renier d'une certaine manière leur filiation, leur identité maghrébine. Je ne vois pas pourquoi on infligerait à des familles maghrébines qui veulent s'installer en France durablement cette espèce de choix dramatique, et je crois qu'il y a beaucoup de personnes qui ne feront pas le choix à cause de ce reniement.

– Vous voulez dire que cette loi risque de creuser un fossé encore plus grand au sein des familles-mêmes...

• Tout à fait. Soit le jeune refuse la nationalité française mais se poseront alors pour lui des problèmes de séjour **[7]**, soit il la choisit, mais il y aura une faille à combler **[8]** avec la génération d'avant.

Croissance, no. 364 octobre 1993

1 Jean Claude Barreau: (conseiller technique en matière d'immigration auprès du ministre de l'Intérieur)
2 Marceau Long: (président de la Commission de la Nationalité)
3 d'état civil: de service public (chargé d'enregistrer les naissances, mariages, décès, et d'en établir les certificats)
4 Jean-Michel Belorgey: (président du Fonds d'Action sociale pour les travailleurs immigrés et leurs familles)
5 jeu de l'automaticité: fait de devenir automatiquement français à dix-huit ans (sans devoir le demander)
6 de la paperasse: des papiers administratifs (jugés inutiles)
7 problèmes de séjour: problèmes concernant le droit de séjour en France
8 une faille à combler: un fossé à franchir

2.42 Contre la réforme

L'insulte faite à la France

Entretien avec Jack Lang

Le Nouvel Observateur. – *Le projet de réforme du Code de la Nationalité prévoit qu'on ne pourra plus devenir français sans le savoir ou sans le vouloir. C'est, disent les promoteurs de ce projet, le bon sens même...*

Jack Lang. – Non seulement ce n'est en rien le bon sens, mais c'est un projet détestable, qui est un double péché: contre l'histoire de notre pays et contre son avenir. Nous avons affaire à un texte antinational.

N.O. – *Un texte antinational?*

J. Lang. – Oui. Cette réforme tourne le dos à toute l'histoire de la France. La tradition du droit du sol, qui est un motif de fierté pour tous les Français, est une tradition immémoriale. Elle remonte à la monarchie. On peut, par exemple, citer Pothier, l'un des grands juristes de l'Ancien Régime: « *La seule naissance dans le royaume donne des droits de naturalité* **[1]** *indépendamment de l'origine des père et mère.* » Cette conception a été amplifiée par la Révolution française. Le Code civil napoléonien est revenu en arrière, mais il a été réformé dès 1851, puis de manière solennelle en 1889 pour fonder le système actuel.

N.O. – *Les tenants* **[2]** *du projet soulignent toutefois que la IIIe République avait procédé à la réforme pour une raison particulière: il s'agissait d'accroître le nombre des Français susceptibles de porter les armes* **[3]**...

J. Lang. – C'est tout à fait exact. Mais le principe du droit du sol n'a ensuite été remis en question par aucun des régimes qui se sont succédé en France, même les plus conservateurs, à l'exception, bien sûr, de Vichy **[4]**. Il s'agit donc d'une doctrine constante, ancestrale et sur la longue durée.

N.O. – *Il existe aujourd'hui des circonstances particulières: l'importance des migrations mondiales et l'inquiétude qu'elles suscitent dans la population pour l'identité française...*

J. Lang. – Bien au contraire, c'est la réforme qui s'attaque à l'identité française. Le droit du sol, on le voit bien, est l'une des lois fondamentales de la nation française, qui correspond à une conception forte, assurée et généreuse de la nationalité. Cette philosophie nationale est consacrée en droit international par un arrêt de la Cour de La Haye **[5]** qui, dans l'affaire Nottebohm **[6]**, a choisi comme critère de la nationalité, le « *rattachement effectif* » et l'« *intensité des liens* » de l'individu avec la nation. Naître et grandir sur le sol de la France, n'est-ce pas instaurer un lien effectif avec notre pays? A ce titre, et c'est notre honneur, le droit du sol est constitutif de l'identité de notre pays. Le remettre en question, c'est renier l'âme de la France.

N.O. – *Beaucoup de gens estiment que la déclaration volontaire ne remet pas en question le principe du droit du sol...*

J. Lang. – Ils se trompent. Je me réfère sur ce point à l'argumentation de Paul Lagarde, qui est l'un des grands spécialistes du droit de la nationalité. Demander une déclaration volontaire aux bénéficiaires actuels du droit du sol, enfants d'étrangers nés en France, c'est proclamer hautement qu'ils n'ont pas la même légitimité que les Français nés de parents français, à qui l'on ne demande rien. Il y a là, c'est l'évidence, une discrimination. C'est établir une hiérarchie entre le droit du sang et le droit du sol. Le premier serait une voie royale **[7]**, normale, légitime; le second une voie exceptionnelle et, pour tout dire, un peu suspecte.

N.O. – *Certains avocats de la réforme se réclament justement de* **[8]** *la tradition républicaine pour affirmer que cet acte volontaire facilitera l'intégration. On cite Renan: la nation repose sur une volonté...*

J. Lang. – C'est un sophisme et une tartuferie **[9]**. L'idée de volonté est juste. Mais Renan précisait: « *L'existence d'une nation est un plébiscite de tous les jours.* » Tout comme les enfants de Français de souche, les enfants d'étrangers manifestent cette approbation en permanence par leur comportement quotidien. Ils restent sur notre sol, ils suivent les cours de l'école républicaine, ils se lient d'amitié avec les camarades de leur âge, ils vivent notre vie et ne songent pas à s'en aller. Il n'y a pas d'amour, disait Cocteau, il n'y a que des preuves d'amour. Ces preuves, ils les donnent tous les jours en participant volontairement à la vie de la nation.

Le Nouvel Observateur

1. naturalité: nationalité
2. tenants: partisans
3. porter les armes: servir dans l'armée française
4. à l'exception [...] de Vichy: (référence aux lois antijuives adoptées par le régime de Vichy 1940–4)
5. la Cour de La Haye: (La Cour de Justice internationale de La Haye)
6. l'affaire Nottebohm: (affaire datant de 1955 qui a changé le processus de naturalisation)
7. une voie royale: un mode d'accès (noble et respectable)
8. se réclament [...] de: font appel à
9. tartuferie: hypocrisie

Médias

La presse écrite française

Presse quotidienne / presse magazine

Contrairement à d'autres pays possédant eux aussi une longue tradition de presse écrite, la France n'est pas un pays où l'on lit beaucoup de quotidiens: en 1994, par exemple, on vendait moitié moins de quotidiens pour mille habitants en France qu'au Royaume-Uni.

Il n'est pas rare dans certains pays européens de voir des quotidiens nationaux se vendre à plusieurs millions d'exemplaires. C'est loin d'être le cas en France. De plus, pour certains journaux, la situation se détériore d'une année à l'autre. La presse quotidienne nationale a perdu la moitié de ses lecteurs en vingt ans. En 1995, *France-Soir*, autrefois l'un des plus grands quotidiens populaires nationaux, ne vendait plus que 200 000 exemplaires. Le prestigieux journal *Le Monde* diffusait quant à lui à 380 000 exemplaires la même année. Chiffres modestes, témoins d'une presse en crise.

En revanche, la presse périodique française, qu'elle soit généraliste ou spécialisée, est très vivante (1 354 magazines pour 1 000 habitants). La France se place en première place dans le monde pour la lecture des magazines.

La force des magazines explique en grande partie la faiblesse des quotidiens (et vice versa). À part quelques exceptions, les quotidiens ont en effet longtemps négligé le temps privilégié de lecture que représente le week-end. C'est en grande partie pour ce marché que se sont développés les grands magazines d'informations générales qui paraissent généralement vers la fin de la semaine, comme *L'Express*, *Le Point*, *Le Nouvel Observateur*, et plus récemment *L'Événement du jeudi*. Comparé à d'autres pays européens, le marché du dimanche est très négligé en France, faute de réseau de distribution adéquat.

3.1 LES NEWS MAGAZINES

NEWS MAGAZINE: le terme, comme le type de journaux qu'il définit, vient des États-Unis en général et d'un modèle en particulier: *Time magazine*. C'est un journal, créé par Henry R. Luce, qui a servi de modèle à tous les news magazines français, et en premier lieu à *L'Express* qui fut, en France, le pionnier du genre.

Initialement, le news magazine se définit comme une synthèse des informations de la semaine, facile à lire, rédigé dans un style harmonisé le moins subjectif possible; le tout destiné à une cible (les cadres moyens ou supérieurs) extrêmement précise et définie. Un service marketing important suit avec minutie à coups d'enquêtes et de mailing les goûts et les aspirations.

Les sujets des grandes enquêtes qui font souvent les couvertures – « le salaire des cadres », « l'argent des cadres », « la santé des cadres » – sont plus souvent dictés par le marketing que par l'actualité, ce qui est normal dans une presse dont la pagination fonctionne sur la règle dite des deux tiers-un tiers: deux tiers de pub, un tiers de rédaction.

Du *Nouvel Observateur* à *L'Express* en passant par *Le Point*, les lecteurs n'ont pas les mêmes idées, mais il suffit de comparer les pages de publicité pour s'apercevoir qu'ils achètent les mêmes choses.

Echos, printemps 1994

On reproche aussi aux quotidiens d'être trop chers, ce qui freine leur diffusion. Traditionnellement, le prix du journal suivait celui de la baguette ou du timbre-poste. En 1995, la baguette valait environ 4 F, le timbre-poste 3 F et un quotidien comme *Le Monde* 7 F.

Comme dans la plupart des pays occidentaux, la presse écrite française bénéficie de subventions gouvernementales (TVA réduite, réduction sur les services postaux, aides directes, etc.). Ces aides représentent pour certains quotidiens jusqu'à 20% de leur chiffre d'affaires mais cela ne semble pas suffire car la presse quotidienne aujourd'hui est en crise. Le nombre de titres de la presse quotidienne nationale diminue régulièrement, une évolution dangereuse pour l'expression d'idées différentes; par exemple, le plus jeune des quotidiens nationaux, *Info-Matin*, a été mis en liquidation en janvier 1996.

On avance plusieurs raisons pour tenter d'expliquer cette crise de la presse:

- la crise économique qui affecte les recettes publicitaires;
- la hausse vertigineuse du prix du papier en 1994 et 1995;
- la concurrence des autres médias, en particulier la télévision;
- le peu d'intérêt de la presse quotidienne pour les activités de loisirs;
- le sous-développement du réseau de diffusion de la presse, en particulier le dimanche quand la plupart des kiosques sont fermés;
- la fragilité financière des entreprises de presse françaises, très souvent sous-capitalisées. Au niveau mondial, le seul groupe français parmi les vingt-cinq premiers mondiaux est le groupe Hachette, spécialiste des magazines.

SUJET DE REFLEXION

Quels sont, selon vous, les avantages respectifs des hebdomadaires d'information et des quotidiens nationaux?

Selon vous, la relation entre quotidiens et hebdomadaires est-elle la même dans votre pays qu'en France? ■

1 prise de contrôle: (achat d'actions par un concurrent afin d'acquérir une position dominante)

3.2 La situation française: des faiblesses persistantes

Analyser la situation de la presse française au regard de ce que l'on peut observer chez nos principaux partenaires soulève une double difficulté. D'abord parce que les modes de segmentation du marché présentent des différences considérables selon les pays, de sorte que toute comparaison globale est nécessairement biaisée. C'est ainsi par exemple que le poids respectif des quotidiens nationaux et régionaux, ou encore le développement des « sundays » au détriment des hebdomadaires de type « news », sont des données qui doivent nécessairement venir pondérer toute analyse quantitative. Ensuite parce qu'en France même, la situation de la presse est particulièrement contrastée selon les produits, ce qui relativise nécessairement la portée de toute appréciation générale.

Sous ces réserves, il paraît toutefois possible de dresser un constat qui, malgré des réussites incontestables, témoigne *des positions globalement fragiles de la presse française par rapport à ses principaux concurrents européens*. En effet, outre un lectorat déclinant, du moins en ce qui concerne les quotidiens, et un volume de recettes publicitaires relativement faible, beaucoup d'entreprises françaises disposent d'une structure financière qui semble peu satisfaisante à l'heure où, comme on l'a vu, les stratégies de développement international passent essentiellement par des opérations de rachat ou de prise de contrôle **[1]**. Il en résulte nécessairement une vulnérabilité particulière à toute modification substantielle de l'environnement réglementaire.

P. Todorau, La Presse française à l'heure de l'Europe

Dossier Diana

Le lundi 20 novembre 1995, la princesse Diana donne une interview inattendue à un journaliste de la BBC où elle confirme de nombreuses rumeurs: difficultés dans son couple, liaisons extraconjugales, etc.

SUJET DE REFLEXION

Essayez, au cours de votre lecture des articles qui suivent, de dégager les particularités de style de chacun des quotidiens français traitant de ce thème. Notez en particulier l'appellation donnée à la princesse par chacun. ■

3.3 Les confidences de la princesse de Galles à la BBC

Lady Di: « Je ne me vois pas reine »

« J'aimerais être reine dans le cœur des gens », a déclaré hier soir la princesse. « Je ne souhaite pas le divorce ».

A son tour, Diana a confié sa part de vérité. Hier soir, durant une heure sur la BBC, elle a répondu, honnêtement, aux questions les plus indiscrètes sur sa vie privée de princesse. Son mariage à 19 ans. « A cet âge, vous croyez être préparé à tout et vous pensez savoir ce qui vous attend. » Très vite, elle a dû « faire front, toute seule » aux pressions de la Cour et de sa charge, Puis, les événements se sont enchaînés. La boulimie et le sentiment de n'être pas à la hauteur **[1]**. L'indifférence croissante de Charles. La « cruauté » de la Cour plus encline à dauber sur **[2]** son « instabilité » et sa propension « à gâcher de la nourriture » qu'à lui venir en aide. Oui, elle a tenté à plusieurs reprises de s'automutiler. Enfin, légèrement. Puis, Mrs Camilla Parker-Bowles revint dans l'existence sentimentale de Charles. « Je n'étais pas en mesure de faire quoi que ce soit », explique-t-elle. Mais la révélation de son infortune fut « dévastatrice ». Le « sentiment d'inutilité », de « n'être bonne à rien » s'enracinait. L'arrivée de l'amante du Prince Charles dans le couple, « il y avait beaucoup de monde dans le ménage », ironise-t-elle, fut « un choc dévastateur ». Mais, elle-même, n'a-t-elle rien à se reprocher? Le major Hewitt, par exemple, qui affirme l'avoir séduite? N'a-t-elle pas été infidèle, elle aussi? « Oui », répond-elle. « Je l'adorais. J'étais très amoureuse de lui. »

« Votre relation avec James Hewitt est-elle allée au-delà de la simple amitié? – Oui. – Avez-vous été infidèle? – Oui, je l'adorais. J'étais amoureuse de lui. »

Enfin, Lady Di devait confier: « J'aimerais être reine dans le cœur des gens mais je ne me vois pas reine de ce pays. » Sur un éventuel divorce, la princesse confiait qu'elle ne le souhaitait pas.

LONDRES:
***Jacques* DUPLOUICH**

« Le Palais » ne cache pas son déplaisir. L'entretien accordé par Lady Diana à la BBC s'est fait à l'insu de la reine Elizabeth. Or, le protocole veut que la souveraine soit consultée avant toute rencontre entre les membres de la famille royale et la presse. Ensuite, les confidences publiques de celle qui est toujours, constitutionnellement, la future reine, sont susceptibles de nuire au Prince Charles qui s'efforce, depuis deux ans, de redorer son blason **[3]**. Surtout, l'initiative de Lady Di, prise sans en aviser la Cour, constitue une spectaculaire affirmation d'indépendance.

Pourtant respectueuse des exigences de la monarchie, la princesse avait accepté, il y a bientôt deux ans, de réduire ses fonctions officielles. Sous la pression du Palais, elle s'était résignée à l'ombre afin que le futur roi fût mieux exposé à la lumière. Mais Lady Di avait un compte à solder non seulement avec le prince de Galles mais aussi avec la Cour. Parce qu'elle estime avoir été trahie par l'un et abandonnée par l'autre. Dans un premier temps, elle a adopté une attitude défensive.

Le livre d'Andrew Morton – Diana, sa vraie vie – fondé sur les confidences autorisées, sinon encouragées, de ses proches, était un plaidoyer par chroniqueur interposé.

Cette fois, Lady Di, qui a, depuis lors, appris l'art d'utiliser les médias, a décidé de monter elle-même au créneau **[4]**. Elle a voulu dire, sereinement, sans interprète, sa version de l'histoire. Une manière, aussi, de marquer ses distances avec un environnement monarchique dont elle estime avoir été le jouet **[5]**. Sa réplique de la bergère au prince charmant était aussi l'occasion de reprendre un avantage psychologique sur Charles, qui, l'an dernier, s'était confié, lui aussi, à la BBC. A cette occasion, le prince avait reconnu publiquement, pour la première fois, ses escapades adultères. Son témoignage n'avait pas soulevé autant de passion que celui de son épouse, hier. Il est vrai qu'il avait, lui, sollicité l'approbation de la reine et mis les échotiers **[6]** dans la confidence.

L'entourage de la princesse de Galles aurait, dit-on, tenté de lui faire valoir que sa démarche comportait plus d'inconvénients que d'avantages. Mais Lady Di, quoique toujours très populaire dans l'opinion, a un peu perdu de son aura. D'avoir été mêlée à des conversations téléphoniques embarrassantes et associée, fût-ce abusivement, à la séparation de Will Carling, le capitaine de l'équipe d'Angleterre de rugby, l'ont desservie. La BBC lui donnait l'occasion de s'expliquer. Elle n'a pas voulu manquer le rendez-vous.

Il n'empêche. Nombre de Britanniques ne peuvent se départir d'un sentiment de malaise. Hier soir, Ladi Di qui présidait le dîner d'une association de lutte contre le cancer, à Londres, n'a pas regardé la BBC. Charles, lui, n'avait pas d'engagement officiel à l'heure où « Panorama » était diffusé. . .

J.D.
Le Figaro

1 n'être pas à la hauteur: ne pas être capable d'assumer ses responsabilités
2 dauber sur: se moquer de, dénigrer
3 redorer son blason: donner une meilleure image de lui-même
4 monter [. . .] au créneau: se donner une image plus forte
5 dont elle estime avoir été le jouet: qui l'a manipulée, d'après elle
6 échotiers: (rédacteurs des nouvelles mondaines ou locales dans un journal)

3.4 Lady Di « J'ai trompé Charles. . . »

« J'étais amoureuse de James Hewitt, mon moniteur d'équitation. Mais, en 1986, je savais que Charles me trompait. Nous faisions un ménage à trois. . . »

Une émouvante confession, hier soir sur la BBC

France Soir

3.5 Diana fait sauter l'audimat [1] et bondir la reine

La princesse royale s'est confessée devant 21 millions de Britanniques.

Londres,
de notre correspondant

De 21h40 à 22h40 lundi soir, l'Angleterre est restée en suspens devant ses écrans de télévision, partagée entre l'admiration, la sympathie ou la colère. Dix-sept mois après l'entretien du Prince Charles sur ITV, la princesse de Galles a livré sur la BBC une interview exclusive qui a laissé l'Angleterre KO. Tout à tour candide, déterminée, ou d'une grande tristesse, Diana a tout à la fois révélé « *qu'elle combattrait jusqu'au bout pour son rôle royal* », qu'elle avait commis l'adultère et qu'elle ne voulait pas un divorce. Surtout, elle a lancé de multiples attaques contre la monarchie et a fait part de ses doutes devant le couronnement de Charles. Puis, elle a laissé à 21 millions de téléspectateurs britanniques le soin de s'interroger sur son avenir, celui de son époux et de la famille Windsor toute entière. Provoquant tout de même hier un communiqué surprise de Buckingham Palace, apparemment décidé à adopter un ton conciliant avec la princesse rebelle, et qui affirmait « *vouloir lui parler, afin de l'aider à définir son rôle futur et à continuer à la soutenir au sein de la famille royale* ».

Au journaliste Martin Bashir qui lui demande si Charles souhaite être roi, la princesse de Galles répond: « *Il semblait toujours en conflit quand il en parlait. . . Je pense que (cela) le limiterait énormément et je ne sais pas s'il pourrait s'y adapter.* » Dans la foulée, elle suggère que le couronnement de William à la place de son père serait la meilleure solution. Auparavant, la tête légèrement inclinée, en tailleur bleu marine dans ses appartements de Kensington Palace, elle indiquait qu'elle ne « *pensait pas être reine un jour* ». « *Je veux être la reine dans le cœur des Anglais, une ambassadrice pour mon pays* », disait-elle, mais « *je ne veux pas un divorce* ».

« Diana semble avoir atteint les degrés avancés de la paranoïa ». Nicolas Soames, un député proche de Charles.

Ses grands yeux bleus soulignés d'un épais maquillage, Diana a endossé l'un après l'autre les habits de la victime et de la femme inflexible, dénonçant la « *campagne* » menée contre elle par son « *environnement* ». Selon elle, depuis sa séparation d'avec Charles, elle est devenue « *un problème, un handicap* » pour les Windsor. Elle parle de l'entourage de son mari comme de l'« *ennemi* ». Elle assure cependant qu'elle ne capitulera pas, parlant d'elle-même à la troisième personne: « *Elle ne s'en ira pas en silence, c'est le problème. Je combattrai jusqu'au bout car je crois que j'ai un rôle à remplir, et j'ai deux enfants à élever.* »

Pour le reste, le *soap opéra* royal n'aura pas déçu. Durant de longues minutes, Diana confirme les difficultés précoces de son mariage, la vie séparée avec Charles dès 1985, sa dépression post-natale après la naissance de William, ses attaques de boulimie ou encore ses semi-tentatives de suicide. Tout ayant déjà été largement commenté par la presse ces cinq dernières années.

Un peu plus tard, c'est Charles qui est montré du doigt comme l'instigateur de la séparation de décembre 1992. De sa relation avec son amie Camilla Parker Bowles, Diana dit froidement, mais aussi dans l'un de ses rares sourires: « *Nous faisions mariage à trois, c'était un peu trop.* » Et puis elle reconnaît avoir été « *infidèle* » avec James Hewitt, le capitaine de l'armée et ami de polo de Charles.

Autant de révélations qui ont une nouvelle fois contraint la Grande-Bretagne à se pencher sur une monarchie agitée par les crises à répétition. Parmi les premiers à réagir, les proches de Charles, dont le député Nicholas Soames, ont totalement démenti que celui-ci ne se sentait pas capable d'être roi. Intensifiant encore ce qui est devenu une guerre royale, ils ont même estimé que « *Diana semblait avoir atteint les degrés avancés de la paranoïa* ».

Pour beaucoup en tout cas, ce nouvel épisode a renforcé la nécessité d'un divorce rapide, « *qui permettrait de clarifier les choses entre les deux parties et de mettre fin à un show affligeant* ». « *Malgré ce qu'elle a dit, Diana aurait tout intérêt à se séparer des royaux, et à poursuivre son chemin* », a déclaré Andrew Morton, son récent biographe, suivi par de nombreux experts constitutionnels. En fin de journée toutefois, les partisans de Diana ne manquaient pas d'évoquer « *la branche d'olivier* » tendue par Buckingham Palace, ajoutant que « *les royaux avaient peut-être été sensibles à certains arguments de la princesse et étaient prêts à se montrer plus flexibles* ».
Devant les téléspectateurs du monde entier, Diana, elle, avait dit souhaiter une « *monarchie plus moderne, plus en contact avec les gens* », pour les générations à venir.

FABRICE ROUSSELOT

Fric [2], princesse et vidéo

La BBC devrait récolter plus de 15 millions de francs.

Londres,
de notre correspondant

Quelle que soit l'analyse qu'en font les experts royaux, l'interview exclusive accordée hier par la princesse de Galles est sans aucun doute l'une des plus belles opérations commerciales jamais réussies par la BBC. Même si la corporation de l'audiovisuel britannique refuse pour l'instant de communiquer les revenus générés par l'entretien, on estime aujourd'hui que la « Beeb » pourrait récolter plus de 2 millions de livres (quelque 15 millions de francs).

Libération

1 fait sauter l'audimat: obtient un taux d'audience remarquable
2 fric: argent (language familier)

3.6

Princesse

L'interview du siècle

En Grande-Bretagne lundi, un seul sujet occupait les médias: les histoires de famille de Charles et Lady Di. Le soir, devant près de 20 millions de téléspectateurs britanniques – sans parler des 200 millions qui, à travers le monde, ont partagé le plaisir – , la BBC a présenté son « scoop »: une heure d'interview où la princesse de Galles devait révéler à l'univers que la vie d'une princesse de la famille Windsor n'a rien à voir avec un conte de fées, et accessoirement informer de qui a couché avec qui (et quand).

Pour Lady Di, Buckingham Palace et l'entourage de son mari sont devenus le « camp de l'ennemi ». Elle ne convoite plus qu'un poste, « reine dans les cœurs du peuple ». Une franchise touchante, parfois un brin d'humour. A vingt ans, un mariage à trois – elle partage son Charles avec sa maîtresse, Camilla Parker Bowles – est « un peu surpeuplé ». Pour échapper à ses malheurs, elle devient boulimique. Elle avoue avoir couché avec le capitaine James Hewitt – un gentleman pas vraiment gentleman qui doit sa fortune à l'ouvrage où il raconte sa liaison avec la femme du futur roi. Plus important pour l'avenir de la famille (ou de la société) royale, elle suggère que le prince Charles n'a pas l'étoffe d'un roi **[1]**.

Mardi après-midi, Buckingham Palace l'affirme: il ne parlera pas des problèmes de Charles et de Lady Di. Il reste cependant disponible pour « définir avec elle le futur rôle » de la princesse de Galles. Au terme de cette interview choc, radios et télés s'en donnent à cœur joie. Une exception: ce commentaire de l'avocat Anthony Scrivener: « On peut plaindre ces deux personnes, car c'est une triste histoire. Mais on n'a pas besoin de la présenter au grand public. Cela montre encore qu'il serait bien de se débarrasser de la monarchie en la remplaçant par une République. »

Peter Avis
L'Humanité

1 l'étoffe d'un roi: les qualités requises pour être roi

3.7

Du malheur en bulles

Daniel Scheidermann

CETTE vieille petite fille qui nous fait face, qui penche la tête, qui renifle avec dignité, et qui, au total, nous cloue au poste, était jusqu'à cette semaine la muette la plus célèbre du monde. On l'avait si souvent vue descendre de carrosse sous les flashes, entrer dans toutes sortes de voitures, des petites sport, des grandes astiquées, luisantes, officielles. On l'avait vue sortant d'une cathédrale, d'un palais, d'une école, d'un club de gym, assistant à des matches de polo, présidant des galas, tant de galas que le mot semblait avoir été inventé pour elle. On l'avait vue en robe de mariée, en robe du soir, en jean, en bikini, en body. On l'avait vue de face, de dos, marcher, courir, transpirer, s'enfuir, rire, étouffer un sanglot, mordre des mouchoirs. On l'avait vue avec des présidents, des top-models, des malades, des anciens combattants, des chevaux, des chiens, des fleurs, des enfants.

On l'avait vue nette, maquillée, manière officielle, et floue, façon photo volée de paparazzi. On avait même vu, souvent, les paparazzi qui s'employaient semaine après semaine à nous la faire voir. Elle occupait des couvertures, des doubles pages, des pages simples, des quarts de page. Pour elle, chaque semaine, *Paris-Match* s'efforçait de renouveler son vocabulaire, comme les fleurs dans les vases de Chine d'un palais empoussiéré. Elle pesait des tonnes de papier glacé **[1]**, c'était une princesse à feuilleter, à oublier sur les guéridons, à reprendre. Des comédiennes jouaient son rôle. Dieu sait qu'on l'avait déjà vue, la princesse Diana.

« *Je veux pleurer, comme Soraya, des larmes qu'on prend en photo* », chantait jadis Marie-Paule Belle. Depuis quelques années, le malheur de Diana nous était comme une sorte de bain moussant tiède. On s'y prélassait interminablement, sans parvenir à sortir pour aller affronter la vraie vie, sans se résoudre non plus à y rajouter de l'eau chaude. C'était un malheur en bulles, en mille bulles minuscules et incontournables, mille bulles envoyées de là-bas, de Buckingham Palace et autres lieux mythiques, par d'autres qu'elle-même: des « proches », des journalistes, des témoins, un amant. Et même un biographe: une biographie « autorisée » avait procédé à l'inventaire notarial **[2]** de ce malheur.

« Autorisée », c'est-à-dire que le récit était construit avec ses mots à elle, seule manquant sa bouche pour les prononcer. Car elle se taisait. Les millions de destinataires de ces appels téléphoniques silencieux qu'elle a avoué avoir passés, c'étaient nous, la planète. On décrochait: personne au bout du fil, rien d'autre qu'une respiration oppressée, et l'intuition d'un immense malheur. Avec quels mots elle parlait; quels sons précis, de quelle couleur, sortaient de sa jolie bouche: on continuait de l'ignorer.

VOICI soudain Fantômette **[3]** face à nous, sans masque, pendant plus d'une heure. L'anorexie, la boulimie, l'adultère: point par point, méthodiquement, guidée par un interrogateur qui paraît s'efforcer de personnifier le légendaire professionnalisme de la BBC, elle confirme, coche des petites croix. Beaucoup de « *oui* »,

quelques « *non* ». Oui, c'est bien moi l'expéditrice clandestine de ce malheur en pièces détachées, nous avoue-t-elle d'une petite voix. Et ce malheur en bulles enfin s'incarne, elle le saisit à bras-le-corps, elle l'investit, elle l'assume, elle consent enfin à l'habiter. Les deux Diana se superposent, le discours s'installe dans l'image.

Emménageant dans son malheur comme dans un nouvel appartement, décoré avec soin, d'« épouse séparée », Diana sacrifie à la formalité ménagère la plus banalisée d'aujourd'hui: elle com-mu-ni-que, face à la caméra. Et, comme si elle devait fatalement en arriver là, elle choisit la forme la plus traditionnelle, la plus canonique, l'équivalent contemporain de la tragédie classique en prenant bien soin d'en respecter toutes les unités: la confession télévisée, manière Mireille Dumas **[4]**. Unité de lieu, périodes de temps soigneusement balisées, simplement coupées sur TF 1 par l'ineffable entracte publicitaire: « *Après la pub*, dit le présentateur, *la princesse va aborder un chapitre particulièrement délicat: les hommes de sa vie.* » Publiées par *Paris-Match* sur toute une colonne, les « phrases-clés » de l'entretien sont à cet égard édifiantes: « *J'ai eu une grossesse difficile* », « *Je ne m'aimais pas* », « *Nous étions trois dans ce mariage* », « *Je me laisse guider par mon cœur et non par ma tête* », « *Je me suis volontairement blessée aux bras et aux jambes* »: ne dirait-on pas la liste des « Bas les masques » de la saison dernière, telle que la publia récemment le député Griotteray? **[5]**

AYANT choisi de « *communiquer* », Diana tient naturellement à « *faire passer un message* ». La confirmation de son malheur? Certes, mais cette seule confirmation ne suffirait pas à tendre le ressort dramatique. Sur ce malheur ainsi authentifié, elle semble plutôt s'appuyer pour envoyer un message neuf, et mille fois martelé: je suis une mère. Je suis même « la » mère, puisque je suis la mère du futur roi. J'en ai parlé à mes enfants, je voulais protéger mes enfants: à combien de reprises William et, secondairement, Harry reviennent-ils dans la confession? D'ailleurs regardez-moi: ne penchai-je pas irrésistiblement la tête, comme une Madone?

Tous les grands moments de télévision superposent un message recherché et un message clandestin. Penchant la tête, souriant, Diana se posait en mère, mais apparaissait en soldat. Entre chaque phrase, sur le visage d'amère petite fille, se posait comme un oisillon maladif le fameux sourire de Son Altesse, mille fois photographié, au temps du bonheur et au temps du malheur. Et ce sourire, qui sur les photos appelait irrésistiblement le qualificatif « mutin », mais tout en paraissant mystérieusement le rejeter aussitôt, ce sourire dévoilait sa vraie nature: une cicatrice, oui, mais transformée en arme, en arme de charme retournée contre l'adversaire, et appuyant comme une couverture d'artillerie les pauvres attaques du petit soldat maternel.

Le Monde radio-télévision

1 elle pesait des tonnes de papier glacé: elle était constamment dans les magazines
2 notarial: détaillé
3 Fantômette: (héroïne de livres d'enfants qui porte un masque la rendant méconnaissable)
4 Mireille Dumas: (animatrice du reality show *Bas les masques* (voir p. 92) où les téléspectateurs parlent des malheurs qu'ils ont dans leur vie privée)
5 Griotteray: (deputé français qui a publié un rapport critique sur certaines uilisations abusives de la télévision)

Presse nationale / presse régionale

Les quotidiens régionaux occupent une place dominante dans la presse écrite française.

Concurrencée par la presse gratuite et les nouveaux médias, elle connaît toutefois une stagnation de ses lecteurs qui suscite quelques inquiétudes quant à son avenir. Tout de suite après la guerre, la presse régionale française comptait 175 titres. Aujourd'hui, nous en sommes à moins de la moitié de ce chiffre. Mais la désaffection des lecteurs est toute relative: 51% des Français lisent régulièrement un journal régional. Elle épargne en particulier quelques-uns des plus grands, comme Ouest-France, qui diffuse à environ 800 000 exemplaires. Bien avant les quotidiens nationaux, c'est en effet le journal le plus lu de France.

3.8 Carte de départements et de leurs journaux

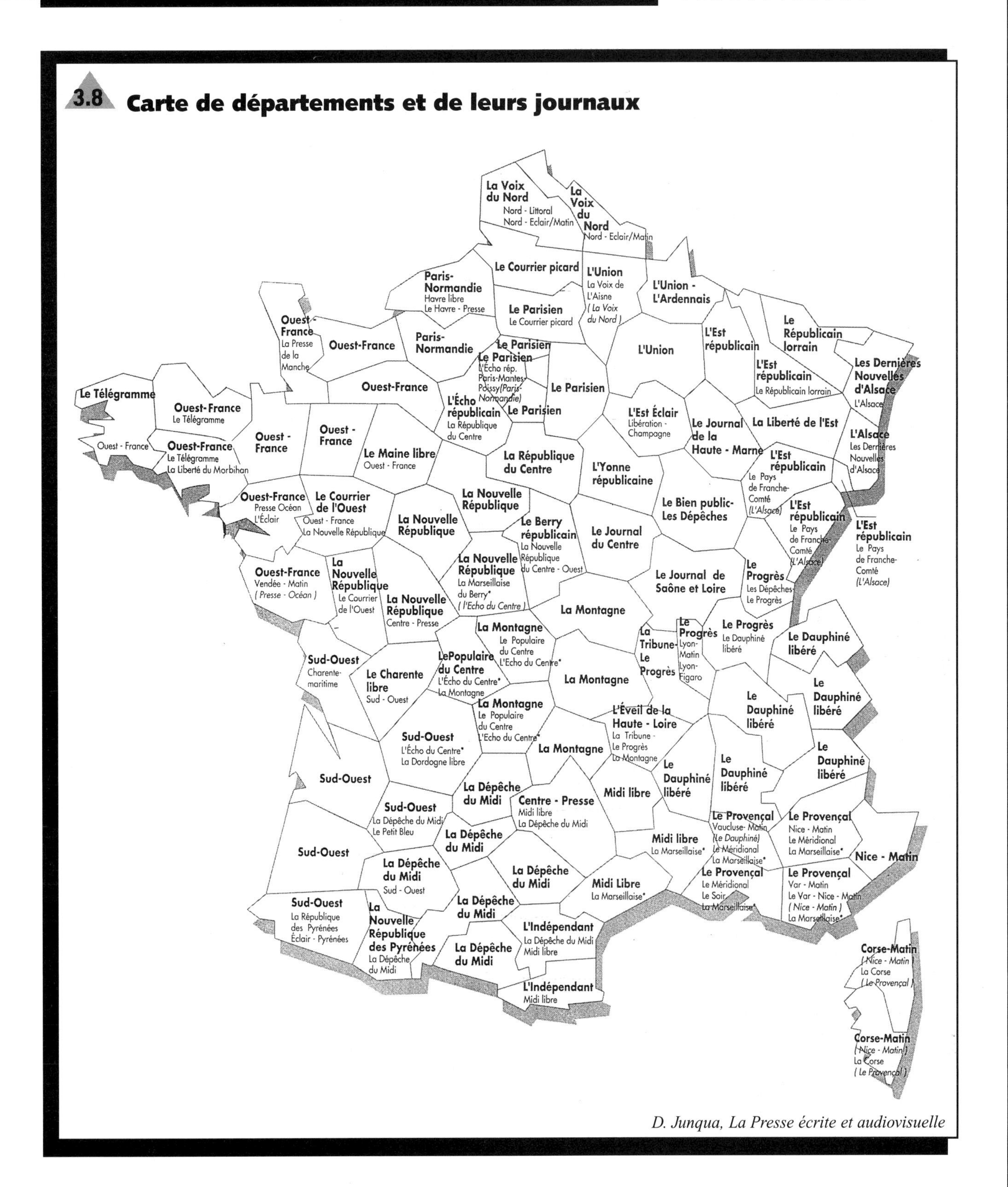

D. Junqua, La Presse écrite et audiovisuelle

3.9 Sud-Ouest en grève

Le malaise ressenti par la population lors de la non-parution de *Sud-Ouest* du 19 février au 16 mars 1972 a surtout mis en évidence les liens *affectifs* existant entre le journal régional et ses lecteurs. Ne plus rien savoir sur les décès et autres données de l'état civil **[1]** de sa commune, la projection de nouveaux films, les horaires d'arrivées de bateaux, les petites annonces relatives à l'immobilier, à l'emploi ou les opérations publicitaires des commerçants locaux, a considérablement perturbé la vie sociale, économique et culturelle de nombreuses localités couvertes par ce quotidien. Au-delà de la baisse de l'assistance aux enterrements, de la recette des paroisses et des fleuristes, la non-parution du titre de Bordeaux (à la suite d'une grève très dure des travailleurs du Livre CGT **[2]**) a, selon le sondage que la SOFRES a réalisé pour la presse quotidienne régionale, créé un sentiment de *rupture* avec le monde extérieur et un *relâchement* de la conscience de groupe. Le malaise social s'est surtout fondé sur la durée de frustration du public en informations régionales et locales dont les informations-service. Le rite interrompu du rendez-vous quotidien avec le journal a été perçu comme une « trahison » par rapport à son rôle de socialisation.

Bien que le contexte de sa réalisation soit différent, l'enquête de 1972 confirme celle de 1969 du même organisme et souligne les facteurs d'attachement des lecteurs à leur journal régional, attachement qui s'apprécie par leur fidélité d'acheteurs.

M. Mathien, La Presse quotidienne régionale

1 état civil: (service chargé d'établir les actes de mariage, naissance, décès, etc.)
2 CGT: Confédération générale du travail (principal syndicat français de tendance communiste)

SUJET DE REFLEXION

Comment expliquez-vous l'existence d'une presse régionale aussi forte dans un pays centralisé comme la France?

Existe-t-il aussi une presse régionale forte dans votre pays? Pourquoi?

Si vous achetez de temps en temps un journal régional et/ou un journal national, expliquez les raisons qui, pour chacun d'entre eux, vous poussent à le faire. ■

La Radio

L'oreille est un sens plus intelligent, plus riche que l'œil. L'œil croit que le monde est dominé par l'image. L'oreille nous condamne au bon sens.

Jean-Marie Charon, La Découverte-Médiaspouvoirs-CFPJ

La radio en France se porte plutôt bien. L'arrivée depuis 1982 de nouvelles stations musicales, locales et thématiques, lui a donné un second souffle et permis d'être appréciée des jeunes. Elle a mieux résisté que les autres médias aux bouleversements des dernières années et les Français lui accordent le taux le plus élevé de crédibilité en matière d'information. Les auditeurs sont en général fidèles à une station de radio.

3.10 RADIO FRANCE, LE SERVICE PUBLIC

FRANCE INTER

Les auditeurs aiment les histoires, les reportages. Ils apprécient aussi qu'on leur donne la parole. Cette radio familiale réalise leurs vœux avec pertinence, humour et sérieux. Elle gagne régulièrement de l'audience.

RADIO BLEUE

La radio qui tend la main aux personnes du troisième âge propose de la musique française (de la chanson à l'opérette), des services (loisirs, santé, conseils juridiques) et des émissions "intergénérations" sur les ondes moyennes. Depuis qu'elle est autorisée à émettre en FM à Paris, elle accueille tous les soirs, de 19h00 à 20h00, les programmes d'Urgences, cette station destinée aux personnes en difficulté.

FRANCE INFO

Un événement survient et France Info devient indispensable. Ici, sur la radio d'information continue, cinquante journalistes œuvrent nuit et jour pour nous faire vivre l'actualité en direct. Un journal complet toutes les demi-heures, un flash tous les quarts d'heure, et un rappel des titres toutes les sept minutes.

FRANCE CULTURE

Parce qu'elle aborde souvent la culture pure et dure **[1]**, elle séduit ou irrite. A côté d'émissions en forme de cours un peu ronronnants, on y découvre de superbes passions et des moments de radio qu'on n'entend plus ailleurs. Ses programmes réclament une réelle disponibilité; les amateurs connaissent les rendez-vous par cœur.

FIP

Après avoir ronronné, elle est revenue à ses premières amours: le radio-guidage **[2]**. Du coup elle a donné un coup de neuf à son programme musical qui a retrouvé la couleur de l'originalité. A Paris, sept jours sur sept, entre 16h00 et 18h00, FIP accueille (sur ondes moyennes) Urgences, le programme à destination des personnes en difficulté.

FRANCE MUSIQUE

La musique de A à Z, avec tout ce qu'elle peut avoir de somptueux et parfois de rébarbatif: retransmission en direct de concerts régionaux, nationaux, internationaux, émissions éducatives et diffusion sans distinction d'œuvres connues ou méconnues. . . Le service public assure son rôle, le pluralisme culturel, avec de temps en temps quelque bavardage superflu.

Télérama, Guide de la radio

1 pure et dure: difficile d'accès
2 radio-guidage: (émissions qui donnent des conseils pratiques aux automobilistes sur la circulation, la météo, etc.)

SUJET DE REFLEXION

Êtes-vous d'accord avec Jean-Marie Charon lorsqu'il affirme que "l'oreille est un sens plus intelligent que l'œil"?

En matière d'information, les Français accordent une plus grande crédibilité à la radio qu'à la télévision ou la presse écrite. Comment expliquez-vous ce phénomène? Et vous, à quel moyen de communication accordez-vous la plus grande crédibilité? Pourquoi?

Trouvez-vous qu'il existe une ressemblance entre les différentes stations de radio du service public français et celles que vous connaissez dans votre pays? ■

3.11 Le service privé – les stations principales

Elle est depuis dix ans la première radio musicale. Après avoir séduit les 15–34 ans, elle s'attaque maintenant aux moins de 50 ans: son programme généraliste **[1]** et ses jeux passe-partout **[2]** sont faits pour que papa et maman imitent leurs enfants.

NOSTALGIE

De la musique, beaucoup de musique française des années 70 et 80, des jeux et des programmes qui misent sur l'émotion. La station propose aussi à son public (des actifs de 25 à 45 ans) des rendez-vous « parlés » , des histoires scénarisées, voire des reprises d'émissions à succès.

SKYROCK

La plus chahuteuse **[3]** et provocatrice des radios s'appuie sur les tubes des années 90. Mais la musique n'est qu'un prétexte: ici, on mise sur la personnalité des animateurs. Certains s'inventent un personnage (Supernana, Maurice), d'autres avancent à pas lourds (Les Monstres), ou remuent parce que ça fait branché **[4]** (Bob le cinglé ou Lorenzo).

Petit à petit, Chérie FM fait son nid. Avec son programme musical mélodique et romantique à souhait, ses chroniques de plus en plus affûtées, elle s'adresse aux adultes qui n'aiment pas être bousculés. . . Résultat, elle gagne de l'audience, doucement mais sûrement.

RTL

Elle caracole en tête depuis des années: ici plus qu'ailleurs, les auditeurs fidèles sont caressés dans le sens du poil **[5]**. On leur donne la parole, et les musiques qu'ils aiment; ils peuvent participer aux nombreux jeux. Quant aux animateurs, tout le monde les connaît: on les voit tous à la télé.

EUROPE 1

Depuis le début de l'année 1995, Europe 1 accuse une chute d'audience. Est-ce parce qu'elle innove trop, ou parce qu'elle mélange les genres? Elle a misé sur l'information, ce qui lui permet de conserver sa première place auprès des cadres. Pour une radio commerciale, c'est important. A l'automne 95, elle devrait connaître quelques bouleversements de programmes.

FUN

Très musicale au début des années 90, elle s'est transformée petit à petit en libre antenne. Les ados y trouvent des animateurs qui copinent **[6]**, des émissions interactives et des réponses à leurs questions. Fun se présente comme le forum d'une génération.

Télérama, Guide de la radio

1 généraliste: de nature très variée
2 passe-partout: qui conviennent à tous
3 chahuteuse: bruyante
4 branché: à la mode
5 sont caressés dans le sens du poil: reçoivent exactement ce qu'ils désirent
6 copinent: se comportent en amis

3.12 La radio omniprésente

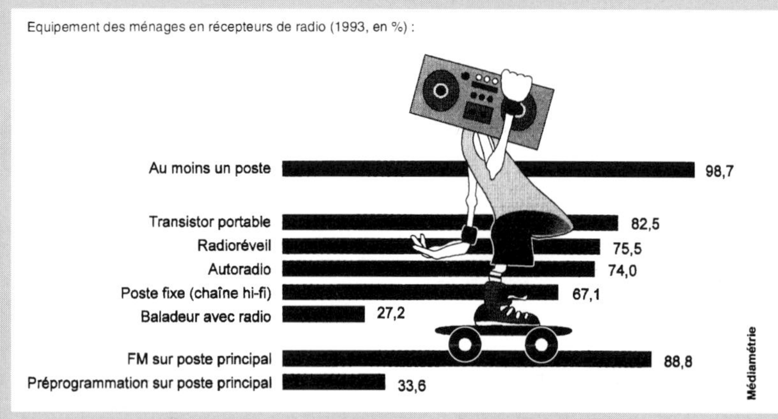

L'audience générale de la radio s'est redressée depuis 1988

Après le fléchissement des années 1985 à 1987, l'audience globale de la radio (radios locales comprises) semble s'être stabilisée à un assez haut niveau. En 1993, l'audience cumulée (proportion de personnes ayant écouté une station au cours d'une journée de semaine, entre 5 heures et 24 heures) était de 77,2 %.

Ce résultat est la conséquence de deux mouvements de sens contraire: le poids croissant des radios locales, qui comblent le besoin de musique des Français (les jeunes en particulier); la baisse d'audience des radios périphériques **[1]**.

L'accroissement du nombre de chaînes de télévision ne semble pas avoir eu d'effets sensibles sur l'écoute de la radio, qui résiste grâce aux qualités propres à ce média: souplesse et pouvoir d'évocation; meilleure adaptation à l'analyse et au commentaire, à l'information en direct, parfois aussi à l'impertinence. Il faut noter que la radio est le média qui conserve la meilleure crédibilité auprès du public en matière d'information, loin devant la télévision et la presse.

RTL toujours leader

Audiences cumulées, durées d'écoute moyennes par auditeur et part du volume de l'écoute radio pour un jour moyen de la semaine (premier trimestre 1994):

	Audience (%)	Ecoute (en min)	Part d'écoute (%)
• Chérie FM	2,8	119	2,1
• Europe 1	11,8	117	9,0
• Europe 2	5,1	109	3,6
• France-Info	9,6	82	5,1
• France-Inter	11,2	133	9,6
• Fun Radio	8,1	132	6,9
• M40	2,1	98	1,4
• Nostalgie	4,5	131	3,9
• NRJ	9,8	103	6,6
• RMC	3,7	103	2,4
• RTL	18,8	168	20,4
• Skyrock	4,8	92	2,9
• **Radio en général**	**80,0**	**193**	100,0
• Programmes généralistes	40,7	161	42,5
• Programmes musicaux nationaux	30,5	143	28,4
• Autres programmes thématiques	12,1	95	7,5
• Programmes locaux	17,9	139	16,2
• Autres programmes	8,7	96	5,4
• Radio France dont stations locales	25,8	132	22,1

dans G. Mermet, Francoscopie 95

1 radios périphériques: (stations de pays voisins, comme RTL [Luxembourg] et RMC [Monaco])

3.13 *Radios locales: bilan*

Par-delà les péripéties toujours chaudes de l'année 1982, les radios locales me semblent avoir durablement modifié l'univers radiophonique. On est alors passé de trois radios grandes ondes ayant vocation nationale – même si le relief fait qu'elles ne sont pas entendues partout –, France Inter (service public), RTL et Europe 1, auxquelles s'ajoutaient quelques radios de plus faible couverture, RMC et Sud-Radio, à *mille six cents* radios au moins, quadrillant l'espace hertzien français et attaquant globalement les trois mastodontes nationaux. Chacune de ces radios, en soi, ne menace pas les oligopoles radiophoniques. Mais, toutes ensemble, elles obligent les responsables des grosses stations nationales à se remettre en question.

Quatre ans plus tard, le bilan de ces radios locales privées m'apparaît comme globalement positif. Je suis en désaccord sur ce point avec ceux, autour de moi, qui estiment, l'un qu'il s'agit de « radio boom-boom » **[1]**, dont il dénonce l'uniformité réelle sous la diversité apparente; l'autre, que le nombre total d'auditeurs démontre à l'envi que pour beaucoup d'appelés, il y a peu d'élus. Je vois bien qu'aujourd'hui, le flot des radios locales commerciales, réunies ou non en réseaux, noie les petites radios associatives et charmantes que la gauche, à ses débuts, confortait et réconfortait. Cela me paraît un phénomène inévitable autant que naturel.
[. . .]

Avec le temps, la grande fièvre des radios locales a fini par s'apaiser. Pluralistes par définition (puisqu'elles sont de toutes tendances), elles ne constituent plus guère un enjeu de pouvoir. Chacun a la sienne, et les radios militantes, à quelques exceptions urbaines près, ont partout ailleurs progressivement disparu, faute de combattants et faute d'auditeurs. De nouvelles voix, de nouvelles vedettes sont nées. Un ton impertinent, cruel, un style. Pas partout, certes, et parfois au détriment de la musique française. Mais enfin, l'imagination a gagné. Je ne parle pas des radios qui singent les grandes, je parle des petites qui, avec des moyens plus restreints, arrivent, en tirant le diable par la queue **[2]**, à se distinguer, voix nouvelles d'une ville, d'un village, d'un quartier. Des radios pour minoritaires en quête de leur identité ou d'une meilleure intégration. Des radios rurales, présences dans la nuit. De certaines radios urbaines qui ont réussi à créer un lien unique entre auditeurs et animateurs. Qu'il s'agisse de radios privées ou publiques, les locales ont aéré l'espace radiophonique français. C'est si vrai que le style des grandes radios change, lui aussi, pour devenir (ou redevenir) plus proche, moins parisien, plus « convivial », comme on dit.

M. Cotta, Les Miroirs de Jupiter

1 radio boom-boom: (radio qui diffuse continuellement de la musique rythmée)

2 en tirant le diable par la queue: avec des moyens financiers très réduits qui menacent leur survie

3.14 Savoir de quoi on parle

La radio est trompeuse. Parce qu'elle donne l'illusion de la facilité, elle conduit beaucoup de ses adeptes à s'improviser journalistes. Parler, voyez comme c'est facile! Pourquoi ne pourrais-je pas, moi aussi, causer dans le poste?

La première chose qui est demandée au journaliste, le b. a-ba **[1]** de son métier, c'est de savoir de quoi il parle. Si en presse écrite cette exigence est aussi forte qu'en radio, le rédacteur y bénéficie malgré tout de la sécurité qu'apporte la relecture de son texte par le secrétaire de rédaction ou le rédacteur en chef, qui sont autant de garde-fous protégeant des contresens. Malgré cela, l'urgence entraîne parfois à des inexactitudes toujours funestes, voire à des erreurs inexcusables.

MAIS OÙ SE TROUVE DONC LE BURKINA FASO?

Au cours d'une émission d'information, une journaliste parlait de la situation au Burkina Faso, où un coup d'État venait de se produire. Le présentateur, après l'avoir remerciée, lui demande à brûle-pourpoint [2] de préciser où se trouve le Burkina Faso. « Euh! En Afrique? » La pauvre a bafouillé quelques mots avant d'être repêchée in extremis et adroitement par son confrère. Avant de parler d'un pays, on regarde au moins sur une carte s'il a un débouché sur la mer, qui sont ses voisins, quelles sont les caractéristiques essentielles de son économie. . . Il existe pour cela des références faciles à consulter.

J. Kouchner, Presse et formation

1 le b. a-ba: la règle la plus élémentaire
2 à brûle-pourpoint: brusquement

SUJET DE REFLEXION

D'après Michèle Cotta, l'auteur du document 3.13, le bilan des radios locales privées est globalement positif. Quels sont d'après vous les avantages et les inconvénients de la multiplication des stations de radio locales?

Pour quelles raisons écoutez-vous ou n'écoutez-vous pas les radios locales de votre pays? ■

La télévision

Selon un sondage effectué par *Médiapouvoirs*, la télévision représente l'invention la plus marquante du XXème siècle, avant l'ordinateur et les antibiotiques, pour plus des deux tiers des Français.

Depuis 1986, la télévision française s'est transformée. TF1, la chaîne principale du service public, a été vendue au secteur privé et le nombre de chaînes a augmenté. Avec l'arrivée de nouvelles chaînes privées financées exclusivement par la publicité, la télévision est devenue un marché et le téléspectateur, un client qu'il faut attirer coûte que coûte. Pour essayer de distancer les concurrents, les chaînes ont essayé d'attirer des vedettes en leur versant des salaires impressionnants, ce qui a parfois créé un certain malaise chez les téléspectateurs lorsque les montants de ces salaires ont été révélés.

La multiplication des chaînes a eu un impact sur la qualité des émissions diffusées. Fictions américaines, rediffusions des mêmes films, feuilletons *ad nauseam*, *talk shows* et jeux dominent les écrans.

Le développement du câble et du satellite promet de bouleverser encore plus ce marché dans les années à venir . . . et les Français pensent avec nostalgie à la télévision de papa!

Après des débuts laborieux dans les années trente, la télévision connaît son plein essor après la Seconde Guerre mondiale:

3.15 Les grandes dates de la télévision française

1948
Arrivée du Tour de France en direct et messe de Noël de Notre-Dame de Paris.

1949
Les premières "speakerines" font leur apparition.

1953
Couronnement de la reine Elizabeth retransmis en France depuis l'Angleterre. Début de la co-opération entre les télévisions européennes qui mènera à l'Eurovision.

1958
Première apparition du général de Gaulle au Journal télévisé du 16 juin. Prise en main de la télévision par le pouvoir gaulliste. La télévision est placée sous l'autorité du ministre de l'information qui censure régulièrement le contenu des émissions.

1961
Le carré blanc en bas de l'écran signale les émissions déconseillées aux enfants.

1962
Naissance de la Mondovision.

1964
Début de la deuxième chaîne (elle devient en 1974 Antenne 2).
Création de l'ORTF (Office de radio et télévision françaises) qui dirige les deux chaînes. La loi définit la mission de service public de la télévision: "satisfaire les besoins d'information, de culture, d'éducation et de distraction du public".

1967

Premières émissions en couleur.

1968

De nombreux membres du personnel sont limogés par mesure de représailles après les grèves de mai.
La publicité pour les marques fait son apparition, deux minutes par jour sur la première chaîne pour commencer.

1969

Un milliard de téléspectateurs peuvent voir le premier pas de l'homme sur la lune.
La pression du gouvernement sur la télévision se relâche.

1970

Les deux chaînes cessent d'être complémentaires pour devenir concurrentes.

1972

Naissance de la troisième chaîne (elle devient en 1974 FR3).

1974

L'ORTF n'existe plus. Chaque chaîne a son président. Les trois chaînes créées, TF1, Antenne 2 et FR3, sont maintenant concurrentes.

1981

À la suite de l'élection de François Mitterrand, les trois présidents de chaînes démissionnent assez rapidement. Pourtant, les années de gouvernement socialiste se caractérisent par la reconnaissance de la liberté d'informer: le gouvernement n'a plus l'influence qu'il avait auparavant sur les programmes, en particulier le Journal télévisé.

1983

Décentralisation de FR3 qui permet à douze stations de diffuser des programmes régionaux.

1984

Naissance de TV 5, la chaîne francophone par satellite.
Naissance de Canal+, première chaîne privée dont la majorité des émissions n'est disponible qu'aux abonnés possédant un décodeur. C'est en priorité la chaîne des films et du sport. Avec ses 3,8 millions d'abonnés, c'est la chaîne à péage la plus rentable du monde.

1985

Naissance de la chaîne privée La Cinq.

1986

Naissance de TV 6 (qui deviendra M6), autre chaîne privée. Elle concurrence la Cinq qui crie au scandale. Elle diffuse principalement de la fiction, des émissions musicales et des documentaires.
Naissance de La Sept, chaîne publique à vocation européenne, qui a pour mission de diffuser des programmes haut de gamme.
À la surprise générale, le ministre de la communication annonce la privatisation de TF1, la chaîne française la plus regardée, et non d'Antenne 2. En cette année 1986, le PAF (Paysage audiovisuel français) est complètement bouleversé.

1989

Obligation pour les chaînes de diffuser 60% d'œuvres d'origine communautaire, dont 40% d'œuvres françaises.

1991

Création d'Arte, chaîne bilingue franco-allemande, qui comprend La Sept et la chaîne allemande Arte. Arte reçoit l'ex-réseau hertzien de La Cinq. La chaîne est jugée élitiste et ennuyeuse par certains mais elle est ardemment défendue par d'autres. Ses soirées thématiques sont les plus appréciées.

1992

Le 12 avril, après avoir perdu des sommes d'argent importantes, La Cinq disparaît. Les chaînes publiques changent de nom et s'appellent maintenant France 2 et France 3.

1994

Démarrage des programmes de La Cinquième, "la chaîne de la connaissance", sur le réseau d'Arte entre 06 h 15 et 19 h 00.

D'après Hervé Michel (1995) Les Grandes dates de la télévision française. Hervé Michel. PUF.

SUJET DE REFLEXION

Pensez-vous que l'histoire de la télévision dans votre pays a connu une évolution semblable à celle de la télévision française, avec en particulier la multiplication des chaînes et les privatisations? ■

Les grandes émissions d'hier et d'aujourd'hui

Le Journal télévisé

"Madame, Monsieur, bonsoir". Appelé le "JT", les "infos", le "20 h", le Journal télévisé est installé au cœur de ce que, même en France, on appelle le *prime time*. En 1957, son horaire fut fixé à 20 heures et cet horaire marque encore aujourd'hui le rythme de la télévision française. Le JT de TF1 est suivi par huit à dix millions de téléspectateurs tous les soirs et c'est à ce moment-là que la concurrence entre les chaînes est la plus forte.

Les présentateurs du Journal de vingt heures sont de grandes vedettes de la télévision: Christine Ockrent, PPDA (Patrick Poivre d'Arvor), Bernard Rapp, Bruno Masure. . .

Les documentaires et magazines

Lancé en 1959, *Cinq colonnes à la une* fut le premier magazine d'information français. Il se caractérisait par un grand professionnalisme, des images fortes et une grande indépendance vis-à-vis du gouvernement de l'époque dans le traitement de l'information. On y parlait notamment de la guerre d'Algérie, alors que le JT subissait des censures gouvernementales très fortes.

Le magazine survivra jusqu'en 1968. Après les événements de mai 68, *Cinq colonnes à la une* disparaît. C'est une sanction pour ce magazine qui s'est trop engagé dans le conflit.

En 1995, *Envoyé spécial* sur France 2 et *La Marche du siècle* sur France 3 sont les grands magazines d'informations.

Thalassa, le magazine de la mer sur France 3, et *Ushuaïa*, le magazine de l'aventure de Nicolas Hulot sur TF1, sont aussi très appréciés du public.

Les débats

Sur TF1, alors chaîne publique, l'émission *Droit de réponse* (1981–7) de Michel Polac fait discuter des invités sur des questions de société. L'atmosphère est électrique, le contenu audacieux. L'émission devient vite un rendez-vous attendu, suivi par des téléspectateurs fidèles. Mais, à la suite de la privatisation de TF1, elle est rapidement supprimée pour avoir mis en cause l'entreprise de construction Bouygues qui venait d'acheter la chaîne.

Lancée en 1981, l'émission *7 sur 7*, présentée par Anne Sinclair, est encore aujourd'hui l'un des grands rendez-vous politiques de la semaine. Un invité y commente les événements de la semaine.

3.16 Tradition du face-à-face politique à l'américaine lors des campagnes électorales. Ils sont très redoutés par les hommes politiques.

1974: Mitterrand-Giscard. Premier duel: grâce à son fameux « Vous n'avez pas le monopole du cœur », Giscard prend l'avantage. En 1981, Mitterrand l'emporte en se rebellant: « Vous n'avez pas à m'interroger comme un professeur... »

L'Événement du jeudi

Photo: Gamma Press. Reproduced by kind permission of Frank Spooner Pictures Ltd.

Les émissions littéraires

Les émissions littéraires remontent au début même de la télévision grâce aux célèbres *Lectures pour tous* de Max-Pol Fouchet. Dans les années soixante-dix, Michel Polac anime *Post-scriptum* sur la première chaîne.

La plus symbolique de ces émissions littéraires est sans nul doute *Apostrophe* qui débute en 1975, animée par Bernard Pivot sur Antenne 2, le vendredi en milieu de soirée. C'est, pendant des années, le rendez-vous de la France qui pense. À la demande de Bernard Pivot, l'émission sera remplacée en 1991 par *Bouillon de culture*.

La fiction française

La fiction de qualité a toujours été l'un des points faibles de la télévision française. Pour certains Français, le mot "téléfilm" est synonyme d'ennui profond. Pourtant, les choses avaient plutôt bien commencé dans les années soixante, avec, entre autres:

- *Thierry la Fronde* (1963). Ce feuilleton enchante les jeunes pendant trois ans.
- *L'Homme du Picardie* (1968), qui fait comprendre les difficultés des bateliers et du transport fluvial. Ce feuilleton reflète la réalité sociale et les difficultés d'adaptation de certaines professions dans une France en pleine mutation.

Cependant, depuis lors, en partie par faute de moyens, la baisse de la qualité se fait cruellement sentir. Parmi les réalisations des années quatre-vingts, on notera par exemple *Chateauvallon* (1985). Ce feuilleton veut concurrencer les grandes séries américaines et sera surnommé "le Dallas à la française". Avec *Hélène et les garçons* (TF1) en 1991, on atteint le degré zéro de l'écriture.

3.17 ET UNE SÉRIE-HAMBURGER POUR CES CHERS PETITS...

D'un sitcom à l'autre, il n'y a qu'un gouffre que les gens de AB Productions franchissent allégrement. Chez AB, on fabrique du sitcom avec autant d'amour que l'on vous emballe vos bigmacs chez MacDo. On ne fait pas dans l'artistique, on n'a pas le temps, on travaille à la chaîne en pensant au **jackpot**. Des chaînes de AB Productions sont donc sortis dans le désordre et sans classement qualitatif:

Le miel et les abeilles, *Premiers baisers,*
Le collège des cœurs brisés, *Les filles,*
enfin le fameux, célébrissime et incontournable,
Hélène et les garçons.

Il est fascinant de voir qu'en si peu de temps ce sitcom est devenu – comme disent les sociologues – un vrai phénomène de société. On a rarement vu feuilleton aussi mal joué, décor plus pauvre, intrigue plus mince. Quant aux dialogues, ils donnent une idée assez juste de ce que doit être le vide intersidéral, cimetière des étoiles éteintes, des comètes froides et des trous noirs.

Laissez-vous aller... le scénariste, c'est vous!

Séquence 1

Nous sommes dans la chambre des filles dans une cité universitaire (le genre de chambre qui n'existe dans aucune cité U, claire, spacieuse, et dans laquelle on ne voit pas un bouquin, pas un polycopié, quand donc travaillent ces étudiantes?).

HELENE. (*couchée sur son lit*). – Ça va pas, Laly?

LALY. (*assise sur une chaise – il y a déjà un bel effort de mise en scène dans le placement des comédiennes*) – Si, si...

HELENE. – Arrête, t'as pas vu la tête que tu fais? Je te connais...
(*Cascade de rires enregistrés – on se demande bien pourquoi...*)

LALY. – Eh bien, si je fais cette tête, c'est que j'ai mes raisons.

HELENE. – Eh bien, raconte-moi, Laly.

LALY. – Hier soir à la cafét', j'ai vu Cri-Cri d'amour embrasser une fille. . .

HELENE. – Embrasser-embrasser?

LALY. – Oui, vraiment embrasser: sur la bouche.

(Rires.)

HELENE. – Mais tu sais bien que Cri-Cri aime Johanna, il ne pense qu'à elle. . .

LALY. – Oui, mais là, il devait penser à autre chose. . .

(Rires.)

HELENE (*se levant*). – Il faut tirer ça au clair, allons voir les garçons au local, et surtout pas un mot à Johanna. . .

LALY (*se levant aussi*). – Pourquoi tu dis ça? Je sais me taire.

(Rires.)

On continue? Ça vous plaît?

O.K. On y va. . . toujours sans exagérer, cela va sans dire. . .

Séquence 2

Dans le local de répétition des garçons (là encore, ce décor censé être une cave de banlieue ressemble plutôt à un petit loft relooké par une bourgeoise sans goût).

Les filles (*qui entrent*). – Bonjour, les garçons.

Les garçons (*qui sont en train de répéter un morceau squelettique, morceau dont on apprendra dans l'épisode suivant que c'est une chanson pour Hélène*: **Jackpot**). – Bonjour, les filles!

LALY. – Bonjour (*bise*) Nicolas (*bise*) ça (*bise*) va?

NICOLAS. – Ça va et toi?

LALY. – Ça va.

HELENE. – Bonjour (*bise*) Sébastien (*bise*) ça va (*bise*)?

SEBASTIEN. – Oui, bien, et toi?

HELENE. – Mouaih **[1]**. . . Salut, José.

JOSE. (*qui fait la bise à Laly*). – Salut (*bise*) Hélène (*ça se complique*) ça (*bise*) va (*bise*) Laly?

LALY. – Bof. . . Tu ne m'embrasses pas, Sébastien?

(Rires.)

SEBASTIEN. – Si, ma Laly. (*Baiser sur la bouche mais sans la langue. . . un canard quoi!*)

HELENE. – Et toi, Nicolas, tu m'embrasses?

NICOLAS (*s'approchant d'elle avec des aires de pizzaïolo qui fait du charme*). – Si, bien sûr, mon Hélène.

(Rires.)

HELENE. – Ah (*canard*) quand (*canard*) même (*recanard*)!

SEBASTIEN. – Mais pourquoi vous faites un peu (*!?*) la tête?

LALY. – Tu sais très bien, mais vous voulez protéger votre copain.

(Rires.)

NICOLAS. – Mais de quoi parles-tu?

SEBASTIEN. – Oui, on pourrait être au courant?

(Rires.)

HELENE. – Dis-le-leur, Laly. (*Yadloulalalouli!*)

LALY. – Hier, j'étais à la cafét' pour t'attendre, Sébastien, et, comme tu étais en retard (*rires*), je m'étais assise dans un petit coin pour boire un milk-shake, et alors j'ai vu Cri-Cri d'amour entrer avec une fille et il l'a embrassée sur la bouche. . .

HELENE. – Sur la bouche!

NICOLAS. – Non, je vais vous expliquer, ce n'était pas Christian. . .

Nous sommes obligés d'abandonner nos héros au milieu de ce suspense insoutenable, car notre éditeur (qui n'est pas AB Editions) ne paie pas l'imprimeur pour que nous écrivions des fariboles à longueur de pages. Tant pis pour vous, nous, on connaît la fin!

Tout ce que vous pensez de la télé sans oser le dire dans les dîners de Supernana et Eric Laugérias

1 mouaih: hum, oui (français oral et familier)

3.18 Les handicaps des programmes français

Si les qualités de la production s'imposent d'elles mêmes il n'est pas inutile d'indiquer les travers les plus fréquemment relevés par les acheteurs étrangers.

La fiction est le genre le plus prisé du public et constitue le point fort de toute programmation. C'est donc le type de programme qui s'exporte le plus. Or la fiction française, comme d'ailleurs la fiction européenne, souffre d'un certain nombre de handicaps dans la compétition mondiale.

Elle n'a pas le pouvoir de séduction et d'efficacité de la fiction anglo-saxonne. Quoique l'on dise, les qualités évidentes des séries américaines expliquent leur succès auprès du public; le rythme est rapide, les histoires sont simples et universelles, la structure narrative utilise des effets immédiats, les personnages sont peu complexes, les références historiques ou sociales sont claires du fait de la diffusion de la culture américaine. En général, la série française pêche par un manque d'impact qui provient d'un rythme trop lent et d'une construction déséquilibrée, caractérisée par une trop longue exposition des situations et de présentation des personnages. La psychologie est plus fouillée mais cette qualité devient un handicap lorsqu'elle se traduit par une trop grande importance des dialogues qui ralentit l'action. Cet attachement à la psychologie des personnages est d'ailleurs souvent moins dicté par le souci d'exprimer la complexité des sentiments des protagonistes que par le manque de moyens ou de savoir-faire pour les scènes d'action. On privilégie l'adaptation littéraire et la reconstitution historique en accordant un grand soin aux décors et aux détails qui encombrent le récit au détriment d'une compréhension claire par un public étranger aux subtiles connotations culturelles. La surabondance des séries en costume par rapport à la fiction contemporaine a été longtemps le trait dominant de la production française alors que dans le même temps, le public souhaitait que la télévision soit davantage le reflet de la réalité sociale de l'époque.

Si l'on admet que la richesse de l'imaginaire français provient d'abord des œuvres du patrimoine, il faut remarquer que les Anglais riches d'une tradition historique et littéraire comparable ont su créer des histoires fortes qui se sont imposées dans le monde entier. En réalité, ce recours très large au patrimoine traduit plutôt le manque d'auteurs contemporains travaillant pour la télévision. A la différence de la Grande-Bretagne où les écrivains reconnus mais aussi les auteurs dramatiques et les scénaristes du cinéma collaborent depuis toujours à la télévision, en France, du fait du mépris des intellectuels pour le petit écran, celui-ci manque cruellement d'auteurs. De surcroît, la faiblesse du travail d'écriture est un des défauts chroniques de la production française. Une œuvre forte est d'abord un scénario bien construit. Or, pour des raisons économiques, les scénarios ne sont souvent pas assez travaillés. Il faut en effet rémunérer suffisamment les auteurs et pouvoir payer de multiples réécritures en faisant collaborer plusieurs auteurs pour arriver à un bon résultat.

F. Sauvagnargues et B. E. Bagge, La diffusion des programmes audiovisuels dans le monde

SUJET DE REFLEXION

"Rythme trop lent", "construction déséquilibrée", "trop grande importance des dialogues", "attachement à la psychologie des personnages". En vous basant sur des films ou des feuilletons français que vous avez vus, dites si ces critiques de la fiction française vous semblent justifiées.

Êtes-vous d'accord avec l'analyse des caractéristiques de la fiction américaine et anglaise faite dans le document 3.18?

Quelles sont, selon vous, les caractéristiques principales d'une bonne fiction télévisée? ■

Les jeux

■ *Le Mot le plus long* (1965), jeu créé par Armand Jammot, devient *Les Chiffres et les lettres* en 1971.

■ *Jeux sans frontières* (1965). Cette émission, présentée par Guy Lux, l'un des animateurs vedette de l'époque, avait été précédée par *Intervilles* en 1962. En 1991, ces jeux atteignaient encore 20% de part d'audience.

■ *Le schmilblic*, animé par Guy Lux, connaît un succès considérable. Il s'agit de reconnaître un objet bizarre.

■ *Tournez manège* commence sur TF1 en 1985. C'est l'adaptation française de "Blind date".

■ *La roue de la fortune* sur TF1 en 1987, d'inspiration américaine, est suivi par *Le Juste prix*, quelques mois plus tard.

■ *Questions pour un champion.* Lancé sur FR3 en 1988, ce jeu, présenté par Julien Lepers, connaît toujours un succès important.

3.19 J'ai suivi une « famille en or »

Après avoir joué au jeu vedette de TF1, la famille Dec, de Nemours, est repartie avec en poche 24 300 F, qu'elle va placer en Sicav. Merci, Patrick Roy !

La première fois qu'ils se sont embrassés, Yvette avait 17 ans, Christophe quelques mois de plus. Elle faisait de la gym dans la cour du lycée où il préparait un bac F1 de construction mécanique. Très vite, ils décidèrent qu'ils se plaisaient. Leurs fiançailles eurent lieu quelques jours avant leur passage à « Une famille en or ».

Tout avait commencé à cause de la grand-mère. Celle d'Yvette. Une accro **[1]**. Tous les soirs, à 18 h 20, elle se branche sur TF1. Comme dix millions de Français qui assistent au match entre deux familles: « *L'une-d'entre-elles-sera-ce-soir-une-famille-en-or!* » C'est sa grand-mère qui a poussé Yvette à envoyer sa candidature découpée dans *Télé Poche*. Comme chaque jour, deux mille personnes. Sauf que, pour Yvette, tout s'est passé très vite. La chance, alors que d'autres peuvent attendre un an avant un coup de fil: « *Allô! Vous avez été sélectionnée. Pouvez-vous venir à Paris le 8 juin, 17 heures, avec les autres membres de votre famille*? »

Le jour dit, ils étaient tous à l'heure. Yvette, Christophe, Evelyne, sa belle-mère, Véronique, sa future tante, et Jean, le mari de Nicole, son futur oncle. Dans la petite salle impersonnelle de Tilt Productions, les choses sérieuses allaient commencer. Quelques questions, pour les tester. « *Certains s'engueulent très vite, du genre: Ouais, tu m'as piqué ma réponse* », dit Frank Marty, le producteur qui préside aux épreuves de sélection. Devant lui, une fiche de notation, de 0 à 10: look, dynamisme, sens du jeu, sens du groupe, avec le dessin d'un pouce levé si tout roule, et celui d'un pouce tourné vers le bas si... « *Qu'est-ce qu'on peut faire quand on est allongé dans l'herbe*? » A cette question, comme aux autres, la famille d'Yvette sait bien qu'il ne faut pas répondre ce qu'elle pense, mais ce qu'a répondu le panel de cent personnes interrogées au téléphone... et que, une fois sur trois, ça ne mange pas de pain **[2]** de lancer: « *Faire l'amour*! » Gagné!

Yvette prit rapidement les choses en main. Tous les soirs en arrivant à la gare de Nemours, elle sautait dans le car et, ric-rac, ouvrait le poste à 18 h 30. Elle s'aperçut que le même genre de questions revenait fréquemment, ce qu'on appelle la vie quotidienne: « *Qu'achetez-vous toujours au supermarché*? » ou encore: « *Qu'est-ce qu'on trouve au fond d'un tiroir de cuisine*? » A Tilt Productions, qui prépare les épreuves avec l'institut Démoscopie, on a fini par ne plus poser des questions de culture générale. Celles qui commencent par « *Citez un médecin célèbre* » et qui finissent par Schwartz. . .enneger, quand ce n'est pas... Jacques Médecin. Ou: « *Donnez le titre d'une fable de la Fontaine* », avec sa réponse, tout à trac **[3]** « *Au clair de la lune* »!

Le mardi matin, ils étaient tous debout avant le réveil. Suivant scrupuleusement les conseils de la circulaire qu'ils avaient reçue. Ils s'étaient lavé les cheveux et avaient évité-les-rayures-les-pieds-de-poule **[4]** -les-couleurs-pâles-au-dessus-de-la-ceinture-les-talons-aiguille. Les hommes avaient mis une cravate. La famille Dec était attendue à 11 heures dans les studios de la SFP à Bry-sur-Marne. A ses frais.

Quand ils arrivèrent à la cafétéria, six

autres familles étaient déjà installées: TF1 enregistre en une journée six « Famille en or ». Une semaine de jeu. Après le passage chez les maquilleuses et les coiffeuses commença l'attente. Devant une salade huileuse et un croque-monsieur desséché. Puis l'attente encore, dans le studio surchauffé. La famille Dec ne passait qu'en troisième position. On leur expliqua une énième fois **[5]** le jeu. Mais cette fois, c'était pour de vrai. Comment parler fort, articuler, rire, applaudir, dire « tondeuse à gazon », appuyer rapidement sur le buzzer, jou-er.

Il faisait chaud. Patrick Roy avait toujours sa drôle de façon de froncer le nez quand il riait. A 16 h 30, la famille Dec s'est retrouvée dans la cage aux lions. Trois heures, trois jours après, ils y étaient encore. « *Quel est le souvenir que vous aimeriez garder de votre vedette préférée?* »: « *Un autographe, un colifichet, une vidéo.* » Aucun membre de la famille d'Yvette ne trouva la quatrième réponse.

Le soir, tard, près de l'autoroute, ils dînèrent dans une pizzeria. A cinq, ils avaient gagné un abonnement d'un an à *Plaisir des plantes* et 24 300 F. Moins les faux frais **[6]**. Yvette et Christophe vont placer leurs gains en Sicav **[7]**, Evelyne va pouvoir s'offrir six mois d'abonnement pour la sécurité de sa maison, Véronique, son école d'infirmière et le Noël de ses filles, et Jean va installer sur son toit une antenne parabolique **[8]**. La dernière réponse, la bonne, celle qui les a fait chuter, c'était... « *un baiser* ».

M.L.

L'Événement du jeudi

1 une accro: une fan (langage familier: diminutif d'accrochée)
2 ça ne mange pas de pain: ça ne fait pas de mal
3 tout à trac: donnée sans réfléchir
4 les-pieds-de-poule: (vêtements en tissu dont les fils croisés forment le dessin d'une patte de poule. Image un peu vieille et démodée)
5 énième fois: encore une fois de plus
6 les faux frais: les dépenses encourues pour se rendre à l'émission (transport et autres)
7 Sicav: (portefeuille d'actions regroupées pour limiter les risques financiers)
8 une antenne parabolique: (antenne pour capter la diffusion par satellite)

Les marionnettes

Les marionnettes ont pendant des années fait rire les Français aux dépens des hommes politiques. La concurrence est vive entre 1988 et 1995: TF1 et Canal+ diffusent leurs deux émissions satiriques à la même heure, cinq minutes avant le Journal de vingt heures.

Le Bébête-show
Le Bébête-show apparaît sur TF1 en 1982. Il était regardé par cinq à six millions de spectateurs en 1994–5. Les hommes politiques y sont représentés par des animaux (François Mitterrand en grenouille, Jacques Chirac en oiseau de proie). Dans le langage familier, une "bébête" est un petit animal mais "bébête" signifie aussi stupide.

Les Guignols de l'info
En 1988, les *Guignols* démarrent sur Canal+. Deux millions de spectateurs. Un public plus jeune, plus urbain, plus cultivé. Entre les deux émissions de marionnettes, c'est la guerre! *Le Bébête-show* n'y survivra pas.

Variétés et talk-shows

Les émissions de variétés et les *talk shows* ont toujours occupé une place de choix à la télévision française car elles coûtent assez peu cher. Ces émissions se suivent et se ressemblent: animateurs célèbres, personnes connues à interviewer, quelques chansons, quelques danses, décors tape-à-l'œil, public dans la salle. Dans la plupart des cas, l'inspiration est d'origine américaine.

Les reality shows

En 1990, TF1 lance son émission *Perdu de vue*, suivi par *Avis de recherche* en 1991. Il s'agit de retrouver des personnes disparues depuis longtemps. Une émission précédente de même nature avait échoué à cause de réactions sévères contre les possibilités de délation, plus ou moins implicites dans ce genre d'émission.

D'autres *reality shows* du même type suivent, toujours sur TF1: *La Vie continue* (comment revivre après un bouleversement de l'existence), *Mea culpa* (face à face accusés-victimes après une injustice), *L'amour en danger* (confrontation d'un couple en crise).

Antenne 2 suit la mode avec *La Nuit des héros* (reconstruction d'un comportement héroïque) et *Bas les masques* de Mireille Dumas.

Le PAF (Paysage audiovisuel français)

3.20 Les Français et la télé: tendances

La durée moyenne d'écoute a baissé en 1992 et 1993.

Entre 1985 et 1991, la durée d'écoute moyenne par foyer avait augmenté d'un peu plus d'une heure par jour: 249 minutes en 1985; 315 en 1991. Cet accroissement s'expliquait par celui du nombre de chaînes disponibles, par la progression de la proportion de foyers équipés de plusieurs postes et l'augmentation du temps de diffusion (télévision du matin et de la nuit).

On assiste depuis 1992 à un retournement. La durée d'écoute moyenne par foyer a baissé: elle a atteint 302 minutes en 1993, soit 13 minutes de moins qu'en 1991. Cette baisse ne peut être attribuée aux conditions techniques de réception qui sont au contraire plus favorables, avec le développement de l'équipement des ménages, l'accès croissant au câble ou aux satellites. On est donc tenté de l'attribuer à une insatisfaction des téléspectateurs, qui est d'ailleurs confirmée par plusieurs enquêtes.

Parmi les pays de l'Union européenne, c'est aux Pays-Bas que l'on regarde le moins longtemps la télévision: 89 minutes par jour, contre 228 en Grande-Bretagne, 224 au Portugal, 216 en Espagne.

Les Français ne sont guère satisfaits des programmes.

Au début des années 80, la plupart des téléspectateurs s'étaient félicités de la disparition du monopole audiovisuel de l'État, synonyme d'un plus grand nombre de chaînes et d'une plus grande indépendance de chacune d'elles. Mais les sondages montrent qu'ils sont assez peu satisfaits des programmes qui leur sont proposés aujourd'hui: 66 % se disaient d'accord fin 1993 avec l'affirmation selon laquelle « on est pris pour des abrutis à la télévision », une proportion croissante depuis 1986 (36 %).

Les plus traditionalistes s'alarment de l'invasion de la publicité et de l'aspect « racoleur **[1]** » de certaines émissions de variétés ou des « reality shows ». D'autres, moins nombreux, regrettent le conformisme, le manque d'imagination et la pauvreté culturelle des programmes, aussi bien dans le choix des sujets que dans le ton et le style utilisés.

Y-a-t-il une vie sans la télé ?
21 % des Français reconnaissent regarder la télévision même si le programme les ennuie. 34 % estiment qu'ils ressentiraient un sentiment de vide si on leur retirait leur poste. 25 % se sentiraient isolés. 22 % s'ennuieraient. 57 % seraient indifférents et 59 % en profiteraient pour faire autre chose.

Santé Magazine/Louis Harris, septembre 1992

De nouveaux comportements d'écoute sont apparus

La diffusion de la télécommande, du magnétoscope, des jeux vidéo ou, plus récemment, de la réception par câble ou par satellite permettent une plus grande maîtrise individuelle de la télévision. Les comportements des téléspectateurs en ont été progressivement transformés.

Le zapping **[2]** a ainsi pris une importance croissante. Plus de huit foyers sur dix sont aujourd'hui équipés d'une télécommande, contre 24 % fin 1983. Son utilisation répétée s'explique par l'augmentation du nombre de chaînes et celle des écrans publicitaires (souvent mal tolérés, surtout pendant les films). 6 % seulement des téléspectateurs déclarent suivre avec attention les publicités, 27 % les regardent distraitement, 36 % visionnent une autre chaîne, 30 % font autre chose.

Le fait d'allumer la télévision est devenu un geste banal, plus qu'une décision. Le choix des programmes se fait souvent au dernier moment: 65 % choisissent le jour même les émissions à partir des programmes ou des annonces; 18 % seulement choisissent à l'avance, en début de semaine par exemple.

dans G. Mermet, Francoscopie 1995

1 racoleur: (qui essaie de plaire par des moyens peu scrupuleux)
2 zapping: changement de chaînes par télécommande

En 1987, le passage de TF1, grande chaîne du Service public, aux mains d'un groupe privé, le groupe Bouygues, a créé la première chaîne commerciale du paysage audiovisuel français, et fait l'effet d'une bombe.

3.21 L'apothéose de « monsieur Béton »

Finalement, c'est Francis Bouygues qui fut le gagnant inattendu dans la course à l'attribution de TF1. Outre Robert Hersant, il avait évincé le groupe de presse Hachette. Ce petit-fils d'un ferrailleur auvergnat était depuis peu numéro un mondial de la construction. L'acquisition de la première chaîne de télévision, la plus populaire, lui donnait une notoriété et un pouvoir considérables. L'exemple de cet homme, originaire d'une région économiquement défavorisée, semblait infirmer une fois de plus la légende selon laquelle seuls les membres des fameuses « deux cents familles » pouvaient avoir accès au succès commercial et à l'enrichissement sans entrave et témoignait des immenses réserves de force vitale qui sommeillaient dans les provinces françaises, et surtout dans les départements ruraux, situés à l'écart des grands axes de communication.

Le passage de la première chaîne de télévision du service public au secteur privé eut lieu le 3 avril 1987 dans le cadre d'une soirée de gala grandiose organisée au pavillon de Marly. Les téléspectateurs de TF1 furent les témoins d'un spectacle impressionnant, même s'il était empreint d'une certaine mélancolie. Un système audiovisuel qui avait fait ses preuves allait tomber inéluctablement dans les contraintes de la concurrence commerciale. L'ancien directeur général de TF1, Hervé Bourges, proche des socialistes, et que ses collaborateurs surnommaient le Pharaon à cause des grands airs qu'il se donnait **[1]**, offrit un aperçu de la diversité de ses programmes dans une rétrospective où l'on revit toutes les grandes vedettes et des extraits des meilleures émissions qui avaient fait le succès de TF1. C'était le dernier feu d'artifice de la télévision de service public, mais on voulait sombrer pavillon haut. Cette manifestation n'était bien sûr pas exempte d'arrière-pensées politiques.

Une certain mélancolie et quelques inquiétudes se manifestèrent ce soir-là chez la plupart des participants et même chez les téléspectateurs. On vit Michel Polac, l'animateur incorrigible et provocateur de l'émission « Droit de réponse », prédire à ses fidèles avec une ironie mordante que ses débats passionnés allaient bientôt être interrompus par des spots publicitaires. Les monstres sacrés les plus populaires de la télévision française – Léon Zitrone et Guy Lux – firent mine d'être confiants. On vit les vedettes du « Bébête-Show ». Raymond Barre en Nounours, François Mitterrand en grenouille verte, Jacques Chirac en oiseau de proie, Georges Marchais en Miss Piggy, etc. Des rétrospectives montrèrent les grands protagonistes de la solidarité – Coluche, décédé entre-temps, et ses Restaurants du cœur, Harlem Désir et sa lutte contre le racisme.

[. . .]

P. Scholl-Latour, Hexagone

1 des grands airs qu'il se donnait: (il jouait les personnages importants)

3.22 TF1: quelques opinions

■ RETOUR À LA NORMALE

"Ce soir TF1 reprend le cours normal de ses programmes. A 20h30 dans l'émission « Mystères », le cas de l'homme qui fait pleuvoir dans son salon, puis celui de cet ingénieur réincarné en carotte. (. . .) Et, oui, hier, avec la soirée contre le Sida, TF1 a lutté six heures contre l'ignorance, il était temps qu'elle retouve sa clientèle."
Les Guignols de L'Info, 08.04.94

■ ABRUTI

"Idéologiquement, TF1 est une chaîne de riches qui diffuse pour les pauvres. Et pour pouvoir être populaire chez les abrutis, il faut qu'elle abonde dans leur sens, en faisant semblant de refléter le goût d'une « majorité de Français » ".
Philippe Val, Charlie Hebdo, 29.09.93

■ TERRIFIANT

"La Une, c'est terrifiant! Je comprends très bien que la moitié des gens en France ne regarde plus la télévision."
Sylvain Augier, TVSD, 27.01.94

■ BRUTISSOIR

"TF1 est actuellement le principal brutissoir **[1]** et pourrissoir **[2]** de la jeunesse française."
Laurent Dispot, Globe Hebdo, 19.05.93

■ NULLITÉ

"Je suis bien obligée de constater, comme beaucoup de gens, que TF1 touche le fond des fonds **[3]**. Et confine souvent, par la tonalité générale de ses émissions, à une nullité sans pareille. Cette chaîne diffuse dorénavant des trucs aberrants qui tirent malheureusement le public vers le bas. Tout le monde le pense. Peu osent le dire."
Brigitte Bardot, Libération, 26.03.92

■ HUMANITAIRE

"Sur TF1, il existe aussi des émissions à but humanitaire: avec « Une famille en or », « Le Millionnaire » et « Le Juste Prix », c'est toute l'année que la chaîne offre des cadeaux aux handicapés mentaux."
Laurent Ruquier, Le tout bon, Michel Lafon 1995

Tout ce que vous pensez de la télé sans oser le dire dans les dîners de Supernana et Eric Laugérias.

1 brutissoir: (système servant à abrutir les gens)
2 pourrissoir: (système servant à pourrir les esprits)
3 fond des fonds: fond de l'abîme

SUJET DE REFLEXION

Les jugements sévères portés à l'encontre de TF1 vous semblent-ils justifiés? Quels arguments pourrait-on utiliser pour défendre cette chaîne?

La prédominance des jeux et des séries existe-t-elle aussi dans votre pays? Comment l'expliquez-vous? ■

Le Service public (représenté surtout par l'ancienne Antenne 2 devenue France 2 et par la chaîne régionale FR3) se bat depuis 1987 pour que sa mission "culturelle, éducative et sociale" ne lui coûte pas les parts d'audience que ramasserait sans aucun scrupule la grande rivale privée TF1. Pour atteindre ce but, le Service public s'efforce de satisfaire aussi bien les principes de sa mission que les goûts du public. Le résultat est parfois flou. Certains critiques ont dit, méchamment, que la seule différence entre TF1 et France 2, c'est que France 2 est obligée de diffuser la messe du dimanche matin.

3.23 France 2, TF1: l'affrontement

C'est fin 1992 que le Service public a lancé le signal du début spectaculaire de l'affrontement. A la mi-octobre, France 2 annonce la diffusion de *Cyrano de Bergerac*, grand film français à succès avec Gérard Depardieu dans le rôle principal. TF1 s'inquiète. En aucun cas, elle ne veut perdre. Pour ne pas être en reste face au film de Jean-Paul Rappeneau, TF1 décide alors de frapper fort, très fort. Elle programme alors un des quelques films canon que les chaînes ont en leur possession: *L'Arme fatale 2*. Le combat s'annonce rude, les paris sont ouverts, le français contre l'américain, le microcosme audiovisuel est en haleine. Résultat de ce combat de poids lourds: victoire écrasante de TF1 qui a séduit le double de téléspectateurs que sa concurrente.

« Ils savaient que je me serais battu », commente Guillaume de Vergès, responsable de la fiction à TF1. Sûr de lui, il ajoute: « Ils ont fait des fautes de *marketing*, pas de pub radio, pas d'affichage, pas de cohérence dans la chaîne. Quand nous avons eu *L'Ours*, nous avons organisé tout un week-end sur ce thème. Nous avons préparé les téléspectateurs et donné aux autres l'envie de le regarder. » Et encore: « Si cela m'était arrivé, je sautais **[1]**, c'était clair. Ici, nous sommes très bien payés mais nous avons des obligations de résultats. Ce n'est pas encore le cas dans le public qui en plus souffre de bouleversements constants. On ne peut pas élaborer une stratégie à long terme si on a des échéances à court terme. Nous boxons encore dans deux catégories différentes. »

Les chiffres sont à cet égard d'une grande éloquence. En 1991, parmi les 50 meilleurs scores d'audience, 46 proviennent de TF1, deux d'Antenne 2 et deux de FR3. Pour limiter cette suprématie, les responsables des chaînes publiques ont donc décidé de conjuguer leurs efforts et de se lancer dans une programmation complémentaire. Cette politique a porté ses fruits comme le souligne le responsable des achats de films de TF1: « Nous sommes en compétition sur la moitié de la grille **[2]** et il y a de plus en plus de bons produits sur France 2. Le Service public limite bien la casse **[3]** ». Mais à quel prix? Telle est la question, car si France-Télévision peut désormais damer le pion à **[4]** TF1, c'est au prix d'investissements

1 je sautais: je perdais mon poste
2 la grille: l'ensemble des programmes
3 limite bien la casse: empêche la situation de se dégrader
4 damer le pion à: tenir en échec

financiers considérables. Pour être à la hauteur, elle doit en effet sortir ses meilleurs produits sans être sûre d'avoir encore assez d'argent pour pouvoir les remplacer. « Quels seront les dégâts à long terme de cette politique à court terme? » s'interrogent les sceptiques qui voient dans cette stratégie de déstockage un danger financier énorme pour la chaîne publique. France 2 a-t-elle les reins assez solides [5] pour jouer dans la cour des grands?

TF1 est néanmoins déstabilisée par l'agressivité nouvelle de sa concurrente. Car si France-Télévision vit au-dessus de ses moyens, TF1 connaît ses limites. Dotée d'une réelle puissance de feu, la chaîne commerciale se sait fragile. Craignant un mauvais pas fatal, ce colosse aux pieds d'argile évite de prendre des risques inconsidérés, freinant de fait l'escalade guerrière. Epuisés, les combattants finiront bien par déposer les armes.

V. Brocard, La Télévision: Enquête sur un univers impitoyable

5 a-t-elle les reins assez solides: est-elle assez forte

SUJET DE REFLEXION

Pensez-vous qu'il existe dans votre pays une différence importante entre les programmes de la télévision de service public et ceux de la télévision privée? ■

1 diapos: (diminutif de "diapositives", photo projetées sur un écran)
2 charentaises: (pantoufles confortables, devenues symbole d'une petite vie bien ordonnée)
3 chiant: ennuyeux (argot)
4 se faire chier: s'ennuyer (argot)

La chaîne la plus originale du paysage audio-visuel français est sans doute ARTE, créée par Jérôme Clément, ancien conseiller du socialiste Pierre Mauroy. ARTE se distingue des autres chaînes par deux caractéristiques: d'abord elle est spécialisée dans les émissions culturelles; ensuite elle est co-produite par la France et l'Allemagne, et diffuse simultanément ses programmes en français et en allemand, souvent avec sous-titrage. Les soirées sur ARTE sont organisées autour d'un thème unique, que viennent illustrer documentaires, fictions, interviews etc. Chaîne de qualité, ARTE paie le prix de ses ambitions et se retrouve souvent la cible de bien des plaisanteries.

3.24 ARTE: quelques opinions

■ COMPARAISON

"Personne sur Arte, c'est toujours mieux que deux cons à « Tournez manège »."

Charlie-hebdo, 15.09.93

■ CONFIDENTIEL

"Encore un petit effort et Arte réunira autant de monde qu'une soirée de diapos [1] ."

Thierry Leclère, Télérama, 17.02.93

■ ÉSOTÉRISME

"Malgré ses bons moments, Arte, comme la Sept, aura été une chaîne ésotérique et prétentieuse et non une chaîne culturelle."

Philippe Meyer, L'Événement du Jeudi, 04.02.93

■ TORTURE MENTALE

"Parce que son épouse Mauricette refusait de lui apporter ses charentaises [2], Robert Trougnard l'a attachée devant Arte pendant toute la durée des programmes. La pauvre femme a été hospitalisée d'urgence et souffre d'une grave dépression avec tentative de suicide."

Jeune et Jolie, décembre 92

■ PROUST

"Arte, quoi que vous disiez, c'est comme Proust: tout le monde le cite, et personne ou presque ne l'a lu."

Jacques Martin, TVSD, 28.05.93

■ CHIANT

"Arte? C'est un peu chiant [3], mais c'est bien quand, justement, on a choisi de se faire chier [4]."

Chantal Lauby, Cosmopolitain, 1992

Arte

Nous avons fort peu parlé d'Arte. Première raison: Arte diffuse peu d'émissions régulières, préférant les soirées à thème. . . Seconde raison: Arte, chaîne rêvée par les Français pendant de longues années (elle correspond exactement aux vœux des Français lorsqu'on les interrogeait il y a quelques années: culture, théâtre, cinéma de qualité, documentaires, absence de pub, etc.) est aujourd'hui la cible (facile) de tous les comiques (!) qui tentent de faire rire à propos de la télévision. Notre livre se voulant léger et drôle (si, si!), nous avons décidé de ne pas hurler avec les loups! Et pour vous dire le fond de notre pensée, même si nous ne passons pas toutes nos soirées devant Arte, nous pensons que c'est une chaîne de qualité qui se cherche encore, qui offre un espace véritablement différent et qui, pour le moins, a le mérite d'exister!

Tout ce que vous pensez de la télé sans oser le dire dans les dîners de Supernana et Eric Laugérias

3.25 JEAN-MARIE CAVADA
La Cinquième sera au service du citoyen

[. . .]

Coincée entre deux chaînes commerciales et trois autres chaînes publiques, qu'allez-vous faire de la Cinquième?

J'aspire à en faire une télévision de sens. Nous dirions télévision éducative, si nous étions anglo-saxons. C'est un mot noble, mais en France, pour des raisons que je ne comprends pas bien, il est devenu péjoratif. Disons alors qu'elle sera une entreprise d'activités culturelles, dont la télévision sera l'outil le plus fort, mais pas le seul – cassettes, CD-Rom et autres services la compléteront –, qui préparera le citoyen aux évolutions de l'avenir. Demain, la société réclamera de nous de plus en plus de connaissances, lesquelles changeront de plus en plus vite. L'essentiel n'est plus aujourd'hui d'apprendre, mais d'apprendre à apprendre. Que proposerons-nous aux téléspectateurs? D'une part, des programmes généralistes courts – les émissions seront basées sur un module de treize minutes –, dont le contenu sera dense, plein d'explications et de sens. D'autre part, des programmes qui répondent à des demandes précises: orientation et formation professionnelles, prévention dans le domaine de la santé et de l'environnement. Attention: il ne s'agit pas pour nous d'agiter des petits sacs-poubelle verts, mais de faire découvrir une nouvelle économie de métiers liés à l'écologie. De même, je suis frappé de voir que l'analphabétisation, l'illettrisme, la maladie, que l'on avait réussi à faire reculer, progressent de nouveau. Je pense que notre chaîne sera utile pour aider à relayer la prévention. Cœur, cancer, sida, tuberculose, suicide des adolescents, éducation sexuelle, tout nous concerne.

Mais comment comptez-vous aider ces personnes "en difficulté"? Que répondriez-vous à un jeune qui vous dirait: « Je ne vois pas pourquoi je devrais apprendre des choses que je n'ai pas apprises à l'école. A quoi cela me servirait-il maintenant? »?

Je lui demanderais s'il a envie de progresser dans sa vie professionnelle ou pas. S'il a envie de consacrer l'essentiel de son énergie au travail ou s'il désire avoir d'autres centres d'intérêt.

La Cinquième, voilà un nom qui n'évoque pas du tout la connaissance. Les raisons de ce choix?

La Cinquième, en toutes lettres, en plein et en délié **[1]**, évoque foison de choses: la Cinquième de Beethoven, la Cinquième Avenue, le cinquième sens. . . On peut décliner tant qu'on veut! C'est un nom simple, facile à retenir et, surtout, qui fait référence à la touche de la télécommande qui permet d'accéder à cette chaîne. Notre meilleur atout d'identification en quelque sorte: la Cinquième, c'est sur le cinquième réseau hertzien, entre Canal+ et M6, juste avant Arte.

Propos recueillis par
NATHALIE QUÉRUEL ■

La Vie

1 en plein et en délié: sous toutes ses formes (en calligraphie, le plein est le trait épais et le délié, le trait fin)

Le CSA

Le CSA (Conseil supérieur de l'audio-visuel) est l'organisme chargé de réguler le "paysage audiovisuel français" (PAF). Il attribue les fréquences et fixe les règles applicables à l'audio-visuel. Il doit en particulier veiller à la protection des enfants et des adolescents.

3.26 LANGUE FRANÇAISE

Tapi dans l'ombre, le CSA guette. Avec un appétit féroce, le Conseil supérieur de l'audiovisuel chasse toutes les fautes de français, les mauvaises utilisations lexicales, les laisser-aller syntaxiques repérés sur les chaînes privées ou publiques: il applique à la lettre l'article premier de la loi du 30 septembre 1989 qui lui demande de veiller à la défense et à l'illustration de la langue et de la culture françaises. Alors, sans faire de bruit et avec un côté bon élève, il veille. Parfois, il grogne un peu plus fort, les oreilles encore rougies par trop de grossièretés. Disons-le franchement, il y a un mot qu'il ne supporte pas d'entendre sur les chaînes, un mot qui le fait sortir de ses gonds, c'est « enculé » **[1]**. Thierry Ardisson, plusieurs fois rappelé à l'ordre pour la trivialité de ses propos, le sait qui assure: « A la télévision, on peut tout dire sauf ça. » Cette expression provoque en effet des crises d'urticaire sur cet organisme très respectable qui, généralement, se montre d'une grande discrétion. Preuve de sa surveillance assidue qui d'ailleurs n'effraye aucun braconnier, le gendarme de l'audiovisuel publie régulièrement ses tableaux de chasse. C'est l'occasion de lire des communiqués délicieusement embrouillés, aussi inefficaces que cocasses.

Août 1992: « Depuis le début des tragiques événements de Yougoslavie, le mot anglais *sniper*, que les journalistes n'accordent pas au pluriel – les *snaïper* au lieu de les *snaïpers* – a été introduit dans les journaux télévisés. La plupart du temps, le terme est employé sans traduction (trois traductions pour une cinquantaine d'emplois relevés depuis le 28 juin, toutes chaînes confondues) alors qu'existent en français dans cette acception les mots "tireur isolé" ou "franc-tireur". »

Avril 1993: « Après alternative dans son acception anglo-saxonne critiquée de solution de remplacement, alors que l'alternative en français est un choix entre deux possibilités, après opportunité dans son acception anglo-saxonne critiquée d'occasion favorable, voici qu'apparaît aujourd'hui, dans le discours des journalistes, mais encore le plus souvent dans celui des invités, un adjectif magique, capable à lui seul d'exprimer une multitude de nuances, tout en restant merveilleusement imprécis, voire ambigu, c'est l'adjectif "significatif". Mesures significatives, réformes significatives, projets significatifs, enjeux significatifs, efforts significatifs, résultats significatifs: tout est significatif. Assurément tout a un sens. Encore faut-il le préciser! » [...]

Décembre 1991: « Il est souvent difficile de prévoir en matière de langue. Qui aurait pu prédire que le terme "décade" reprendrait son sens initial de "période de dix jours" et perdrait celui de "période de dix ans" pourtant attesté dans les dictionnaires de langue et couramment utilisé dans les années 60. En 1991, il n'existe plus guère de confusion à l'antenne et l'emploi de décade comme synonyme de décennie est ressenti par la majorité des locuteurs comme une impropriété. . . »

V. Brocard, La Télévision: Enquête sur un univers impitoyable

1 enculé: (l'un des mots considérés comme les plus grossiers et injurieux dans le vocabulaire français)

SUJET DE REFLEXION

Il existe, dans chaque pays, des expressions et des sujets tabous qui, lorsqu'ils sont mentionnés dans les médias, provoquent l'indignation d'une partie de la population. Quels sont-ils dans votre pays? ■

La liberté de la presse

La liberté de la presse ne s'use que quand on ne s'en sert pas.

Devise du *Canard enchaîné*, l'hebdomadaire satirique de la vie politique française; elle est calquée sur la publicité utilisée pendant des années pour les piles Wonder: "La pile Wonder ne s'use que si l'on s'en sert".

Liberté de la presse et législation

Article 11 de la Déclaration des droits de l'homme et du citoyen de 1789

"La libre communication des pensées et des opinions est un des biens les plus précieux de l'homme: tout citoyen peut donc parler, écrire, imprimer librement, sauf à répondre de l'abus de cette liberté dans les cas déterminés par la loi."

Loi du 29 juillet 1881 sur "la liberté de la presse"

Cette loi est la base de la liberté de la presse aujourd'hui. Elle prévoit pour le directeur de publication le droit de refuser un texte qui ne lui plaît pas. En contrepartie, il doit s'engager à rectifier des informations inexactes ou à donner un droit de réponse à une personne nommément citée dans un article.

Ordonnances de 1944

Les ordonnances de 1944 interdisent la publication de tous les journaux créés après juin 1940 et en accordent l'autorisation aux journaux qui avaient suspendu leur publication pendant la guerre et aux journaux clandestins.

Loi du 12 septembre 1984

Cette loi vise à limiter les concentrations, en particulier celles du groupe Hersant, propriétaire de nombreux journaux régionaux, de magazines et du quotidien *Le Figaro*. Au nom du pluralisme de la presse, un même groupe ne peut plus posséder plus de 15% de la diffusion de l'ensemble des quotidiens. En 1986, une nouvelle loi fait passer ce seuil à 30%.

Liberté de la presse et vie privée

3.27 Un siècle d'exception française

Sous la Révolution, une seule limite à la liberté de la presse: la guillotine. Plus tard, ce sera le duel. Ensuite, la loi.

L'Histoire éclaire l'enjeu. Remontons deux siècles. Vers la fin de la monarchie absolue **[1]**, la censure suscite sous le manteau, selon un phénomène de compensation habituel, des pamphlets d'une violence inouïe contre les mœurs de la cour. Un flot de brochures rapportent les débauches fantasmatiques attribuées à Marie-Antoinette: elles contribuent au discrédit de la famille royale, puis à sa chute.

La Révolution, en vif contraste, ouvre ensuite, de 1789 à 1794, une courte période de licence complète de la presse – tempérée seulement par la guillotine. Cette période révèle déjà, par ses mises en cause ordurières de l'intimité des dirigeants, ses perversités symétriques.

Passons cent ans encore: la IIIe République met au jour l'équilibre nécessaire entre les investigations indispensables pour vérifier la vertu des arbitrages politiques entre les intérêts particuliers et, en outre, le respect de la vie privée.

Les pères fondateurs, en promulgant, le 29 juillet 1881, une loi sur la presse qui est la plus libérale du monde, prennent d'abord le risque d'ouvrir les vannes à la calomnie: d'ailleurs, l'opposition monarchiste s'en réjouit et elle en attend la désintégration du régime détesté. Les parlementaires se protègent difficilement contre la diffamation (le duel servant en partie d'exutoire, jusqu'en 1914). Ainsi les républicains rejoignent-ils peu à peu cette conviction qui doit demeurer la nôtre: l'obsession de la transparence totale est aussi pernicieuse pour la vie civique que le plus opaque secret. Ils comprennent que le substitut souhaitable à la censure monarchique n'est pas le totalitarisme de la maison de verre, mais une liberté d'expression qui s'arrête au seuil des foyers et des alcôves.

Si le mouvement est progressif, la tendance est claire, sur le long terme: les journaux qui violent encore la vie privée des dirigeants sont les petites feuilles de chantage (qui vivent surtout des articles qu'ils ne publient pas) et les publications de l'extrême droite, dont la haine pour la « Gueuse » **[2]** s'autorise les coups les plus bas. C'est « L'Action française » de Charles Maurras et Léon Daudet.

[. . .]

Depuis la Libération, on a continué d'avancer dans la bonne direction. La moralisation de 1944, née des dégoûts salutaires de la Résistance, y a contribué. Et la loi du 17 juillet 1970 énonçant que « chacun a droit au respect de la vie privée » (loi que les milieux politiques des pays voisins nous envient à mi-voix) est le résultat, paradoxalement heureux, des infamies qui circulèrent à propos de Georges Pompidou et de sa femme.

Il reste que rien n'est jamais acquis: le danger renaît chaque fois que les doctrines en désarroi laissent un champ libre aux querelles d'hommes. Devant l'acte coupable de « Paris Match » **[3]**, ne soyons donc pas désinvoltes. Ce qu'il menace, ce sont les fruits d'un effort séculaire. Prenons-y garde: ministres tentés de faire argument électoral de leur progéniture, journalistes responsables au-delà des profits de l'instant, juges rigoureux pour cette cause autant que pour les autres, citoyens-lecteurs libres de boycotter les tricheurs, nous sommes tous comptables d'un héritage si précieux.

Jean-Noël Jeanneney
Historien, ancien ministre.

L'Express

1 vers la fin de la monarchie absolue: au 18ème siècle
2 la « Gueuse »: la République
3 l'acte coupable de « Paris Match »: (la publication, en novembre 1994, de la photo de la fille naturelle de François Mitterrand)

3.28 Hommes politiques où s'arrête leur vie privée?

Tout homme public doit tracer une frontière nette entre la vie privée de son choix et sa vie publique. Faute de quoi, à l'exemple de ce qui se passe aux Etats-Unis ou en Grande-Bretagne, il prend le risque de s'exposer à un déballage public. Le livre de Philippe Alexandre, « Plaidoyer impossible », qui dévoile l'intimité du chef de l'Etat – cette famille parallèle à sa famille officielle, cette fille naturelle objet de tous ses soins – est une première et une fracture dans l'histoire de la presse française.

PAR **DENIS JEAMBAR**

" En vérité, le Président dispose, sans interruption depuis quatorze ans, de la presse la plus docile, révérencieuse, disciplinée jusqu'au mutisme qui se puisse trouver dans le monde, dès lors que la *Pravda* n'est plus la *Pravda*. Il devrait lui être reconnaissant, au contraire, d'avoir respecté la loi du silence au risque de trahir les devoirs de l'information. Dans quel pays le chef de l'Etat peut-il être doté d'une famille morganatique, sans se cacher, mais sans que l'opinion publique en soit avertie? Dans le cas présent, nous sommes plus près de la Pompadour ou même de Mme de Maintenon **[1]** que de la « connaissance » du président Félix Faure **[2]** s'enfuyant par un escalier dérobé. Mitterrand a si peu fait mystère de cette union bénie par le bon Dieu qu'il en a pourvu l'enfant, une fille, d'un prénom **[3]** qu'elle doit être la seule personne du royaume à porter et qui ne figure pas sur notre calendrier. Comme si ce n'était pas déjà assez lourd d'être le rejeton notoire mais clandestin du monarque...

C'est au nom du respect dû à la vie privée que Mitterrand a pu bénéficier de cette protection inouïe de son grand secret. Mais, concernant le président de la République, les règles en vigueur pour le commun des mortels s'imposent-elles? On peut observer que la jeune fille ainsi que sa mère sont fréquemment hébergées grâce à l'argent public, transportées, nourries sur le budget de l'Etat. Et pourquoi la province serait-elle tenue dans l'ignorance de ce que Paris, le microcosme des initiés, sait et chuchote sans du tout s'en scandaliser? Il ne s'agit pas ici d'une vulgaire liaison comme celle de John Kennedy et de Marilyn Monroe, dont on a eu connaissance jusque de ce côté-ci de l'Atlantique. Et, même en France, la société n'obéit plus comme jadis, comme la Charente natale de Mitterrand entre les deux guerres, à la loi de l'hypocrisie.

Cette famille en quelque sorte parallèle a causé de gros tracas au président de la République. Au début du règne, c'était l'ami Pelat qui veillait à son existence matérielle et, par conséquent, s'assurait un certain pouvoir sur Mitterrand. On comprend donc l'ahurissante plaidoirie du chef de l'Etat à la télévision, à vous briser le cœur, lorsque le compagnon de promenade a été mêlé à de juteux trafics d'influence **[4]**. Pelat mort, la justice a poursuivi ses investigations sur ces affaires, et n'a pas manqué de grimper jusqu'aux deux femmes: aussitôt, la colère élyséenne a éclaté, et le juge d'instruction a été écarté. Mais le dossier, oui, le dossier demeure comme l'épée de Damoclès... Après Pelat, c'est François de Grossouvre, parrain de la petite (à présent âgée de plus de 20 ans) qui a reçu en partage la tutelle matérielle de la mère et de la fille. Et qui à présent? Charasse? Dumas? Qui donc se voit investi de cette insigne confiance mitterrandienne?

Sans doute Mitterrand, parvenu à l'âge où l'on a réglé sa succession au bouton de guêtre près **[5]**, tient-il à assurer l'avenir de la jeune fille à laquelle il est, d'évidence, très attaché (il n'y a guère de semaine où l'on ne les aperçoive dans un bistrot parisien). Peut-être lui faudra-t-il, dès qu'il aura quitté cette présidence marquée du sceau de la royauté, rompre le secret? Il restera alors à la presse le regret d'avoir sacrifié en pure perte au rite du respect dû au monarque et à sa vie dite privée.

Et lui-même, Mitterrand, éprouvera alors le remords de s'être si longtemps soumis à la pratique monarchique du pouvoir. Il y a vingt ans, il écrivait: *"Là où une zone d'ombre échappe au regard du peuple, il n'y a pas de République."* Tant de soins pour maintenir dans l'obscurité ce qui n'est pas une affaire d'Etat mais une situation personnelle, en somme attendrissante. "

Le Point

1 la Pompadour [...] Mme de Maintenon: (maîtresses en titre des rois Louis XV et Louis XIV)
2 Félix Faure: (président de la République qui mourut dans les bras de sa maîtresse)
3 prénom: (il s'agit du prénom "Mazarine". Mazarin fut un grand ministre de Louis XIII)
4 a été mêlé à de juteux trafics d'influence: a été impliqué dans des affaires de corruption, qui lui avaient rapporté beaucoup d'argent
5 au bouton de guêtre près: dans les moindres détails

3.29

ENTRETIEN AVEC PHILIPPE ALEXANDRE

« Si c'était à refaire, je recommencerais »

L'auteur du « Plaidoyer impossible pour un vieux Président abandonné par les siens » s'explique sur ses révélations.

[...]

LE POINT: *N'avez-vous pas franchi le Rubicon en publiant, dans « Plaidoyer impossible », des révélations sur la vie privée du président de la République qu'on n'avais jamais lues auparavant sous votre plume?*

Ph. Alexandre: Je ne crois pas qu'il y ait de règles établies en la matière. Il n'y a pas de code. C'est à nous, journalistes, de justifier le bien-fondé de ce que nous écrivons. Sur le cas précis que vous évoquez, trois éléments ont été déterminants. Un, François Mitterrand est déjà en train d'entrer dans l'Histoire. Quand on va raconter sa vie, il sera impossible de dissimuler cette seconde famille, qui occupe vingt années de son existence. Mon portrait ne pouvait donc l'occulter. Deux, on ne peut pas comprendre pourquoi le Président se lance dans la défense acharnée de Roger-Patrice Pelat si l'on ignore qu'il y a un lien avec ces deux femmes. Trois, dans le récit de ce règne commencé comme un roman de Balzac et achevé comme un drame shakespearien, cette évocation me paraît plus pathétique et plus émouvante que bien d'autres dossiers infiniment moins ragoûtants. Je n'ai pas la sensation de faire du « France-Dimanche », et je n'ai mis aucune cruauté dans mes propos.

LE POINT: *Pourquoi ce livre aujourd'hui, alors que le climat est déjà lourd de scandales et d'affaires* [1] *en tout genre?*

Ph. Alexandre: Je n'avais jamais fait de livre directement consacré à François Mitterrand. C'est un personnage au soir de sa vie et de son pouvoir. Je me sens donc libre sur ce terrain, d'autant qu'il n'hésite pas à se livrer à des plaidoyers pro domo sur d'autres sujets, comme son attitude pendant l'Occupation. Alors, y a-t-il une ligne jaune à ne pas franchir? C'est de moins en moins facile, dans la mesure où les hommes publics n'hésitent pas à se servir de leur vie privée quand cela peut leur rendre service, pour conquérir les électeurs, par exemple. Je pense que les hommes politiques ont été les premiers à passer le Rubicon dont vous parlez, et aujourd'hui ils sont peut-être éclaboussés par ce qu'ils ont provoqué. . .

LE POINT: *Ne craignez-vous pas, néanmoins, d'avoir ouvert une brèche sur laquelle il sera difficile de revenir? D'autres seront moins scrupuleux que vous. . .*

Ph. Alexandre: Je m'attends en effet à une polémique qui viendra surtout de mes confrères, plus que des intéressés eux-mêmes, que je ne pense pas blesser par mes propos. Et puis un chef d'Etat n'est pas n'importe qui: il est tenu à une certaine transparence. François Mitterrand a écrit, dans « Le coup d'Etat permanent », que « là où il y a des zones d'ombre, la démocratie s'arrêtait ». Je suis d'ailleurs le premier surpris que cette famille, qui vivait sur les deniers publics [2], n'ait pas été mentionnée publiquement plus tôt, dans la mesure où le Président n'en faisait pas vraiment mystère. Je me sens en paix avec ma conscience et ma déontologie. Quand à ce que d'autres pourront écrire, là, franchement, je ne peux me sentir d'avance responsable de tel ou tel débordement. . . Mais quand la vie privée empiète sur la vie publique, ce n'est pas choquant qu'on s'interroge, et je pense que la limite se situe là. Quant au cas personnel de François Mitterrand, je trouve cette histoire très belle, et je pense qu'il doit y avoir chez lui un grand remords. A l'heure où il met de l'ordre dans ses affaires, pour reprendre son expression dans l'entretien du 14 juillet, ce doit être une vraie préoccupation que de redonner une identité à ces deux femmes qui en sont privées, d'une certaine façon. Le courage, la combativité et la fidélité du personnage sortent grandis du livre, selon moi. Et les lecteurs ressentiront sous ma plume une certaine sympathie pour l'homme, tout en sachant très bien que l'hagiographie n'est pas mon genre. Certains me condamneront, d'autres pas. Mais je ne me sens pas coupable, je n'ai aucun regret, et si c'était à refaire, je recommencerais.

[. . .]

Le Point

1 affaires: affaires de corruption
2 sur les deniers publics: grâce à l'argent de l'État

3.30 LE JUGEMENT DE QUATRE JOURNALISTES

Jean-Marie Colombani
(directeur, *Le Monde*)

« Pour revenir d'un mot sur l'affaire de la double famille du président de la République, je dirai qu'il ne s'agit pas vraiment d'une révélation. Je me souviens d'un petit déjeuner à l'Elysée pendant le premier septennat où Claude Sérillon avait interrogé le chef de l'Etat sur ce point. Celui-ci avait répondu: *« Oui, c'est vrai, j'ai une fille, et après? »*

Et le débat s'était arrêté là...
Concernant maintenant l'attitude à avoir vis-à-vis de la vie privée de ceux qui nous dirigent, je dirai qu'on a suffisamment à faire avec leur vie publique pour ne pas s'aventurer sur ce terrain.

La vie privée n'est pas le pain quotidien des journalistes, laissons cela aux biographes, sous peine de glisser sur la pente de *Voici* **[1]** et de la presse trash. En revanche, les questions relatives au patrimoine des élus après leur entrée en fonction me paraissent bien relever de notre champ d'investigation. Pour moi, la frontière se situe là. »

Stéphanie Singlard
(rédactrice en chef adjointe, *Voici*)

« *Voici* est un journal de potins et de révélations.

Nos lectrices demandent qu'on leur raconte les coulisses de la vie des stars. Pour l'instant, on ne s'intéresse pas aux hommes politiques. Ce n'est pas par peur du scandale. On estime simplement que notre public ne serait pas concerné par ce type d'information. C'est vrai qu'il y a une certaine lassitude face à la langue de bois **[2]** de la classe politique. Mais il n'est pas sûr pour autant que des révélations sur la vie privée des hommes et des femmes politiques passionnent les Français. C'est vrai aussi que la concurrence entre les titres de presse du secteur oblige à aller toujours plus loin. Logiquement, un jour ou l'autre, on va y venir. »

Claude Angeli
(rédacteur en chef, *Le Canard Enchaîné*)

« C'est un fait que l'on ne peut pas garder des informations. Il y a une tradition au journal qui veut que, dès que l'on est sûr de quelque chose, on le publie. On est obligé de tenir ce contrat parce que l'on fait de la radiographie de société. Nous ne sommes pas un parti. Je ne vois donc pas pourquoi on garderait pour nous des informations. En ce qui concerne la vie privée des élus, c'est différent. Je suis tout à fait contre ce déballage. Le débat d'idées est déjà assez nul et médiocre en France. Si l'on s'engageait dans cette voie, où irait-on? »

Patrick Poivre d'Arvor
(directeur adjoint de l'information, TF 1)

« Philippe Alexandre est l'un des journalistes que je préfère dans l'audiovisuel pour son indépendance et son impertinence. Pourtant, je n'approuve pas sa conception de la porosité entre vie publique et vie privée. Je m'inquiète surtout des brèches qui commencent à fissurer les grands principes de la presse française.

La fierté de notre métier, c'est qu'un hebdomadaire aussi peu complaisant que *Le Canard enchaîné* se garde de la moindre allusion à la vie sentimentale de ceux qui nous gouvernent. Les rares moutons noirs de la profession, dans ce domaine, ne lui font pas honneur. En écrivant ces lignes, j'ai conscience de ne pas me faire que des amis et de m'exposer à la tenace rancune de ceux que je fustige. Certains d'entre eux ont déjà porté le fer en s'attaquant à ma propre vie privée. Si cela peut leur faire plaisir, qu'ils sachent que cela fait mal, que les dégâts familiaux sont considérables, et qu'on ne se blinde **[3]** jamais contre ces agressions vicieuses sous leur couvert bonasse. »

Le Point

SUJET DE REFLEXION

Comment peut-on expliquer que les Français ne soient pas indignés par les scandales affectant la vie privée des hommes politiques?

Après avoir lu les opinions des quatres journalistes [voir document 3.30], choisissez le point de vue qui se rapproche le plus du vôtre en la matière.

L'attitude envers la vie privée des hommes politiques est-elle semblable dans votre pays? Comment expliquez-vous les ressemblances ou les différences d'attitudes qui existent avec la France? ■

1 *Voici*: (l'un des titres de la presse à scandales en France)
2 la langue de bois: (manière de parler, souvent reprochée aux hommes politiques, qui consiste à éviter de répondre clairement à des questions posées)
3 on ne se blinde jamais: on ne devient jamais totalement indifférent

Médias et politique

3.31

Photo: Simon/Gamma Press. Reproduced by kind permission of Frank Spooner Pictures Ltd

1973: L'homme à l'accordéon. On l'accusait d'être un technocrate sans âme? Il se fait filmer en bretelles... d'accordéon. Les intellos crient au démago **[1]**, *les masses apprécient. . .*

1 les intellos crient au démago: (les intellectuels dénoncent l'attitude qui consiste à flatter les préjugés du plus grand nombre pour conserver le pouvoir.)

3.32 Giscard et la télévision

Valéry Giscard d'Estaing, au début de sa carrière ministérielle, se présenta devant les caméras en pull-over pour tenter de donner l'illusion qu'il était proche du peuple, ce à quoi personne ne croyait, de même que personne ne relevait ses prestations à l'accordéon ou ses déplacements occasionnels avec un moyen de transport aussi plébéien que le métro. . . Devenu chef de l'Etat, il abusa de façon si systématique de la télévision – mise au service de ses ambitions – que le public finit par ne plus supporter du tout ses exhibitions au coin du feu, à l'Elysée, sur fond de bouquet de fleurs tricolore. A la fin, il apparaissait même en compagnie de son épouse Anne-Aymone, qui semblait s'ennuyer profondément. Dans les coulisses politiques, on disait en plaisantant que si Valéry Giscard d'Estaing avait perdu les présidentielles de 1981, c'était avant tout parce que les Français avaient refusé de s'infliger sept ans de plus ces apparitions solennelles.

P. Scholl-Latour, Hexagone

3.33 Comment le look a écrasé le mot

Par Albert DU ROY

La télévision a changé les règles et le discours politiques. Aujourd'hui en prime time, Bernard Tapie l'emporterait sur le général de Gaulle. Explications.

Une maladie terrible menace l'humanité, dans sa globalité, dans son intimité. Il faut informer, alerter, alarmer, mobiliser. On rameute tous ceux qui savent se faire entendre: experts, vedettes, malades, ministres. . . Tout au long d'une soirée, chacun explique, témoigne, raconte. Résultat? Naguère, contre l'un de ces vieux fléaux que furent la lèpre, la tuberculose, le choléra, voire le cancer, on eût touché, cinq, dix, trente mille personnes réunies au Palais des sports ou au parc des Princes **[1]**. Aujourd'hui, contre le sida, pendant six heures de temps, on s'est adressé à dix-huit millions de Français. Et ils ont été presque aussi nombreux à picorer, grâce à la télécommande, ici quelques minutes d'explication, là quelques instants d'émotion.

La télévision a tout changé: l'efficacité des campagnes, la dimension du monde, la notoriété des personnes, les comportements individuels et familiaux.

Que ce soit sur le forum avec Caton **[2]** (« *Et Carthage doit être détruite*! »), sous un préau d'école avec Blum **[3]** (« *Le fascisme ne passera pas*! »), à la Chambre des communes avec Churchill (« *Je n'ai à vous offrir que du sang, de la sueur et des armes* »), des mots sont passés à l'Histoire. Mais, en vingt siècles, le nombre de ceux qui les ont entendus n'a guère augmenté.

La radio, d'abord, élargit le cercle: quelques milliers d'auditeurs clandestins et chanceux entendent l'appel du 18 juin. Plus tard, après Franklin D. Roosevelt, Pierre Mendès France s'adresse régulièrement, le samedi soir, à ses compatriotes. Les sondages d'écoute n'existent pas. Combien sont-ils? Quelques centaines de milliers peut-être. Audience énorme au regard de ce que l'on avait connu, et qui justifie déjà les prophéties: le médiatique étouffe le politique.

Les règles, en effet, se modifient. Dans les meetings, avec ou sans amplificateur, il fallait une forte voix, un savoir-faire oratoire, un rythme scandé par les applaudissements, le goût d'un contact physique avec l'auditoire, qui permet de moduler les effets en fonction de ses réactions. Derrière le micro, dans le studio, on ne s'adresse plus à tous mais à chacun; il ne s'agit plus d'enthousiasmer une foule, mais de convaincre un individu; le mot qui séduit remplace celui qui exalte; finie la chaleur communicative des foules; le public est innombrable, mais anonyme, sans visage et sans voix.

Puis vient la télévision. Quand une émission obtient 1 % d'audience, elle est jugée confidentielle, c'est-à-dire indigne, vouée aux horaires d'après-minuit. Pourtant, ce pourcent-là représente près d'un demi-million de téléspectateurs. Davantage que les auditoires rassemblés durant toute une vie par un tribun réputé. Autant, au cœur de la nuit, qu'une causerie vespérale de Mendès à une heure de grande écoute.

La télévision impose sa loi et ses règles. Elles sont terribles. Blum et sa voix pointue, Pierre Mendès France et son visage tourmenté auraient-ils été ce qu'ils sont s'ils avaient gouverné à l'ère télévisuelle? Rien d'essentiel n'eût changé, ni le talent, ni l'intelligence, ni les arguments, ni les idées. Mais ils n'auraient été, au mieux, pas regardés, donc pas entendus. Il fallait s'appeler de Gaulle pour franchir le cap télévisuel, mais le Général bénéficia aussi, alors, de notre propre fascination devant les « étranges lucarnes » **[4]**.

Aujourd'hui, à l'âge du zapping, les formules les plus grandioses du répertoire gaullien apparaissent désuètes, anachroniques, parfois ridicules.

« Ce que tu es parle si fort que je n'entends pas ce que tu dis. » La formule est dramatiquement exacte. Le geste, la coiffure, l'habit, l'œil, la cravate, bref, le look écrase le mot, l'argument, la pensée. Le talent accrédite le mensonge, l'apparence supplante l'intelligence, l'image tient lieu de message. Imaginez en prime time – scène iconoclaste! – un face-à-face entre Charles de Gaulle et Bernard Tapie. . .

Imaginons. D'un côté, le geste large, la vision haut perchée, les mots vieillots, les amples périodes, la hautaine réserve; de l'autre, le regard complice, la phrase faubourienne, l'apostrophe percutante. . . Qui serait aujourd'hui le plus écouté, le mieux compris? Oui, vraiment, nous avons changé d'époque. La cassure, c'est la télévision: la légende gaullienne n'en avait pas besoin pour naître; mais Tapie ne serait rien sans elle.

Le petit écran est devenu la gare de triage des politiques; gauche ou droite, conservateur ou progressiste, rénovateur ou ringard, il sélectionne ceux qui « passent » ou « ne passent pas ». Ce tri, naguère, était effectué par le pouvoir, qui contrôlait l'instrument. Désormais, avec la télévision commerciale, c'est l'Audimat qui tranche. Télégénique ou non: voilà désormais le clivage politique fondamental.

A.d.R.

L'Événement du jeudi

---

1 parc des Princes: (stade utilisé pour différents sports)
2 Caton: (homme politique romain décidé à briser la puissance de Carthage)
3 Blum: (premier ministre socialiste du Front populaire élu en 1936)
4 « étranges lucarnes »: écrans de télévision

3.34 Hubert Védrine. Cet énarque **[1]** est un passionné des médias. En 81, il est nommé conseiller spécial de François Mitterrand pour les affaires stratégiques et diplomatiques. En 88, il est porte-parole de l'Elysée et, en 91, secrétaire général. Il analyse l'impact sans équivalent de la télévision sur le pouvoir politique.

Affrontements de personnes ou débats d'idées

TELERAMA: *Selon vous, aujourd'hui, la télévision, trop souvent, gêne la décision politique.*

HUBERT VEDRINE: Toute notre vie sociale, culturelle, privée, et donc notre vie politique, est modelée par la télévision. Son impact, sa puissance de feu sont sans commune mesure avec ceux de la presse écrite ou des radios. Quand neuf foyers sur dix ont la télévision, que les Français passent plus de trois heures par jour devant leur poste et que les journaux télévisés sont regardés par plus de dix millions de personnes, tout change. La société est médiatisée, elle est touchée dans sa totalité. L'outil est totalitaire, si la pensée ne l'est pas. Le journal de 20 heures structure la vie privée, les rendez-vous professionnels, les horaires des dîners, le langage. . . Cette tendance s'est aggravée depuis la privatisation de TF 1: fournir aux annonceurs l'audience qu'ils réclament condamne à une concurrence sauvage. On ne lésine pas, pour attirer le chaland **[2]**, sur l'émotionnel. Or l'image est chaude, le texte est froid. Elle peut exciter, déprimer, choquer, scandaliser, mais pas expliquer. Dans notre société, les images deviennent le réel. Les téléspectateurs, tous émules de saint Thomas, croient tout ce qu'ils voient, parce qu'ils croient le voir de leurs propres yeux! Ils ont vu trop d'immigrés chez eux, dans leur poste, et ont voté Front national; ils ont vu les oiseaux mazoutés par la marée noire irakienne au Koweit (c'étaient des images de Bretagne!); ils ont vu des manifestants conspuer la France au Maghreb pendant la guerre du Golfe (c'était au Sud-Liban contre Israël!); ils ont vu la guerre des étoiles de Ronald Reagan, des missiles pulvérisés en plein ciel par des satellites (c'étaient des films d'animation!); et, souvent, des images d'archives présentées comme du direct.

TRA: *Quelle incidence ce trouble de la perception du réel a-t-il sur la vie politique?*

H.V.: Considérable. Le journal télévisé fait les émotions. Le sondage, un par jour en moyenne en France, les fixe, fait et défait des notoriétés. La vie politique est hystérisée et personnalisée. Il est plus facile de montrer un affrontement de personnes qu'un débat d'idées! Les grandes émissions politiques sont le lieu où l'homme politique est investi ou écarté, légitimé ou désavoué, reconnu ou accablé. Surtout, cette médiatisation, même si ce n'est pas son but, contribue à l'ingouvernabilité. Les médias ont tendance à vampiriser la république et les institutions.

TRA: *Mais les gouvernements eux-mêmes ne s'y prennent pas toujours bien: l'annonce de certaines réformes, par exemple, est parfois maladroite. . .*

H.V.: Sans doute. Mais avec l'amplification, tout projet de réforme suscite des réactions très fortes, qu'il s'agisse de la réforme du siècle ou du déplacement d'une petite cuillère! Cette pression médiatique, ces flambées de réactions précoces font que les gouvernements sont progressivement privés du temps de maturation, de réflexion, de préparation dont ils ont besoin pour élaborer un projet avant de le présenter. Il y a eu, depuis des années, peu de réformes, petites ou grandes, qui n'aient été lancées maladroitement, prématurément. Elles sont révélées trop tôt, par bribes, parce que l'un des acteurs y a intérêt, soit pour les torpiller, soit pour s'en attribuer le mérite, soit pour les présenter à sa façon. Beaucoup d'hommes politiques alimentent ainsi des réseaux. Cela leur permet d'assurer leur influence, d'exister, de préparer des renvois d'ascenseur **[3]**. Ils se soumettent donc aux règles du système médiatique pour maintenir ou renforcer leur notoriété, clé de la réussite, de la carrière!

Télérama

1 énarque: (ancien élève de la grande école la plus prestigieuse de France, l'École nationale d'administration)
2 attirer le chaland: attirer le plus possible de clients (en criant fort, comme sur les marchés)
3 préparer des renvois d'ascenseur: s'assurer que d'autres les aideront en retour de faveurs obtenues

SUJET DE REFLEXION

Hubert Védrine, spécialisé dans les médias et la politique en France, a dit: "l'image est chaude, le texte est froid".

À l'aide de quelques exemples, montrez si la relation entre les deux médias est la même dans votre pays. ■

Informer sans déformer?

3.35 De quelques excès, dérapages, débordements, détournements... (1984–1990)

16/01/84 – TF 1, A2 – lente agonie de la petite Omeyra SANCHEZ, emprisonnée dans la boue à la suite d'un tremblement de terre en Colombie.

[...]

12/06/89 – 20 heures, TF 1, A2, FR3, montrent des images de la télévision chinoise lançant des appels à la délation après les événements de la place Tien An Men. Le correspondant d'A2 à Washington fait part du désarroi des reporters américains en apprenant que les autorités chinoises se servent de leurs images pour identifier les meneurs de la révolte étudiante.

31/08/89 – M6 – 20 heures 30 – Diffusion de *L'Ange de la vengeance*: téléfilm américain: viols en série, assassinats, etc. Saisi, le Conseil d'État estime que ce programme atteint les limites de l'inacceptable. [...]

22/12/89 – Les médias français annoncent un génocide en Roumanie. On parle de 40 000, de 60 000 et jusqu'à 700 000 morts; pour la seule ville de Timisoara, du massacre de 4 630 personnes. Les quelques cadavres recousus exhibés pour dénoncer les atrocités de la Securitate, proviennent en fait du cimetière des pauvres de la ville. Les bilans définitifs de la *Révolution roumaine* feront état de 1 000 morts au plus pour l'ensemble du pays.

[...]

06/02/90 – TF 1 – 22 heures 25 – *Ciel mon mardi*. Dossier extrême-droite. Christophe DECHAVANNE reçoit les tenants de l'extrême-droite (GUD, Œuvre française), et des représentants des mouvements anti-racistes (Licra, SOS racisme, MRAP). Après qu'Olivier Mathieu ait proclamé: « *Les chambres à gaz, c'est du bidon* **[1]** » et demandé une minute de silence pour les déportés et morts allemands de la dernière guerre, huées, bagarre générale, sur le plateau et dans la salle.

[...]

01/06/90 – TF 1 – 22 heures 30 – Le magazine *52 sur la Une* présente un reportage choc intitulé *Faune étrange des sous-sols parisiens*. On apprend quelques semaines plus tard que plusieurs scènes ont été tournées non dans les catacombes mais dans les carrières de Meudon et que *la faune* a été rémunérée pour ses prestations.

07/06/90 – M6 – 20 heures 40 – *Les poupées*. Un film d'horreur dont le personnage principal est une petite fille. Sur le thème des jouets maléfiques, l'environnement familier des enfants transformé en objet d'épouvante.

31/07/90. Un journaliste de La Cinq est inculpé de « coups et blessures involontaires, délit de fuite et défaut de maîtrise ». Une soirée entière, l'équipe avait filmé les méfaits d'un groupe de *skin-heads* qui avait notamment renversé en voiture puis battu un jeune noir. Pendant ce temps la caméra tournait. Puis tous avaient disparu sans porter secours à la victime grièvement blessée.

29/08/90 – TF 1 – 20 heures. En plein conflit du Golfe, PPDA obtient une interview du président irakien Saddam HUSSEIN. Aux yeux de bien des observateurs cet exploit journalistique fait le jeu de l'agresseur et contribue à sa propagande.

[...]

Télévision et déontologie, Dossiers de l'audiovisuel n° 36, La Documentation Française, Paris 1991

1 c'est du bidon: c'est complètement faux

3.36 La télé fait-elle le jeu des terroristes?

Les recettes du suspense

Les télés débarquent sur les lieux de l'attentat: hystérie, bombardement d'images, extrapolations...

Mardi 17 octobre, 7h05, explosion à Paris dans une rame du RER C, sous un tunnel, entre les stations Saint-Michel et Musée d'Orsay. Du siège des rédactions à la rive gauche de la Seine, il n'y a qu'un pas: les chaînes de télévision arrivent en même temps que les secours. Toutes affaires cessantes, LCI, la chaîne d'information, va tenir l'antenne six heures. Non-stop. Comme il lui faut du grain à moudre, elle va le quérir dans les bonnes vieilles recettes des situations de catastrophe, sans jamais vraiment appuyer sur les freins déontologiques, dont l'usage a pourtant été recommandé par le CSA début septembre. La mobilisation médiatique recourt à des figures de style facilement repérables.

1 A tout prix, donner un « premier bilan ». Peu importe l'exactitude du chiffre... Toutes les minutes, on martèle le nombre de morts et de blessés sans parvenir à dissimuler cette sombre jouissance que notre métier procure lorsque nous devons décrire le malheur.

2 Trouver impérativement des témoins ou des pseudo-témoins. Interroger tous ceux qui passent à proximité de la caméra, qu'ils aient vu ou non l'explosion: l'important, c'est qu'on les ait sous la main. Leur seule présence confère de la réalité à un événement qui s'obstine à demeurer invisible.

3 Rediffuser leurs témoignages en boucle **[1]** toute la journée: on a de l'humain en boîte.

4 Filmer le ballet des ambulances pour faire masse et « aérer l'antenne. » **[2]**

5 Traquer les civières et zoomer sur tout ce qui bouge: visage, bras, orteils qui émergent des couvertures en amiante. Tant pis pour la dignité des victimes.

6 Balancer, puisqu'il y a de la pub à heures fixes, la bande-annonce maison avec, en surimpression, l'assaut de l'Airbus détourné à Marseille en décembre dernier: de bien belles images.

7 Dénicher un « suspect dans les environs » est une aubaine. A 10 heures, le 17 octobre: un reporter assure qu'on a repéré « *un individu de 1, 71 mètre* (sic) *qui courait en survêtement* ». A 10h19: France 2 le tient et le montre, visage plein cadre, menotté et emmené par les policiers. Cette fois, c'est sérieux: l'envoyé spécial du service public précise « *déjà, ici, on l'appelle "l'homme en gris"*, puis rajoute: *mais ce n'est qu'un témoin* ». L'individu en parka grise et jean noir correspond comme on le voit, au suspect en survêtement que l'on recherche. . . Une heure plus tard, France 2 l'exhibe à nouveau, mais avec une mosaïque sur le visage **[3]**. Malaise. Sur LCI, le présentateur envoie ces images et ne cesse de répéter qu'il « convient d'être prudent ». C'est quoi, au juste, être prudent?

8 Supputer, extrapoler, donner des détails sur le contenu de l'explosif, les amputations sur place, la technique de désincarcération, etc.

9 Ménager le suspense: un générique « *Edition spéciale "Attentat"* » tous les quarts d'heure avec des images de civières relance l'attention.

10 Meubler **[4]**, donner régulièrement la parole à un « spécialiste » convoqué d'urgence, pour commenter en direct ce que, par définition, il apprend comme nous.

11 Renforcer la dramaturgie en multipliant les indices, « *une BMW bleue suspecte* »; sur une chaîne, « *une BMW noire* » sur une autre, aperçue du côté de la Samaritaine **[5]** déposant deux passagers: une bonbonne de gaz de six kilos chez les uns, de trois kilos chez les autres.

12 Faire « *la tournée des hôpitaux* » pour soutenir le suspense, filmer les chariots roulants dans les couloirs. Et commenter: « *Ici, à l'hôpital, on ne veut rien nous dire. Le pronostic est réservé* ». Le remplissage d'antenne a aussi ses exigences.

13 Prendre le téléspectateur à temoin des limites du journalisme. Cramponné à son bureau, les bras écartés, Yves Calvi, sur LCI, soupire « *ne nous en voulez pas si ces bilans sont évolutifs* », évoque « *l'enquête sur laquelle bien naturellement nous ne pouvons pas intervenir* ».

14 Enfin, la cerise sur le gâteau. LA phrase rituelle. A 14 heures, le journaliste de garde sur LCI démarre par l'habituel: « *Un quart d'heure plus tard et cet attentat aurait provoqué un carnage.* » Pourquoi se priver du frisson qu'elle procure?

[. . .]

Télérama

1 en boucle: en alternance avec des commentaires de journalistes
2 « aérer l'antenne »: (donner des images plutôt que des mots)
3 une mosaïque sur le visage: (une technique qui permet de cacher le visage de la personne pour qu'on ne puisse pas la reconnaître sur l'écran)
4 meubler: (parler pour ne rien dire)
5 la Samaritaine: (grand magasin parisien)

3.37 LES DIFFICULTÉS DE L'INFORMATION OU. . . LA VERTU MAL RÉCOMPENSÉE

L'anecdocte suivante est authentique. Elle montre la difficulté d'informer et les conséquences dramatiques que peuvent entraîner des décisions prises pourtant dans une louable intention.

Dans une ville du midi de la France, un jeune soldat ingurgite, à la suite d'un pari stupide, une telle dose d'alcool qu'il tombe dans un coma éthylique et meurt. Le journaliste local qui recueille l'information, apprenant que ce jeune est originaire de C. . ., téléphone au chef d'agence de cette ville – disons au nord de la Loire – pour lui transmettre l'information.

Ce chef d'agence a des scrupules. Il se dit qu'il est inutile d'accabler davantage la famille du malheureux en fournissant les motifs de sa mort. Il se contente donc dans son papier, qui paraîtra en édition locale, de signaler que « le jeune Roger Chose, dont les parents sont bien connus à C, est mort alors qu'il accomplissait son service militaire, etc. . . » mais ne donne aucun détail sur les raisons et les circonstances de ce tragique accident.

Entre-temps, le journaliste local du Midi, qui est aussi le correspondant de l'AFP **[1]** a envoyé un autre papier à l'agence. Celle-ci répercute sur le fil: le service des informations générales de notre journal du nord de la Loire le reçoit. Les journalistes de ce service, après avoir, sans sucès en raison de l'heure tardive, tenté de joindre l'agence locale de C. . . – sont saisis du même scrupule, mais choisissent une autre solution: publier la nouvelle dans les pages d'informations générales avec tous les détails sur le pari stupide et le coma éthylique, sans citer le nom du jeune soldat, mais seulement la ville dont il est originaire.

Le recoupement était malheureusement facile à faire et il fut fait. Le lendemain, le rédacteur en chef dut subir au téléphone les protestations indignées des membres et des amis de la famille: « *Vous êtes encore plus hypocrites qu'on ne pouvait l'imaginer. Vous vous donnez des allures morales mais vous faites tout pour que nous soyons quand même salis, etc. . .* »

Que dire? Comment faire comprendre à ces braves gens ce qui s'était passé?

L. Guery, La Presse régionale et locale

1 AFP: Agence France Presse (principale agence de presse française)

3.38 *LES GRANDS MALENTENDUS*

[. . .]

Supposons qu'un extraterrestre, martien de son état, souhaite s'informer sur la société française, avant d'aller y poser sa soucoupe volante. Sa première idée serait sans doute de se procurer les journaux et magazines, de capter les stations de radio et les chaînes de télévision nationales. Il en retirerait d'abord l'impression que la politique occupe un rôle central dans la vie des habitants de l'hexagone. Pas une première page de quotidien, pas une édition des journaux radio-télévisés qui ne consacre une place essentielle à la politique et aux politiciens. A croire que les Français sont suspendus à leurs lèvres afin de connaître dans le détail leurs décisions, leurs états d'âme, l'évolution de leur cote de popularité! Il suffirait pourtant au petit homme vert d'atterrir en plein centre de la "France profonde" pour constater combien les préoccupations y sont différentes. . .

Poursuivant son examen des médias, il apprendrait que les Français vivent dans une insécurité permanente, caractérisée par l'accroissement de la délinquance, du terrorisme et du SIDA. Examinant attentivement les chiffres de la grande criminalité, il s'apercevrait pourtant que le nombre des meurtres n'a guère varié en France depuis. . . 1925, alors que la population a doublé. Il constaterait aussi que le terrorisme tue ou blesse environ mille fois moins de personnes que l'automobile, et que l'on comptait environ 1 500 cas de SIDA (dont la moitié mortels) en France fin 1986, alors que 135 000 personnes sont mortes du cancer dans l'année, 1 500 de la grippe.

Notre Martien apprendrait aussi par les sondages que les Français sont moroses quant au présent et s'inquiètent de leur avenir. Les statistiques établies par les organisations internationales (ONU, UNESCO, OMS **[1]**, BIT **[2]**. . .) lui indiqueraient pourtant que leur revenu moyen est au cinquième rang des pays de la Terre et que leur pouvoir d'achat n'a pratiquement pas cessé d'augmenter depuis quarante ans: il fallait à un ouvrier un mois et demi de salaire en 1964 pour s'acheter un réfrigérateur; il ne lui faut plus aujourd'hui qu'une semaine!

S'intéressant à la mentalité des Français, l'étrange visiteur aurait sans doute l'impression qu'elle a subi depuis quelques années une véritable transformation. Ceux-ci auraient par exemple troqué leur goût du confort contre une inextinguible soif d'aventure. La preuve en est l'engouement provoqué par les exploits en tout genre, de plus en plus largement relayés par les médias: traversées du désert, des océans ou des grandes étendues glaciaires, escalades périlleuses, rallyes exotiques et autres premières "sponsorisées" par des marques commerciales. Pourtant, il suffirait à notre extraterrestre d'entrer dans leurs maisons pour constater que les Français n'ont pas perdu le goût du confort et qu'ils vivent souvent leurs aventures en pantoufles, bien installés devant leur poste de télévision ou en lisant *VSD* **[3]**.

[. . .]

G. Mermet, Démocrature: comment les médias transforment la démocratie

1 OMS: Organisation mondiale de la santé

2 BIT: Bureau international du travail

3 *VSD*: *Vendredi Samedi Dimanche* (titre d'un journal de fin de semaine)

3.39 Le ras-le-bol du téléspectateur

dans Les Médias, Cahiers Français

SUJET DE REFLEXION

Pendant les événements de mai 1968, une affiche populaire montrait un récepteur de télévision bâillonné, exprimant ainsi un grand désir de liberté pour ce média alors naissant.

Comparez ces aspirations avec l'attitude du téléspectateur dessiné par Gracia.

Quelles réflexions cela vous inspire-t-il quant à l'évolution de la télévision française au cours des trente dernières années du XXème siècle. ■

CHAPITRE 4

Culture

La France possède une forte tradition culturelle où les arts occupent une place éminente. Culture et place dans le monde **[1]** ont d'ailleurs toujours été intimement liées dans l'esprit des Français. C'est ainsi que, dès le XVIIème siècle, la construction du château de Versailles et le soutien royal accordé à des artistes tels que Molière, Racine, Lully et bien d'autres, avaient pour but de démontrer au reste de l'Europe la suprématie politique et culturelle de la France.

Les nombreux régimes qui se sont succédé ont continué à jouer le rôle de "protecteur des arts", pour des raisons de prestige mais aussi par attachement réel aux valeurs humanistes de la culture. La France fut notamment le premier pays du monde à se doter en 1959 d'un *ministère des Affaires culturelles* (aujourd'hui *ministère de la Culture*). La fonction de ministre fut alors confiée à l'écrivain et homme politique André Malraux.

Avec l'arrivée des socialistes au pouvoir en 1981, la culture occupe plus que jamais une place de choix dans la vie politique. Leur programme promet en effet "un vaste rayonnement de la culture française". Pour les socialistes, c'est le manque d'infrastructure qui explique qu'un pourcentage élevé de Français n'a pas accès à la culture. Ils se donnent donc pour objectif la démocratisation de la culture, processus déjà entrepris par les gouvernements précédents.

Les années socialistes sont en outre dominées par la personnalité très médiatisée **[2]** du ministre de la Culture, M. Jack Lang, longtemps le ministre le plus populaire du gouvernement.

Ce dernier ne s'intéresse pas seulement à la culture d'élite, domaine d'intervention traditionnel de l'État. Il subventionne aussi la culture populaire, en particulier le cinéma français, dont la survie est menacée par la domination du cinéma américain, et des formes d'art moins reconnues, comme la bande dessinée **[3]**, le rock, le rap, le "tagging".

Ceci n'est pas du goût de tous et certains accusent alors le ministre de comploter contre la culture. Cependant, ce débat qui remet en cause la définition même de la culture n'est-il pas plutôt une indication de la crise que traverse la société actuelle? L'art est en effet le reflet d'une société. Les partisans de la culture d'élite ne sont plus, comme autrefois, les seuls à avoir le droit à la parole. La société actuelle, plus divisée peut-être mais aussi plus démocratique, permet aux différents groupes sociaux d'exprimer leurs goûts.

Nous vivons, du moins en Occident, dans un monde ouvert où les modes de vie deviennent de plus en plus homogènes, faisant naître le besoin de protéger une certaine identité menacée. La mondialisation des moyens de communication par l'intermédiaire de la télévision et de l'ordinateur est déjà bien engagée. Menée par les États-Unis, elle consacre la domination de la langue et donc de la culture anglo-saxonne **[4]**. Ce phénomène ne peut laisser indifférent un pays comme la France, si jaloux de sa contribution passée, présente et future à la culture mondiale.

Le Président de Gaulle (au centre) avec Malraux (à droite)
Roger-Viollet. Reproduced by kind permission of Roger-Viollet

Andrej Wajda (réalisateur polonais) et Jack Lang à la nuit des Césars
Collection Viollet. Reproduced by kind permission of Roger-Viollet

1 voir chapitre 1 sur l'importance de la "grandeur de la France"
2 médiatisée: (qui s'exprime souvent dans la presse et apparaît fréquemment à la télévision)
3 bande dessinée: (suite de dessins qui racontent une histoire. Les bandes dessinées les plus connues en français sont Tintin et Astérix et sont familièrement appelées B.D.)
4 anglo-saxonne: (caractéristique des pays de culture anglaise ou anglophone)

La place actuelle des arts en France

Depuis la fin de la Seconde Guerre mondiale, la culture a pris un nouvel élan en France. La création d'un ministère des Affaires culturelles en 1959 a donné une existence officielle à ce mouvement. Elle a permis de concentrer dans les mains d'un seul ministère la conservation et l'enrichissement du patrimoine ainsi que la promotion des différentes formes artistiques.

La demande culturelle, très forte de la part des Français, est certainement liée d'une part à l'élévation générale du niveau d'éducation et de l'autre à l'accroissement du temps consacré aux loisirs. Il existe aussi, depuis la fin de la Guerre, une volonté politique de rendre la culture, jusque-là réservée à une élite, plus accessible à tous.

Enfin, la France a hérité d'un patrimoine culturel très riche dont la mise en valeur va de pair avec les besoins d'une industrie touristique en plein développement. Le bilan de cet élan culturel ne peut être qualifié que de remarquable.

4.1 Musées, la fièvre des conservateurs [1]

LA FRANCE COMPTE 2 200 MUSÉES, DONT 34 NATIONAUX: LE RÉVEIL DE CETTE PASSION S'ACCOMPAGNE D'UNE MODIFICATION DU STATUT DES ŒUVRES, QUI DEVIENNENT UN ENJEU POLITIQUE ET URBAIN POUR L'ÉTAT ET LES COLLECTIVITÉS LOCALES. LES ÉDILES **[2]** Y VOIENT LE MOYEN D'AFFIRMER LEUR ACTION, VOIRE LEUR AUTORITÉ.

À l'aube du deuxième millénaire, notre pays s'était couvert d'un «blanc manteau d'église» **[3]**, nous dit la chronique. À la veille du troisième, un phénomène identique semble se renouveler au profit des musées, auréolés eux aussi d'un respect presque religieux. Il en existe 2 200, dont 34 nationaux. Au hasard de la carte, on trouve un musée du cuivre à Villedieu-les-Poêles (Manche), un musée de la toile de Jouy **[4]** à Jouy-en-Josas (Yvelines), un musée de la vannerie à Vallabrègues (Gard), un musée missionnaire africain à Langonnet (Morbihan), un musée du ski à Besse (Puy-de-Dôme), un musée des techniques fromagères à Saint-Pierre-sur-Dives (Calvados) mais aussi un musée de la fromagerie à Trépot (Doubs) et un musée du camembert à Vimoutiers (Orne).

Quatre musées sont exclusivement voués au tabac et à la pipe, cinq au sel, sept aux chemins de fer, douze à la pêche, vingt-deux à l'automobile, près de cent quarante à la Résistance et à la déportation, cinquante-deux à la vigne et au vin. Le cinquantenaire du débarquement a fait pousser comme des champignons des «lieux de commémoration» dans toutes les villes normandes, de Sainte-Mère-l'Église jusqu'à Caen.

Les établissements dédiés aux beaux-arts sont bien sûr les plus prestigieux et les plus coûteux. Mais c'est aussi par leur réveil et leur multiplication qu'a commencé en France l'expansion de la muséomanie. La fièvre succède, il est vrai, à une longue léthargie. Julien Gracq se souvient, dans les années 20, de ses mornes visites au Musée de Nantes : «Avec ses hautes salles, vides et endeuillées, tendues de vert sombre, ses verrières à la lumière pluvieuse, il était pour moi comme une annexe, une crypte sépulcrale et vaguement menaçante, du lycée. » (Lettrines 2.) Il est vrai que rien, ou presque, n'a changé dans les musées français du début du siècle jusqu'à la fin de l'entre-deux-guerres. Le dernier quart du XIXe siècle avait été celui des grands programmes de construction des musées de province, d'une politique d'enrichissement des collections à laquelle le second Empire et la troisième République commençante s'étaient attachés avec acharnement. Alors furent installés ces vastes palais des beaux-arts au centre de Lille, de Marseille, de Nantes ou d'Amiens. À Paris même s'ouvrent, dans les dernières années du siècle, le Musée Guimet, venu de Lyon, et le musée d'ethnographie du Trocadéro, où Picasso, Matisse et Derain, puis les surréalistes découvrent, dans le désordre, les arts d'Afrique et d'Océanie.

Après trois décennies de somnolence – dues en partie à la Grande Guerre – une nouvelle génération entend construire des établissements ouverts aux formes contemporaines de la création et de la pensée scientifique. Le Musée de l'homme est inauguré en 1937 alors que s'achèvent, un peu plus bas, sur la colline de Chaillot, les travaux du Musée national d'art moderne (MNAM) et du Musée d'art moderne de la Ville de Paris. La guerre interrompt cet effort. Le MNAM s'entrouvre durant l'Occupation et ne naît véritablement qu'à la Libération.

UNE BIBLIOTHÈQUE, ÇA NE RAPPORTE PAS UNE VOIX

Les conservateurs s'emploient alors à combler les immenses lacunes qu'ont creusées dans les collections publiques l'indifférence et le mépris de l'art moderne (en 1945, elles ne possèdent que trois Picasso, encore ont-ils été offerts par l'artiste). Georges Salles, Jean Cassou et Bernard Dorival prennent donc leur bâton de pèlerin **[5]** pour faire le tour des ateliers (et des veuves) et acheter ce qui aurait dû l'être et obtenir dons et legs.

Aussi Valéry Giscard d'Estaing reprend-il le flambeau **[10]** pour que l'hôtel Salé devienne le Musée Picasso et la gare d'Orsay celui du XIXè siècle. Ces projets seront inaugurés par son successeur, François Mitterrand, à qui l'on doit la paternité du Grand Louvre. Ce modèle monumental, dont les travaux ne sont pas encore achevés, a suscité en province une flambée de constructions et de rénovations telles que la France n'en avait jamais connu depuis un siècle. Car c'est bien la pression municipale qui a contribué à accélérer le mouvement : au milieu de la dernière décennie il est clair que le musée devient un enjeu politique et urbain pour l'État comme pour les collectivités territoriales. Les édiles des années 80 se ruent à la direction des musées de France (DMF) avec un plan sous le bras, en échange d'une ligne de crédit.

En effet, pour les élus locaux, le musée n'est plus seulement un bâtiment qui renferme un certain nombre de collections, mais tout simplement un chapitre important d'une politique urbaine bien comprise, quand il ne s'agit pas d'une vitrine chargée de défendre les couleurs de la ville, et de son maire. On attribue à Georges Frêche, maire de Montpellier, ce mot révélateur : «Une bibliothèque, ça ne rapporte pas une voix.» Un musée, c'est mieux qu'une affiche et c'est un équipement qui peut avoir des retombées économiques positives.

Un chiffre largement diffusé par le ministère de la culture a mis la puce à l'oreille **[11]** des maires : avec 70 millions de visiteurs par an, les musées arrivent en tête des pratiques culturelles. Peu importe ce que le public retient, nombre de responsables politiques ne jurent que par le bouillonnement de Beaubourg, l'animation sur les parvis et les interminables files d'attente devant le Musée d'Orsay. Ajoutons à cela l'émergence d'une nouvelle génération d'élus moins indifférents aux choses de l'art, la décentralisation, l'inflation qui incite à investir et l'exemple du ministre de la culture, Jack Lang, dont le dynamisme suscite bien des vocations. Les artistes ne sont pas les derniers à tirer parti de cette vogue. D'anciens iconoclastes conçoivent désormais leurs œuvres en fonction des salles de musée où elles trouveront tout naturellement leur meilleure place. Toute œuvre contemporaine serait-elle faite pour aboutir à une collection publique? Les effets de cette politique se mesurent dans tout l'Hexagone. Parmi les travaux en cours ou achevés en 1994 : les Musées des beaux-arts de Caen et de Rouen entièrement rénovés; celui de Lille, dont la longue et difficile métamorphose prend fin, le palais Saint-Pierre de Lyon, où deux tranches de réaménagement sur cinq sont faites ; le Musée d'art contemporain de Marseille ouvert dans un ancien bâtiment récupéré ; celui de

Grenoble déménagé dans un édifice flambant neuf. En 1993, Jean Bousquet, le maire de Nîmes, présentait fièrement sa médiathèque signée par Norman Foster, et Henri Sicre, le maire de Céret, sous-préfecture des Pyrénées-Orientales (7 500 habitants), obtenait du président de la République qu'il vienne inaugurer son musée (23 millions de francs) aux cimaises **[12]** très clairsemées.

LE CHARME ENSOLEILLÉ DE LA COLLINE DE CIMIEZ [13]

L'année s'achevait en beauté avec l'ouverture de l'aile Richelieu du Musée du Louvre revue par les architectes Pei, Macary et Wilmotte. Les inaugurations étaient si nombreuses, ces derniers temps, que l'on oublia d'inaugurer officiellement le Musée de Clermont-Ferrand qui, s'il ne présente que des collections modestes a quand même coûté à la collectivité la bagatelle de 55 millions de francs.

Car telle est désormais la question : avoir son musée est devenu une exigence; le remplir en est une autre plus difficile à satisfaire. Ainsi la municipalité de Nice avait commandé – et payé – à l'architecte japonais Kenzo Tenge un bâtiment destiné à abriter les collections japonaises du peintre Trémois. Ce dernier exigeait, en outre, qu'une aile soit dédiée à son œuvre. L'affaire ne s'est point faite et l'édifice reste vide! Parfois, les dépassements de budget mettent en péril les finances d'une municipalité trop ambitieuse. Arles en a fait la cruelle expérience avec son Musée archéologique.

A Nice, le Musée Matisse, donc l'accouchement n'a pas été sans douleurs, a sans doute doublé ses surfaces en 1993. Le nouveau bâtiment creusé sur deux niveaux est élégant, astucieux, mais le visiteur constatera vite qu'il est presque tout entier consacré à des espaces de dégagement **[14]**: grand escalier, vaste hall, boutiques, auditorium, restaurant, terrasses. Est-ce un lieu de contemplation et de réflexion devant les œuvres de Matisse? Un but de promenade où les œuvres des peintres compteront ni plus ni moins que le charme ensoleillé de la colline de Cimiez? Les musées sont-ils en passe de devenir les temples aseptisés de la consommation culturelle du XXIe siècle, remplaceront-ils les maisons de la culture chères à André Malraux et bien décaties aujourd'hui?

Car désormais le musée n'est plus seulement une enfilade de salles où sont accrochées des œuvres illustres pour le plaisir de quelques amateurs, ni même un lieu pédagogique ouvert par les pouvoirs publics pour l'édification du peuple. C'est un centre polyvalent dont le rôle éducatif est sans doute renforcé mais surtout diversifié. On y trouve des auditoriums pour les conférences et les concerts ou les projections de films, des ateliers pour les enfants, des librairies – les catalogues d'exposition concurrencent sévèrement les ouvrages produits par les éditeurs –, des boutiques de souvenirs – la «ligne» des cadeaux RMN (Réunion des Musées Nationaux) est appréciée – et des salles d'expositions temporaires qui permettent de renouveler le public.

Les commentaires dispensés aux enfants des écoles et aux groupes de touristes qui stationnent devant les tableaux perturbent parfois les visites, mais les conservateurs engagés dans une impitoyable course d'audience n'ont pas le choix. Le Musée du Louvre devenu une sorte de cité dans la ville devrait accueillir plus de 5 millions de visiteurs l'an prochain. À Orsay, les tableaux venus de la Fondation Barnes ont attiré près de 2 millions de visiteurs et fait vendre plus de 180 000 catalogues.

FAIRE DISPARAÎTRE LES TRACES

Cet engouement prend une autre forme dans les musées dits de société **[15]**, appellation qui regroupe pêle-mêle des établissements de tailles diverses, aux vocations multiples. Les deux guerres mondiales ont leurs sanctuaires à Péronne et à Verdun pour la première, et à Caen pour la seconde. Mulhouse regroupe une dizaine d'établissements voués au textile, à l'automobile, au chemin de fer et à la Résistance. Une partie du port de Douarnenez a été transformée pour accueillir une flotte complète de vieux gréements **[16]**. À Bordeaux, la base sous-marine construite sous l'Occupation est devenue un musée de la navigation de plaisance, et le croiseur Colbert, déclassé, termine ses jours en musée flottant. À Forbach, on s'interroge sur l'opportunité de maintenir en activité le dernier puits de mine, qui va normalement fermer dans quelques années, pour le transformer en musée de la mine.

Les mutations industrielles, la crise, en un mot, sont les pourvoyeurs de ces musées. Le premier réflexe des collectivités locales a été de faire disparaître les traces de toutes ces activités défuntes. Le bulldozer et le gazon étaient tenus pour les meilleures solutions du problème. Le deuil par le vide. Mais la mémoire collective d'une région, voire de toute une classe sociale, l'enracinement de métiers souvent plus que centenaires ne peuvent s'effacer impunément.

Désormais l'usine, la filature, la fonderie, le haut-fourneau ou, plus modestes, la laiterie et l'étable convenablement éclairés abritent des documents et des images nécessaires à la commémoration de ce qui s'est fait dans ces lieux. La mise en scène ne va pas sans difficulté. L'équilibre ne se trouve pas sans mal entre la collection d'archives austères et la reconstitution, tantôt naïve, tantôt spectaculaire, qui substitue une mythologie à la réalité du travail.

Le musée est ainsi devenu l'instrument essentiel d'une mémoire qui n'est plus seulement artistique mais historique et sociale. Poussée à l'extrême de sa logique, cette passion conduirait à vitrifier peu à peu des secteurs entiers de la société. Au slogan «tout est politique» il faudrait substituer désormais un nouvel axiome : «tout est musée».

P. Dagen et E. de Roux, Le Monde 1944–1994

1 conservateurs : administrateurs de musée
2 édiles : responsables municipaux
3 blanc manteau d'église: (référence à la construction de nombreuses cathédrales au Moyen-Âge)
4 toile de Jouy: (c'est à Jouy-en-Josas que fut créée en 1759 la manufacture de tissus imprimés connues sous le nom de 'toiles de Jouy')
5 prennent donc leur bâton de pélerin: voyagent donc d'un endroit à un autre
6 président de la République amateur d'art contemporain: (il s'agit de Georges Pompidou)
7 utopie soixante-huitarde: (mouvement d'idées à la suite de la révolte estudiantine de mai 68)
8 établissement polyvalent: (institution ou centre ayant différents rôles, notamment éducatif et culturel)
9 espaces modulables: (galeries ou salles qui peuvent être utilisés pour divers emplois)
10 reprend-il: continue-t-il
11 mis la puce à l'oreille: attiré l'attention
12 aux cimaises très clairsemées: dont les murs n'ont que très peu de tableaux
13 colline de Cimiez: (lieu où se trouve le musée)
14 espaces de dégagement: (salles dans un musée qui ne sont pas consacrées à des expositions)
15 musées dits de société: (musées liés aux activités particulières d'un lieu)
16 vieux gréements: bateaux à voile anciens (ou reconstitués. Les gréements sont les mâts et cordages et, par extension de sens, les voiliers eux-mêmes)

SUJET DE REFLEXION

Peut-on dire que les musées sont en train de devenir les cathédrales du XXIème siècle, correspondant au besoin profond d'accéder à un enrichissement culturel? Sont-ils plutôt des instruments de propagande pour les hommes politiques?

Lisez l'article 4.1 et notez les arguments en faveur de l'une ou de l'autre proposition.

Réfléchissez ensuite aux motivations qui vous animent lorsque vous visitez un musée. ■

4.2 Le métro taggé

Campagne d'information sur la ligne 13

Pour votre confort la RATP remet en état cette ligne de métro.

La propreté est une de ses priorités.
Elle y consacre des moyens humains et financiers très importants.
Pour dégraffiter et rendre votre ligne propre, elle a dépensé 5,5 millions de francs.
5,5 millions de francs qui auraient pu être utilisés à d'autres améliorations.

Paris Tonkar

SUJET DE REFLEXION

Pour certains, les tags représentent une forme d'art, ce qui leur a même valu l'appui et les subventions de Jack Lang, Ministre de la Culture. Pour la RATP, il est clair que ce n'en est pas une.

Lisez attentivement les arguments développés par la RATP lors de sa campagne d'information.

Si l'on vous avait demandé votre opinion sur la nécessité de nettoyer le métro en éliminant les graffiti, qu'auriez-vous répondu?

(Voir aussi le pamphlet 4.27) ■

4.3 De Toulouse-Lautrec (Moulin Rouge) au "teasing"

dans L. Gervereau, La propagande par l'affiche

SUJET DE REFLEXION

L'affiche a pour but d'attirer l'attention du public. Moyen de communication, elle prend parfois une forme artistique (Moulin-Rouge). Récemment, les créateurs ont utilisé des méthodes plus recherchées pour surprendre un public blasé: le visuel "ne tuons pas une grande idée" vise à persuader le public de la nécessité de financer la Sécurité Sociale.

Comment réagissez-vous à ces deux approches? Laquelle vous semble la plus appropriée à l'objectif initial fixé? Connaissez-vous d'autres exemples de campagnes publicitaires fondées sur le "teasing"? ■

Toulouse-Lautrec, Victoria and Albert Museum

4.4 Les Deux Plateaux

Une mise en question du lieu

L'installation des colonnes rayées de Buren dans le jardin du Palais-Royal a certainement été l'un des plus grands scandales qu'aient vécus les Parisiens dans les années quatre-vingts à une époque où leur sensibilité était déjà souvent agressée. *Les Deux Plateaux* ont été mis en place malgré l'opposition des conservateurs en chef des Monuments historiques avec l'appui personnel de Jack Lang, qui a préféré ignorer l'avis des sages dignitaires. Les panneaux entourant le chantier sont restés longtemps couverts de graffiti taxant Buren de charlatan, de provocateur, de décorateur du club Méditerranée **[1]**. Buren, par cette intervention, signale la continuité de sa démarche introspective de questionnement du lieu.

Les Deux Plateaux constitués de rangées de colonnes de hauteur variée, mais toutes à rayures noires et blanches verticales strictement égales, ont été installés dans l'un des cadres les plus élégants de Paris, ce vénérable bâtiment du XVIIe siècle abritant aujourd'hui le Conseil d'État et, justement le ministère de la Culture.

Les Hauts Lieux de l'art moderne en France, par Edina Bernard © Bordas, Paris 1991

1 décorateur du club Méditerranée: (allusion péjorative à l'organisation de tourisme de masse, le club Méditerranée, ici utilisée pour suggérer une inspiration un peu vulgaire)

Daniel Buren, Les Colonnes de Buren, © ADAGP, Paris et DACS, London, 1997. Photo: Francis Jalain

SUJET DE REFLEXION

Les Colonnes de Buren suscitent encore aujourd'hui des réactions passionnelles. Le mélange du moderne et de l'ancien n'est pas apprécié de tous.

Connaissez-vous d'autres exemples de mélange de style, en France ou dans votre pays? À votre avis, représentent-ils une réussite architecturale?

Si le graffiti "Buren charlatan" apparaissait sur l'une des colonnes, quelle action auriez-vous envie de recommander aux responsables de la cour d'Honneur du Palais-Royal? ■

4.5 Les maisons de la Culture

André Malraux, soucieux de décentralisation culturelle, lance en 1958 l'idée d'un réseau national de maisons de la Culture, destinées à la création et à la diffusion de spectacles contemporains, financées à 50 % par l'État et à 50 % par les collectivités. Il n'en reste actuellement que onze en France; certaines d'entre elles ont disparu, victimes de la réprobation du public à l'égard des œuvres d'avant-garde. Les municipalités ont alors préféré décliner les accords établis par l'État. Depuis 1968 ont été créés vingt-cinq centres d'action culturelle aux structures moins importantes, financés à un tiers seulement par l'État.

Les Hauts Lieux de l'art moderne en France, par Edina Bernard © Bordas, Paris 1991

4.6 LE PONT-NEUF DE CHRISTO ET JEANNE-CLAUDE

Christo et Jeanne-Claude sont des artistes qui utilisent une technique assez particulière: ils enveloppent les objets, comme le Pont-Neuf, ici à Paris, qu'ils ont recouvert à l'aide de 40 000 m^2 de toile en polyamide de couleur dorée d'apparence soyeuse, 13km de corde et 12 tonnes de chaîne. Les cordes permettent de conserver la forme du pont et mettent en relief ses proportions. L'œuvre resta en place entre le 22 septembre et le 7 octobre 1985.

Pourquoi le Pont-Neuf? Ce pont historique franchit la Seine à la pointe ouest de l'île de la Cité. Il a connu une histoire mouvementée depuis sa construction en 1606. Il fut tour à tour démoli, reconstruit, pourvu ou non de la statue équestre en bronze du roi Henri IV, élargi, agrémenté de trottoirs. Le Pont-Neuf en a vu d'autres et Christo et Jeanne-Claude poursuivent donc une longue tradition de métamorphoses.

Christo et Jeanne-Claude sont considérés par certains comme deux des artistes les plus importants de leur génération. Ils payent eux-mêmes pour tous leurs projets. Leurs œuvres ont pour caractéristique principale d'être éphémères: elles durent en effet quelques semaines au plus avant d'être démantelées. C'est par ce moyen que Christo et Jeanne-Claude remettent en cause l'immortalité de l'art.

Christo et Jeanne-Claude
Copyright Christo 1985
Photo: Wolfgang Volz

Christo et Jeanne-Claude: Le Pont-Neuf Recouvert, 1975-1985. 40 000m^2 (440 000 pieds^2) de toile en polyamide et 13 000m (42 900 pieds) de corde.

Le Cargo, Maison de la Culture à Grenoble

SUJET DE REFLEXION

Analysez la programmation culturelle 1994–95 à Brest en prenant en compte les éléments suivants:

A-t-on bien préservé l'équilibre entre la culture populaire et la "haute" culture?

Quelle est la place faite à la culture locale, régionale, nationale et internationale dans la programmation? Si vous habitiez une grande ville comme Brest, située dans une région éloignée de la capitale, cette programmation vous semblerait-elle appropriée? ■

4.7 SAISON CULTURELLE 1994–95 DANS LA VILLE DE BREST, EN BRETAGNE

Brest

Le Quartz – Scène Nationale

DANSE

17 oct. 94 — **Nuit des claquettes**, Avec: Savion Glover, Ted Levy, Joe Orrach et Rod Ferrone, 1ère partie : Bertrand Davy/Niolaine Véricel. 20h. *Petit Théâtre.*

19 et 20 oct. 94 — **Nalavika Sarukkai**. 20h30. *Petit Théâtre.*

7 et 8 nov. 94 — **Topinamburg 150, de Marcia Barcellos et Karl Biscuit (création).** Par la Compagnie Castaloire. 20h30. *Grand Théâtre.*

3 déc. 94 — **Waterzooi, par la Compagnie Maguy Marin**. Chorégraphie: Maguy Marin. 20h30. *Grand Théâtre*

13 déc. 94 — **Sobedo, un conte hip hop.** Conception et interprétation : Collectif Mouv'. 20h30. *Grand Théâtre.*

16 et 17 déc. 94 — **Caminos Adaluces, par le Ballet Christina Hoyos.** Chorégraphie : Christina Hoyos, Adrain Galia, Manolo Marin, musique : Paco Arriaga. 20h30. *Grand Théâtre.*

16 mars 95 — **La bayadère, par la Compagnie Red Notes.** Mise en scène : Andy Degroat 20h30. *Grand Théâtre.*

24 et 25 avr. 95 — ***Création Appaix.*** Chorégraphie: Georges Appaix. 20h30. *Grand Théâtre.*

24 et 25 avr. 95 — **Monochrome courtoisie, d'après l'œuvre peinte de Yves Klein.** Chorégraphie : Pascal Labarthe. 18h30. *Petit Théâtre.*

EXPOSITIONS

3 nov. – 30 nov. 94 — **Kertész, les années parisiennes d'un des maîtres du XXe siècle.** 14h30 (sauf dimanches). *Galerie du Quartz et Maison de la Fontaine à Recouvrance.*

2 déc. – 31 déc. 94 — **Portraits de Bretagne.** Photographies de Didier Olivré. Galerie du Quartz et siège du *Crédit Mutuel de Bretagne (Le Relecq Kerhuon).*

11 jan.–22 jan. 95 — **Des hommes et des grands chantiers.** Autour du photographe brésilien Sébastiano Salgado, l'interrogation des photographes bretons sur le travail des hommes producteurs. *Galerie du Quartz.*

27 jan. – 26 mars 95 — **Tempête de neige.** Peintures de Solomon Rossine. *Galerie du Quartz.*

4 avr. – 26 avr. 95 — **Vues de Bretagne.** Photographies de Gilles Poulique. *Galerie du Quartz.*

26 avr. – 10 juin 95 — **Seconde nature.** Collection du FRAC Bretagne. Cette exposition rend compte de la manière dont un certain nombres d'artistes ont traité la question du paysage au cours des années 80 et 90. *Galerie du Quartz.*

JAZZ

30 nov. 94 — **Michel Petrucciani.** 20h30 *Grand Théâtre*

9 déc. 94 — **Alain Jean-Marie Trio Biguine.** 21h. *Cabaret Vauban.*

23 déc. 94 — **Nuit de l'accordéon.** Avec : Richard Galliano solo, duo Marcel Azzola/Lina Bossatti (piano), trio Marc Perrone/Denis Tuveri (accordéon)/Raphaël Sanchez (piano), duo Alain Trévarin/Didier Squiban (piano). Duo Jean Appéré/Christian Moal (guitare). Bal au cabaret Vauban à partir de minuit. 20h30. *Grand Théâtre.*

17 mars 95 — **Bojan Z Quartet. 21h** *Cabaret Vauban.*

21 mars 95 — **Pharoah.** 21h. *Cabaret Vauban.*

4 avr. 95 — **Bretagne II (création).** Avec : Jean-Luc Roumier, Jean-François Delcamp et Philippe Di Faostino. 21 h. *Cabaret Vauban.*

2 mai 95 — **Orchestre National de Jazz, direction: Laurent Cugny – Lucky Peterson.** 20h30. *Grand Théâtre*

MUSIQUE

17 oct. 94 — **Nuit des claquettes : Bertrand Davy et Violaine Véricel.** 20h. *Petit Théâtre.*

17 oct. 94 — **Nuit des claquettes : Tap Dance USA.** 21h. *Grand Théâtre*

21 oct. 94 — **Moscow Art trio.** 21h. *Cabaret Vauban.*

22 oct. 94 — **Simion Stanciu (flûte de Pan) – Pascal Cocheril (violon).** Par l'orchestre de Bretagne, direction : Claude Schnitzier. Vorisek – Vivaldi – Stanciu – Bartok. 20h30. *Grand Théâtre*

9 nov. 94 — **Requiem, de Fauré.** Par l'Orchestre de Bretagne, direction : Claude Schnitzier, Nicolas Coujal (basse). Maîtrise de Haute Bretagne. 20h30. *Grand Théâtre.*

29 nov. 94 — **Ensemble de Mostar.** 20h30 *Grand Théâtre.*

8 déc. 94 — **Ensemble Matheus, direction : Jean-Christophe Spinosi.** Avec : L'ensemble vocal Heinrich Schütz. Telemann – Bach. 20h30 *Grand Théâtre.*

19 déc. 94 — **Jules César, de Haendel (version concert).** Par la Grande Ecurie et la Chambre du Roy, direction : Jean-Claude Maigoire. Avec : James Bowman (contre-ténor). Lynne Dawson (soprano). 20h30 *Grand Théâtre.*

OPERA

4 et 5 mars 95 — **Carmen, de Bizet.** Par le chœur d'enfants, les chœurs et orchestre, direction : Paul Kuentz. Samedi : 20h30 – Dimanche : 16h *Grand Théâtre.*

21 mars 95 — **Don Giovanni, de Mozart.** Livret Da Ponte, mise en scène : Antoine Bourseillier. Par l'Opéra de Chambre de Paris et la Sinfonietta de Chambord, direction : Amaury du Closel. 20h30. *Grand Théâtre.*

THEATRE

2 nov. – 4 nov. 94 — **Le désir traversé, par Maud Rayer.** Textes érotiques de Malherbe, Ronsard, Jean Genet, Lou Andréas Salomé. Apolinaire, Sœur Marie du Calvaire, Marguerite Yourcenar. Bernard Noël, etc... 20h30. *Studio de danse.*

16 nov. – 19 nov. 94 — **Pierre Dac, mon maître soixante trois, de Pierre Dac.** Adaption et dialogues : Jacques Pessis, mise en scène, décor et costumes : Jérôme Savary. 20h30. *Grand Théâtre.*

21 nov. – 23 nov. 94 — **La vie est courte (création).** Texte et mise en scène : Jacques Rebotier 20h30. *Petit Théâtre.*

24 nov. – 26 nov. 94 — **Ulysse à l'envers.** Création et mise en scène : Wladyslaw Znorko. Un conte des îles Blasket. 20h30. *Grand Théâtre*

5 et 6 jan. 95 — **Hanna, de Levent Beskardes.** Par l'International Visual Théâtre. Jeudi : 20h30. Vendredi : 14h30 et 20h30. *Petit Théâtre.*

24 jan. – 26 jan. 95 — **Choral, d'après Journal de Kafka.** Mise en scène et scénographie. François Tanguy. Par le Théâtre du Radeau. 20h30. *Grand Théâtre*

VARIETES

21 nov. 94 — **William Sheller.** 20h30. *Grand Théâtre*

3 déc. 94 — **Jango Edwards.** 20h30. *Grand Théâtre.*

24 jan. 95 — **Jean-Luc Roumier.** 21h. *Cabaret Vauban.*

8 fév. – 10 fév. 95 — **Les nuits Silex.** 21h. *Cabaret Vauban.*

14 mars 95 — **Font et Val.** 20h30. *Grand Théâtre.*

30 mars 95 — **Manu Lann Huel.** 20h30. *Petit Théâtre.*

1er avr. 95 — **La si jolie vie de Sylvie Jolie.** 20h30. *Grand Théâtre.*

DIVERS

15 et 16 oct. 94 — **Journée du goût.** Samedi: 14h et 17h – Dimanche : 16h. *Salons de restauration du Quartz.*

FESTIVALS

Festival du film court – 90

7 nov. – 13 nov. 94 — **Compétition européenne de films courts.**

Guide des programmes culturels, Saison 1994–1995, Ministère de la Culture

4.8

Entrez, vous avez la clé...

3615 [1] Culture : le nouveau service télématique du Ministère de la Culture et de la Francophonie

Clair, unique, rapide, 3615 Culture vous propose :

- les informations que vous recherchez sur l'actualité artistique, partout en France, avec tous les programmes des festivals, musées, théâtres, lieux de spectacles, monuments historiques...
- des services pratiques comme la réservation pour les théâtres, concerts ou grandes expositions, la commande de reproduction des objets des musées nationaux, les petites annonces et offres d'emploi, les filières de formation aux métiers de la culture, ...

3615 Culture : 8 rubriques pour entrer dans la vie culturelle.

VOUS RECHERCHEZ...	RUBRIQUES 3615 CULTURE
• Spectacles, expositions, festivals	*Tous les programmes*
• Châteaux, abbayes, jardins	*Visitez les monuments historiques*
• Places pour les spectacles et expositions	*Réservez pour ...*
• Objets des musées nationaux	*Commandez les reproductions*
• Infos sur le Ministère de la Culture et de la Francophonie	*Découvrez le Ministère*
• Infos pratiques, juridiques, professionnelles	*Informations artistes*
• Infos formation, petites annonces, métiers de la Culture, Carte musées et monuments	*A votre service*
• Infos sur la vie culturelle partout en France	*Actualités et événements*

" l'art de s'informer "

FRANCOM Photo : Myr Muratet

Ministère de la Culture

1 3615: (ce numéro donne accès au Minitel, petit ordinateur relié aux lignes téléphoniques, très utilisé en France)

Le guide culturel de l'été 1994, Ministère de la Culture

4.9 Les Flâneries musicales de Reims

4.11

4.10

Télérama **[1]**

Ministère de la Culture

---

1 Télérama: (nom du principal hebdomadaire français donnant les programmes de la télévision et publiant des articles sur les médias)

Le budget de la Culture

4.12 L'exception française

«Une politique culturelle? Mais nous n'en avons pas!» Directeur des programmes du National Endowment for the Arts (organisme américain qui s'apparente à notre ministère de la Culture), A.B. Spellman ouvre des yeux ronds. «Notre rôle se borne à attribuer des subventions et nous disposons, pour cela, d'environ 3.70 francs par habitant. » **[1]** Le budget du NEA était d'ailleurs en baisse de 2 % cette année, à 870 millions de francs (dont 360 dépensés en frais de fonctionnement) : «C'est 100 millions de moins que ce que le gouvernement fédéral consacre aux orchestres militaires...»
Au sein des dix-huit programmes suivis par le NEA, un collège d'experts indépendants choisit les artistes selon des critères précis. Pour un écrivain, par exemple, le jury examine 1) ses mérites littéraires; 2) son origine raciale et culturelle ; 3) sa capacité à mener à bien le projet. A qualités artistiques équivalentes, un membre de minorité ethnique aurait-il plus de chances d'être aidé qu'un autre? «Dans un sens, oui, répond M. Spellman. La culture américaine est une culture d'immigration : nous devons reconnaître l'apport de chaque vague, des WASPs (White Anglo-Saxon Protestants) aux Asiatiques, car la richesse de notre pays tient à sa capacité d'absorption des cultures ethniques. » En Grande-Bretagne, l'Etat se montre tout aussi discret en matière culturelle. L'Arts Council définit, chaque année, de grandes orientations qu'il fait appliquer par une administration réduite à sa plus simple expression. Dans les pays fédéraux, les collectivités territoriales exercent un poids dominant. C'est le cas en Allemagne, où la politique nord-westphalienne n'a rien à voir avec la bavaroise ; il existe un collège des ministres de la Culture des Länder, et la tutelle générale est assurée par le ministère de l'intérieur fédéral. A un moindre degré, la situation est semblable en Autriche et en Suisse. L'État est de plus en plus démuni en Belgique, de même qu'en Espagne, où l'institution centrale tombe en décrépitude.

La France est le pays d'Europe où l'Etat est le plus impliqué : il prend en charge 30 % des financements publics. «Si l'on met à part les ex-pays de l'Est, souligne Augustin Girard, président du Comité d'histoire du ministère de la Culture, nous sommes dans le peloton de tête mondial pour les dépenses publiques par habitant, et le premier en valeur absolue. »
B.L. (avec Colombe Schmeck)

Télérama 16.11.94

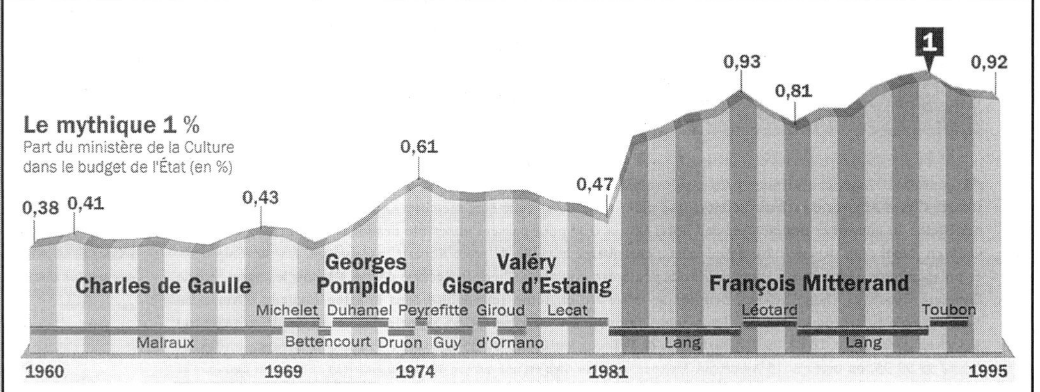

Le seuil symbolique de 1 % n'a été atteint qu'une fois (et pendant un mois seulement !). L'effort en faveur de la culture se lit dans le budget voté pour l'année suivante : les périodes les plus fastes correspondent à la rencontre de la volonté d'un président et du dynamisme d'un ministre (Pompidou-Duhamel de 1972 à 1974, Mitterrand-Lang à partir de 1982).

1 En 1990, le ministère français de la Culture dépensait à lui seul 185 francs par habitant

SUJET DE REFLEXION

1% du budget de l'État pour la politique culturelle, est-ce, selon vous, un idéal à atteindre ou un luxe dont les sociétés d'aujourd'hui, confrontées à bien d'autres demandes budgétaires, devraient se passer?

Selon l'article 'L'exception française', cet objectif semble prioritaire en France. Pourquoi cette situation existe-t-elle en France, à la différence d'autres pays? ■

4.13

Pourvu que ça dure![1]

ERIC BARDON COMEDIEN 19 ANS | BOB TWENSY MUSICIEN 23 ANS | YUMI SHIMADA STYLISTE 24 ANS | JACK LANG MINISTRE 46 ANS | SOPHIE PASQUET ILLUSTRATRICE 26 ANS

Nous sommes déjà dans les années 90 ! Gardons notre longueur d'avance !

Nous, créateurs de formes, d'images, de sons, d'émotions, de rêves, mais aussi créateurs d'entreprises culturelles, d'emplois et de plus-value, nous participons à notre manière et avec notre talent au prestige de la France et à sa vitalité économique : la création et l'entreprise sont enfin mariés !

Notre patrie, c'est la création, la liberté d'expression, l'initiative, l'audace, l'insolence et le sens de la fête. De la peinture à la B.D., du rock à la musique classique, du théâtre à l'art culinaire, de la vidéo au cinéma... Nos territoires n'ont plus de limites.
Culture = *cultures*.

Aujourd'hui en France, plus que jamais nous sommes reconnus, valorisés et aidés sans être assistés.

Aujourd'hui en France, **nos droits sont affirmés !**

Aujourd'hui la France confirme sa tradition de terre d'accueil des artistes de tous les pays pour qu'ils puissent s'exprimer librement.

Nous croyons fermement au mélange et au métissage culturel !

Cet élan, il est porté par les centaines de mille qui ont participé à la Fête de la Musique, à la Fête du Cinéma, aux Oscars de la Mode, aux Victoires de la Musique et qui ont couru les grandes expositions et les concerts. Ne le laissons pas retomber.

La création c'est la vie !

Cet élan n'est pas le simple fait du hasard, mais l'aboutissement d'une grande politique culturelle, de moyens financiers importants, et surtout de la mobilisation de tous les acteurs de la création. Ne le laissons pas retomber.

Pour que vive la création.

Bravo Jack Lang ! pour avoir relevé le défi de l'imagination et de l'ouverture.

Il faut que ça dure.

Cette vocation de la France, nos droits, nos ambitions, nos espoirs et nos rêves : nous y tenons !

Il faut que ça dure

dans R. Desneux, Jack Lang, la culture en mouvement

1 "Pourvu que ça dure!": (expression que l'on associe avec la mère de Napoléon 1er inquiète de l'ascension rapide de son fils. Cette phrase est souvent citée pour exprimer pessimisme ou scepticisme)

L'architecture, symbole de l'art officiel français

"À la réussite de son architecture se juge une civilisation. Réussirons-nous à construire dans l'espace et à sculpter dans la matière notre projet de culture? De toute mon énergie, je m'y emploierai."

François Mitterrand

Le président Pompidou s'était lancé dans la construction d'un musée. Après lui, les autres présidents de la Vème République tentent de laisser leur marque architecturale sur la capitale française. C'est M. Mitterrand qui, à partir de 1981, s'engage dans cette voie avec un enthousiasme inconnu depuis l'époque des années 1860 à 1870 où le baron Haussmann avait transformé les rues de Paris:

"... je veux que tout Français puisse approcher la beauté".

La France se lance avec une audace inégalée dans une folle aventure architecturale.

La Géode

L'Institut du Monde Arabe

Le Centre Beaubourg

4.14 *La Grande Arche*, un monument et des bureaux

Révolutionnaire à l'extérieur, classique à l'intérieur

Décidément, les Français sont incorrigibles. Après Versailles et ses ors, la Grande Arche et ses ascenseurs. Les rois de l'épate!» **[1]** Admiratif et un peu vexé de l'être, ce conseiller du Premier ministre britannique venu reconnaître les lieux avant le grand jour n'en finit pas de lever le nez, les cheveux dans la figure sous le vent de La Défense. Au loin, Paris et l'Arc de triomphe, quasiment dans la perspective.

Planté sur cette esplanade tracée au cordeau **[2]**, il observe l'immeuble de 110 mètres de haut, grand cube évidé capable d'abriter Notre-Dame de Paris. Mais cette arche de marbre blanc et gris, colosse au dessin rigoureux, puritain, dur et froid, donne aussi, étrangement, une impression de légèreté et de pureté. «C'est un projet du président François Mitterrand», se murmure-t-il à lui-même, comme pour opposer au libéralisme économe de Maggie **[3]** le prestige des symboles voulus par le socialisme français. [. . .]

Quatre lauréats sur 425 projets, choisis en huit jours «marathon» par un jury international installé au sommet de la tour Fiat. Le 25 mai 1983, un communiqué de la présidence retient Johan Otto von Sprechkelsen, un architecte danois de 54 ans, directeur du département d'architecture de l'Académie royale des beaux-arts, inconnu en France et aujourd'hui décédé. Il s'associe avec Paul Andreu, l'auteur de Roissy.

La Tête Défense sera donc cette arche colossale : une fenêtre ouverte sur l'avenir, avec en son sein un nuage de toile qui la ramène à une échelle humaine. Autour d'elle, une série d'immeubles bas, les Collines, destinés à compléter le programme de bureaux (134 000 mètres carrés au total). Un projet qui coûtera plus de 3,6 milliards de francs, dont 2,5 milliards pour la seule Grande Arche.

La maîtrise d'ouvrage de l'ensemble est confiée, en septembre 1984, à une société d'économie mixte regroupant l'Etat (34 %), la Caisse des dépôts et consignations (25 %), plusieurs banques (le Crédit lyonnais et la Banexi, chacun pour 10 %), ainsi que des compagnies d'assurances, l'INA et l'Epad. Mais c'est à Bouygues que reviendra la mission de réaliser une première dans la construction : couler, à 100 mètres de hauteur, la dalle de béton qui servira de toit. Saint-Gobain se chargera des glaces adaptées aux ouvertures de neuf mètres carrés. Otis, de son côté, devra concevoir les ascenseurs panoramiques, portés par une tour de quatre-vingt-dix mètres de haut en acier inoxydable. Un défi technologique, ce grand cube. Son créateur a voulu, en effet, un monument en béton et non pas une charpente métallique recouverte de marbre, d'aluminium et de vitrages. Le cube, conçu comme un cadre rigide précontraint, appuie ses 300 000 tonnes sur douze piles énormes, véritables colonnes de Karnak **[4]**, enfouies à quatorze mètres dans le sol. Edification d'autant plus difficile que la Tête Défense est bâtie sur un sous-sol encombré, avec les deux futures voies de l'autoroute A14, les trois tunnels souterrains du RER **[5]** un parking et l'extrémité de la gare SNCF. Seules deux lignes parallèles à quatre-vingt mètres de distance, légèrement décalées de six degrés par rapport à l'axe historique, échappent à cet écheveau **[6]**. Elles portent l'Arche et expliquent son aspect «désaxé», qui répondrait à celui de la Cour carrée du Louvre. . . Jusqu'où les volumes vont se chercher! **[7]** Mais la création architecturale de la coquille contraste avec le classicisme de l'intérieur.

A priori, l'architecture de cet immeuble «intelligent» se prête à une exploitation commerciale. Le toit et le socle offrent de vastes espaces d'exposition, les deux parois verticales, hautes de trente-cinq étages, disposent chacune de 42 000 mètres carrés de bureaux. Sans grande originalité. L'Arche se contente d'être un immeuble de la troisième génération : les bureaux sont dits de «premier jour», chacun pouvant disposer d'une fenêtre. La technologie est celle d'un immeuble «semi-intelligent» et n'est pas supérieure à celle couramment utilisée dans les tours de La Défense datant des années 80: antennes paraboliques, câbles. . . Seules deux peintures de Jean Dewasne, spécialiste des «murs monumentaux», apportent un peu de fantaisie aux espaces communs en déployant leurs couleurs vives et leur graphisme dynamique sur toute la hauteur du monument. [. . .]

Une grande partie des locaux est donc déjà affectée. . . au service public. Le Belvédère sera ouvert au public le 15 août et, dès le 26 août, la Fondation pour les droits de l'homme, qui a pris la suite du Carrefour de la communication mort-né, s'installera dans le toit avec une exposition sur les réfugiés. Le ministère de l'Equipement occupera, à partir de l'automne, la paroi sud et un des immeubles des Collines. Mais il reste encore de la place dans les bureaux de la paroi nord. Pourvu que l'on soit prêt à payer le prix. A 2 800 francs le mètres carré (plus 550 francs de charges), l'Arche est un immeuble cher pour La Défense, où les loyers dépassent rarement 2 000 francs le mètre carré. «Mais ce n'est pas un immeuble qui s'intègre à ce marché, explique-t-on chez Auguste Thouard. C'est une adresse de prestige qui doit être comparée aux bureaux du célèbre "triangle d'or" **[8]**. Or le mètre carré avenue Montaigne coûte quelque 3 700 francs. » L'arrivée de Vuitton **[9]**, qui vient de louer quatre étages, soit une surface de 5 000 mètres carrés, pour installer son siège social, conforte d'ailleurs cette approche. L'Arche de La Défense, symbole de la grandeur républicaine des années 80, deviendra-t-elle le temple du luxe?

Le Nouvel Economiste

1 rois de l'épate: (personnes qui aiment stupéfier, étonner)
2 cordeau: (petite corde que l'on tend pour obtenir une ligne droite)
3 Maggie: Margaret Thatcher
4 Karnak: (site de nombreux temples en Haute-Égypte)
5 RER: Réseau Express Régional (système de transport parisien qui complète le métro et qui permet des trajets rapides dans la grande banlieue parisienne)
6 échappent à cet écheveau: ne sont pas situées dans le réseau (décrit plus haut)
7 Jusqu'où les volumes vont se chercher!: N'est-il pas surprenant que le volume et la disposition spatiale de l'Arche et de la Cour carrée se correspondent l'un à l'autre?
8 le triangle d'or: (partie de Paris où les prix de vente des appartements et des immeubles sont les plus élevés)
9 Vuitton: (entreprise française spécialisée dans les bagages de luxe)

Il s'agit ici des aménagements souterrains du musée du Louvre et de la rénovation de l'aile Richelieu, inaugurée en 1993.

4.15 Musée du Louvre

Grandissime!

Deux cents ans après sa création, le premier musée de France s'offre une aile supplémentaire, l'aile Richelieu. Il peut ainsi prétendre au titre de plus grand musée du monde. C'est un événement culturel essentiel.

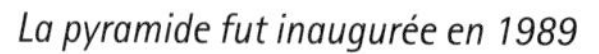
La pyramide fut inaugurée en 1989

Politesse des rois, l'exactitude **[1]** est aussi devenue celle du monarque républicain... François Mitterrand a inauguré, jeudi, un Louvre nouveau, deux siècles exactement après la Convention, qui, le 18 novembre 1793, avait ouvert – définitivement – les ex-collections royales au public. Le premier musée de France, vieille demeure capétienne **[2]** recrue **[3]** d'Histoire, s'offre donc une aile supplémentaire – l'aile Richelieu – comme pour bien marquer qu'il s'agit, pour lui, aujourd'hui de prendre un nouveau départ. D'ici à 1997, année de l'achèvement des travaux, le Grand Louvre aura ainsi doublé ses surfaces d'exposition. Il peut prétendre, dès maintenant, au titre de plus grand musée du monde.

Plus de 20 000 mètres carrés de surface supplémentaire, l'équivalent du Musée d'Orsay, 12 000 œuvres nouvellement installées, de la minusculissime plaque d'ivoire sculptée de quelques grammes au colossal taureau de pierre de 30 tonnes, 4 000 peintures, sculptures ou objets d'art sortis de l'obscurité des réserves, des centaines de compétences, du manœuvre au conservateur, mobilisées depuis des années : l'ouverture de l'aile Richelieu est l'événement culturel essentiel de cette fin de septennat.

C'est un Louvre métamorphosé qui a conquis les anciens locaux du ministère des Finances. [...] Comment animer cette coquille entièrement vidée – à l'exception des escaliers monumentaux, de quelques cheminées et des anciens et somptueux appartements du duc de Morny – sans pour autant abdiquer toute ambition architecturale?

La solution imaginée par les architectes – Ieoh Ming Pei, assisté de Michel Macary et de Jean-Michel Wilmotte – tient en deux mots : lumière et simplicité. A quelques ratures près, les volumes inventés par le trio franco-américain restent dans le registre sobre et rigoureux des dessous de la pyramide. [...] C'est le pragmatisme qui l'a emporté. Locaux techniques plaqués de métal gris. Escalators légers : le Musée est un écrin discret. Seules les œuvres ont le droit de briller.

Une lumière naturelle très réussie

Du reste, ce sont elles qui absorbent tout l'éclat d'une lumière promue au rang de premier partenaire du Louvre. Elle sourd de partout. Des baies, des portes. Et d'abord du toit. Un astucieux système de répartition de la clarté, artificiellement compensé si besoin, permet de baigner les collections de peintures à l'exception de quelques salles hollandaises dans une lumière naturelle très réussie [...]

Le Point

1 Politesse des rois: (citation abrégée d'un proverbe qui dit "L'exactitude est la politesse des rois" et qui est souvent cité pour exprimer la désapprobation lorsqu'une personne arrive en retard)
2 capétienne: (nom donné à la dynastie de rois de France de 987 à 1328)
3 recrue: chargée

4.16

(M. Balladur, alors ministre de l'Économie et des Finances, est obligé de quitter le Louvre où étaient situés les locaux de son ministère avant leur réintégration au musée. Les caricaturistes ont toujours mis l'accent sur les tendances monarchistes que l'on retrouve à la fois chez M. Mitterrand et M. Balladur.)

dessin de Plantu paru dans Le Monde, Paris

La domination anglo-saxonne

"C'est blesser un peuple au plus profond de lui-même que de l'atteindre dans sa culture et sa langue. Nous proclamons le droit à la différence."

François Mitterrand

Or, pour les gouvernements français qui se succèdent après 1981, ce droit à la différence est de plus en plus menacé, notamment dans le domaine de la culture populaire (cinéma, télévision, chanson) où l'influence anglo-saxonne devient, à leur avis, trop dominante.

Une culture française, fondée sur la langue française, c'est ce que la France va, bec et ongles **[1]**, essayer de défendre. En la personne de son ministre de la Culture, Jack Lang, elle se place tout naturellement à l'avant-garde du protectionnisme culturel. Elle fait imposer des quotas d'émissions européennes à la télévision ainsi que des quotas de chansons françaises à la radio. Elle fait surtout accepter le concept "d'exception culturelle" en décembre 1993, lors des négociations du GATT, s'opposant ainsi au libéralisme que tentent d'imposer les Américains.

1 bec et ongles: avec la plus grande énergie

4.17 Discours de Jack Lang à Mexico lors d'une conférence de l'UNESCO sur les politiques culturelles, le 27 juillet 1982

Premier point – Trop souvent, Chers Collègues, nos discours sur les rapports Nord-Sud restent des discours et trop souvent nos pays, et je dirais tous nos pays, acceptent passivement, trop passivement, une certaine invasion, une certaine submersion d'images fabriquées à l'extérieur et de musiques standardisées. J'ai sous les yeux un tableau, rassurez-vous je ne le lirai pas, mais je le communiquerai à qui le veut, un tableau accablant pour nous tous. Il décrit les programmations télévisées dans chacun de nos pays. On observe que la majorité des programmations sont assurées par ces productions standardisées, stéréotypées qui, naturellement, rabotent les cultures nationales **[1]** et véhiculent un mode uniformisé de vie que l'on voudrait imposer à la planète entière. Au fond, il s'agit là d'une modalité d'intervention dans les affaires intérieures des États, ou plus exactement d'une modalité d'intervention plus grave encore, dans les consciences des citoyens des États. Je me dis toujours et quand je parle ainsi je m'adresse aussi à mon propre pays qui pourtant a mieux résisté que d'autres, pourquoi accepter ce rabotage? Pourquoi accepter ce nivellement? Est-ce là vraiment le destin de l'humanité? Le même film, la même musique, le même habillement? Allons-nous rester longtemps bras ballants? **[2]** Nos pays sont-ils des passoires et doivent-ils accepter, sans réagir, ce bombardement d'images? Et sans aucune réciprocité? Notre destin est-il de devenir les vassaux de l'immense empire du profit? Nous souhaitons que cette conférence soit l'occasion pour les peuples, à travers leurs gouvernements, les peuples, d'appeler à une véritable assistance culturelle. A une véritable croisade de cette domination contre – appelons les choses par leur nom – cet impérialisme financier et intellectuel.

Cet impérialisme financier et intellectuel ne s'approprie plus les territoires ou rarement; il s'approprie les consciences, il s'approprie les modes de penser, il s'approprie les modes de vivre. Notre cher Collègue Britannique parlait à l'instant de liberté : oui à la liberté, mais quelle liberté? La liberté comme nous disons en France du renard dans le poulailler qui peut dévorer les poules sans défense à sa guise? Quelle liberté? Une liberté à sens unique ou une liberté partagée? Mais il ne suffit pas vous le savez bien, chers Collègues, comme je le fais à l'instant de proférer un discours incantatoire. Il faut agir. Et il faudrait que notre conférence soit l'un des moments de notre action. Si nous ne voulons pas demain devenir les hommes sandwich **[3]** des multinationales il faut que nous prenions des décisions, des décisions courageuses. Par exemple, dans le secteur audio-visuel. Il est indispensable que chacun de nos pays prenne des décisions. Il faudrait, par exemple, qu'une des résolutions de cette conférence convie nos gouvernements respectifs à inviter leurs médias et leurs télévisions à diversifier leur programmation télévisée, et à décoloniser les chaînes de télévision et de radio.

Et puis nous pouvons mieux travailler ensemble, je veux dire nous associer davantage, les peuples libres. Par exemple, en matière de cinéma et de télévision coproduire, échanger; et depuis quelque temps, nous avons proposé à des pays amis ici présents, de nous engager dans de vastes programmes de coproduction et d'échange et pas à sens unique. Et puis, il y a, toujours par rapport à cette domination financière, notre attitude face aux technologies nouvelles. Naturellement il ne faut pas les fuir – elles sont là – mais nous emparer d'elles avant qu'elles ne s'emparent de nos consciences, les maîtriser pour gouverner l'avenir et pour ne pas être le

1 rabotent les cultures nationales: rendent toutes les cultures nationales semblables
2 bras ballants: les bras se balançant (dans une position d'attente plus que d'action)
3 hommes sandwich: (personnes qui circulent dans les rues en portant deux placards publicitaires, l'un devant, l'autre derrière)

jouet de cette technologie. François Mitterrand faisait observer très justement voici quelques mois qu'aujourd'hui avec ces technologies nouvelles, nos citoyens connaissent beaucoup mieux le visage de Brejnev et de Reagan – tant mieux pour l'un et l'autre – que le visage de notre voisin de palier. Et c'est vrai qu'il est navrant que cette technologie ne serve pas à un dialogue neuf entre les citoyens, mais soit simplement l'occasion d'une consommation passive et par conséquent aliénante. Je dirai aussi, c'est ce que nous avons tenté d'entamer depuis un an pour mieux résister à ce colonialisme financier: nouons entre pays de culture voisine des alliances fortes. Naturellement tout cela dépend de chacune de nos traditions. Je parle pour la France : nos alliés immédiatement naturels avec lesquels nous pouvons nouer des alliances culturelles fortes, ce sont d'abord les pays d'Europe. Or de ce point de vue si vous savez dans quel état se trouve la construction de l'Europe culturelle... il y a beaucoup à faire. La première réunion des ministres se tiendra seulement au mois de septembre prochain à Naples, à l'initiative de la France et de l'Italie. Pour nous aussi Français, une autre alliance immédiate est celle avec les pays méditerranéens. A l'invitation de notre chère amie Mélina Mercouri **[4]** nous nous sommes réunis, voici quelques mois, dans la belle île d'Hydra, avec une grande communauté d'intellectuels de tous les pays de la Méditerranée. Il y a aussi pour nous Français, tous les pays francophones et au-delà les pays d'expression latine d'Afrique, d'Amérique, d'Asie et d'Europe. Bref, je crois qu'il appartient à chacun de nos pays de s'organiser avec les autres pour opposer à l'internationale des groupes financiers, l'internationale des peuples de culture. Nous ne combattrons cette entreprise de désalphabétisation qu'en nous regroupant, qu'en nous alliant et en construisant concrètement des moyens de riposte.

[...]

Pour conclure ce premier point, je dirai que l'on ne peut pas ne pas être triste en pensant que certaines grandes nations, certains grands pays nous ont enseigné la liberté et ont appelé les peuples à se soulever contre l'oppression, alors qu'aujourd'hui, provisoirement nous l'espérons, certaines de ces nations puissantes n'ont d'autre morale que celle du profit et cherchent à imposer une culture uniformisée à la planète entière, cherchent à dicter leurs lois aux pays libres et indépendants. Je suis heureux d'apprendre que dans un mouvement de dignité, des pays d'Europe se soient ressaisis pour dire non à une grande puissance qui entendait interdire – à la France et à d'autres pays libres d'Europe – de conclure des accords commerciaux avec des pays de leur choix. Une puissance qui abuse de son pouvoir connaît la décadence, et notre espoir est que bientôt des rapports plus équitables, des rapport plus justes, des rapports plus respectueux, des indépendances nationales s'établissent sur le plan financier comme sur le plan politique et culturel.

Deuxième aspect de ce thème général «Culture et Économie» : la création peut être le moteur de la renaissance économique. Je dirai, pour parler vite et en reprenant ce que monsieur le Premier ministre de Tunisie évoquait hier lorsqu'il disait que la politique culturelle conçue au sens large n'est pas seulement l'affaire du ministre de la Culture que nous devons avoir en cette période historique une conception offensive et élargie de la culture. Pour reprendre un mot de Nietzche «l'art ne doit pas être un colifichet que l'on accroche ici, là, pour faire joli». L'art et la création doivent occuper au contraire dans nos sociétés une place centrale et non pas seulement ornementale ou décorative. L'art est d'abord art de vivre et doit comme tel recevoir plein droit de cité dans chacun de nos pays. Le droit à la beauté est un droit du peuple et par conséquent, c'est un devoir pour les gouvernants et pour les gouvernements que d'en assurer l'exercice effectif. Un de nos grands poètes, René Char, disait récemment ceci : «Dans nos ténèbres, il n'y a pas une place pour la beauté, toute la place est pour la beauté». Cette conviction simple correspond à une politique très nouvelle pour nous en tout cas, qui s'est traduite par beaucoup de décisions que je ne peux toutes expliquer et exposer ici : doublement du budget de la culture, irrigation de l'ensemble du territoire par un vaste réseau de centres de création, encouragement à toutes les formes de la création, soutien actif aux industries culturelles et nationales : cinéma, livre, disque.

[...]

Pourquoi cette importance de la culture? Parce que précisément elle peut être l'une des réponses à la crise, car cette crise économique est d'abord en nous, elle est d'abord dans nos têtes et dans nos cœurs, elle est dans un comportement mental. Ou bien l'on croit que cette crise est une malédiction quasi divine face à laquelle rien ne peut être entrepris et alors on baisse les bras. Ou bien on croit que cette crise est en nous et alors, avec notre volonté, nous pouvons la juguler et alors nous donnons aux forces de l'esprit, aux forces de l'invention, aux forces de la création, priorité dans le combat social, priorité pour construire l'avenir. Une société qui ne crée pas meurt. Une société qui retrouve le sens de l'invention et de la création pourra redonner à chacun de nos pays l'idéal mobilisateur dont nous avons besoin pour vaincre la crise, et au fond, ces principales ressources, elles sont là, en nous-mêmes, et les gisements inexplorés de notre intelligence sont immenses.

[...]

dans R. Desneux, Jack Lang, la culture en mouvement

4 Mélina Mercouri: (actrice et chanteuse, décédée en 1994, elle devient ministre de la Culture dans le gouvernement socialiste grec après avoir passé de nombreuses années d'exil en France)

SUJET DE REFLEXION

"On observe que la majorité des programmations sont assurées par des productions standardisées, stéréotypées qui, naturellement, rabotent les cultures nationales et véhiculent un mode uniformisé de vie que l'on voudrait imposer à la planète entière".

"Notre cher Collègue Britannique parlait à l'instant de liberté: oui à la liberté, mais quelle liberté? La liberté [. . .] du renard dans le poulailler [. . .]?"

Deux conceptions de l'audio-visuel sont présentées par Jack Lang. En pensant particulièrement aux programmes de la télévision, définissez ce que Jack Lang veut dire quand il parle de la thèse de la liberté défendue par les Britanniques. Selon vous, a-t-il raison de dire que la liberté prônée par le ministre britannique est celle du renard dans le poulailler? ■

4.18 Cinéma et anti-américanisme

Deux jours plus tard, [Jack Lang] fait la une **[1]** du *Journal du Dimanche*. Il annonce publiquement son refus d'assister au Festival du Cinéma Américain de Deauville : «Ne comptez pas sur moi pour la promotion du cinéma américain! Nous ne sommes pas anti-américains à tout crin **[2]**, mais il faut bien reconnaître que le cinéma américain s'appuie sur un réseau mondial de distribution puissant.» Il ajoute : «Une riposte et une stratégie doivent être prévues au niveau européen. . . Nous voulons défendre notre art de vivre et non pas nous laisser imposer un modèle extérieur appauvrissant et standardisé.»

Jack Lang affirme aujourd'hui qu'il n'avait pas l'intention de provoquer une polémique. Mais il ne désavouera jamais ses déclarations. Et la polémique fait rage. Les journaux et la télévision reprennent ses propos. Les Américains protestent. Deauville sombre dans la déprime.

Ayant pour belle-sœur la productrice Christine Gouze-Renal, mariée à l'acteur Roger Hanin, François Mitterrand attache une importance particulière au cinéma. L'Elysée souhaite qu'on agisse dans ce domaine, et Jack Lang demande un rapport à Jean-Denis Bredin sur la question.

Parmi les membres de la commission qui assiste Jean-Denis Bredin, se trouve Bertrand Tavernier **[3]** [. . .]. Il déclare, à son tour, au *Journal du Dimanche* : «Les Américains ont déjà tous les moyens!» Il s'indigne de ce que seule leur puissance commerciale permette à leur production, «débilitante, peu stimulante», de se tailler une part conséquente du marché : un franc sur trois dépensé dans les salles françaises leur appartient.

Peu de temps après toutes ces déclarations, *Le Monde* publie un manifeste anti-américain émanant d'un «Comité pour l'Identité Nationale». On trouve dans ce comité un certain nombre d'amis de Nancy **[4]**, qui semblent avoir concerté leur initiative avec la rue de Valois **[5]**. Le Comité félicite Jack Lang d'avoir «remis en question la place du cinéma étranger dans nos salles et sur nos écrans de télévision», et dénonce l'«organisation tentaculaire» du cinéma américain. «La colonisation culturelle de la France par le cinéma américain, comme par la chanson américaine» porte atteinte à «l'identité nationale», dont l'«abandon à des intérêts étrangers entraîne inévitablement une certaine déculturation, notamment de la jeunesse».

Pour exorciser le mal, le comité demande que trois films sur cinq présentés à la télévision soient des œuvres françaises. Les films américains seront limités à 20 % du temps d'antenne, et l'on devra favoriser les cinéastes indépendants par rapport aux grands studios hollywoodiens.

La question de l'impérialisme du cinéma américain a été débattue à Hyères dans ces termes. Mais le manifeste du *Monde* va plus loin, plaçant la question des quotas télévisés au centre du débat. Selon le comité, les films américains, assimilés à une drogue, doivent être offerts au public à dose réduite, et strictement contrôlée. L'analogie avec la drogue devient explicite lorsque le réalisateur Gérard Blain s'en prend, dans *Le Monde*, au «Poison Américain» : «C'est par les films made in Hollywood que l'Amérique infuse son venin dans l'esprit des peuples, qu'elle leur impose insidieusement mais profondément ses stéréotypes et que littéralement elle les dévitalise.»

C'est aller un peu loin, et Jack Lang saisit l'occasion de se démarquer des discours extrémistes. Il invite le grand cinéaste américain King Vidor rue de Valois, le 6 octobre, et le fait Commandeur des Arts et des Lettres. Il déclare à la presse que «jamais, au grand jamais, un dirigeant français ne peut manifester un quelconque mépris, ni de la défiance vis-à-vis de l'art cinématrophique américain». D'un côté il y a des artistes comme King Vidor, de l'autre des «marchands de soupe», explique-t-il avec ce large sourire et ce hochement de tête ironique qu'on lui connaît bien. Qu'on ne lui cherche pas querelle sur ce sujet! Il a souffert pour des Américains, pour Bob Wilson à Chaillot, pour le «Bread and Puppet Theater» à Nancy! Il aime les créateurs, quelle que soit leur nationalité!

Mais il retient le principe des quotas proposés par le «Comité pour l'Identité Nationale». Désormais, sa politique du cinéma consistera, au nom de l'identité culturelle, à réserver une place privilégiée aux films français, sur le grand et le petit écran. Jack Lang défendra les quotas jusqu'à la fin des années 80. C'est seulement lorsque leur coût politique sera devenu trop élevé qu'il cessera d'y croire lui-même.

Pour ingénieux qu'il soit, l'anti-américanisme de Jack Lang n'est pas sans danger. Un éditorialiste du *Monde* s'en étonne dans son introduction à l'article de Gérard Blain : «Jamais on n'a autant parlé d'identité nationale.» Pour la première fois, la gauche se lance dans une attaque bruyante et implacable contre l'invasion étrangère.

Certes, les socialistes ont pris un grand risque en régularisant, le 11 août, la situation des quelque 150 000 immigrés clandestins, au grand dam de la droite. Jack Lang a salué cette mesure. Mais il y a là une contradiction qui n'échappe pas à Jean-Paul Enthoven, du *Nouvel Observateur :* «Puisque la France, redevenue terre d'asile, veut accorder le droit de vote aux étrangers qui vivent et travaillent sur son sol, les œillères dont a cru s'affubler notre ministre **[6]** – qu'il faudra peut-être appeler Jacques pour ne pas être suspecté d'allégeance yankee – surprennent. Elles semblent, en tout point, contraires à l'ouverture au monde... qui nous était enfin promise.»

Les partisans du protectionnisme culturel ne désarment pas. Gérard Blain le fait clairement savoir au ministre : «Il faut que monsieur Jack Lang sache bien qu'en boycottant le Festival de Deauville, il a réveillé en nous l'espoir d'une libération culturelle. Il n'a plus le droit de nous décevoir.»

[...]

M. Hunter, Les jours les plus Lang

1. fait la une: apparaît en première page
2. à tout crin: acharnés
3. Bertrand Tavernier: (metteur en scène français de *L'Horloger de Saint-Paul* (1973), *Que la fête commence* (1975), *Un dimanche à la campagne* (1987), *La vie et rien d'autre* (1989))
4. amis de Nancy: (avant de devenir ministre, Jack Lang dirigeait le théâtre de Nancy)
5. rue de Valois: (adresse du ministère de la Culture. Habitude française d'appeler un ministère par son adresse)
6. les oeillères dont a cru s'affubler notre ministre: l'étroitesse d'esprit que le ministre a montrée, car il croyait que c'était son devoir. ('La phrase serait plus complète si elle disait 'les œillères dont a cru devoir s'affubler notre ministre')

SUJET DE REFLEXION

Pensez-vous, comme les Américains, que la culture est un "produit" comme les autres? Suivez-vous plutôt l'opinion des Français quand ils affirment qu'elle fait partie d'un domaine essentiel à protéger et qu'il existe "une exception culturelle"?

Maintenant, lisez le texte 4.19 et notez les arguments en faveur de l'une et de l'autre conceptions de la culture. ■

4.19 *La culture, valeur marchande*

[. . .]

La querelle, dont le dénouement approche, met aux prises **[1]** deux conceptions sans doute irréductibles de la culture, surgies à la faveur de la renégociation des accords internationaux sur le commerce. Les œuvres de l'esprit sont-elles des marchandises parmi d'autres? Comme telles, doivent-elle être soumises à la loi du libre-échange? Par réflexe et par calcul, les Américains répondent affirmativement. La France résiste, d'autant plus vigoureusement que cette évolution ébranle la conviction qu'elle a, depuis les frères Lumière **[2]**, de l'excellence de son cinéma. De la valeur de sa langue aussi, la querelle du GATT coïncidant – ce n'est pas un hasard – avec la mise en chantier d'un projet de loi visant à empêcher l'anglo-américain de parasiter un peu plus le français. Les Français ont la nostalgie de l'époque où Rivarol écrivait son *Discours de l'universalité de la langue française* (1784) sans que l'Europe trouve à le contredire. Le statut du français, c'est-à-dire de la culture française, s'est relativisé. Le coup est rude et exacerbe, dans les périodes d'interrogations identitaires, des tentations protectionnistes qui sont la négation même du concept de culture.

[. . .]

S'enrichir de la culture des autres sans renoncer à la sienne. La querelle du GATT (Accord général sur les tarifs douaniers et le commerce) montre que cette sagesse n'est pas la mieux partagée. Elle révèle parfois une fièvre obsidionale **[3]** dont l'expression, l'anti-américainisme, est une régression. Jacques Toubon, ministre de la culture, s'est distingué dans ce registre en affirmant que le film *Jurassic Park «menace l'identité française»*.

Le philosophe et académicien Michel Serres s'était illustré peu auparavant, en déclarant avoir remarqué «plus d'inscriptions anglo-américaines dans Paris qu'il y en avait en allemand sous l'Occupation».

L'irruption, dans les négociations sur le commerce international, de la culture comme valeur marchande étonnera seulement ceux qui ont oublié les prédictions de Marx et Engels dans leur Manifeste : «Par son exploitation du marché mondial, la bourgeoisie a rendu cosmopolites la production et la consommation de tous les pays [. . .]. Et ce pour les productions matérielles aussi bien que pour les productions intellectuelles». . .

Les Américains sont d'autant moins sensibles à cette évolution qu'ils dominent largement le marché de l'image. Leur savoir-faire les met à l'abri d'un phénomène qui, ailleurs, a tué le cinéma. Entre 1960 et 1990, il y a eu cinq fois moins de spectateurs en salle dans les pays d'Europe occidentale et huit fois moins au Japon. Aux Etats-Unis, cette baisse s'est à peine fait sentir.

Lorsque le génie culturel américain est moins manifeste, le libre jeu de l'offre et de la demande a, outre-Atlantique, des conséquences tragiques, auxquelles les Etats-Unis devraient, par analogie, se montrer sensibles. C'est le cas de l'édition, dont le sort a été abandonné là-bas aux lois du marché. La distribution des livres y est entre les mains de deux grandes chaînes, qui contrôlent plus de 60 % des librairies. Résultat : la librairie indépendante, celle qui fait vivre la littérature, est à l'agonie.

Le dialogue de sourds auquel semble voué le feuilleton du GATT a des racines profondes. Il ne s'agit pas seulement de gros sous. Aux Etats-Unis, depuis qu'Hollywood est Hollywood, un film est considéré comme un produit. En Europe comme une œuvre. D'où l'infirmité des Américains à accepter les contrepoids (fonds de soutien au cinéma, quotas de créations télévisuelles d'origine française ou européenne. . .) conçus de ce côté-ci de l'Atlantique pour sauvegarder une originalité audiovisuelle.

Les Américains n'ont pas découvert, à la faveur de cette dispute, les bénéfices, pour les œuvres de l'esprit, d'une économie protégée. Ils doivent à un tel mécanisme la survivance chez eux, en marge du *publishing business*, d'éditeurs de qualité, une centaine de Presses universitaires généreusement subventionnées (riches donateurs, fonds fédéraux, aides locales, etc). Pourquoi s'offusquent-ils que la France défende avec les mêmes remèdes son cinéma?

Car ils lui contestent ce droit. Peter Sutherland, le directeur général du GATT, a beau soutenir que, dans sa version actuelle, l'accord-cadre sur le commerce et les services (GATS) autorise Paris à se protéger de la déferlante d'images américaines, l'espoir des Etats-Unis est bel et bien d'obtenir des Européens le démantèlement des digues (subventions et quotas) que tolère cet accord-cadre.

Une déréglementation brouillonne

La France a su exploiter cette menace. Le moment approche sans doute où les pays de l'Union européenne et la Commission de Bruxelles revendiqueront officiellement une «exception» pour la culture, c'est-à-dire la mise entre parenthèse des mécanismes de libre-échange qui sont la raison d'être du GATT. [. . .]

Héraut de cette croisade, la France a su rallier à sa cause nombre d'Européens, comme l'a montré, vendredi 19 novembre, la rencontre en Espagne entre François Mitterrand et Felipe Gonzalez. Mais elle a convaincu aussi les pays francophones réunis récemment à l'Ile Maurice. Un soutien qui vaut absolution de la part d'Africains dont la colonisation n'a pas spécialement ménagé la culture. . . Pour providentiel qu'il soit, l'écho que rencontre cette croisade, jusque dans le tiers monde, ne dispense pas la France d'un examen de conscience. Si, certains soirs, les écrans français sont saturés de téléfilms américains, c'est le résultat de la multiplication des chaînes et des privatisations décidées par la droite en 1986. Entre cette époque et 1991, les ventes d'images *made in USA* ont atteint 518 millions de francs par an. Elles ne présentaient rien d'alarmant jusque-là. La majorité a beau jeu aujourd'hui de sonner le tocsin **[4]**. La France paie les conséquences d'une déréglementation brouillonne de son audiovisuel.

Remparts de papier

La bataille de l'«exception» doit être menée avec détermination pour qu'il ne soit pas dit que, malgré les apparences, la culture est à l'encan **[5]** soumise au plus offrant. Sans trop d'illusions, évidemment. On ne conjure pas une vague de fond avec des remparts de papier (un GATT renégocié même favorablement). Cette conclusion vaut pour le projet, conçu par Jacques Toubon, **[6]** de s'attaquer, après d'autres, à l'abâtardissement du français. Si la loi de 1975 «relative à la langue française», qu'il s'emploie à compléter, passe pour un échec, c'est qu'on ne réforme pas le verbe par décret.

Une langue, une culture, une civilisation, sont fortes de ce qu'elles ont à exprimer. C'est une stupidité de croire, comme on a pu le lire dans le *Wall Street Journal*, que la qualité du cinéma français se ressent d'être trop aidé. Mais c'est une illusion de penser qu'il garde une aura intacte à l'étranger. Francophile s'il en est, l'écrivain new-yorkais Jerome Charyn est de ceux qui s'en alarment. A *l'Express*, qui l'interrogeait récemment sur le GATT, il a fait cette réponse qui mérite d'être retenue par ceux qui, à juste titre souvent, mettent en cause l'«impérialisme» d'Hollywood : «Dans les années 60, les Américains passionnés de cinéma tenaient Truffaut et Godard pour des maîtres. La seule contre-offensive de l'Europe, aujourd'hui, serait de découvrir des réalisateurs de cette envergure.»

La bataille de l'«exception» a un sens. Il réside dans la capacité de la France à affirmer son magistère culturel. Non à développer une mentalité d'assiégé. Fellini, qui avait vu mourir le cinéma italien comme la France craint de perdre le sien, a plaidé mieux que quiconque pour l'universalité de la culture, un impératif catégorique, en rendant hommage au cinéma américain. «Il a été pour moi reconnaissait-il, davantage qu'un point de référence, un creuset des merveilles.»

Le Monde

1 met aux prises: oppose
2 les frères Lumière: (Auguste et Louis Lumière inventèrent le cinématographe en 1895. Ils sont considérés comme les inventeurs du cinéma)
3 obsidionale: (propre aux villes assiégées)
4 sonner le tocsin: donner l'alarme (en général en cas de guerre)
5 est à l'encan: est objet de traffic (vendu à celui qui offre le plus d'argent)
6 Jacques Toubon: (auteur d'une loi pour la protection du français contre l'anglais)

SUJET DE REFLEXION

En vous référant aux films français que vous connaissez, qu'est-ce qui, selon vous, rend un film français différent d'un film américain?

Vaut-il la peine de préserver cette différence à l'aide de subventions? Devrait-on imposer des conditions à l'obtention de ces subventions? Si oui, lesquelles? ■

4.20 Au cinéma ce soir

LES FILMS NOUVEAUX

CHARLIE. Film américain de Don Bluth, v.o. : Publicis Saint-Germain, 6e ; v.f. : Gaumont Les Halles, 1er ; Gaumont Opéra, 2e ; Rex 2e ; Gaumont Ambassade, 8e ; George V, 8e ; UGC Lyon Bastille, 12e ; Fauvette, 13e ; Gaumont Parnasse 14e ; Gaumont Alésia, 14e ; Les Monparnos, 14e ; Pathé Clichy, 18e.
CYRANO DE BERGERAC. Film français de Jean-Paul Rappeneau : Forum Horizon, 1er ; Pathé Hautefeuille, 6e ; UGC Danton, 6e ; UGC Montparnasse, 6e ; La Pagode, 7e ; Gaumont Ambassade, 8e ; UGC Normandie, 8e ; Paramount Opéra, 9e ; Les Nation, 12e ; UGC Lyon Bastille, 12e ; UGC Gobelins, 13e ; Miramar, 14e ; Mistral, 14e ; Kinopanorama, 15e ; UGC Convention, 15e ; UGC Maillot, 17e ; Pathé Wepler, 18e.
LE DÉCALOGUE 7, TU NE VOLERAS PAS. Film polonais de Krzysztof Kieslowski , v.o. : Saint-André-des-Arts II, 6e ; Les Trois Balzac, 8e.
LE DÉCALOGUE 8, TU NE MENTIRAS PAS. Film polonais de Krzysztof Kieslowski, v.o. : Saint-André-des-Arts II, 6e ; Les Trois Balzac, 8e.
LES MAÎTRES DE L'OMBRE. Film américain de Roland Joffé, v.o. : Forum Horizon, 1er ; Pathé Hautefeuille, 6e ; Pathé Marignan-Concorde, 8e ; Max Linder Panorama, 9e ; La Bastille, 11e ; Gaumont Parnasse 14e ; v.f.: Pathé Français 9e ; Fauvette, 13e ; Pathé Montparnasse, 14e ; Pathé Wepler II.
OÙ EST LA MAISON DE MON AMI ? Film iranien d'Abbas Kiarostami, v.o. : Utopia Champollion, 5e.
PACIFIC PALISADES. Film français de Bernard Schmitt, v.o. : Forum Orient Express, 1er ; Pathé Impérial, 2e ; UGC Biarritz, 8e ; Pathé Montparnasse, 6e ; Pathé Marignan-Concorde, 8e ; UGC Opéra, 9e ; UGC Gobelins, 13e ; Mistral, 14e ; UGC Convention, 15e ; Pathé Clichy, 18e ; Le Gambetta, 20e.
SOUS LE SIGNE LIBERTAIRE. Film espagnol de Felix Marquet, v.o. : Studio des Ursulines.
TANGO & CASH. Film américain d'Andrei Konchalovsky, v.o. : Forum Horizon, 1er ; Forum Orient Express, 1er ; UGC Danton, 6e ; George V, 8e ; Le Triomphe, 8e ; v.f. : Paramount Opéra, 9e ; Pathé Montparnasse, 14e.
NÉS DES ÉTOILES. (Jap., v.f.) : La Géode, 19e.
NIKITA. (Fr.) : Gaumont Les Halles, 1er ; Gaumont Opéra, 2e ; Rex, 2e ; Rex (le Grand Rex), 2e ; UGC Danton, 6e ; Gaumont Ambassade, 8e ; Publicis Champs-Elysées, 8e ; La Bastille, 11e ; Les Nation 12e ; UGC Gobelins, 13e ; Gaumont Alésia, 14e ; Miramar, 14e ; Sept Parnassiens, 14e ; Gaumont Convention, 15e ; Pathé Clichy, 18e.
NOCE BLANCHE. (Fr.) : Elysées Lincoln, 8e.
NOUS NE SOMMES PAS DES ANGES. (A., v.o.) : George V, 8e.
OUBLIER PALERME. (It.-Fr., v.o.) : Saint-André-des-Arts I, 6e.
LE PETIT DIABLE. (It., v.o.) : Républic Cinémas, 11e ; Denfert, 14e.
POTINS DE FEMMES. (A., v.o.) : Ciné Beaubourg, 3e ; UGC Biarritz 8e.
POURQUOI BODHI-DHARMA EST-IL PARTI VERS L'ORIENT ? (coréen, v.o.) ; 14 Juillet Odéon, 6e.
PROFOND DÉSIR DES DIEUX. (Jap., v.f.) : Panthéon, 5e.
QUAND HARRY RENCONTRE SALLY. (A., v.o.) : Ciné Beaubourg, 3e ; Gaumont Ambassade, 8e.
RIPOUX CONTRE RIPOUX. (Fr.) : Gaumont Opéra, 2e ; Pathé Marignan-Concorde, 8e ; Paris Ciné I, 10e ; UGC Gobelins, 13e.

Le Monde, 28 mars 1990.

LES FILMS NOUVEAUX

EL MARIACHI. Film américain de Robert Rodriguez, v.o. : Ciné Beaubourg, 3e ; UGC Danton, 6e ; UGC Rotonde, 6e ; UGC Normandie, 8e ; UGC Opéra, 9e ; UGC Gobelins, 13e ; Mistral, 14e.
FROGGY ET CHARLIE AU PAYS DES POMMES DE PIN. Film suédois de Jan Gissberg, v.f. : Saint-Lambert, 15e.
LES FRUITS DU PARADIS. Film allemand d'Helma Sanders-Brahms, v.o. : Europa Panthéon, 5e ; Élysées Lincoln, 8e.
GERMINAL. Film français de Claude Berri ; Forum Horizon, 1er ; Gaumont Opéra, 2e ; Rex, 2e ; Bretagne, 6e ; Gaumont Hautefeuille, 6e ; UGC Danton, 6e ; Gaumont Marignan-Concorde, 8e ; George V, 8e ; Saint-Lazare-Pasquier, 8e ; UGC Biarritz, 8e ; Gaumont Opéra Français, 9e ; Les Nation, 12e ; UGC Lyon Bastille, 12e ; Gaumont Grand Écran Italie, 13e ; Gaumont Alésia, 14e ; Montparnasse, 14e ; 14 Juillet Beaugrenell, 15e ; Gaumont Convention, 15e ; UGC Maillot, 17e ; Pathé Wepler, 18e ; Le Gambetta, 20e.
PETITS TRAVAUX TRANQUILLES. Film français de Stéphanie de Mareuil : Reflet Médicis II (ex-Logos II), 5e.
TCHIN TCHIN. Film américain de Gene Saks, v.o. : Sept Parnassiens, 14e.
TINA. Film américain de Brian Gibson, v.o. : Forum Horizon, 1er ; Gaumont Opéra Impérial, 2e ; Rex (le Grand Rex), 2e ; UGC Odéon, 6e ; UGC Rotonde, 6e ; UCG Champs-Elysées, 8e ; v.f. : Paramount Opéra, 9e ; UGC Gobeline, 13e ; Gaumont Alésia, 14e ; Miramar, 14e ; Gaumont Convention, 15e ; Pathé Wepler, 18e ; Le Gambetta, 20e.

Le Monde, 29 septembre 1993.

SUJET DE REFLEXION

Avant de lire l'article 4.21, donnez votre avis sur cette opinion exprimée par Jack Lang:

"Le spectacle en salle [de cinéma] est irremplaçable".

Lisez attentivement l'article et notez les initiatives prises ou annoncées par Jack Lang pour protéger le cinéma.

Quel intérêt le cinéma suscite-t-il dans votre pays? Fait-il l'objet d'attentions particulières de la part des autorités? Pourquoi? ■

4.21 Un entretien avec M. Jack Lang

Le ministre de la culture fait le point, à la veille de la cérémonie des Césars **[1]** *sur son action en faveur du cinéma*

« On a parlé tant et plus de crise du cinéma, en particulier de crise de la fréquentation. Où en est-on?

– L'hémorragie de spectateurs a été stoppée. Endiguée en 1988, elle s'est stabilisée en 1989 et, pour la première fois depuis huit ans, la fréquentation s'est améliorée en 1990. Les chiffres, qui seront bientôt publiés officiellement, font apparaître une augmentation d'environ un million de spectateurs par rapport à 1989. Un autre indicateur positif est le redressement de la part de marché du cinéma national : on est passé de 34 % à 37 %.

» Parmi les dix plus gros succès de l'année, six sont des films français *(Cyrano, Nikita, la Gloire de mon père, Ripoux contre ripoux, Tatie Danielle, Uranus)*, alors que l'année précédente seul *Trop belle pour toi* figurait dans cette liste. Sans pousser de cocoricos **[2]** intempestifs, j'invite néanmoins le chœur des traditionnelles pleureuses à comparer cette liste de films, tous de qualité, avec ceux qui arrivaient en tête il y a vingt ans et ces chiffres avec ceux des autres pays européens, où les films américains monopolisent la tête du box-office.

– Cette augmentation de la fréquentation est d'autant plus étonnante que les entrées ont diminué à Paris de 2,5 %.

– J'y vois la conséquence d'une des mesures qui me tiennent le plus à cœur : faire en sorte que le cinéma ait partout droit de cité. Le spectacle en salle est irremplaçable, il ne peut pas y avoir de cinéma sans un parc de salles modernes, capable d'irriguer l'ensemble du pays. Au cours de la cérémonie des Césars, nous célébrerons la millième salle rénovée ou construite, avec le soutien du ministère, par des exploitants privés ou des collectivités locales.

– Durant cette période, beaucoup de salles ont encore fermé leurs portes...

– Quantitativement, le solde est légèrement négatif, mais les salles nouvelles représentent entre 15 millions et 20 millions d'entrées. Une salle de cinéma qui meurt, c'est pour moi un crève-cœur, **[3]** une véritable perte. Mais, dans certaines villes, un équilibre économique ne peut s'instituer que si une salle qui vivote disparaît pour permettre de renforcer les autres.

– Que pensez-vous des complexes multisalles de très grande taille actuellement en projet dans plusieurs agglomérations?

– Nous soutenons ces projets. Surtout s'ils se marient avec des librairies, d'autres formes de loisirs, d'autres lieux culturels. Reconstituer le tissu social **[4]** fait partie de notre politique de la ville. Mais ces projets ne doivent pas porter ombrage aux autres salles, en particulier aux indépendants.

– La défense des indépendants concerne également l'accès aux films.

– A cet effet nous avons notamment institué l'aide au tirage des copies, qui permet à des salles de province de recevoir les films en même temps, ou presque en même temps que les cinémas parisiens. Cela concerne plus de trois mille copies, c'est une mesure sans équivalent au monde. Mais il y a un problème, celui de l'embouteillage des films à certaines dates, certains titres sont chassés d'une salle où ils marchaient bien. Nous allons donc reprendre ce système d'aide pour encourager les sorties de films entre mai et septembre.

[...]

– Pour en terminer avec les salles, parlons de la situation de Paris.

– Trois cent cinquante-six films sont sortis à Paris en 1990. C'est unique au monde. Et si trop de salles ferment (le Studio 43, le Gaumont-Colisée, le Cluny-Palace ou tout récemment l'UGC-Marbeuf), d'autres naissent (le Max-Linder, le Studio Accatone Images, d'ailleurs entièrement consacré au cinéma africain). Enfin, vous vous souvenez que j'avais pris l'engagement lors de l'attentat contre le cinéma Saint-Michel que l'Etat ferait tout pour sa rénovation et sa réouverture. Promesse tenue : il rouvrira avant l'été 1991.

» Mais l'Etat ne peut pas tout faire. J'ai exercé le pouvoir régalien du ministre de la culture en classant monuments historiques certaines salles, le Rex en 1982, tout récemment la Pagode. Mais on ne peut pas tout classer, sous peine de vider de son sens cette procédure.

– Quelles autres mesures sont susceptibles de faire retrouver au public le chemin des salles?

– Je réitère avec force mon vœu le plus cher: la création par les professionnels d'une «carte orange du cinéma», **[5]** qui permettrait l'accès à toutes les salles.

» Dans un tout autre ordre d'idées, une mesure essentielle à mes yeux est le développement de l'enseignement du cinéma. Les classes A 3 **[6]** (l'option cinéma) existent aujourd'hui dans soixante-douze lycées, *Citizen Kane* et *M le Maudit* **[7]** figuraient au baccalauréat l'année dernière au même titre que *Bérénice* ou *Andromaque* **[8]**. Et nous avons engagé depuis trois ans l'opération «collège au cinéma» : dans une trentaine de départements, six classiques sont présentés à plusieurs dizaine de milliers de collégiens, projections préparées par des cours et des fiches. Il me semble essentiel de donner aux jeunes générations le goût des films présentés sur grand écran.

– Comment jugez-vous aujourd'hui, l'apport des télévisions au cinéma?

– J'ai la nostalgie de l'époque où le cinéma tirait des salles l'essentiel de ses revenus – et donc aussi son indépendance et son identité. Mais on ne peut pas réécrire l'Histoire. Je crois que les règles que nous avons instituées, tant pour le financement des films que pour leur diffusion sur petit écran, fonctionnent correctement. Idéalement, la contribution de la télévision devait être encore plus élevée mais le cinéma ne doit pas dépendre totalement des chaînes. En tout état de cause, il faut rester vigilant sur le principe de la séparation entre diffuseurs et producteurs. [...]

Le Monde

1. Césars: (récompenses données au Festival de Cannes, rivalisant avec les Oscars d'Hollywood)
2. cocoricos: cri de victoire (le cri du coq, 'cocorico', est utilisé péjorativement pour symboliser l'orgueil national français)
3. un crève-cœur: une grande douleur
4. reconstituer le tissu social: redonner vie à la communauté
5. carte orange: (carte permettant de circuler librement pour un prix forfaitaire dans les transports parisiens)
6. les classes A 3: (classes où l'on enseigne en priorité des matières littéraires à des élèves de 16 à 18 ans avec une option cinéma)
7. *M le Maudit*: (film du réalisateur germano-américain Fritz Lang, datant de 1931)
8. *Bérénice, Andromaque*: (tragédies de Racine, traditionnellement étudiées dans les classes de français)

4.22 Discours de Jack Lang en 1989 à la foire du livre de Francfort [1]

L'Europe, c'est vous, Allemands, c'est nous, Français, ce sont tous les peuples et toutes les cultures de notre continent. C'est nous, à l'Ouest, ce sont les autres, à l'Est, ce sont nos amis hongrois, tchèques, roumains, polonais, les Allemands de la RDA.

La dernière guerre nous avait séparés en deux blocs, aujourd'hui les frontières commencent à s'estomper et l'Europe de demain se dessine. Je veux croire, de toutes mes forces, que ce ne sera pas l'Europe triste, l'Europe fade, l'Europe creuse qui en réalité masque l'Europe implacable des grandes concentrations économiques. Si nos amis de l'Est se libèrent peu à peu du carcan des idées mortes, s'ils se tournent maintenant vers nous, qu'avons-nous à leur proposer? N'est-ce pas cela, la vrai question?

Allons-nous leur dire : «Bienvenue au pays de la jungle! Bienvenue au pays de la rentabilité immédiate! Bienvenue au pays du conformisme, du modèle unique!»? Ne risquons-nous pas de les décevoir cruellement? Ne faut-il pas dès à présent prendre les moyens de protéger cette liberté, ce pluralisme, cette diversité, dont nous sommes si fiers?

Je rêve moi aussi de la construction d'un édifice commun, d'une grande maison européenne. Mais je voudrais que ses fenêtres ne s'ouvrent pas qu'aux vents d'Atlantique, je voudrais qu'elles laissent passer le souffle du continent européen, les brises de la Méditerranée ou de la Baltique... Cette maison, je voudrais la faire vivre, la rendre accueillante : quelques meubles d'Amérique et du Japon – il en est de fort beaux – mais aussi des meubles européens, français, espagnols, italiens, allemands... [...]

Voici donc que nous, Européens, nous élevons un peu la voix. Voici que nous demandons un peu de place, un peu d'espace pour nos productions audiovisuelles. Voici que nous évoquons un système préférentiel, le respect de certaines proportions raisonnables pour les œuvres d'origine européenne. Mais quelle outrecuidance! Quelle audace!

Los Angeles crie à la discrimination, au coup de force, à l'injustice, au scandale! Los Angeles menace! Los Angeles attaque!

Mais où est la discrimination? Combien de films français, combien de films allemands sur le marché américain? Combien de productions européennes sur les chaînes de télévision américaines? Où est le protectionnisme? Aux États-Unis, les quotas appliqués aux productions américaines ne sont pas de 50 %, pas de 70 %, mais bien de 100 % sur les networks! [...]

Mais ce ne sont pas les Américains qui sont la source de nos maux. S'ils exportent si massivement, c'est que l'Europe audiovisuelle est une passoire! La responsabilité n'est pas à Washington ou Los Angeles, elle est à Paris ou à Rome! Et s'il faut nous battre, tous ensemble, c'est aussi contre nous-mêmes. Contre l'indifférence et la facilité, le laisser-faire et le laisser-aller.

Cette préférence européenne, nous l'avons établie pour l'agriculture et l'industrie. En quoi est-ce sacrilège de l'instituer aussi pour la Culture? Comme M. François Mitterrand l'a rappelé il y a quelques jours à Bologne: «L'Europe n'est pas qu'un marché, s'il est un ciment à l'Europe c'est bien cet espace intellectuel et artistique où cohabitent et dialoguent nos différentes cultures». [...]

Si vous le permettez, je voudrais partager cet instant avec tous nos concitoyens d'Europe: quatre cent millions de lecteurs!

Quatre cent millions d'hommes et de femmes qui attendent de nous non pas de vagues paroles, mais des actes, des initiatives, la constitution d'une grande Europe de la culture et de la création.

Ce soir, je rêve d'un grand sursaut, oui, d'une grande insurrection contre l'uniformité, contre un conformisme imposé de l'extérieur et qui ne nous ressemble pas.

Ce soir, je voudrais retrouver avec vous l'esprit de Valmy **[2]**, cet enthousiasme que le grand Goethe avait si bien reconnu, le soir même de la bataille: «Ici et aujourd'hui commence une nouvelle époque de l'histoire du monde...»

Les mois qui viennent sont aussi décisifs pour notre avenir que le fut en septembre 1792 la bataille de Valmy pour l'idéal républicain. Le champ de bataille? L'Europe toute entière? L'enjeu? L'Europe toute entière!

dans R. Desneux, Jack Lang, la culture en mouvement

1 foire du livre de Francfort: (la plus importante rencontre des professionnels de l'édition au monde)

2 Valmy: (pendant la Révolution française, première victoire des armées de la République (septembre 1792). On cite souvent cette victoire comme étant la date de naissance du sentiment national français)

4.23 Quelques données sur le cinéma français

BEST-SELLERS DU MARCHÉ FRANÇAIS EN 1993

Titres (pays)	Réalisateurs	Millions d'entrées
Les visiteurs (F)	J.M. Poiré	12,513
Jurassic park (USA)	S. Spielberg	5,717
Germinal (F/B)	C. Berri	5,370
Aladdin (USA)	J.Musker/R. Clements	4,839
Le fugitif (USA)	A. Davis	2,885
Dracula (USA)	F.F. Coppola	2,590
La leçon de piano (AUST)	J. Campion	2,444
Cliffhanger (USA)	R. Harlin	2,440
Le livre de la jungle (USA)	W. Reitherman	2,178
Bodyguard (USA)	M. Jackson	2,138
Les nuis fauves (F/I)	C. Collard	2,038
Tout ça pour ça (F)	C. Lelouch	1,767
Last action hero (USA)	J. Mc Tierman	1,661
Héros malgré lui (USA)	S. Frears	1,625
Hot shot 2 (USA)	J. Abrahams	1,396
La crise (F/I)	C. Serreau	1,379
La soif de l'or (F)	G. Oury	1,371
Bambi (USA)	D. Hand/J. Agar	1,360
Proposition indécente (USA)	A. Lyne	1,306
Meurtre mystérieux à Manhattan (USA)	W. Allen	1,276
Piège en haute mer (USA)	A. Davis	1,267
Chérie, j'ai agrandi le bébé (USA)	R. Kleiser	1,233
La firme (USA)	S. Pollack	1,195
Sliver (USA)	P. Noyce	1,193
Made in America (USA)	B. Richard	1,135
Monsieur le député (USA)	J. Lynn	1,095
Forever young (USA)	S. Miner	1,081
Un monde parfait (USA)	C. Eastwood	1,078
Et au milieu coule une rivière (USA)	R. Redford	1,067
Cavale sans issue (USA)	R. Harmon	1,032
Maman, j'ai encore raté l'avion (USA)	J. Hugues	1,017
Sister act (USA)	E. Ardolino	1,016
Bleu (F/S/P)	K. Kieslowski	1,005

NOMBRE DE FILMS SORTIS (PREMIÈRE DISTRIBUTION)

Année	Français	Américains	Autres	Total
1984	153	131	208	492
1985	158	121	177	456
1986	141	141	154	436
1987	132	140	161	433
1988	124	153	154	431
1989	120	126	120	366
1990	129	138	103	370
1991	140	158	140	438
1992	162	120	99	381
1993	133	126	100	359

CNC Info, no. 251

BEST-SELLERS DU MARCHÉ FRANÇAIS DE 1956 À 1993

Titres (pays)	Année de sortie	Réalisateurs	Millions d'entrées
La grande Vadrouille (F/GB)	1966	G. Oury	17,226
Il était une fois dans l'ouest (I)	1969	S. Léone	14,799
Le livre de la jungle (USA)	1968	W. Reitherman	14,685
Les dix commandements (USA)	1958	Cecil B. de Mille	14,212
Ben hur (USA)	1960	W. Wyler	13,805
Le pont de la rivière Kwai (GB)	1957	D. Lean	13,443
Les visiteurs (F)	1993	J.M. Poiré	12,513
Le jour le plus long (USA)	1962	A. Marton/B. Wicky	11,893
Le corniaud (F/I)	1965	G. Oury	11,724
Les 101 dalmatiens (USA)	1961	Geronimi	11,572
Les aristochats (USA)	1971	W. Reitherman	10,391
Trois hommes et un couffin (F)	1985	C. Serreau	10,175
Les canons de Navarone (USA)	1961	J. Lee Thompson	10,166
Les misérables 2 époques (F/I)	1958	J.P. Le Chanois	9,938
Docteur Jivago (USA)	1966	D. Lean	9,802
La guerre des boutons (F)	1962	Y.Robert	9,801
L'ours (F)	1988	J.J. Annaud	9,129
Le grand bleu (F)	1988	L. Besson	9,04
E.T. l'extraterrestre (USA)	1982	S.Spielberg	8,927
Emmanuelle (F)	1974	J.Jaeckin	8,892
La vache et le prisonnier (F/I)	1959	H. Verneuil	8,843
La grande évasion (USA)	1963	J.Sturges	8,735
West side story (USA)	1962	R. Wise/J. Robbins	8,689
Le gendarme de Saint-Tropez (F/I)	1964	J. Girault	7,781
Les bidasses en folie (F)	1971	C. Zidi	7,471
Orange mécanique (USA)	1972	S. Kubrick	7,381
Les aventures de Rabbi Jacob (F/I)	1973	G. Oury	7,355
Danse avec les loups (USA)	1991	K. Costner	7,273
Les aventures de Bernard et Bianca (USA)	1977	L. Clemmons	7,219
Jean de Florette (F)	1986	C. Berri	7,184

LES ENTRÉES SELON LA NATIONALITÉ DES FILMS

	Films français		CEE (hors France)		USA		Autres pays	
Années	millions	%	millions	%	millions	%	millions	%
1984	94,1	*49,30*	20,1	*10,50*	70,5	*36,90*	6,2	*3,20*
1985	78,0	*44,50*	19,8	*11,30*	68,7	*39,20*	8,6	*4,90*
1986	73,5	*43,70*	17,1	*10,20*	72,8	*43,30*	4,7	*2,80*
1987	49,5	*36,20*	15,3	*11,20*	59,8	*43,70*	12,3	*9,00*
1988	48,8	*39,10*	12,9	*10,30*	57	*45,70*	6	*4,80*
1989	41,4	*34,20*	8,7	*7,20*	67,1	*55,50*	3,7	*3,10*
1990	45,8	*37,60*	5,7	*4,70*	68,1	*55,90*	2,3	*1,90*
1991	36,0	*30,60*	11,2	*9,50*	68,2	*58,00*	2,1	*1,80*
1992	40,3	*34,90*	4,9	*4,20*	67,2	*58,20*	3	*2,60*
1993 (prov.)	46,2	*34,60*	5,5	*4,00*	76,1	*57,10*	5,5	*4,10*

Relation conflictuelle entre culture et état

"... Si les artistes ont des droits à l'endroit de la société, la société, elle, en a un, à l'endroit de ses artistes: leur ficher la paix."

(Bernard-Henri Lévy, Éloge des intellectuels, 1987)

Si l'État français a traditionnellement protégé ses artistes, leurs rapports n'ont toutefois pas toujours été faciles. Les créateurs se sont en effet souvent sentis brimés par un État qualifié de pesant, peu compréhensif et gauche.

De plus, l'État n'a pas toujours rempli les objectifs qu'il s'était fixé, notamment celui de rendre la culture accessible à tous. Malgré d'énormes améliorations, les chiffres démontrent que la culture française reste encore concentrée de nos jours dans les mains d'une élite intellectuelle, souvent parisienne. Les efforts faits par l'État – et les sommes dépensées! – en faveur de la culture populaire ont même fait l'objet de vives critiques.

SUJET DE REFLEXION

Comment trouvez-vous le ton de cette lettre? Quelles sont les expressions utilisées dans la lettre qui justifient votre impression?

Imaginez la réponse que Jean Vilar aurait aimé faire à cette lettre.

Dans quelle mesure l'État est-il impliqué dans le choix de la programmation des représentations théâtrales dans votre pays? ■

4.24 Lettre du ministère de l'Éducation nationale à Jean Vilar, directeur du TNP, en 1952

RÉPUBLIQUE FRANÇAISE

MINISTÈRE DE L'ÉDUCATION NATIONALE

DIRECTION GÉNÉRALE DES ARTS ET DES LETTRES

S/Direction des spectacles
et de la musique
Bureau des spectacles

JM/DG

53-55 Rue Saint-Dominique (VIIe)
Invalides 99.30
Paris, le 10 septembre 1952

Monsieur le Directeur,

Alors que j'examinais les programmes artistiques arrêtés par les théâtres nationaux pour l'année 1952-1953, j'ai constaté qu'il me manquait, en ce qui concerne le Théâtre National Populaire, un certain nombre d'éléments sur votre activité au cours de la saison qui commence.

Je vous serais très obligé de bien vouloir me les faire parvenir, le plus tôt possible. Il s'agit d'une part de me préciser le nom du lauréat des concours du conservatoire engagé au Théâtre National Populaire, d'autre part de m'indiquer la nature et les dates des représentations lyriques entrant dans l'activité normale du Théâtre National Populaire. Si, en effet, des circonstances particulières firent que les représentations lyriques ne purent avoir lieu en 1951, celles-ci doivent figurer cette année au programme de votre théâtre, et j'ajoute qu'il serait très souhaitable que votre programme en comportât avant le 31 décembre 1952.

En outre, je serais heureux d'être renseigné sur les dispositions que vous comptez prendre pour donner au cours de l'année 1952-1953 dans la périphérie parisienne les représentations correspondant à vos obligations.

Enfin, j'appelle votre attention sur la nécessité de sauvegarder dans vos programmes une juste prédominance des auteurs français (classiques et contemporains) sur les auteurs étrangers, et de ne point orienter trop exclusivement sur les auteurs de langue allemande votre répertoire étranger, ce qui arriverait si votre prochaine création étrangère au titre du Théâtre National Populaire était celle de 'LA MORT DE DANTON' de Georg BÜCHNER.

Veuillez agréer, Monsieur le Directeur, l'assurance de ma meilleure considération.

dans J. Vilar, Mémento (1952-55)

4.25 LE PRÉSIDENT POMPIDOU ET LES ARTISTES

Georges Pompidou remarque justement que «l'art récent tend souvent vers la laideur systématique, vers une saleté agressive, morale et matérielle» et il attribue cette orientation à une «crise des consciences». «Le mal, ajoute-t-il, est dans l'homme qui se traduit par une réaction irrationnelle de recul et même de refus devant le progrès». L'artiste est alors tenté par l'action politique, il lance son œuvre comme un poignard dans le dos d'une société, il s'engage dans la quête d'un idéal révolutionnaire. Le rapport de l'artiste et de l'Etat apparaît de ce fait dans toute son ambiguïté. L'Etat refuse-t-il d'intervenir : on l'accuse de négliger la culture, s'efforce-t-il de promouvoir l'art : on crie à l'autoritarisme. L'histoire de l'exposition 72 au Grand Palais, douze ans d'art contemporain en France, en est une excellent illustration. Georges Pompidou a lui-même demandé au Ministre des Affaires Culturelles d'organiser une exposition sur l'art vivant en France pour rendre à la France la place perdue au profit de New York dans les années 1950–1960. «Il me paraissait souhaitable d'amener un public plus large que celui des rétrospectives. . . Le grand public français, depuis un siècle au moins, n'a marqué que peu d'intérêt et, en tout cas, pas de compréhension pour l'art de sa génération». Le Président Pompidou affirme n'avoir pas voulu intervenir dans le choix des artistes invités à exposer par M. Mathey, conservateur du musée des arts décoratifs : «Je me suis donc permis de citer quelques absences dont je regrettais l'omission, tout en indiquant que c'était un avis d'amateur et non de Chef d'Etat. C'est bien ainsi que ce fut compris puisque aucun de ceux que j'avais cités n'a figuré au catalogue». Finalement, soixante-douze artistes acceptent de présenter leurs œuvres. L'exposition est inaugurée le 16 mai 1972 par M. Jacques Duhamel ; le vernissage **[1]** est troublé par les membres du Front des artistes plasticiens qui manifestent contre «l'Expo Pompidou» : soixante-douze artistes au service du pouvoir et l'intervention des forces de police. L'exposition reste fermée jusqu'au 24 mai. Et son ouverture mouvementée ne suscite pas la curiosité, elle ne reçoit que 74,961 visiteurs payants et 4,793 gratuits. Le déficit s'élève à 194.000 francs.

Ainsi, l'effort même fait par l'Etat pour favoriser l'art moderne provoque l'hostilité. Les pouvoirs publics peuvent parfois être découragés devant autant d'incompréhension. C'est dans ce contexte que s'insèrent les déclarations de Maurice Druon au lendemain de son appel au service des Affaires Culturelles. «Que l'on ne compte pas sur moi, affirme le Ministre le 4 mai 1973, pour subventionner par préférence avec les fonds de l'Etat, c'est-à-dire avec l'argent du contribuable, les expressions dites artistiques qui n'ont d'autre but que de détruire les assises et les institutions de notre société. Même si mes goûts m'y portaient, je ne trouverais pas cela loyal à l'égard de mes concitoyens. Les gens qui viennent à la porte de ce ministère avec une sébile **[2]** dans une main et un cocktail Molotov dans l'autre devront choisir». La vigueur des réactions suscitées par cette affirmation laisse entière l'interrogation fondamentale. L'Etat dans une société libre ne peut et ne doit engager une politique ayant pour objectif de créer un art officiel. Son aide n'est pas une charité mais un devoir de promotion de la culture. La collectivité reste cependant libre de définir sa politique artistique. L'art moderne, et l'«Expo Pompidou» le montre, n'est pas encore reçu par nos contemporains. Même si ceux-ci sont dans l'erreur, il serait aussi injuste de brimer ses artistes que d'imposer leur foi artistique aux Français. L'intolérance de quelques croyants de l'art moderne ne peut faire oublier ce précepte de bon sens. Ces controverses montrent cependant les précautions extrêmes que les pouvoirs publics doivent avoir dans leurs interventions et expliquent les crises que chaque action publique déclenche.

C. Debbasch, La France de Pompidou

1 vernissage: jour d'ouverture (d'une exposition d'art)
2 sébile: (récipient dans lequel on met de l'argent pendant les collectes, par exemple pour une église ou pour une œuvre de charité)

Pourriez-vous expliquer à quelqu'un la réflexion suivante, de Maurice Druon?

"Les gens qui viennent à la porte de ce ministère avec une sébile dans une main et un cocktail Molotov dans l'autre devront choisir."

Les subventions des contribuables à des formes de culture subversives vous semblent-elles justifiées? ■

4.26 Carte des dépenses du ministère de la Culture et de la Communication en 1986

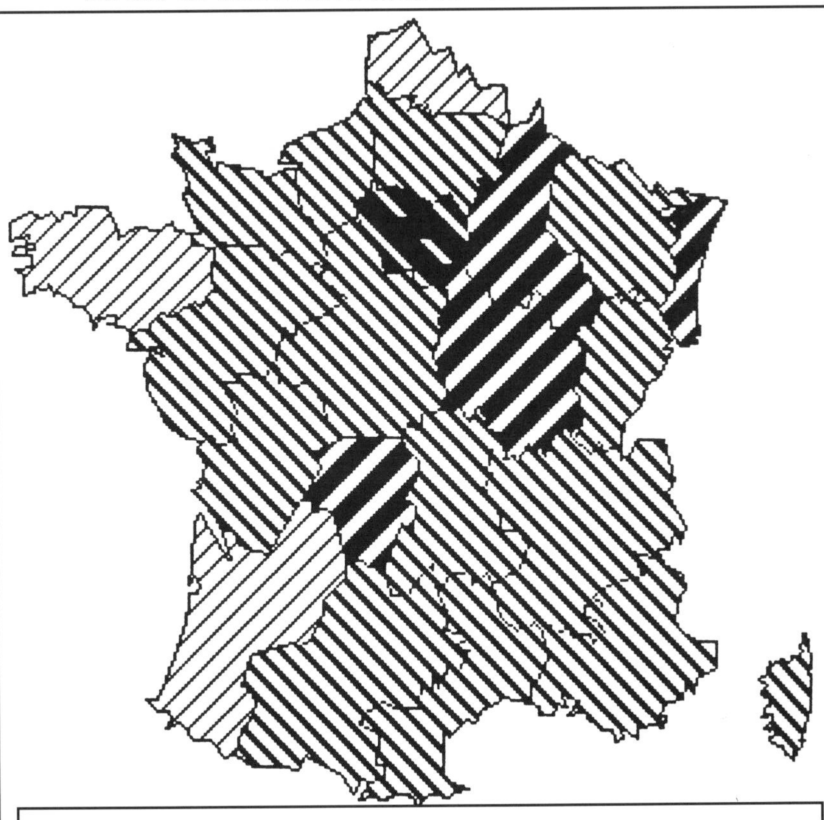

(En francs par habitant)

Paris (2.2263 F/h)

Ile de France (104,3 F/h)

Entre 75 et 100 F/h (4 régions : de Champagne-Ardennes - 87,5 F - à Limousin - 75,6 F)

Entre 50 et 75 F/h (14 régions : de Basse-Normandie - 73,7 F - à Lorraine - 50,4 F)

Moins de 50 F (3 régions : de l'Aquitaine - 48,2 F - à Nord-Pas de Calais - 33,8 F)

La politique culturelle de la France

4.27 Il y a culture et culture

Vous me direz que je moralise. J'en ai le droit, je ne suis pas socialiste.

Mais vous l'êtes, ô combien! À votre arrivée rue de Valois, vous n'eûtes rien de plus pressé que de distribuer des subventions à un groupe Rap dénommé Nique ta mère! **[1]** Que voilà un ministère bien commencé! C'est un de vos directeurs, Claude Mollard, le père des FRAC **[2]**, «ingénieur culturel» de son état, qui a été chargé d'aménager le Musée international des graffiti dans un vieux manoir angevin. Vous-même, il n'y a pas longtemps, pendant que la RATP dépense 50 millions par an pour effacer les cochonneries **[3]** maculant en permanence ses trains et ses gares, inauguriez au musée Bossuet de Meaux, **[4]** après l'avoir financé, le musée des Tags. Pauvre Bossuet! Chaque époque a les aigles qu'elle peut.

Il faut que jeunesse se passe? Allons donc! Il me semble que la vôtre est passée ; quant à celle de ces petits voyous, elle ne saurait excuser le laxisme dont votre gouvernement fait preuve. Les jeunes d'aujourd'hui sont relayés en une chaîne ininterrompue par les jeunes de demain, c'est une constante, en dépit du vieillissement de la population que vous avez bien cherché aussi ; cela signifie que d'une façon continue les façades des monuments publics seront souillées par ces marques infantiles que l'on retrouve jusqu'au fond des campagnes, qu'on ne pourra plus jamais s'asseoir dans une rame de RER sans s'asseoir sur des graffiti imbéciles et obscènes, sans avoir sous les yeux ces graphismes d'analphabètes couvrant des trains entiers, à l'intérieur et à l'extérieur, vitres comprises, qu'on ne pourra plus jamais recrépir sa maison sans que la nuit suivante une main anonyme jette sur le ciment encore frais ces barbouillages indigents, répétitifs, ineptes, ces signes de crétinisme où vous prétendez voir poindre l'aube des temps nouveaux.

Réaction de bourgeois frileux? Mais ceux que vous appelez les bourgeois, monsieur le Ministre, sont 50 millions en France. Vous les avez mal comptés. Ceux qu'indigne la mode imbécile des tags, révélatrice d'un désordre beaucoup plus profond et inquiétant, qu'ils aient ou non pris ce nouveau mal en patience, comprennent la totalité des couches sociales. Elle ne séduit qu'une poignée d'intellectuels dévoyés, de nihilistes de la pensée, que l'on voit graviter autour du ministère de la Culture socialiste, d'artistes stériles en mal d'inspiration et de génie, inconsolables de ne pas être des Titien.

Ce qui revient à dire qu'une population aussi polie et raffinée que celle de la France doit supporter qu'une minorité malfaisante salisse et cochonne systématiquement son cadre de vie, dépose ses immondices dans les lieux publics et de préférence sur tout ce qui est beau et neuf, dégrade, abîme et crotte **[5]**, faisant vivre les citoyens dans la souillure et dans la crasse.

Alors vous vous montrez le magicien à veston rose, vous faites de cette pouillerie quelque chose de sublime. Que n'entend-on et que ne lit-on sur le phénomène hip-hop ou Zulu, lequel, il est vrai, si on le juge à la surface couverte, tient une place prépondérante dans notre société! Voici quelques exemples de la phraséologie magnifiante qui a donné ses lettres de noblesse à cette écume des bas-fonds:

«En se figeant à jamais sur un mur, dans l'imaginaire héroïque d'un surnom de guerre, les tags tentent de mettre fin à l'éternelle précarité qui touche à des degrés divers une grande partie des jeunes.»

«En dérivant à longeur de journée sur les flancs des trains et des métros, les tags témoignent de la perte de territoire des jeunes banlieusards en déshérence **[6]** entre les zones périphériques et les centres survalorisés.» (*La Lettre de l'IDEF*).

«Avec la musique (le rap), la danse (smurf, break), le graphisme (tag, graff), on n'hésite plus actuellement à parler d'une culture autonome répondant au nom générique de hip-hop.» (*Ibid.*)

[. . .]

«Je crois que ce courant culturel est un moyen décisif d'intégration pour ces jeunes marginalisés. Ici on joue la reconnaissance active et la légitimation culturelle, en ouvrant nos cours au rap et au graff.» (*Ibid.* Un professeur agrégé de Paris VIII.)

«Ce que nous voulons, c'est exposer nos œuvres dans des galeries d'art, comme nous l'avons déjà fait. Le graff est un art à part entière. Un art né dans la rue, mais qui souhaite en sortir et ne plus être marginalisé.» (Un raffeur cité par *Le Figaro Magazine.*)

Mieux, l'étude des tags avait été introduite à l'université Paris VIII, donnant lieu à la création d'un cours d'«ethnovidéo» et d'une unité de valeur (UV) **[7]**. Sous la conduite d'un «ethnologue», les étudiants parcouraient les rues avec les caméras pour photographier la sanie **[8]** couvrant les murs, rapportaient tout cela en Fac, on le projetait en s'extasiant, on l'interprétait en jargon socio-universitaire, on gagnait ses diplômes en glosant sur ce matériau brut après avoir gaspillé des kilomètres de pellicule. Commentaire de Xavier Lucioni, «directeur des arts» : « L'immersion de ces nouvelles formes d'expression dans certains de nos enseignements s'inscrit dans la plus fidèle tradition vincennoise **[9]**. C'est notre rôle de favoriser l'innovation et d'être attentifs à l'évolution des courants extra-universitaires.»

Courant culturel, propres valeurs autonomes, art à part entière, légitimation culturelle. . . Tels sont les termes douteux qui vous ont autorisé à distribuer deux millions aux groupes de rap les plus connus. Pour salir un peu plus nos cités et augmenter la chienlit.

H. Bonnier, Lettre recommandée à Jack Lang et aux fossoyeurs de la culture

1 Nique ta mère: (Le nom de ce groupe, très provocateur, est basé sur le verbe d'argot 'niquer' signifiant 'avoir des rapports sexuels avec'. Il rappelle une insulte très utilisée aux États-Unis)
2 FRAC: Fédération Régionale d'Action Culturelle
3 les cochonneries: les graffiti
4 Bossuet de Meaux: (écrivain et théologien surnommé "l'Aigle de Meaux" (1627–1704))
5 crotte: salit (avec des excréments)
6 en déshérence: perdus
7 une UV: un module d'enseignement
8 la sanie: le pus (qui s'écoule des plaies infectées)
9 vincennoise: de l'Université de Vincennes (université considérée selon l'extrait comme subversive)

SUJET DE REFLEXION

Retournez au "métro taggé" (4.2). La réaction très violente de l'auteur du texte 4.27 contre les tags vous semble-t-elle justifiée?

Relisez le texte et essayez de relever dans l'argumentation et les mots utilisés des éléments qui suggèrent que l'auteur ne s'intéresse pas seulement au problème culturel mais aborde un thème social bien précis. ■

4.28 De l'argent dépensé pour rien?

Le grand secret de Beaubourg n'est pas sa collection de Matisse, de Picasso, de Braque, de Bonnard, mais cet escalier roulant que souligne une rampe lumineuse rouge. Par lui, le touriste domine un merveilleux panorama sur les toits du vieux Paris et le photographe a mille occasions, comme dans les étages de la Tour Eiffel, de réussir des clichés-souvenir. Même bonheur pour le touriste du Louvre : il attend des heures, sous les intempéries, au seuil de la plus petite porte du plus grand musée du monde. Il tournoie dans la superbe salle hypogée **[1]**, il consomme à la cafétéria, il achète des cartes postales et des *posters* à la librairie, puis, le plus souvent, car son temps est compté, il reprend l'escalier mécanique et s'en va. L'ancienne vedette du Louvre, *La Joconde*, a trouvé sous cette pyramide une rivale victorieuse: un espace. Il lui reste bien assez de dévots. De son côté, l'Opéra-Bastille, dont le dessein est populaire, attire sur ses abords plus de photographes amateurs que de spectateurs devant la scène. Au bout du compte, si l'on fait le partage entre les vrais amateurs et les badauds, le compte est partout semblable à celui que font mentalement les conservateurs du Musée d'Art moderne : le vrai public des collections du Louvre, de ses expositions savantes, celui de l'Opéra, sont eux aussi restés relativement stables. Encore heureux qu'ils n'aient pas été découragés et éloignés par la masse de curieux qu'on a réussi à drainer vers leurs temples préférés. Les Grands Travaux, à les bien prendre, sont un triomphe pour le ministère du Tourisme plus que pour celui de la Culture.

[. . .]

M. Fumaroli, L'État Culturel

1 salle hypogée: salle souterraine

SUJET DE REFLEXION

"Les Grands Travaux, à les bien prendre, sont un triomphe pour le ministère du Tourisme plus que pour celui de la Culture."

"*La Joconde* a [. . .] une rivale victorieuse: un espace."

Quel reproche adresse l'auteur de l'article 4.28 à la culture moderne en France? De quelle conception de la culture émane ce reproche?

Pensez à un développement culturel récent dans votre pays (nouveau musée, construction ou rénovation d'un théâtre . . .). Peut-on lui faire le même reproche? ■

Inauguré en grande pompe en 1989, l'Opéra-Bastille a depuis lors connu bien des problèmes. Il a du mal à convaincre critiques et spectateurs de la qualité de ses productions. Les coûts d'entretien du bâtiment et des productions sont astronomiques.

La polémique avait déjà commencé avant son inauguration. Le chef d'orchestre de réputation internationale qui devait diriger l'Opéra-Bastille, Daniel Barenboïm, se disputa avec la direction de l'Opéra avant de prendre son poste. Il fut remplacé par le chef d'orchestre Myung Whun Chung, lui-même licencié en 1994.

4.29 La prise de la Bastille

A la fin des années 60, l'Opéra de Paris était une scène provinciale, les opéras de province avaient un côté Karsenty du lyrique **[1]**, l'opéra était en France un genre tombé en désuétude, que les intellectuels méprisaient, ne trouvant de salut que dans l'Art de la fugue ou dans les derniers quatuors de Beethoven. Vingt ans après, les salles d'opéra sont combles et refusent du monde. L'on ne peut être branché sans avoir quelque culture lyrique à exhiber. L'opéra est à la mode. Mieux encore, il a dépassé les cercles mondains pour toucher des publics de plus en plus vastes. Deux phénomènes sont à l'origine de ce renouveau spectaculaire. Le premier, c'est l'arrivée en 1972 de Rolf Liebermann à la tête de l'Opéra de Paris, qui saura créer un mouvement de curiosité d'abord, d'intérêt très vite et de passion bientôt autour de l'Opéra redevenu un lieu de fête musicale et vocale en même temps qu'un foyer de confrontations. Le second phénomène est l'explosion du disque lyrique qui va permettre au plus grand nombre de découvrir des chefs-d'œuvre et d'avoir envie d'opéra. L'Opéra de Paris obtient alors des taux de remplissage supérieurs à 100 % (car on vend les places aveugles). A Paris, les queues se ferment de plus en plus tôt à la location. Mais on refuse du monde et les mécontents se chiffrent par milliers. Une étude comparative montre que 1 Parisien seulement sur 40 peut aller à l'Opéra chaque année alors que la proportion est de 1 sur 20 à Londres, 1 sur 15 à New York, 1 sur 3 à Berlin, 1 sur 2 à Munich. Même les grandes villes de province sont mieux loties : 1 sur 22 à Lyon, 1 sur 17 à Toulouse. En mars 1982, François Mitterrrand décide donc la construction d'un nouvel opéra qu'il définit explicitement comme «populaire». Le terme va faire florès **[2]** mais poser très vite plus de questions qu'il ne donnera de réponses. Aujourd'hui, sept ans après, l'opéra de la Bastille est construit, mais on ne sait toujours pas très bien ce qu'est un «opéra populaire» ni en quoi celui-ci le sera. Est-ce une conception uniquement quantitative : un opéra populaire devrait proposer plus de places que le palais Garnier **[3]** et jouer plus : les prix des places devraient y être moins élevés (on dépassait 600 F pour un fauteuil d'orchestre pendant la dernière saison du palais Garnier!). Mais cette définition quantitative peut-elle suffire à définir la qualité «populaire» de l'Opéra Bastille? Doit-on prendre alors en compte le type de répertoire et le limiter aux ouvrages généralement considérés comme «populaires» de *Faust* à *Aïda* en passant par *Nabucco*? Ou bien le terme de «populaire» a-t-il une connotation esthétique et implique-t-il que les spectacles soient proposés dans des productions considérées comme accessibles au plus grand nombre», c'est-à-dire parfaitement conventionnelles, sans déranger la littéralité des œuvres dans leur supposée éternité? Mais le concert de «populaire» ne peut-il aussi s'étendre à la dimension audiovisuelle, c'est-à-dire à la popularisation de l'opéra par le canal de la télévision à travers une diffusion de ses productions (qui coûtent fort cher à la collectivité tout entière)? En fait, ce terme de «populaire», jamais réellement explicité, ouvre surtout des questions? Il semble qu'avec 2 700 places et avec un fonctionnement qui, lorsqu'il tournera à plein rendement, permettra un nombre conséquent de représentations, l'Opéra-Bastille puisse remplir la première condition quantitative, nécessaire à l'obtention du label «populaire», il n'est pas sûr pour autant qu'on abaissera le prix des places jusqu'à un tarif réellement «populaire» (et à combien est évalué ce tarif?). Quant au répertoire et aux considérations esthétiques, on n'en parle pas [...].

Le concert inaugural a bien lieu ce 13 juillet, après avoir connu quelques vicissitudes. Une première question se pose : est-ce le meilleur symbole qu'on pouvait imaginer d'ouvrir un opéra populaire... sans le peuple? En effet ce concert d'inauguration n'est pas ouvert au public mais réservé aux chefs d'Etat invités par François Mitterrand, à leurs suites et gardes du corps ainsi qu'à une poignée d'invités dont la qualité «populaire» n'est pas la plus évidente [...]. De quatre-vingt-dix minutes au départ, il a été comprimé à une petite heure sous prétexte du temps nécessaire à l'accueil protocolaire de chaque chef d'Etat par le président de la République. D'où un concert réduit à une enfilade de grands airs **[4]** d'opéras français enchaînés à toute vitesse par des stars du gosier arrivés la veille, sans évidemment la possibilité de rappels et sans que Bob Wilson, engagé pour inventer une scénographie, ne puisse sans doute en montrer mieux que l'esquisse. Une formalité en somme, voire un pensum expédié à la hâte? Triste inauguration! Mais le plus «populaire» de l'affaire est-il l'idée de faire habiller chacune des cantatrices de ce concert par un grand couturier parisien? Il est vrai que le président de l'Opéra a quelques liens avec le Syndicat de la couture, mais est-ce vraiment des défilés de mode qu'on attend d'un opéra «populaire»? N'est-ce pas la plus sûre manière de renforcer le clan des opposants à cet opéra qu'ils appellent déjà «les Folies-Bergé **[5]**? N'est-ce pas même donner raison, a posteriori, à Daniel Barenboïm qui stigmatisait à l'avance «une programmation faite par le directeur d'une maison de couture »? [...] La mondanité branchée qui se pique de lyrique est un des effets pervers de la mode de l'opéra. La seule chose qui soit assurée, c'est que l'Opéra-Bastille, pour être populaire, doit être pensé et mis en œuvre pour le public et non pour la vanité de quelques-uns.

L'Evénement du Jeudi

1 un côté Karsenty du lyrique: une atmosphère d'opéra très conventionnelle (Karsenty était un spécialiste de productions théâtrales destinées à un grand public bourgeois, et le lyrique signifie l'art du chant)
2 faire florès: devenir très connu
3 palais Garnier: (l'Opéra de Paris inauguré en 1875. Il se spécialise dans la danse depuis l'ouverture de l'Opéra-Bastille)
4 une enfilade de grands airs: (des airs d'opéra connus, qui s'enchaînent l'un après l'autre)
5 Folies-Bergé: (du nom de Pierre Bergé, couturier, puis directeur de l'Opéra-Bastille)

4.30

L'après Vilar
Le théâtre pour tous

Six metteurs en scène et directeurs disent ici comment se construit, aujourd'hui, un théâtre populaire.

«La nuit du 4 août» [1]

«Vilar disait que le théâtre devait être comme l'eau, le gaz et l'électricité. Les années 50 ont été l'époque où l'eau, le gaz et l'électricité ont commencé à arriver chez tout le monde. Or le théâtre, ou en tout cas les biens culturels, était alors réservé à peu de personnes. Vilar disait qu'il fallait pratiquer une nuit du 4 août du théâtre, c'est-à-dire qu'il demandait que soient abolis les privilèges. Et ce théâtre-là est toujours à refaire, il l'est perpétuellement. Il n'y a aucune raison de se décourager.»

Antoine Vitez, Administrateur de la Comédie-Française. **[2]**

«Vilar a ouvert la voie»

«Comment faire du théâtre populaire? Je crois que la question s'est toujours posée, qu'elle se pose toujours, qu'elle se posera toujours. Or, depuis quelques années, on a l'impression que d'oser même penser au théâtre populaire, c'est boy-scout ou passéiste. Je ne le crois pas. Je crois que notre mission est justement de continuer à chercher un théâtre populaire, c'est-à-dire un théâtre qui s'adresse autant à l'adolescent analphabète qu'au professeur de philosophie, et qui soit une vraie nourriture, c'est-à-dire une nourriture qui réponde au besoin d'entraînement musculaire de l'imagination, du cœur, de l'intelligence. Vilar, et avant lui Copeau et Dullin, nous ont ouvert la voie. Mais cette voie est un peu comme l'autoroute qui va de Rio à Brasilia : si on ne l'entretient pas, la jungle reprend ses droits. Il faut donc faire très attention, et ne pas se laisser aller à la tendance actuelle qui veut que, sous prétexte, d'être lucide, on soit désenchanté.»

Ariane Mnouchkine, Directrice du Théâtre du Soleil.

«Et le prix des places?»

«Quand je suis arrivé à Marseille en 1975, tout le monde me disait : "Cette ville est un désert culturel." En quelques années, du point de vue du théâtre, on est passé du vide au plein. Et cela grâce à une pratique fondée sur les principes de Vilar. Ces principes ont guidé mon action. La grande difficulté, si l'on fait du théâtre populaire aujourd'hui, est la question du prix des places. Dans les villes qui sont économiquement défavorisées, on ne peut pas demander aux gens de payer beaucoup. Il faut donc aller à l'encontre de l'idéologie libérale, et mettre en place une politique du prix des places réellement populaire. Cela je crois que c'est un vrai enjeu, actuellement.»

Marcel Maréchal, Directeur du Théâtre national de la Criée de Marseille.

«Le peuple pas la foule...»

«Populaire peut avoir un sens qualitatif et un sens quantitatif. Aujourd'hui, il me semble que c'est le quantitatif qui prime. Le mot est englué dans la démagogie. Or on ne peut pas faire du populaire n'importe comment. Il me semble nécessaire que ce qui est fait pour le plus grand nombre soit aussi le plus ambitieux. Je crois que le théâtre a la charge de retransformer le public en peuple et de donner conscience aux gens que, arrivant seuls dans la salle, à un moment, ils sont ensemble. Et qu'ils partagent le rire, les larmes ou l'esprit critique. Il ne s'agit nullement de sombrer dans la communion ou dans l'unanimisme. Le théâtre est fait pour accentuer les crises, non pour les résoudre. Il doit convoquer le peuple, non la foule.»

Jean-Pierre Vincent, Metteur en scène, ancien administrateur de la Comédie-Française.

«Raconter des histoires»

«Jean-Luc Godard dit qu'il ne faut pas faire du cinéma politique, mais politiquement du cinéma. Je pense que c'est la même chose avec le théâtre. Faire du théâtre populaire, aujourd'hui, c'est faire du théâtre en respectant certaines règles. Pour moi, ces règles tiennent en trois mots: honnêteté, passion, troupe. Je ne crois pas qu'on puisse faire du théâtre populaire sans provoquer le plaisir des spectateurs. Je ne pense pas non plus qu'on fasse un théâtre populaire avec des éléments disparates ; c'est pourquoi je voudrais construire les prochaines saisons de Chaillot autour d'une troupe. Et je crois enfin qu'il faut raconter des histoires qui intéressent le public, de préférence le plus grand nombre, et qu'il faut le faire avec honnêteté et passion.»

Jérôme Savary, Directeur du Théâtre national de Chaillot.

«Attention aux manipulateurs»

«Je pense que, aujourd'hui, le terme "populaire" est un terme piège. Au temps où la communauté existait encore, était populaire ce qui préservait l'individualité de chacun à l'intérieur de cette communauté. Ce qui l'est, aujourd'hui c'est de transformer le nombre des gens en masse d'opinion. Ceux qui s'avancent avec le drapeau populaire sont en fait des manipulateurs. Et on ne peut pas demander aux artistes d'assumer la grimace d'une fausse communauté culturelle. Alors disons que Vilar, de ce point de vue, c'est une nostalgie. Je pense que l'art populaire a toujours consisté à lutter contre les clichés. Peut-être que ce qu'il y a d'indispensable est de faire entrer les gens dans l'atelier des poètes, et pas seulement dans leur discours. Que les gens voient comment c'est fait. Et qu'ils y prennent du plaisir. Ce pourrait être un petit lieu de résistance, autour duquel se noyauterait la renaissance d'une autre communauté. Et l'on pourrait revendiquer pour ce travail, auquel on tend à Gennevilliers, le terme de "populaire".»

Bernard Sobel, Directeur du Théâtre de Gennevilliers.

L'Evénement du jeudi

1 la nuit du 4 août: (nuit d'août 1789 pendant laquelle furent abolis en France tous les privilèges de l'Ancien Régime)

2 La Comédie-Française: (créée en 1680 par la fusion de l'ancienne troupe de Molière et d'autres troupes parisiennes, son histoire se confond avec celle du théâtre français)

4.31 L'avant-Bastille L'opéra pour tous

De Lyon à Montpellier, de Nice à Nantes, de Toulouse à Bordeaux, six directeurs d'opéra racontent leur combat.

Le foyer de l'Opéra Bastille

«Prendre des risques»

«L'opéra populaire, c'est pour moi un répertoire ouvert qui cherche à enrichir les connaissances d'un public de tous horizons. Il doit être basé sur la qualité du spectacle musical, vocal et scénique plus que sur les effets du star-system. Mais cela ne veut pas dire qu'il faille éviter les grands interprètes de renom pour les distributions. Le directeur du théâtre doit faire preuve d'imagination pour exciter la curiosité du public, il ne doit pas se contenter de cette facilité qui consisterait à faire vivre son théâtre sur la renommée des stars de hit-parade des médias. Il doit prendre des risques et innover. En même temps, l'opéra populaire ne doit pas être synonyme de foule, on doit chercher à diversifier le public, pas à créer des événements pour 5 000 spectateurs si l'œuvre ne s'y prête pas.»

Louis Erlo, Directeur de l'Opéra de Lyon.

«Pas de démagogie»

«Ce terme signifie être attentif, à éviter en ce qui concerne l'opéra comme pour toute autre forme d'expression artistique, toute forme de démagogie. La notion d'opéra populaire ne doit pas servir de masque ou de paravent à une politique musicale pour privilégier un théâtre lyrique plutôt qu'un autre. L'assise populaire du théâtre du Capitole à Toulouse est aujourd'hui bien établie. La possibilité de présenter de l'opéra dans la théâtre en fait sans aucun doute un lieu populaire.»

Nicolas Joël, Directeur de l'Opéra de Toulouse.

«Un opéra pas cher»

«C'est un opéra qui joue beaucoup et pour un très grand public. Il doit aussi fonctionner avec une troupe. Je n'aime pas beaucoup le mot troupe, disons plutôt
un grand ensemble de chanteurs. Donc, il sert le plus de monde possible et joue six ou sept fois par semaine. Il existe aussi un facteur très important qui intervient, il s'agit du facteur financier. Il faut que ce soit un opéra pas cher, où les gens peuvent se rendre sans se ruiner, donc qui n'a rien à voir avec les festivals actuels ou avec l'Opéra de Paris.»

Alain Lombard, Directeur de l'Opéra de Bordeaux.

«Pas d'opéra au rabais»

«Je ne conçois pas l'opéra autrement que populaire. L'opéra a cessé d'être le privilège d'une minorité. Au XIXe siècle, le grand opéra italien a conquis un vaste public parmi les classes moyennes, au détriment des classes aristocratiques. L'opéra populaire doit pouvoir s'adresser à tous. Il doit être accessible à un maximum de gens en adaptant le prix des places et en rendant le répertoire attrayant. Mais il ne doit pas être un opéra au rabais où n'évolueraient que des artistes de second rang. La Halle aux grains de Toulouse et l'English National Opera de Londres sont deux bons exemples d'opéra populaire.»

Pierre Médecin, Directeur de l'Opéra de Nice.

«Accessible à tous!»

«Je pense que l'opéra est par essence populaire, dans le sens où il s'agit d'un art populaire, immédiatement compréhensible par le public. Il n'a pas besoin d'une culture spécifique pour aller à l'opéra, comme ce serait le cas pour le théâtre dramatique par exemple. Avant et après la guerre, on constate que le public de l'opéra est populaire. D'autre part, on se rend compte que dans n'importe quelle ville, quelle que soit sa taille, notamment dans le sud de la France, il y a un théâtre. Et chaque théâtre possède une fosse, parce qu'on y donnait des opéras. Aujourd'hui, ce sont les gens des classes moyennes qui se rendent à l'opéra.

«Après la guerre, on assimile trop souvent l'Opéra de Paris, son standing à une institution bourgeoise. Surtout, on réduit la notion d'opéra à celui de Paris. Même le gouvernement socialiste a eu cette réaction. Et je suis très heureux qu'aujourd'hui il ait changé d'avis.

Henri Maier, Directeur de l'Opéra de Montpellier.

«Une question d'éducation»

«Je ne crois pas que l'on puisse multiplier le public, en raison d'une part de la barrière financière, mais aussi des problèmes de capacité d'accueil. Si l'éducation, les programmes scolaires étaient différents, le public serait peut-être plus nombreux. Il existe une statistique intéressante qui montre que, toutes villes confondues, le public de l'opéra représente 1 % des habitants ce qui est finalement très peu. Pourtant, le spectacle lui-même de l'opéra, la musique. . . est populaire. Au moins autant qu'un concert rock. Or, même si les gens sont obligés de dépenser 300 F, ils iront voir ce concert rock donc il s'agit certainement d'une question d'éducation.»

Marc Soustrot, Directeur de l'Opéra de Nantes.

L'Evénement du Jeudi

SUJET DE REFLEXION

Parmi les différentes propositions suggérées dans les textes 4.30 et 4.31 pour donner à tous accès au théâtre et à l'opéra, faites une liste de celles qui vous semblent prioritaires en commençant par les plus importantes.

Pourquoi, selon vous, malgré les efforts faits depuis des années, les résultats n'ont-ils pas été au niveau des espérances? ■

4.32 Des inégalités persistantes

Quinze ans de loisirs

Evolution de quelques pratiques de loisirs (en %) :

	1973	1981	1992
Proportion de Français ayant pratiqué l'activité suivante :			
• Regarder la télévision tous les jours ou presque	65	69	73*
• Ecouter la radio tous les jours ou presque	72	72	66*
• Ecouter des disques ou cassettes au moins une fois par semaine	66	75	73*
Au moins une fois au cours des 12 derniers mois :			
• Lire un livre	70	74	75*
• Acheter un livre	51	56	62*
• Aller au cinéma	52	50	49
• Aller dans une fête foraine	47	43	34
• Visiter un musée	27	30	28
• Visiter un monument historique	32	32	30
• Assister à un spectacle sportif (payant)	24	20	17
• Aller à une exposition (peinture, sculpture)	19	21	23
• Aller dans un zoo	30	23	24
• Aller à un spectacle :			
- théâtre	12	10	12
- music-hall	11	10	9
- cirque	11	10	14
- danse	6	5	5
- opéra	3	2	3
- opérette	4	3	2
• Aller à un concert :			
- rock ou jazz	7	10	14
- musique classique	7	7	8

* 1989

Les exclus des loisirs

- Au cours de leur vie, 83 % des Français (15 ans et plus) ne sont jamais allés à l'Opéra (1993).
- 79 % n'ont jamais assisté à un concert de jazz (chiffres 1992).
- 78 % ne sont jamais allés voir une opérette.
- 75 % n'ont jamais assisté à un spectacle de danse professionnelle.
- 73 % n'ont jamais assisté à un concert de rock.
- 68 % n'ont jamais assisté à un concert de musique classique.
- 60 % ne sont jamais allés dans un parc d'attraction.
- 50 % ne sont jamais allés au théâtre.
- 46 % n'ont jamais assisté à un spectacle sportif payant.
- 39 % ne sont jamais allés dans une discothèque.
- 21 % n'ont jamais visité un monument historique.
- 19 % n'ont jamais visité un musée.
- 13 % ne sont jamais allés au cirque.
- 12 % ne sont jamais allés au zoo.
- 9 % ne sont jamais allés au cinéma.
- 8 % ne sont jamais allés dans une fête foraine.

Loisirs et instruction

Différences de pratiques culturelles en fonction du degré d'instruction (1989, en % de la population de 15 ans et plus) :

	Aucun diplôme ou CEP	BEPC	CAP	Bac ou équivalent	Etudes supérieures
• Lit un quotidien tous les jours	47	35	43	39	45
• Lit régulièrement un hebdomadaire d'information	6	14	12	30	41
• Lit régulièrement une revue de loisirs	4	9	10	18	24
• Regarde la télévision tous les jours ou presque	80	79	73	60	52
• Possède des disques compacts	5	12	10	20	23
• Ne fait pas de sorties ou visites*	24	9	5	6	5

* Liste de 24 activités : restaurant, musée, cinéma, brocante, bal, match, zoo, galerie d'art, spectacle, opéra, etc.

Le sexe des loisirs

Différences de pratiques culturelles en fonction du sexe (en % de la population de 15 ans et plus) :

	Hommes	Femmes
• Lit un quotidien tous les jours	47	39
• Lit régulièrement un hebdomadaire d'information	17	13
• Lit régulièrement une revue scientifique	13	6
• Ecoute la radio tous les jours pour les informations	59	41
• Regarde la télévision tous les jours ou presque	71	74
• A lu au moins un livre au cours des 12 derniers mois	73	76
• Fait une collection	27	20
• Fait de la photographie	13	9

L'âge des loisirs

Différences de pratiques culturelles en fonction de l'âge (1989, en % de la population concernée) :

	15-19	20-24	25-34	35-44	45-54	55-64	65 et +
• Lit un quotidien tous les jours	26	29	31	44	50	57	58
• Lit régulièrement un hebdomadaire d'information	10	19	17	20	14	13	8
• Possède un magnétoscope au foyer	36	30	30	32	24	17	6
• Possède des disques compacts	15	17	12	13	11	7	2
• N'a lu aucun livre au cours des 12 derniers mois	14	19	20	23	29	32	38
• Ne fait pas de sorties ou de visites*	4	8	9	10	17	21	32
• Fait une collection	41	29	24	22	22	19	14

* Liste de 24 activités : restaurant, cinéma, musée, brocante, bal, match, zoo, galerie d'art, spectacle, opéra, etc.

dans G. Mermet, Francoscopie 1995

4.33 Peut-on démocratiser la culture?

L'«ère Lang» aura duré dix ans (1981–1993, moins les deux années de la première «cohabitation» 1986–1988). Peu ou pas de critiques fondamentales n'ont émergé au cours de la première législature de gauche. Il a fallu attendre les derniers mois du second «quinquennat» du locataire de la rue de Valois **[1]** pour qu'elles se multiplient. Au point de voir poser la question centrale de la légitimité de l'existence même d'un ministère de la Culture. Ce fut le cas, en particulier, de deux livres passionnés, passionnants, injustes, qui n'auront pas peu contribué à faire rebondir le débat sur les objectifs, les modalités et les limites d'une politique culturelle d'Etat.

En janvier 1993, Michel Schneider attaqua la politique du ministre de la Culture Jack Lang – à laquelle il avait lui-même participé en tant que directeur de la musique et de la danse de 1988 à 1991 – sous l'angle, essentiellement, des enseignements artistiques et des pratiques amateurs. Pour lui, l'action en profondeur – et notamment l'éducation artistique – a été sacrifiée à la poudre aux yeux festive et démagogique **[2]**, le «faire» au «faire savoir», la culture, le beau, les beaux-arts au «tout culturel», fourre-tout engendrant confusion des valeurs et vulgarité esthétique [. . .]. M.Schneider a voulu ostensiblement produire une critique de gauche. Le livre de Marc Fumaroli (juillet 1991) a sans doute constitué pour sa part ce qui a été écrit de plus furieusement élitiste, au plan des politiques culturelles, depuis trente ans. Comme M.Schneider, il déteste les «Fêtes Faites de la musique», les «Fureurs de lire» et autres «Flamboyances». Lui aussi insiste sur la valeur du temps, de l'effort, voire de la solitude requis par une culture vraie et profonde, loin des bruits et des fureurs des foules forcément futiles. D'ailleurs – et c'est sans doute là que divergent nos deux auteurs – la «démocratisation de la culture» n'est qu'un faux problème réservé aux démagogues les plus vulgaires. Mieux, il ne se la pose même pas! Comme Michel Schneider, mais pour des raisons différentes, Marc Fumaroli estime que l'existence même d'un ministère de la Culture constitue une aberration. Derrière J.Lang et toute intervention culturelle de l'Etat, les ombres fatales de Lénine, Staline et Hitler ne se profileraient-elles pas?

Le bilan décevant des pratiques culturelles des Français

«La démocratisation en échec». C'est le sous-titre sans équivoque du chapitre consacré aux «sorties et visites» dans l'enquête *Les Pratiques culturelles des Français 1973–1989* éditée par. . . le ministère de la Culture! Peu de sorties en progrès (musique); certains publics diminuent (cinéma) et vieillissent (théâtre); la composition sociologique des publics des diverses manifestations culturelles reste à peu près la même au fil des décennies, comme d'ailleurs celles des «non pratiquants». . . Bref, rien de nouveau sous le soleil du «spectacle vivant», les chiffres concernant celui-ci sont accablants : 76 % des Français n'ont *jamais* assisté à un spectacle de danse de leur vie; 71 % à un concert de musique classique; 55 % à une représentation théâtrale. . . Peut-on se consoler en constatant que «seulement» 51 % des Français n'ont jamais fréquenté d'exposition temporaire? Et environ 25 % les musées et monuments historiques? Il est vrai que la «sortie la plus répandue» n'est autre que. . . le restaurant.

Chaque enseignant peut multiplier les témoignages de déperdition de la «culture classique» parmi les jeunes en général et même parmi les étudiants en particulier, pourtant souvent issus de la petite et moyenne bourgeoisie et, pour certains future «élite» de la nation. Dans telle université, en 2e année, option culturelle commune à sociologie, droit, sciences économiques et AES (administration économique et sociale), un étudiant, lisant un questionnaire du ministère de la Culture demande qui est Paul Claudel **[3]**. Dans telle autre, en 3e cycle **[4]** «consultants culturels» (bac + 5), module musique, une étudiante sur quatorze connaît la différence entre symphonie et concerto. Dans une autre encore, en 3e année d'AES, deux étudiants sur seize ont été une fois à un concert symphonique; aucun à l'opéra. A Aix-en-Provence, département musique, 3e année, aucun des quinze étudiants n'a jamais assisté au Festival international d'art lyrique de la ville, etc.

L'héritage socio-culturel premier critère de discrimination

«Liberté, Egalité, Fraternité»? Dans le domaine culturel comme dans les autres, deux cents ans après la Grande Révolution, les Français ne sont toujours pas «à armes égales». Pourquoi?

L'héritage socio-culturel est bien sûr l'une des clés de la discrimination comme l'avaient démontré Pierre Bourdieu et Jean-Claude Passeron (*Les Héritiers : les étudiants et la culture*, Minuit, Paris, 1964). Trente ans plus tard, les mêmes questions restent pertinentes: vos parents lisaient-ils tel quotidien, tel hebdomadaire ou tel autre? Écoutaient-ils France Musique et France-Culture ou subissaient-ils, sans même s'en rendre compte, la publicité de telle radio périphérique? Vous ont-ils, dès votre jeune âge, emmené au théâtre ou au concert ou non? Ont-ils eu le désir et les moyens de vous offrir des études secondaires et supérieures? Qui avez-vous fréquenté au cours de votre enfance et de votre adolescence? etc.

Bref, comment vaincre le déterminisme social qui fait, par exemple, que des milliers de gens «du peuple» qui n'iront jamais au Théâtre des Champs-Elysées voir et entendre Verdi et Puccini se rendent, sans trop de difficultés, pour les mêmes œuvres, au Palais omni-sports de Bercy **[5]**, voire au Théâtre antique d'Orange? Vaste problème!

J-F. Godcheau, l'État de la France

1 du locataire de la rue de Valois: de Jack Lang (le ministère de la Culture est situé rue de Valois)
2 a été sacrifiée à la poudre aux yeux festive et démagogique: a été remplacée par des actions superficielles entreprises uniquement pour impressionner le public
3 Paul Claudel: (poète et auteur de théâtre (1868–1955))
4 en 3e cycle: après la licence
5 Palais omni-sports de Bercy: (vaste salle utilisée pour des spectacles artistiques ou sportifs pouvant accueillir jusqu'à 16 500 personnes)

La culture en perspective

Philip Jodidio, rédacteur de la revue "Connaissance des Arts" qui chaque mois offre un panorama des événements marquants de la vie des arts dans le monde, a fait ses études aux Etats-Unis et est bilingue français-anglais. Il s'entretient avec Jacquemine Guilloux sur ce que sera demain la culture en France.

SUJET DE REFLEXION

D'après ce que vous savez sur le rôle de l'informatique, réfléchissez à l'influence qu'elle aura sur la culture de demain.

Lisez attentivement le texte 4.34 et analysez les arguments qui font de l'informatique à la fois une menace redoutable et un formidable atout pour la culture française.

Pour quelle interprétation penchez-vous? ■

4.34 Que sera demain la culture en France?

Jacquemine Guilloux – Comment aujourd'hui voyez-vous la culture en France?

Philip Jodidio – Encore faudrait-il définir ce qu'on entend par ce terme. Marc Fumaroli a très justement qualifié de mot 'valise' ce qui la désigne car, de plus en plus on y inclut des formes considérées auparavant comme marginales. Il en rendait Jack Lang responsable mais c'est en réalité une responsabilité collective qui dépasse largement nos frontières.

Une certaine culture traditionnelle est en voie – sinon de disparition – du moins de totale métamorphose quant aux voies de sa diffusion.

Pourtant une remarque préliminaire s'impose. Au cours des dernières années, la France a fait un effort considérable pour se doter – non seulement à Paris avec le Grand Louvre, mais partout en province – de musées remarquables qui contribuent indéniablement à l'éducation des générations d'aujourd'hui et de demain. Ils perpétuent en la régénérant l'image traditionnelle de la transmission de la connaissance.

[...]

Effort exemplaire qu'aucun pays au monde n'a égalé en cette fin de siècle. Il a engendré l'engouement nouveau pour les expositions qui n'ont jamais atteint de tels records d'influence.

R.P.P. – Paris, jusqu'à la seconde guerre mondiale, a été pour le monde entier 'la' capitale des arts. Qu'en est-il aujourd'hui?

P.J. – Il est indiscutable que le rayonnement de Paris a depuis été éclipsé. New York, Londres, Berlin ont pris la relève. Et la production artistique de la France a elle aussi décliné. Il semble que la France ait un certain manque de confiance en ses artistes. On célèbre volontiers le 'grand' créateur venu d'ailleurs mais les artistes français – à tort ou à raison – se sentent mal défendus dans leur propre pays. 'Comment, disent-ils, dans ces conditions nous faire reconnaître à l'étranger'?

R.P.P. – La raison n'en est-elle pas essentiellement une crise de créativité – en particulier dans le domaine des arts plastiques? A force de confondre art et caricature de l'art, à force d'ériger le dérisoire, le défi, la dérision en credo, certains artistes ne se sont-ils pas coupés d'un public qui a d'autres critères, d'autres exigences et d'autres désirs?

P.J. – La décade de l'immédiat après-guerre mondiale – la première – a été iconoclaste. Des mouvements d'avant-garde comme le dadaïsme ont voulu casser tout ce qui existait auparavant 'du passé faisons table rase' **[1]** avec le désir de créer un art 'différent', nouveau.

Beaucoup d'artistes ont vécu, ces dernières années, sur les idées de cette époque. Ils n'en avaient pas l'originalité. Leurs aînés avaient brisé des règles qu'ils connaissaient. Tous ou presque tous avaient reçu une formation classique. Ce qui était rarement le cas pour ceux qui leur ont succédé, qui ont voulu briser des règles sans les connaître.

Toutefois on assiste à un retour en arrière, à un regain d'intérêt par exemple pour le dessin et cela dans une majorité d'écoles des Beaux-Arts où il avait été négligé. Il existe des possibilités nouvelles de création pour ceux qui s'appuyant sur les enseignements du passé veulent construire un art qui ne sera pas du plagiat.

R.P.P. – De nouvelles perspectives?

P.J. – Liées à l'électronique. On peut imaginer pour la peinture, la sculpture de nouveaux supports qui ne seraient ni la toile, ni le papier, ni le bois, ni le socle mais... l'espace grâce aux images de synthèse qui apportent à l'architecture des dimensions nouvelles. Au lieu fixe où est accroché le tableau, à l'emplacement immobile assigné à la sculpture qui oblige le spectateur à tourner autour d'elle, se substitueraient la mobilité et une vision en toutes dimensions : un champ illimité où le regard pourrait circuler librement. Un domaine nouveau qui devrait tenter de jeunes créateurs!

R.P.P. – Quelle place pensez-vous que la culture occupe chez les jeunes Français?

P.J. – D'une manière générale (il y a toujours d'heureuses exceptions) – peu deplace. La télévision, les jeux électroniques remplacent la lecture. Il est d'ailleurs à remarquer que la familiarité avec l'électronique n'est pas aussi grande en France qu'aux Etats-Unis. Lorsqu'on voit l'intérêt généralisé des jeunes pour ces jeux en majorité nippons, on se dit que – peut-être – l'ordinateur permettra aussi, dans l'avenir de nouvelles formes de diffusion non plus simplement de ces jeux plus ou moins violents mais de la culture dans le sens noble du terme.

Des outils sophistiqués mieux adaptés à la diffusion du savoir existent déjà. Le CD ROM (Compact Disk, Read Only Memory) par exemple, offre d'étonnantes possibilités. Sur un CD laser, le CD ROM peut engranger l'équivalent de 250 000 pages de texte. La majorité de ces CD ROM actuellement disponibles sont en anglais mais *Le Point*, 'Gaumont' et 'La Réunion des Musées Nationaux' viennent d'éditer conjointement un 'Léonard de Vinci et la Renaissance'. 120 tableaux, 170 dessins, des clips animés, 250 pages de texte et une heure d'illustrations sonores. Il est disponible à la FNAC micro **[2]** au prix de 700 F.

R.P.P. – Cette technique, est-ce la voie de l'avenir?

P.J. – Je pense que la culture de demain prendra forme non pas sur des écrans de cinéma mais sur des ordinateurs et des téléviseurs 'digital', haute définition, reliés par fibre optique à cette 'autoroute de l'information' dont on parle beaucoup aux Etats-Unis. Ne ferait-on pas mieux en France plutôt que de financer à fonds perdus des films qui n'ont pas forcément un impact considérable d'encourager la production de ces outils de communication qui vont dominer le siècle à venir?

R.P.P. – Culture et électronique. Une menace ou la source de véritables enrichissements pour tous?

P.J. – Il y aura indéniablement une possibilité d'accès à la culture qui n'a jamais existé. Elle concernera l'écrit comme l'image, la musique, les arts plastiques qui pourront désormais être diffusés sur des disques. C'est, je le répète tout l'enjeu de l'avenir.

Les Américains travaillent à la réalisation d'un réseau câblé par fibre optique qui permettra de servir à domicile les programmes choisis par le spectateur. Ce pourrait être un divertissement, une émission musicale, un survol de la vie de tel peintre, de tel écrivain. On peut concevoir qu'existera la possibilité d'une lecture interactive de tous ces programmes. Ce que permet déjà l'ordinateur. Les moyens de diffusion sont entre les mains de quelques très grandes sociétés américaines et japonaises. La France, dans ce domaine, a pris un retard qui l'obligera ultérieurement à se servir de produits venus de l'étranger. Il n'existe qu'une quinzaine de CD ROM en français, plusieurs centaines en anglais.

L'enjeu est économique au plus haut point. Il faudra faire entrer dans les foyers de nouveaux équipements, un nouveau réseau câblé, de nouveaux téléviseurs...

R.P.P. – La culture y gagnera-t-elle?

P.J. – Honnêtement, la culture avec un C majuscule risque d'être perdante. On aura à la fois accès à de plus en plus d'informations dans tous les domaines mais avec le sentiment d'être de moins en moins informé, noyé dans cette masse d'informations éphémères et souvent violentes. C'est déjà ce qui se passe.

A contrario, le public aura les moyens d'accéder par les moyens informatiques aux collections des musées. Il n'y aura plus cet obstacle des heures de fermeture. De même, la consultation et l'emprunt – toujours problématique – des ouvrages dans les bibliothèques ne posera plus problème. C'est en cela qu'on peut parler de révolution culturelle au sens large du mot. Révolution que la France tarde à accepter, plus attachée sans doute à son passé humaniste que les nations anglo-saxonnes et à une culture qui passe par le livre.

R.P.P.– La France pourra-t-elle résister longtemps à la formidable volonté de domination 'culturelle' de l'Amérique qui a découvert qu'il y avait là un moyen rentable de combler son énorme déficit budgétaire et s'est donné les moyens pour exporter tous azimuts – y compris aujourd'hui vers les pays de l'Est – films, séries télévisées, pop music, romans noirs, 'fast food' et biens de consommation, modes des rues, gadgets... Ce qui représente le second poste à l'exportation après l'aviation?

P.J. – Aux yeux de nombre d'Américains, il s'agit là d'une sous-culture qui présente ce qu'il y a de pire aux Etats-Unis et offre une image totalement déformée de la mentalité américaine.

Personnellement, je défends une autre image de la culture américaine qui n'a rien à voir avec la caricature qui en est montrée, celle d'une modernité dont la France et de nombreux pays se sont inspirés. [...]

Face à la facilité de pénétration – voire d'assimilation – de la culture de masse, on est en droit de se demander si le monde n'est pas en train de vivre une transformation radicale et si beaucoup plus encore que la mainmise d'une nation sur toutes les autres nous n'assistons pas à la naissance d'une nouvelle culture – internationale – totalement éloignée des critères qui ont été les nôtres – essentiellement anglophone, mais qui s'exprime par un vocabulaire – un sabir **[3]** plutôt – réduit, celui de tous les étrangers qui ne peuvent communiquer que par lui. Une nouvelle ébauche de langue est en train de naître. Révolution profonde, difficilement acceptable mais qui paraît hélas irréversible!

R.P.P. – La télévision qui joue un rôle considérable dans la vie quotidienne est loin d'être porteuse de culture, singulièrement de culture française. On peut se demander pourquoi?

P.J. – Les lois du marché dictent le contenu des émissions. C'est 'l'audimat' **[4]** qui induit la publicité. Les chaînes en vivent. Le profit passe avant tout. C'est rarement à cause de sa qualité culturelle qu'une émission, une série, est choisie mais parce qu'elle ne coûte pas cher! Et c'est ainsi que passent et repassent des séries américaines anciennes qui n'ont plus cours aux Etats-Unis et des dessins animés japonais – ils sont sur toutes les chaînes – totalement dénués d'intérêt, éloignés de nos références et de notre sensibilité. Affligeants de niaiserie quand ils ne sont pas d'une incroyable violence. Pernicieux – personne ne semble en haut lieu s'en émouvoir – qui apportent une vision déformée, déformante de la société.

R.P.P. – Pourtant il existe une production française. Trop chère donc pas assez compétitive? Est-ce aussi le cas de la production cinématographique?

P.J. – Il y a une façon de s'exprimer qui a été maîtrisée par les Américains et copiée par les Japonais. Ils ont fait le choix du plus bas dénominateur commun pour s'adresser au plus vaste public possible. Nul besoin pour comprendre d'avoir des données précises. Il n'en va pas de même pour les films ou les séries françaises qui se situent dans un contexte exigeant certaines références. De là la difficulté de diffusion rencontrée à l'étranger. [...]

R.P.P. – Demain, les enfants liront-ils encore des livres?

P.J. – On constate partout un appauvrissement inquiétant du vocabulaire. C'est vrai en France mais plus encore aux USA ou le taux d'analphabétisme est en progression croissante. L'électronique n'améliorera certainement pas la situation. On aura des machines capables de réagir à la voix sans l'intermédiaire de l'écriture. Que deviendra le livre. Qui lira encore et quoi? On va de plus en plus vers une civilisation de l'image, de l'éphémère. On s'intéresse au phénomène du moment en négligeant l'enseignement que l'Histoire pourrait apporter. Dans le même temps, on apprend tout sur un sujet extrêmement précis mais rien ou presque rien sur les autres. C'est l'hyper spécialisation déjà entrée dans les mœurs. On est très loin des têtes bien faites **[5]** chères à Montaigne!

La future culture universelle ne sera pas française mais anglo-saxonne. Constat qui navre tous ceux qui comme moi y sommes attachés parce qu'elle est notre héritage, que pendant des siècles elle a représenté aux yeux du monde le summum de l'intelligence et du savoir. Sans doute restera-t-il toujours des érudits, défenseurs d'arrière garde et mémoire de cette culture mais qui ne rayonnera plus universellement comme par le passé.

'Nous autres civilisations savons maintenant que nous sommes mortelles' écrivait Valéry **[6]**. Peut-on espérer seulement que la nôtre connaîtra une métamorphose qui la sauvera?

Revue Politique et Parlementaire

1 'du passé faisons table rase': 'débarrassons-nous totalement du passé' (vers de l'Internationale)

2 La FNAC: (Fédération Nationale d'Achats qui a des librairies dans les grandes villes de France et qui représente le groupe le plus important en matière de vente de produits culturels. La FNAC micro est la section qui vend des micro-ordinateurs)

3 sabir: (langue de communication simplifiée entre deux groupes qui ne parlent pas une langue commune)

4 audimat: (mesure du nombre de personnes qui regardent une émission de télévision)

5 têtes bien faites: (l'écrivain Montaigne au XVIème siècle préférait "une tête bien faite" à "une tête bien pleine")

6 Valéry: (Paul Valéry, poète et écrivain français (1871–1945))

4.35 *Commentaire*

PAR MARYVONNE DE SAINT PULGENT

Le concert déconcerte

Son rituel guindé et son ascétisme visuel, inchangés depuis la Belle Epoque [1], ne font aucune concession au besoin de convivialité du public et au despotisme de l'image.

[...] En lançant ces jours-ci son opération «Paris vous invite au concert: prenez une place, venez à deux!», Jacques Chirac a officialisé ce qui n'était jusqu'ici qu'une rumeur courant les auditoriums : après trois lustres **[2]** d'insolente prospérité, le concert classique voit depuis deux ans son public s'effriter continûment, notamment à Paris, où la chute atteint 10 à 15 points de fréquentation. Anémie pernicieuse qui mine la rentabilité déjà fragile du concert, et d'autant plus préoccupante que ses causes sont multiformes.

Comme d'autres types de consommation culturelle, le livre par exemple, le concert est d'abord victime de la crise économique, qui frappe désormais les cadres supérieurs et les professions libérales, noyau dur de son public traditionnel. Le mélomane fastueux et boulimique s'abonnant chaque saison à plusieurs séries symphoniques et lyriques et se ruant de surcroît sur des places à 1 500 francs pour voir diriger Carlos Kleiber s'est fait rare depuis la guerre du Golfe. Lui a succédé un consommateur prudent, voire frileux, qui fuit les noms inconnus et les programmes rares ou médiocres, compare pour chaque salle horaires et dessertes, renonce à l'abonnement pour la location de dernière heure au guichet, et équilibre les deux ou trois «musts» coûteux de la saison en fréquentant les concerts de qualité à moins de 100 francs: par exemple les «dimanches matin» de Jeanine Roze aux Champs-Elysées, qui résistent ainsi mieux que d'autres à la crise.

Ce rétrécissement conjoncturel de la demande s'observe dans toute l'Europe, et même à Londres, cette Mecque du concert : bien qu'Alfred Brendel y joue ordinairement à guichets fermés, 20 % des places sont restées vides à son dernier récital. Mais ses conséquences sont plus rudes en France, où, pendant les années fastes, l'Etat et les villes ont bâti à tout va **[3]**, et jusque dans les musées et les complexes commerciaux, des auditoriums dont il faut maintenant justifier l'existence et qui embouteillent le marché au plus mauvais moment. C'est ainsi que, avant même l'ouverture des salles «modulables» **[4]** prévues à La Villette et à l'Opéra Bastille, 12 000 places sont offertes chaque soir aux mélomanes parisiens, qui pour les remplir devraient aller au concert un jour sur deux! Il ne suffira donc pas d'abaisser massivement les tarifs, comme le préconise le chef de l'Orchestre symphonique de France, Laurent Petitgirard, pour absorber une offre à ce point excédentaire.

Le concert classique hérité du XIXe siècle correspond-il d'ailleurs encore à notre mode de vie et de consommation culturelle? Avec ses horaires fixes, son menu imposé et son marketing archaïque, il ne se prête pas aussi bien que le musée à la fréquentation de proximité et au butinage impromptu, désormais privilégiés par les «jeunes actifs urbains». Son rituel guindé et son ascétisme visuel, inchangés depuis la Belle Epoque, ne font aucune concession au besoin de convivialité du public et au nouveau despotisme de l'image, contrairement aux autres formes de spectacle musical. D'où aussi la plus grande vulnérabilité à la concurrence du disque compact, de moins en moins cher et de plus en plus substituable au concert, au moins pour l'auditeur moyen. Or la France est aujourd'hui le premier acheteur mondial de compacts classiques.

Le retour de la prospérité ne fera donc pas forcément revenir le public qui déserte en ce moment les salles. Il faudra aussi que le concert redevienne ce qu'il fut lors de son invention par les romantiques : un moment d'exception à partager toutes affaires cessantes.

Le Point

1 la Belle Epoque: (période se situant entre 1885 et 1914)
2 trois lustres: (trois périodes de cinq ans)
3 à tout va: sans aucune restriction
4 salles «modulables»: salles qui peuvent changer de forme (et par conséquent être utilisées pour différentes formes d'art, théâtre, opéra, concert, etc . . .)

SUJET DE REFLEXION

Allez-vous parfois à un concert de musique classique?

Si oui, quelles améliorations dans l'organisation du concert rendraient votre soirée plus agréable?

Si vous n'y allez pas, qu'est-ce qui vous en empêche?

Les arguments développés dans le texte 4.35 expliquant la baisse de fréquentation des concerts parisiens correspondent-ils à votre sentiment?

Comment voyez-vous l'avenir du concert de musique classique? ■

4.36 Livres de lumière

Il y a des jours où l'on se sent seul devant l'avenir. On a mis des années à se faire une belle écriture pleine de personnalité, et on ne fait plus que pianoter sur des Mac, des PC. On avait une grande bibliothèque pleine de livres anciens. A quoi bon, ces nids à poussière? La littérature grecque, comme la littérature latine, de l'Antiquité, tiennent chacune sur un CD-ROM. Quand on sait qu'un CD-ROM peut contenir deux millions de pages de texte, il y a même de la marge. D'ailleurs Shakespeare et Mark Twain sont déjà sur CD-ROM et, dans le cas de Shakespeare, on dispose du texte en vieil anglais et de sa version moderne, comme on pourra le faire un jour avec Rabelais, Montaigne et les autres. Sans parler des usuels indispensables, comme le Grand Robert, L'Encyclopédie Grolier, etc. qui sont disponibles sur ces disques légers et brillants, de la taille de nos bons vieux compacts audio et qui se mettent dans une sorte de mange-disques à côté de l'ordinateur auquel on a rajouté quelques barrettes de mémoire, quelques câbles et bidouillages **[1]** de plus et qui ressemble à un grand malade ou à une Américaine en bigoudis.

On est seul, parce qu'on n'a pas été formé à ce progrès qui va plus vite que son ombre et que l'on se trouve en état d'«illettrisme électronique», obligé d'apprendre un peu sur le tas, et en même temps on est avec des millions d'autres. Ces autoroutes de l'information qui font tant parler d'elles, qui charrient tant de milliards de signaux, qu'on s'attend à les apercevoir un de ces jours dans le ciel, par beau temps, nous permettent déjà et vont bientôt nous obliger d'entrer en communication avec des millions d'abonnés dans le monde, au moyen du courrier électronique, et de consulter les millions de pages que contiennent la bibliothèque du Congrès à Washington, les bibliothèques de Californie, les bibliothèques européennes, et la liste ne fait que s'allonger chaque jour. Qu'importe au fond la liste: le principe est acquis, un jour prochain, tout ce que l'on a pu écrire, peindre, composer en musique etc. sera disponible pour chaque citoyen du monde équipé, à tout instant et pour pas très cher. Le monde non équipé, ou, plus poliment, en voie d'équipement **[2]**, ne verra que l'abîme se creuser davantage, comme d'habitude.

Si tout se passe comme prévu, un habitant de la Creuse pourra, du fond de sa fermette retapée en plein désert français, feuilleter les archives historiques de Washington, poser des questions à des banques de données reliées entre elles et, le cas échéant, tirer ce qui l'intéresse sur papier au moyen de son imprimante. Et pourquoi pas se faire envoyer un texte, un poème, un chapitre ou tout un livre à distance? Pourquoi conserver des livres en papier, à terme? Il y aura longtemps, cependant, un carré d'irréductibles réactionnaires qui ne jureront que par la Pléiade **[3]** [...] Qui ne trouveront leur bonheur qu'en présence de belles pages tenues sous la lampe dans la solitude du soir, qu'en écrivant et recevant des lettres culturelle. manuscrites, qu'en notant leurs pensées ou l'emploi de leurs jours sur de petits carnets intimes. Des gens pour qui l'objet-livre est indissociable de leur culture, et plus, de leur émotion
Du reste, on ne voit pas encore comment le livre-papier pourrait être remplacé dans tous ses usages par le livre électronique. Un livre, je peux en corner la page, écrire dans la marge, le glisser dans une poche pour le lire n'importe où en voyage, dans le train, en avion, sur un banc du Luxembourg. Je n'ai pas besoin de source électrique, d'écran, de lecteur, de connexions avec aucune autoroute planétaire. Entre «livre» et «libre» il n'y a qu'une légère différence à l'oreille, alors que les autoroutes pèsent des tonnes dans notre imagination, nous font peur en raison de tout ce que nous ne savons pas encore faire, techniquement, pour nous en servir. Et pourtant, on pourrait soutenir aussi la position inverse. Dire qu'à la vitesse où vont les choses on aura bientôt des livres lumineux, sur de petits écrans de poche, à piles, dont on tournera les pages en pressant un bouton, qui seront au même prix que les anciens, qui n'obligeront pas à détruire des forêts, qui seront effaçables, recyclables, etc. Surtout ces livres nouveaux se liront autrement. C'est déjà le cas avec les disquettes que l'on peut trouver dans le commerce. Quel est l'intérêt d'acheter *Andromaque* sur disquette? La notion d'hypertexte. On peut demander à la disquette combien de fois le mot *âme* est présent, combien de fois il est associé à tel autre mot, ce qui peut être une source d'explications de textes intéressantes. A chaque instant on peut interroger le sens d'un mot, à l'infini, et l'on voit aisément dans le cas d'un dictionnaire les avantages qui s'attachent à cette notion de «navigabilité» immédiate dans un ensemble de dizaines de millions de signes.

Il est plus que vraisemblable qu'on restera assez longtemps avec les deux sortes de livres, les papiers et les lumières. Qu'ils se compléteront plus qu'ils ne se détruiront. Et il n'est pas du tout certain que la mise en image des textes implique une disparition de l'écrit. La question que l'on peut se poser, pour qui s'intéresse aux professions en péril, est de savoir s'il naîtra une littérature originale inspirée de ces techniques nouvelles. Quelque chose comme le croisement hypothétique d'*Un coup de dés jamais n'abolira le hasard*, de Mallarmé **[4]** et de *Cent Mille Milliards de poèmes*, de Raymond Queneau **[5]**. Possible. A vrai dire, il semble que l'interactivité en littérature existe depuis le premier roman du monde, le premier lecteur qui se représenta les mots *dragon, princesse, amour.*

Le Monde

1 bidouillages: gadgets et manipulations électroniques
2 en voie d'équipement: (expression créée sur le modèle "pays en voie de développement" qui a remplacé "pays sous-développés". L'auteur veut dire en fait "sous-équipé")
3 La Pléiade: (édition de luxe en France très appréciée des amoureux des livres)
4 Mallarmé: (poète symboliste (1842–1898) d'accès assez difficile, Stéphane Mallarmé, essaie de rivaliser avec la musique en jouant avec la sonorité des mots.)
5 Raymond Queneau: (écrivain français (1903–1976) dont les oeuvres poétiques sont bâties notamment sur des combinaisons savantes de chiffres et de jeux de mots)

4.37 20/20 pour l'effort

En France, des siècles de centralisation monarchique, impériale ou républicaine, ont souvent conduit l'Etat, avec ou sans ministère de la Culture, à intervenir dans la vie culturelle du pays. Aidant certains artistes, finançant les institutions, commandant des œuvres, soucieux de prestige et de contrôle, l'Etat irrite, déçoit, encourage, mais il agit et se dote, depuis les débuts de la Ve République, d'instruments d'intervention : ceux de sa politique en matière de culture. C'est donc vers lui que se tournent les artistes et gens de culture lorsque, isolés par nature (plasticiens), divisés par tradition (musique ou théâtre), ils se sentent menacés comme c'est le cas ici.

Comment ne pas relier le fait que la France soit le dernier pays européen où, face à la puissance hollywoodienne, la production cinématographique ait conservé une capacité créatrice significative avec la pratique d'une politique culturelle de l'Etat visant à défendre cette industrie, développée par le ministère sous Jack Lang (1981–1986, puis 1988–1993) et poursuivie sous Jacques Toubon après mars 1993 comme elle l'avait été sous François Léotard (1986–1988), et cela malgré l'idéologie libérale alors en vogue? Comment ne pas penser aux désastres qu'ont connus les cinémas anglais, italien, allemand? Comment ne pas comprendre, alors, que, pour un temps au moins, la France s'est trouvée à la tête de la bataille du GATT : non pour un protectionnisme en soi, mais pour la survie de la souveraineté culturelle de l'Europe?

J-F Godcheau, l'État de la France

4.38 INTERVIEW AVEC BERNARD-HENRI LÉVY

«Résister à la pression anti-intellectuelle»

***Le Point:* Le bilan des années Lang, globalement positif?**

Bernard-Henri Lévy: Oui, je crois. Dieu sait si j'ai critiqué le système Lang il y a dix ans, quand il se mettait en place et qu'il faisait dans l'antiaméricanisme. Aujourd'hui, et tout compte fait, un homme qui a triplé le budget de son ministère, insufflé un enthousiasme nouveau et fait de la culture une «ardente obligation» nationale mérite, à tout le moins, le respect. Je le dis d'autant plus volontiers que, comme d'habitude, et à l'heure de la chute, les coups de pied de l'âne **[1]** ne manqueront pas.

Ce système peut-il, doit-il survivre à une défaite électorale?

Je sais, là aussi, que l'idée à la mode, c'est la suppression du ministère. Pour ma part, et après voir vu d'assez près le fonctionnement, par exemple, de l'avance sur recettes au cinéma, je puis vous dire ceci: sans ces aides publiques, sans ce dispositif, unique au monde, de soutien, nous n'aurions quasiment plus de films français. Quant au théâtre, je souhaite bien du plaisir à ceux qui envisageraient, par le seul mécanisme des règles du marché culturel, de maintenir, enrichir le répertoire. Les hommes ne manquent d'ailleurs pas qui, dans ce pays, sont prêts à reprendre l'héritage.

[. . .]

Le Point

1 coups de pied de l'âne: (expression qui fait allusion à une fable de la Fontaine, "Le lion devenu vieux" et qui signifie une insulte proférée par un faible à l'encontre de quelqu'un dont il ne craint plus la force ni le pouvoir)

CHAPITRE 5

Découvertes

Faire état de la situation des sciences et des techniques à un moment donné est une entreprise périlleuse. À peine a-t-on fini d'en faire l'inventaire que techniques et produits sont déjà dépassés. Ceci est d'autant plus vrai à notre époque où la technologie semble emportée dans un tourbillon vertigineux. En dehors des textes plus historiques, l'état des sciences et des techniques décrit dans ce chapitre se situe donc à une époque précise, qui est celle du milieu des années quatre-vingt-dix.

La France peut-elle aujourd'hui être considérée comme un grand pays industriel, à la pointe des sciences et des techniques?

La réponse à cette question est nécessairement mitigée. Du fait de l'essor technologique et scientifique qui a eu lieu dans différents domaines, une puissance économique moyenne comme la France n'a plus les moyens de se battre sur tous les fronts. Afin de garder une position d'excellence, elle a été forcée de se spécialiser dans certains secteurs, notamment l'information et la communication, l'espace, la microbiologie, la génétique, la biologie, le milieu océanique.

En conséquence, le tableau des réussites est très satisfaisant dans certains domaines et les absences d'autant plus spectaculaires dans d'autres: l'une des principales faiblesses de la France se situe dans les "technologies du quotidien" et certains déplorent constamment le poids trop important accordé dans les crédits de recherche aux grands programmes comme l'espace et l'aéronautique, qu'ils qualifient de "bouffeurs de crédit" **[1]**.

De plus, le succès dans les réalisations à grande échelle n'est pas toujours assuré. L'échec commercial de Concorde dans les années soixante-dix l'illustre bien. Face à une concurrence mondiale acharnée, vouloir se battre ne suffit pas toujours. Autre échec retentissant: malgré l'importance des sommes investies, la France n'a pas réussi à développer une industrie informatique qui puisse concurrencer les géants américains et japonais.

Une analyse plus détaillée des succès techniques et scientifiques français montre qu'il existe de nos jours des ressemblances frappantes entre ces différentes réussites:

- D'abord, elles impliquent souvent plusieurs pays, en général des pays de l'Union européenne. C'est la coopération avec la Grande-Bretagne notamment qui a permis la construction de l'Airbus, de la fusée Ariane ou du tunnel sous la Manche. Un pays comme la France ne peut plus aujourd'hui financer seul les travaux de recherche et de développement nécessaires au succès de ces grands programmes.
- Ensuite, le succès est généralement basé sur des réalisations de grande envergure, qui associent étroitement les entreprises nationalisées, les centres de recherche publics, les grandes écoles et les subventions de l'État. C'est ce qu'Elie Cohen a appelé le "colbertisme **[2]** high tech", modèle français par excellence, où l'État joue un rôle de premier plan. Ce modèle est souvent opposé au modèle anglais qui consiste à laisser plus de liberté aux différents organismes concernés.

Pourtant, depuis les années quatre-vingts, la tendance est à la décentralisation et de gros efforts sont faits pour associer plus étroitement les entreprises privées et les universités à la recherche et à ses résultats. De nombreuses actions ont favorisé l'innovation dans les PME (petites et moyennes entreprises). La France ne semble donc pas avoir renoncé à conserver à l'avenir un statut de puissance industrielle!

scope

1 bouffeurs de crédit: grand mangeur de subventions
2 colbertisme: (du nom de Colbert, ministre de Louis XIV, qui encouragea l'intervention de l'État dans l'économie dès le XVIIème siècle)

Des réussites françaises

Historiquement, la France a joué dans le développement des sciences et des techniques un rôle important. À travers les siècles, la recherche pure et la recherche appliquée y ont occupé une place de choix et le nombre de prix Nobel accordés à des savants français reflète cette longue tradition.

En dépit de l'intensification de la concurrence, cette tradition se poursuit aujourd'hui. Signe d'excellence, le physicien Pierre-Gilles de Gennes a obtenu le prix Nobel de physique en 1991. C'est aussi en France par exemple que, malgré certaines prétentions américaines à cet égard, le virus du SIDA a d'abord été identifié par l'équipe du professeur Luc Montagnier.

L'application de cette recherche, on la retrouve dans des produits comme le TGV, Ariane, le minitel, l'Airbus, le tunnel sous la Manche. L'industrie de l'armement, de l'automobile, le nucléaire sont les secteurs industriels qui viennent immédiatement à l'esprit lorsque l'on pense à l'état de la technologie française.

Examinée de près, la réalité est naturellement bien plus complexe: combien, par exemple, de PME aux noms inconnus, dépensent une grande partie de leur énergie à créer les technologies de demain?

Louis Pasteur

Marie Curie

Les frères Lumière

Sujet de reflexion

Lorsque vous entendez les mots "science", "savant", "recherche scientifique", quels domaines spécifiques vous viennent tout d'abord à l'esprit?

Si vous deviez produire une liste des grands savants et des grandes découvertes dans votre propre pays, quels noms et quels produits y incluriez-vous? ■

5.1 Quelques grands savants français et leurs découvertes

1536

Le chirurgien **Ambroise Paré** invente la méthode de ligature des artères. Il est considéré comme le père de la chirurgie moderne.

1637

Le savant et philosophe **René Descartes** invente la géométrie analytique qui lui permet d'établir la loi de la réfraction en optique.

1639

Le savant, penseur et écrivain **Blaise Pascal** invente la première machine à calculer.

1670

Gilles de Roberval met au point la balance à deux fléaux, la balance Roberval.

1680

À la suite de ses travaux sur la vapeur d'eau, **Denis Papin** invente une marmite avec une soupape de sécurité, ancêtre de la cocotte-minute.

1770

Le grand chimiste **Antoine de Lavoisier** découvre la composition de l'air. Il sera guillotiné pendant la Révolution.

1795

L'industriel français **Nicolas Appert** invente un procédé de conservation, l'appertisation, qui fait de lui le créateur de la boîte de conserve.

1820

Le physicien et mathématicien **André Ampère** découvre l'électro-magnétisme. Son nom est donné à l'unité d'intensité des courants électriques.

1821

L'égyptologue **Jean-François Champollion** déchiffre l'écriture hiéroglyphique.

1828

Le professeur **Louis Braille**, aveugle dès l'âge de trois ans, invente un système d'écriture en points saillants, le braille.

1829

Le physicien **Nicéphore Niepce** développe la photographie. En association avec **Jacques Daguerre**, il continue ses recherches. Il mourra avant d'avoir obtenu des résultats concluants. C'est Daguerre qui découvrira le procédé permettant de développer (1835) et de fixer (1837) les images.

1853

Le chimiste strasbourgeois **Charles Gerhardt** développe l'aspirine.

1862

Louis Pasteur découvre les microbes et à partir de là, en 1865, le principe de la pasteurisation. Ses recherches sur les microbes bouleversent la médecine. La découverte du vaccin contre la rage en 1885 le rend mondialement célèbre. La création de *l'Institut Pasteur* permet à ses collaborateurs de poursuivre ses recherches. Savant désintéressé, Pasteur reçoit le titre de bienfaiteur de l'humanité.

1895

Les frères Lumière (Auguste et Louis) inventent le cinématographe et montrent le premier film en public à Paris le 28 décembre 1895.

1898

Pierre et Marie Curie étudient la radioactivité, ce qui les conduit à la découverte du radium. Ils obtiennent le prix Nobel de chimie en 1903. Après la mort de son mari, Marie Curie continue ses travaux. Elle obtient de nouveau le prix Nobel de chimie en 1911.

1906

De 1906 à 1923, **Albert Calmette** et **Camille Guérin** mettent au point la méthode de vaccination contre la tuberculose (le BCG).

1934

Irène Curie, fille de Pierre et Marie Curie, et son mari, **Frédéric Joliot**, découvrent la radioactivité artificielle. Ils obtiennent le prix Nobel de chimie l'année suivante. Frédéric Joliot dirigera la construction de la première pile atomique française en 1948.

1965

Le biochimiste **Jacques Monod** obtient le prix Nobel de médecine pour ses travaux sur l'information génétique.

1983

Le professeur **Luc Montagnier** et son équipe de l'*Institut Pasteur* découvrent le virus du SIDA.

1989

Le professeur **Étienne Beaulieu**, médecin et chercheur, obtient le prestigieux prix Albert Lasker pour ses travaux sur le RU 486, la fameuse "pilule du lendemain".

1991

Le physicien **Pierre-Gilles de Gennes** obtient le prix Nobel de physique pour ses travaux sur les cristaux liquides et les polymères. Savant enthousiaste, pédagogue passionné, il aime à désacraliser les mathématiques, trop présentes selon lui dans l'éducation française.

SUJET DE REFLEXION

Lorsque vous entrez dans un grand magasin dans votre pays, quels produits d'origine française pensez-vous y trouver? (exemples: casseroles Le Creuset, Camembert)

Quels sont, selon vous, les grands noms qui de la même façon symbolisent la technologie et le savoir-faire de votre pays à l'étranger? ■

5.2 Le génie français

La poêle Téfal

La SARL **[1]** Téfal est créée le 2 mai 1956, à Sarcelles, dans un ancien pavillon de chasse de l'impératrice Eugénie **[2]**. Effectif : trois personnes. Dans une grange voisine du pavillon, le premier atelier est installé. On y fabrique la première poêle antiadhésive. C'est la mise en application des recherches de M. Hartmann pour les besoins d'un appareil électronique spécial qu'il a idée d'appliquer sur une poêle... Le succès est immédiat, malgré la concurrence de Du Pont de Nemours **[3]**, qui veut contraindre les fabricants d'employer son propre procédé, le polytétrafluorhéthylène (Ptfe).

En 1968, la société Téfal entre dans le groupe SEB **[4]** et la firme de Romilly est aujourd'hui leader mondial des articles de ménage antiadhésifs : poêles, casseroles, sauteuses, faitouts...

La pile Wonder

Le slogan publicitaire est immortel : « La pile Wonder ne s'use que si l'on s'en sert! » Et cela dure depuis 1914, date à laquelle M. et Mme Courtecuisse créent leur petite affaire dans un minuscule atelier, au 6 de la rue Marcadet, dans le 18ème arrondissement de Paris. Ils fabriquent là des piles électriques pour les lampes de poche, spéculant sur le fait que cet article serait de vente facile, tant auprès des civils que des militaires, en cette période de troubles graves. Premier client d'importance : l'armée britannique, stationnant alors en France, et qui passe une commande fabuleuse à la petite entreprise, commande baptisée, dans un éclair de génie commercial, « Wonderful ». Wonderful devient Wonder et, à dater de cette époque, les ventes battent leur plein. En 1926, le chiffre d'affaires atteint trente fois celui de 1918 ! Wonder se met ensuite à fabriquer, outre des lampes de poche, des lampes industrielles, des batteries pour les lampes de poche et pour la TSF **[5]** qui prend alors son essor.

> « Maman ! sais-tu que tu peux avoir aussi des conserves de lumière ? » s'écrie un enfant; et comme sa mère le regarde étonnée, il ajoute : « Tu n'as qu'à faire aujourd'hui ta provision de piles Wonder pour cet hiver. La pile Wonder ne s'use que si l'on s'en sert. »
>
> *L'Intransigeant*

C'est en 1958 que la pile Wonder telle qu'on la connaît fait son apparition et que le slogan publicitaire impose à jamais le produit. En 1987, Wonder est la première marque à sortir sur le marché une pile sans mercure, la « Green Power ». En 1988, Wonder devient fleuron **[6]** du groupe Piles France CIPEL, qui exploite les deux marques Wonder et Mazda. Avec 1,4 milliard de chiffre d'affaires, c'est un des leaders incontestés du marché européen. Wonder est, d'après les sondages, la marque de piles la plus connue des Français.

La Deux Chevaux

Extrait du cahier des charges **[7]** rédigé par André Citroën en 1936 à l'adresse d'André Lefebvre (l'homme qui « inventa » la traction avant **[8]**); « Faites-moi une voiture qui soit capable, chargée d'œufs, de traverser un champ sans en casser un seul. » Plus loin : « Le véhicule devra transporter quatre personnes et cinquante kilos de pommes de terre à 60 km/h en ne consommant que trois litres aux cent. » Toute la 2 CV tient déjà en ces quelques mots. Le projet est aussi appelé TPV (Toute Petite Voiture), et vise comme clientèle le monde rural et les faibles revenus.

L'équipe d'André Lefebvre se met au travail et son projet, conforme aux vœux du directeur de Citroën (caisse en duralinox, ailes en tôles d'acier, capot ne portant qu'un seul phare, toit en toile, pas de clignotants), doit être présenté au Salon de 1939. Il ne le sera pas : la guerre étant déclarée, ordre est donné de détruire les premières maquettes pour qu'elles ne tombent pas aux mains des Allemands.

La présentation officielle de la 2 CV (qui deviendra très vite « La Deux Pattes » ou « La Deuche ») aura finalement lieu au 35e Salon de l'Automobile, le 7 octobre 1948, devant le président Vincent Auriol **[9]**. Encore faut-il préciser que le modèle présenté était loin d'être complet puisqu'il n'avait pas de... moteur. La 2 CV apparaît commercialement sur le marché en 1949, en quantité très limitée puisque cinq exemplaires seulement sont fabriqués chaque jour. Les difficultés de tous ordres, liées à l'après-guerre, ne lui permettront pas de connaître un succès immédiat. Mais si l'on recense 6 000 Deux Chevaux vendues en 1950, on en compte 2,5 millions en 1966 et plus de 4 millions en 1986, preuve que le produit correspondait à une réelle attente du public.

Pendant longtemps, « La Deux Pattes » présenta le même visage (moteur à deux cylindres de 375 cm^3, carrosserie ondulée grise, toit et coffre en toile) mais, à partir de 1958, Citroën lança sur le marché des « séries spéciales » avec la 2 CV Sahara (deux moteurs de 425cm^3, quatre roues motrices, ancêtre des 4x4), la 2 CV Spot (1976), la Club (1980), la Charleston (1981) et la Cocorico (1986). Malheureusement, tout ayant une fin, la fabrication de la 2 CV a été arrêtée au printemps 1988.

> Il est inutile d'insister longuement sur cet outil à quatre roues (nous hésitons toujours à l'appeler voiture). . . Du Nord au Sud, on sait désormais que la 2 CV patauge, proteste, patine, mais, finalement avance dans la boue et la neige, dans le sable et les pierres avec une autorité surprenante.
>
> *L'Automobile*

Le Concorde

> Je peux mourir.
> J'ai vu Concorde voler. . .
> Voilà, il a levé une roue, puis une autre, puis une autre, puis dix mille autres, et, tout rose d'émoi, il a nagé dans l'air, et c'était beau comme si le palais de Versailles avait décollé.
>
> *Cavanna*

Le programme du Concorde, avion franco-britannique, a démarré le 29 novembre 1962. Ses deux principaux constructeurs étaient British Aircraft Corporation et Aérospatiale-Concorde. L'assemblage du premier prototype n° 001 fut réalisé dans les ateliers de l'Aérospatiale, à Toulouse. C'est le 2 mars 1969 qu'eut lieu le premier vol du prototype français, piloté par André Turcat, tandis que le premier vol anglais eut lieu le 9 avril de la même année.

Il faut attendre le 26 janvier 1976 pour que le Concorde effectue un service régulier : Paris-Dakar-Rio pour Air France, et Londres-Bahrein pour British Airways. Le 24 mai 1976, il s'envole pour les États-Unis, avec un Paris-Washington et un Londres-Washington. Enfin, il relie Paris à New York en 3 h 40 après être venu à bout d'une avalanche de procédures et controverses qui retardaient son admission à l'aéroport Kennedy et lui interdisaient le survol d'une majeure partie des États-Unis.

Au début des années 80, 18 exemplaires seulement sont en service dont 9 en service commercial. Cet échec relatif est dû en partie à sa trop forte consommation de kérosène et au trop grand nombre de décibels qu'il génère. Fin 1982, Air France doit supprimer la ligne Paris-Rio.

Côté technique, le Concorde est équipé d'un moteur à quatre turboréacteurs Rolls-Royce/Snecma Olympus 593 Mk. 610 de 17 260 kg de poussée chacun. Son envergure est de 25,56 m (la surface d'une seule aile est de 358 m^2). Il mesure 62,10 m de long, 11,40 m de haut et pèse 185 065 kg au décollage. Sa vitesse de croisière est de 2 179 km/h, son autonomie de 6 580 km. Il peut transporter 144 passagers avec un équipage de huit personnes. Son revêtement et ses structures sont en alliage d'aluminium classique et ses 42 hublots en quatre couches transparentes de verre. Les vitres du poste de pilotage sont prévues pour résister à l'impact d'un oiseau de deux kilos. Sachez enfin que la forme de son nez si particulière n'est pas une coquetterie : elle cache un radar météorologique et des appareils de pressurisation.

La pilule RU 486

Contrairement à la pilule anticonceptionnelle, la RU 486, ou pilule abortive, n'empêche pas la conception de l'embryon mais provoque un avortement « en douceur », sans qu'il soit besoin de recourir à l'intervention chirurgicale. RU signifie Roussel-Uclaf, du nom du laboratoire français créateur, et 486 représente le numéro de la molécule chimique. Cette molécule, appelée mifépristone, est un antiprogestérone. A ce titre, elle est capable d'empêcher la poursuite de la grossesse, à laquelle la progestérone est indispensable.

Mise au point par le professeur Étienne-Émile Beaulieu et les laboratoires Roussel-Uclaf, la pilule abortive déclencha en France des vagues de réactions passionnelles, l'opposition marquée de l'Église et d'une partie de l'opinion. Le point culminant fut sans doute atteint au moment de sa mise en vente, le 26 octobre 1988. Les laboratoires Roussel-Uclaf, qui avaient reçu, le 23 septembre, l'autorisation du ministère de la Santé de mettre leur produit sur le marché, annoncent leur décision de suspendre la commercialisation. Ceux-ci auraient reçu de sérieuses menaces, dont le boycott de l'ensemble de leurs produits dans certains pays, comme l'Allemagne ou les États-Unis. Le lendemain, le ministre de la Santé, Claude Évin met en demeure **[10]** le laboratoire de reprendre la distribution de la RU 486 « dans l'intérêt de la santé publique ». Après cinq heures de délibération, le groupe Roussel-Uclaf annonçait qu'il reprenait la distribution, « le ministre assumant ses responsabilités en matière de santé publique ».

Cette pilule, tombant sous le coup de la loi Veil sur l'IVG (Interruption volontaire de grossesse), n'est pas vendue en pharmacie mais dans les centres habilités à pratiquer l'interruption de grossesse. Actuellement, 20% des IVG se font grâce au RU 486. Étienne-Émile Beaulieu, le père de cette pilule, a reçu à New York le prix Albert-Lasker, en 1989. Ce prix, le plus prestigieux après le Nobel, couronne les trente ans de recherches de ce biologiste français.

J. Duhamel, Grand inventaire du génie français en 365 objets, Albin Michel

1 SARL: société à responsabilité limitée
2 impératrice Eugénie: (femme de l'empereur Napoléon III, impératrice des Français entre 1853 et 1870)
3 Du Pont de Nemours: (grand groupe américain spécialisé dans la chimie)
4 SEB: société d'emboutissage de Bourgogne (grand groupe français dans l'équipement ménager)
5 TSF: téléphonie sans fil (premiers postes de radio en France)
6 fleuron: (le bien le plus précieux)
7 cahier des charges: (document fixant les modalités d'un projet)
8 traction avant: (nom donné aux anciennes 11 CV et 15 CV Citroën)
9 Vincent Auriol: (président de la République entre 1947 et 1954)
10 met en demeure: oblige avec l'aide de la loi

5.3 LES TÉLÉCOMMUNICATIONS: PERSPECTIVES À L'AN 2000

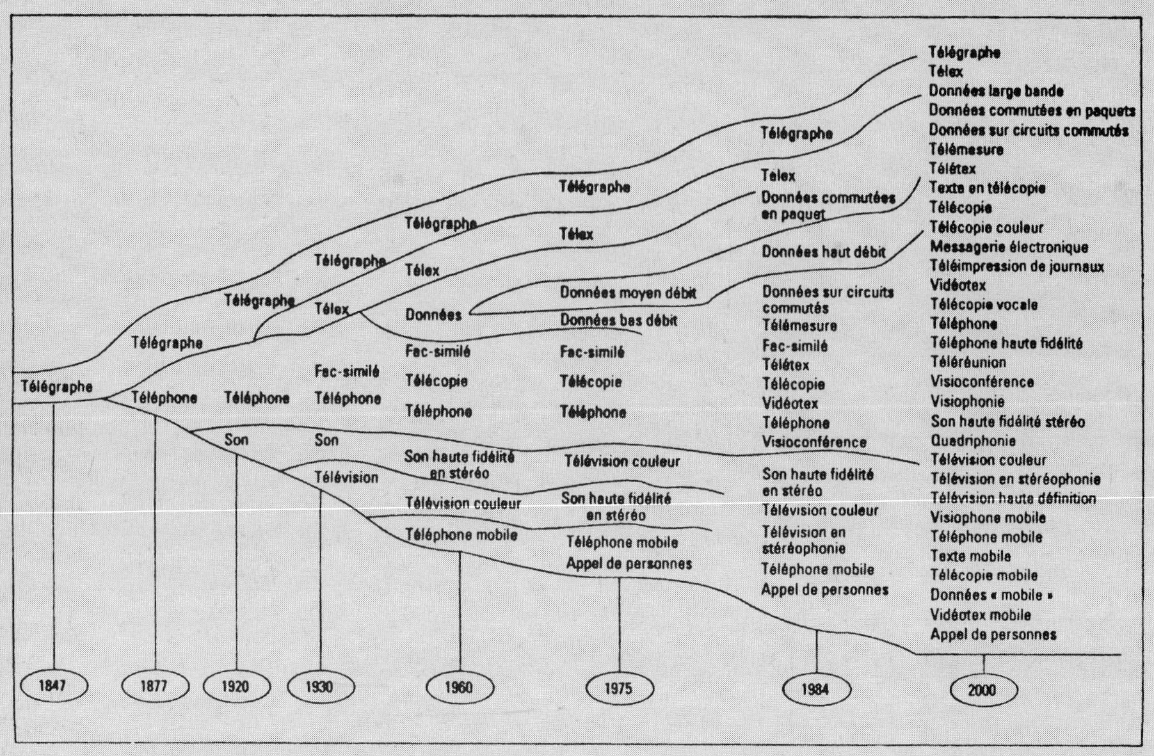

LES TÉLÉCOMMUNICATIONS : PERSPECTIVES À L'AN 2000
Source : Ungeren et Costello, Télécommunications en Europe, *CEE, Coll. « Perspective européenne », Bruxelles, 1988.*

5.4 Autoroutes de l'information : l'Europe prépare l'an 2000

Les autoroutes de l'information suscitent bien des appétits. Ainsi le géant américain Microsoft est en train d'essayer d'obtenir les droits exclusifs des œuvres d'art des plus grands musées dans le monde, y compris en France, pour les mettre sur CD Rom. Mais la société d'informatique d'outre-atlantique s'est vue priée par la Direction des musées de France de réfréner ses ardeurs, au nom de la pratique d'une politique d'accès aux œuvres d'art égal pour tout le monde : cette histoire, rapportée par un expert français des télécommunications, prouve si besoin était que les autoroutes de l'information sont en train de se construire. Et surtout que l'Europe offre un merveilleux carburant aux véhicules qui y circuleront demain. Dans le domaine culturel, la potentialité des Douze est exceptionnelle, en France et ailleurs comme en Italie, classée premier patrimoine au monde par l'UNESCO : *"Nous ne pouvons pas être réduits à consulter ce patrimoine culturel au moyen d'un logiciel américain et d'un lecteur de CD Rom asiatique"*, tempête Georges Nahon, président d'honneur de l'association française de télématique (AFTEL).

Etats-Unis et Japon

La compétition sera rude sur les autoroutes de l'information : tandis que les Etats-Unis ont donné en septembre 1993 le feu vert à leur grand projet d'"information super high-ways" (super autoroutes de l'information), concocté par le vice-président Al Gore, que les Japonais réfléchissent à leur propre conception de ces autoroutes, les Européens mettent en place leur stratégie sur ce secteur économique qui, selon le premier ministre Edouard Balladur, représenteront 10 % du PNB de la France en l'an 2000. Pour les Douze, c'est le livre blanc "Croissance, compétitivité, emploi" présenté par la Commission européenne en décembre 1993 qui assoit l'ambition de l'Europe en la matière, ambition qui doit être à la mesure de l'enjeu. Jacques Delors, le président de la Commission, estime ainsi que les autoroutes électroniques sont le plus grand bond en avant depuis l'invention de l'imprimerie par Gutenberg. Il faut faire vite, car le progrès technologique rend désormais ces autoroutes praticables.

La France, comme bien d'autres pays de l'Union, n'entend pas être à la traîne, elle qui a montré l'exemple à suivre en télématique avec le Minitel. Ce pionnier des réseaux présente à ce jour un beau bilan : 6,5 millions d'abonnés, 6,7 milliards de chiffre d'affaires (soit 15 % de progression sur 1993) et 23 000 services. Ses futures autoroutes de l'information ont déjà quelques fondations en Europe : après la télématique, la deuxième génération des télécommuniations est le numérique avec le réseau Numéris **[1]** qui connecte dix-neuf pays (dont les Douze de l'Union européenne) et transporte à travers l'Europe le combiné données/voix et images laser d'excellente qualité. L'agence photo Gamma a ainsi numérisé ses photos et peut les faire circuler dans toute l'Europe.

Péage à la carte

La troisième génération arrive déjà : c'est le câble à fibre optique. De l'épaisseur d'un cheveu, cette fibre peut transporter des images de la qualité de celles que diffusent les téléviseurs. Pour la France, des premiers tests de transport d'images par câbles en fibre optique vont être menés.

Enfin, il est utile de souligner que les autoroutes de l'information ne s'adresseront pas seulement aux entreprises et autres opérateurs économiques : les citoyens européens en seront les bénéficiaires interactifs et c'est là que réside l'une des principales innovations des autoroutes de l'information. Le téléspectateur en particulier, y trouvera de quoi "zapper" **[2]**, puisqu'il aura accès à des programmes sur mesure moyennant un péage à la carte. Les industriels européens se sont mobilisés sur ce nouveau marché. Plusieurs opérateurs européens s'apprêtent à lancer courant 1994 des chaînes de télévision avec "pay per view" (paiement à la séance). Le téléspectateur équipé d'un terminal "visiopass" choisira son film ou document sur un catalogue.

Ces expériences-pilotes ne doivent pas masquer les difficultés considérables qui subsistent dans les télécommunications européennes, ni le retard pris en Europe sur les Etats-Unis, dans des domaines comme le courrier électronique et les banques de données à partir d'ordinateurs, pour ne prendre que deux exemples. Le Livre blanc cite comme obstacles majeurs au bon développement des autoroutes de l'information en Europe *"l'incompatibilité et l'absence d'interopérabilité entre les réseaux nationaux"* de services de télécommunications. La Commission européenne y stigmatise aussi l'inexistence des services de base au niveau européen : courrier électronique et transfert de fichiers, accès à distance aux banques de données et services interactifs d'échange d'images. Mais surtout, les Douze ont tout intérêt à rouler de concert sur ces autoroutes de l'information s'ils ne veulent pas se laisser distancer par les Etats-Unis et le Japon.

7 Jours Europe, Commission des communautés européennes

1 réseau Numéris: (réseau numérique qui permet la diffusion de données comme les textes, voix, données et images)
2 zapper: changer de chaîne de télévision

5.5 Il y a dix ans, le TGV gagnait la bataille du rail

Le président François Mitterrand inaugurait en 1981 les 417 km de lignes nouvelles du TGV Sud-Est

Décidé par Georges Pompidou lors du dernier Conseil des ministres qu'il a présidé, le 6 mars 1974, le TGV a été le résultat d'une nécessité, celle de désaturer la ligne Paris-Lyon, sur laquelle circulaient plus de 250 trains par jour, et d'un pari, celui que le rail, fortement concurrencé par la route et l'avion, avait encore un avenir.

Malgré une multitude de déclarations de tous bords sur le thème "le TGV n'a aucun avenir", ce pari a été gagné. Avec dix ans de recul, on peut même affirmer aujourd'hui que le TGV a véritablement sauvé le transport voyageur par rail pour en faire un redoutable concurrent de l'avion, voire de la route, et sans conteste un des modes de transport majeurs de demain.

Il a aussi sorti la SNCF de sa léthargie pour en faire une entreprise moderne, qui se veut désormais "comme les autres" malgré son statut d'entreprise publique.

De nouvelles aventures

Cette victoire a amené la SNCF à se lancer dans de nouvelles aventures, avec la construction du TGV-Atlantique qui, inauguré en deux étapes en 1989 et 1990, compte déjà 13 millions de voyageurs par an. Dans moins de deux ans, cela sera au tour du TGV Nord d'entrer en service, quelques mois avant les inaugurations du nouveau tronçon Lyon-Valence et de l'Interconnexion Est de l'Ile-de-France, prévues pour 1994.

Dans 20 ou 30 ans, 4 700 kilomètres de lignes à grande vitesse seront en exploitation. Les clients des trains grandes lignes trouveront banal de voyager à 350 km/h. Le TGV Sud-Est, pourtant révolutionnaire, aura pris un coup de vieux, et les gens auront oublié qu'il a sauvé le rail.

Le Provençal

T.G.V: DIX ANS ET QUEL SUCCES !

En une décennie, la grande vitesse a sauvé le rail. Le succès du train inauguré le 22 septembre 1981 s'est traduit pour la S.N.C.F., par de substantiels profits. Les investissements – 14,2 milliards – seront amortis l'an prochain.

SUJET DE REFLEXION

Pourquoi la France a-t-elle choisi d'investir dans le chemin de fer au cours des années quatre-vingts? Pourquoi dit-on que le TGV a sauvé le rail?

Quand vous avez le choix entre avion, train et route, quel moyen de transport préférez-vous? Qu'est-ce qui modifierait votre choix?

Le chemin de fer représente-t-il un enjeu important dans votre pays? Pourquoi? ■

5.6

CAMPAGNE PRÉSIDENTIELLE ?

Mars 1987

dessin de Plantu

5.7 Allocution prononcée sur la liaison trans-Manche

Allocution prononcée par M. François Mitterrand à l'occasion de la cérémonie d'échange des instruments du traité sur la liaison trans-Manche
Palais de l'Elysée – 29 juillet 1987

Madame le Premier ministre **[1]**,

Nous voici assez près aujourd'hui du terme de deux siècles d'efforts, en tout cas à la fin de la procédure constitutionnelle qui scelle notre volonté commune de réaliser enfin le tunnel sous la Manche.

Après la réunion de Lille, où, au mois de janvier 1986, nous avions annoncé notre choix commun, le projet Eurotunnel, après la signature du Traité de Canterbury, c'est ici, à Paris, que nous allons, comme le veut la coutume, échanger les instruments de ratification du traité.

Entre-temps, un travail considérable a été accompli ; les ingénieurs et les experts financiers ont affiné le projet, les juristes ont vérifié que toutes les questions, et elles sont nombreuses, que soulèvent la construction et l'exploitation de cet ouvrage ont bien été posées, et, je l'espère, résolues. Nos deux Parlements ont autorisé cette ratification et j'insiste sur cette étape, car elle illustre bien le rôle des élus dans deux des plus anciennes démocraties parlementaires du globe.

Si le sentiment insulaire est profondément enraciné dans votre histoire et dans votre culture, Madame, je ne crois pas que la réalisation que nous avons aujourd'hui décidée soit de nature à le faire disparaître ; c'est plutôt l'occasion pour un grand nombre d'Européens de connaître et de comprendre la Grande-Bretagne, tout comme seront plus nombreux ceux de vos compatriotes qui pourront désormais, d'une certaine façon, découvrir la France et avec elle l'Europe. Nous pourrons dire enfin que le continent cesse d'être isolé !

L'ouvrage lui-même permettra à nos deux pays de démontrer que notre vieille Europe est toujours capable d'inventer, de se surpasser et d'étonner le monde.

J'ai plaisir à saluer, à vos côtés, les représentants du beau Comté de Kent, le président du Conseil régional du Nord-Pas-de-Calais, qui se trouve également parmi nous, et qui sait bien à quel point l'économie de sa région va bénéficier de ce grand chantier. Plusieurs dizaines de milliers d'emplois vont être créés, ce qui contribuera à l'amélioration d'une situation qui ne cesse – on le sait bien – d'être préoccupante.

Les questions relatives à la protection de l'environnement, dont nous ont saisi plusieurs associations, devront être abordées et réglées. Un important programme d'accompagnement nous permettra d'assister à l'affirmation de cette grande capitale régionale européenne qu'est Lille, qui se trouvera au cœur des réseaux autoroutiers et ferroviaires européens.

Les discussions entre la SNCF, la Société Nationale des Chemins de Fer français, et les British Railways progressent, et je ne doute pas de la détermination qui doit conduire nos deux gouvernements à résoudre aussi rapidement que possible les problèmes que posent, de part et d'autre de la Manche, la réalisation et l'exploitation d'une ligne ferroviaire à grande vitesse, à laquelle comme beaucoup d'autres je suis favorable. Mais, bien entendu, les retombées de cette œuvre exceptionnelle toucheront la France tout entière et une grande partie de l'Europe continentale.

Je l'ai indiqué souvent, je le répète ici puisque nous avons le plaisir de recevoir les hôtes étrangers et amis, l'Europe est notre avenir. Cet avenir se construit chaque jour, notamment par les grands moyens de communication qui rendent plus faciles, plus actives, les relations entre les peuples. Le Traité de Canterbury avait ouvert la voie à une réalisation qui sera sans doute la plus marquante en ce domaine d'ici la fin du siècle.

Je souhaite que ce traité et l'acte d'aujourd'hui ne constituent que des étapes, ô combien importantes et plus que symboliques, dans la construction de l'Europe.

Je vous remercie, Mesdames et Messieurs. Je remercie plus particulièrement, Madame, vous qui par votre décision, et par l'élan que vous avez su donner, avez permis cette réalisation que nous célébrons en ce jour.

dans A. Coursier, Le Dossier du tunnel sous la Manche

1 madame le Premier ministre: Mme Thatcher

SUJET DE REFLEXION

Monsieur Mitterrand soutient le projet du tunnel sous la Manche. Quels sont, selon lui, les aspects positifs qui en découleront?

Pensez-vous que Madame Thatcher ait mis l'accent sur les mêmes aspects dans sa réponse au discours de Monsieur Mitterrand? Quelles étaient, selon vous, ses priorités?

Maintenant que le tunnel est construit, vous semble-t-il que l'optimisme relatif de Monsieur Mitterrand ait été bien placé? ■

5.8 EN REMONTANT LE FIL D'ARIANE

Le 24 décembre 1979, le premier vol d'essai de la fusée Ariane est couronné de succès. Un beau cadeau de Noël pour l'Europe qui entre enfin dans l'aventure spatiale, après des années d'échecs et d'hésitations.

Dès 1972, le CNES – Centre national d'études spatiales français – étudie un lanceur d'un type nouveau. Mais il manque encore au Vieux Continent une volonté politique et une organisation supranationale qui lui permettrait de s'aligner sur les Etats-Unis ou l'Union soviétique. Incapables de trouver un accord, les Européens naviguent de conférences sans résultats en réunions interminables, d'ajournements répétés en missions de bons offices **[1]** auprès d'une dizaine de gouvernements...

Le 31 juillet 1973, une nouvelle conférence à laquelle participent les ministres chargés des questions spatiales de dix pays européens prend un bien mauvais départ. A cinq heures du matin, tous les journalistes ont déserté la réunion et annoncent un nouvel échec: c'est alors que se produit le "miracle": l'accord sur la création d'une nouvelle agence spatiale, l'ESA, *European space agency*, et l'adoption du projet du CNES, rebaptisé Ariane.

Ariane 1 fait enfin ses premiers pas

Son succès n'est pas acquis d'avance. Les Etats-Unis viennent en effet d'opter pour une navette "récupérable" dont le premier vol est attendu en 1978. Grâce au concept de "récupération", ils espèrent atteindre le rythme d'un vol par semaine, 500 vols pour la décennie 80. Ils s'engagent aussi – moyennant finance – à lancer tout satellite à vocation pacifique. D'aucuns pensent qu'il serait sage pour l'Europe de se contenter de cette offre... Mais c'est le choix de l'indépendance qui l'emporte.

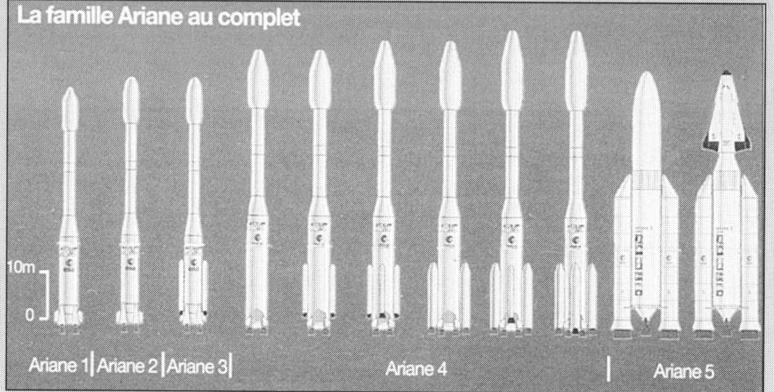

UNE PROGRESSION DICTÉE PAR LE BESOIN. *Les Ariane 1 ont cédé la place aux Ariane 2 et 3 à partir de 1984, celles-ci s'éclipsant à l'arrivée des Ariane 4 en 1988. En 1995, Ariane 5 s'envolera de Kourou. Une nouvelle ère pour l'Europe spatiale...*

Science illustrée

1 mission de bons offices: (terme diplomatique lorsqu'un état propose ses services à des états en conflit pour négocier)

5.9 Ariane, ou la répétition du succès

Malgré les réussites de son lanceur fétiche, l'Europe spatiale souffre de l'absence d'un grand dessein commun.

KOUROU
de notre envoyé spécial

« *Que voulez-vous,* disait Hubert Beuve-Méry **[1]** pour répondre au procès fait à la presse de diffuser bien plus de mauvaises nouvelles que de bonnes, *un train qui déraille, c'est un événement, mais pas un train qui arrive à l'heure.* » Le même sort menace la fusée Ariane, dont le dernier lancement, jeudi 9 juillet, n'a manifestement pas suscité la passion des foules.

Il est vrai que ce vol était le cinquante et unième, et que le champagne avait beaucoup coulé, en avril, pour le cinquantième. Comme il est vrai qu'Arianespace a encore en commande trente et un satellites à placer sur orbite, au rythme moyen d'un par mois, ce qui portera le total, d'ici trois ans, à cent treize. Et que le prochain lancement, dans trois semaines, sera effectué pour une mission commune franco-américaine avec un satellite développé par le CNES et la NASA. Voilà qui provoque un petit sourire d'intense satisfaction chez ceux, qui, au début de l'aventure spatiale européenne, ont si souvent entendu nos amis d'outre-Atlantique parler avec commisération de l'incapacité supposée de notre trop Vieux Continent à se mesurer dans ce secteur avec la toute puissance des Etats-Unis.

Il était difficile de se tromper davantage : avec un capital français à 56,6 %, le reste des parts étant aux mains de cinquante-quatre actionnaires venus de onze pays européens différents, dont l'Allemagne, l'Italie, le Royaume-Uni et la Belgique, Arianespace contrôle à l'heure qu'il est plus de la moitié du marché mondial des lanceurs.

Cette position doit beaucoup au fait que le groupe n'a connu que peu d'échecs (cinq, les deux derniers datant de 1986 et de 1990), alors que les Américains n'ont pas fait le bon choix en préférant aux lanceurs classiques un programme de navettes onéreux et peu adapté tandis que l'ex-URSS n'a jamais été dans la course commerciale. C'est dire l'importance qu'il y a pour Arianespace à refaire à chaque lancement la preuve de sa fiabilité et de sa ponctualité. Si, donc, chacun de ceux qui participent ou assistent à un lancement est convaincu à l'avance que tout va bien se passer, l'enjeu est trop souvent important pour qu'on éprouve le sentiment d'une routine. Chacun, pendant le compte à rebours **[2]**, garde plus ou moins les doigts croisés.

Satisfaction générale

Le soulagement se mêle à l'admiration lorsque, après avoir donné quelques secondes l'impression de se ramasser sur elle-même, comme pour accumuler dans ses flancs le maximum d'énergie, la fusée s'arrache, au milieu d'un immense embrasement orangé, à la table sur laquelle elle reposait. L'incroyable verticalité de sa trajectoire initiale, encore soulignée par les jets de flammes, rigoureusement parallèles, de ses quatre propulseurs d'appoint, conjugue à l'apogée puissance et perfection.

La saison des pluies touche à sa fin en Guyane et la nuit, ce soir-là, a la limpidité veloutée des ciels d'Orient. De l'observatoire en plein air de Toucan, à 4 kilomètres de la table de lancement, comme de la salle d'opérations, on peut ainsi suivre longtemps la progression d'Ariane, et constater, dans la seconde, l'impeccable réalisation du programme de vol et de séparation des deux satellites dont la fusée était porteuse : l'un, INSAT-2-A, destiné à l'Inde, qui l'a entièrement fabriqué, et s'en servira pour ses immenses besoins en matière de télécoms, de météo, de relais de radio et de TV, de localisation et de sauvetage, etc ; l'autre, Eutelsat-II-F4, construit sous la maîtrise d'œuvre d'Aérospatiale pour l'Organisation européenne de télécommunications par satellite, qui regroupe maintenant trente-deux pays du continent. Le tracé de la zone qu'il est destiné à balayer a été élargi en direction de l'est pour tenir compte des transformations subies par l'ex-URSS, laquelle est très demandeuse de relais de toutes sortes.

La satisfaction est donc générale, et l'ambiance très gaie, lors du dîner offert pour fêter la réussite par le président d'Arianespace, Charles Bigot, à deux pas de l'embouchure du Kourou, où jadis Dreyfus **[3]** s'embarqua pour la sinistre île du Diable. Volontaires ou bousculés, bien des convives, à l'issue du repas, plongeront tout habillés dans la piscine.

On n'a pas assez, ces jours-ci, d'occasions, où que l'on se trouve, d'échapper à la morosité pour taire le réconfort éprouvé à rencontrer dans ce petit coin de France et d'Europe perdu au nord de l'Amérique du Sud des compatriotes qui ont toutes les raisons de garder le moral. Se posent tout de même, à échéance, quelques questions qu'on ne saurait ignorer.

1. *L'avenir de l'aventure spatiale*. Malgré l'obligation où tous les pays se trouvent de réduire de manière significative leurs dépenses, il n'est pas question de l'interrompre. Relais de TV et de radio, télécoms, liaisons entre transporteurs routiers font de plus en plus appel aux satellites. Ceux-ci, du fait de l'épuisement inévitable de leurs sources d'énergie, ont une durée de vie moyenne de dix ans. Il faudra bien les remplacer et compléter le réseau.

D'autres ordres viendront donc progressivement s'ajouter à ceux qui ont déjà été passés, et le groupe Arianespace poursuit sans désemparer la mise au point de la fusée Ariane-V, qui pourra mettre sur orbite des charges plus lourdes. De même la fin de la guerre froide, la multiplication et la diversification des sources de conflit éventuel confèrent-elles désormais au renseignement militaire, y compris spatial, un rôle essentiel. Les Américains travaillent d'arrache-pied **[4]** sur ce terrain dont la France et l'Europe ne sauraient être absentes.

Tendance à l'effritement

2. *La perspective est sensiblement plus bouchée, en revanche, pour les vols habités*. L'abandon probable, dans les mois prochains, du projet de navette spatiale européenne Hermès **[5]** alimentait les conversations ces jours-ci à Kourou, au moins autant que les commentaires sur le dernier lancement. Nombreux sur le site, les jeunes, civils ou militaires, n'étaient pas les seuls à déplorer que le pays n'ait plus maintenant de projet un peu exaltant et mobilisateur.

3. *L'Europe aurait pu constituer ce grand dessein*. La vision qu'elle donne aujourd'hui d'elle-même est par trop bureaucratique, technocratique, en un mot prosaïque. Une visite en Guyane ne peut pourtant que confirmer sa nécessité puisque, sans elle, le succès d'Ariane aurait été impensable. [...]

Le Monde

1 Hubert Beuve-Méry: (fondateur en 1944 du journal *Le Monde*)
2 le compte à rebours: (trois, deux, un, zéro!)
3 Dreyfus: (officier français d'origine juive, accusé à tort d'espionnage, il sera condamné en 1894 à la déportation à l'île du Diable (Guyane) avant d'être réhabilité en 1906 [voir document 1.39]).
4 d'arrache-pied: avec une intense vigueur
5 projet de navette spatiale européenne Hermès: (le projet d'une navette européenne habitable est en développement depuis des années mais il coûte cher. Il a été repoussé)

SUJET DE REFLEXION

Imaginez l'une des réunions des partenaires européens dans les années soixante-dix lorsqu'il s'agissait de décider de la construction d'une fusée européenne. Quels arguments aurait-on pu avancer pour ou contre la construction de la fusée?

Imaginez maintenant qu'un représentant américain était invité en observateur lors de cette réunion. Quels arguments aurait-il défendu? ■

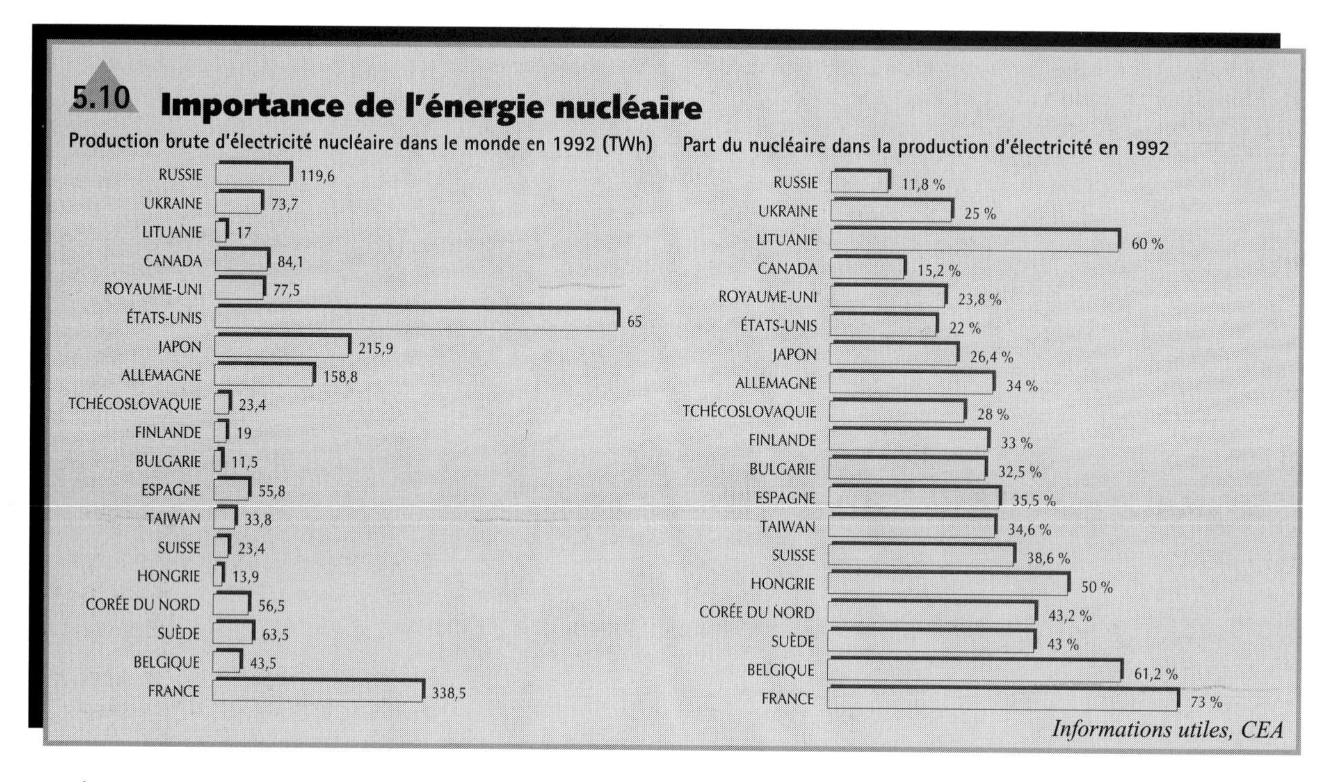

EDF (Électricité de France) a partiellement réussi à convaincre les Français de la sécurité du nucléaire grâce à des publications de cette nature:

5.11 La sécurité

Dans notre société matérialiste et cependant attirée par la spiritualité, il est curieux et logique à la fois de constater les craintes et les angoisses que font naître les idées abstraites et les concepts concrets. Ces phénomènes s'amplifient avec le temps : hier, l'homme vivait avec l'idée de la mort, aujourd'hui, il la craint ; hier, les civilisations se plaisaient aux recherches et aux découvertes, aujourd'hui, elles les redoutent. L'apparition de l'électricité angoissait la population mais, à présent, qui pourrait s'en passer? On craignait que l'ordinateur ne dirige l'homme, qui, actif, n'en possède pas un sur son bureau ? Nul doute que l'énergie nucléaire fasse partie de ces technologies redoutées. Peut-être bientôt en sourirons-nous. . .

En attendant, Hiroshima reste dans toutes les mémoires ; les incidents survenus à Three Mile Island et à Tchernobyl ont renforcé ces *a priori*. Car enfin, qui sait que l'explosion nucléaire d'un réacteur est une impossibilité physique ? Qui fait la différence entre un réacteur nucléaire et la bombe atomique utilisant des techniques totalement différentes du réacteur ? Très peu de gens ! Non que l'information soit insuffisante mais le mythe de Prométhée – le mythe du feu – ne nous quitte pas ; il agit dans l'inconscient collectif et rejaillit, révélateur de nos angoisses. Pour certains, l'ère nucléaire est synonyme de progrès et de technique maîtrisée ; pour d'autres, encore trop nombreux, elle évoque des inventions diaboliques, images de mort. Plus de trente ans se sont écoulés depuis la mise en service des premiers réacteurs et plus de 350 fonctionnent actuellement dans le monde représentant plus de 4 000 années de service ! Certes, il y eut deux accidents graves. De ces accidents, de leurs analyses, des informations et de leur prise en compte, les leçons ont été comprises. Aujourd'hui, de la conception à la construction et à l'exploitation, la sécurité tient la première place dans les préoccupations d'un personnel qualifié et compétent. Il n'est pas un domaine qui ne soit exploré : jusqu'au séisme le plus violent, tout est étudié. . .

Comme pour les autres technologies qui effrayèrent l'homme en d'autres époques, les craintes se dissiperont avec le temps.

Le contrôle de la réaction en chaîne

Pourquoi Tchernobyl n'est pas à envisager en France?

Par sa construction et sa conception, par les matériaux combustibles qu'il utilise, un réacteur nucléaire n'est en aucun cas (même Tchernobyl) une bombe atomique. Toutefois, à Tchernobyl s'est produit un emballement de la réaction conduisant à une montée brutale de pression, à l'explosion mécanique des tubes du réacteur et à la dispersion des produits contenus dans le cœur.

Un tel accident n'est pas à craindre en France pour les trois raisons suivantes :

- *Les réacteurs du type Tchernobyl sont instables à certains régimes de fonctionnement au demeurant interdits par les consignes d'exploitation. Pour cette raison, ils n'ont pas été adoptés à l'Ouest.*
- *L'accident de Tchernobyl résulte d'une série de violations des règles de procédure par les opérateurs. Sans entrer dans les détails, ni vouloir trouver en eux un bouc émissaire* **[1]**, *indiquons qu'entre autres fautes, ils ont mis hors service un système d'arrêt automatique qui aurait évité l'accident, qu'ils ont délibérément fait fonctionner le réacteur à des régimes interdits et engagé des essais sur l'installation selon un programme qui n'avait pas été examiné par les autorités compétentes.*
  Les règles de procédure en vigueur en France, la compétence du personnel, l'entraînement qu'il subit sur simulateur pour le sensibiliser aux situations accidentelles excluent une semblable accumulation de fautes dans ces centrales – sans que pour autant un accident soit totalement impossible, mais à un niveau de gravité différent.
- *Le réacteur de Tchernobyl ne comportait pas d'enceinte de confinement et après l'accident les produits radioactifs se sont répandus sans obstacle dans le voisinage et ont été entraînés dans l'atmosphère. Au contraire, tous les réacteurs du programme français sont enfermés dans un bâtiment en béton dimensionné pour résister aux conditions créées par un accident.*

M Rachline, La Saga nucléaire, Albin Michel

1 bouc émissaire: (personne que l'on accuse de tous les maux)

for all that

SUJET DE REFLEXION

Les arguments avancés (document 5.11) par EDF en matière de sécurité vous semblent-ils convaincants?

Connaissez-vous la situation du nucléaire civil dans votre pays (nombre de centrales, situation, plans de construction de nouvelles centrales, importance du nucléaire dans la production d'électricité, problèmes. . .)? ■

5.12 La remise en cause du nucléaire

F. Schmit. Affiche éditée par les Amis de la Terre – Vallée de Chevreuse

5.13 PMI [1] À LA CONQUÊTE DU MONDE

Pas de mystère. Pour bien exporter, consacrer une part importante des recettes à la recherche constitue un axiome de base **[2]**. Aussi ce sont bien souvent les entreprises high tech qui font les plus gros chiffres à l'exportation. Pas besoin de parler d'Airbus Industrie ou de Dassault **[3]** ou encore de Bolloré **[4]** qui sont des monstres de l'exportation.

Mais des entreprises comme Superba, à Mulhouse, Océano-Instruments à Antony sont, aussi bien, performantes, quoiqu'elles fassent moins parler d'elles.

Le « sésame » **[5]** des pays étrangers se résume tout entier dans deux formules clés : l'innovation et le savoir-faire. C'est du moins la leçon donnée par les entreprises lauréates du concours des Oscars de l'exportation en 1985, organisé par *Le Nouvel Économiste.*

Pour reprendre le propos de l'éditorialiste M. Tardieu : « Pour gagner, il faut maîtriser son produit et son marché... Depuis trois décennies la mondialisation des goûts n'a cessé de se renforcer; les nouveautés qui se déplaçaient à la vitesse du son se déplacent à la vitesse de la lumière. »

Si un marché est porteur, cela se sait vite, très vite. Et le concurrent qui, il y a une vingtaine d'années, serait resté dans son pays d'origine, peut prendre un avion et venir se mettre sur les rangs. Une chance pour la France donc que cette extension des marchés, puisque, souvent, son marché intérieur, se révèle trop étroit pour des innovations qui méritent mieux.

[...]

GACHOT

DE L'ANGLAIS À L'ARABE EN PASSANT PAR LA HONGRIE ET L'INFORMATIQUE

En anglais : « Cette section couvre une installation de désalinisation qui se compose de dix unités identiques de désalinisation de l'eau de mer. » La phrase est introduite dans l'ordinateur. Elle est lue par une caméra optique. Le système affiche une traduction en arabe qui s'écrit de droite à gauche, comme il se doit : « cette section couvre une usine de désalinisation qui se compose de dix unités de désalinisation identiques. » Les différences sont minimes. L'ordinateur a même inventé dans ce contexte technique le mot arabe *el-tatia* pour *désalinisation* que les arabisants ne connaissent pas. Avec 120 000 mots contenus dans son lexique informatisé, Systran – c'est le nom du logiciel – est capable de remplacer 5 000 traducteurs dans un premier temps.

Jean Gachot, à l'origine de la performance, n'est pourtant pas un spécialiste de la question à proprement parler. Il dirige une PME qui fait des affaires dans la robinetterie industrielle (elle est la troisième en France). C'est par souci de préserver l'avenir et par curiosité bien placée qu'il a investi dans le système découvert par Peter Toma, auteur hongrois de Systran. Jean Gachot a acheté les droits pour la traduction arabe d'un système déjà utilisé pour l'anglais et le russe par l'US Air Force. Même la CEE le pratique. Pour la traduction de l'anglais à l'arabe le marché est évalué à quelque 300 millions de dollars par an. C'est l'une des premières adaptations de l'informatique à la langue arabe.

[...]

D. Le Conte des Floris, T. Grillet, La France HighTech

1 PMI: petites et moyennes industries (rappel: PME, Petites et moyennes entreprises)
2 un axiome de base: une règle générale
3 Dassault: (grande entreprise française de construction de matériel militaire)
4 Bolloré: (grande entreprise française spécialisée dans le papier, le plastique et les fibres)
5 le « sésame »: la clef du succès

SUJET DE REFLEXION

Citez par ordre décroissant cinq aspects qui vous semblent fondamentaux pour la réussite d'une PME.

Connaissez-vous dans votre région des PME qui pourraient devenir de grandes entreprises? Quelles sont les facteurs qui justifient votre optimisme? ■

Y a-t-il un modèle français de développement scientifique et technologique?

La France a élaboré un modèle de développement original en matière de recherche. Comme dans de nombreux domaines, l'État exerce une influence prépondérante sur les priorités données à la recherche par l'intermédiaire de centres de recherche qui ont le statut d'établissements publics.

Les centres de recherche travaillent en collaboration étroite avec des entreprises, très souvent elles-mêmes nationalisées et donc sous le contrôle de l'État. Et enfin, lorsqu'il s'agit de commercialiser les nouveaux produits ainsi développés, on retrouve l'État qui, par l'intermédiaire des commandes publiques, procure un marché à ces produits. La boucle est bouclée **[1]**!

C'est ce que l'on appelle le "colbertisme". L'État investit dans des domaines industriels qu'il juge essentiel tout en protégeant les industries naissantes de la concurrence extérieure.

Ce modèle explique les succès de la France dans certains domaines qui demandent de gros investissements de recherche et de développement, le minitel ou le TGV par exemple. En s'appuyant sur le même principe, l'État a essayé pendant des années de donner au pays une industrie informatique forte. L'échec en la matière est d'autant plus retentissant qu'il a coûté très cher!

Depuis les années quatre-vingts, dans un monde en pleine révolution technologique, on reproche au modèle français sa lourdeur, sa bureaucratie et son manque de flexibilité. De plus, l'Union européenne soutient la libre concurrence entre pays européens et insiste sur l'ouverture des marchés publics. Le modèle français est donc sévèrement remis en cause.

Les Français, qu'ils soient de gauche ou de droite, restent pourtant attachés au colbertisme. En temps de crise, la protection de l'État constitue un élément particulièrement rassurant!

1 la boucle est bouclée: le cercle est complet

5.14 Le Centre National de la Recherche Scientifique

Etablissement public à caractère scientifique et technologique, le CNRS constitue par sa taille le premier organisme de recherche fondamentale en Europe (près de 27 000 personnes, 1370 unités de recherche). Son activité couvre l'ensemble des domaines de la Science.

La recherche fondamentale est la mission première du CNRS. Source d'évolution constante, elle couvre tous les champs de la connaissance et permet de s'ouvrir à la société au niveau national et international, en nouant avec ses différents partenaires scientifiques, économiques, sociaux et culturels, des collaborations fructueuses.

La politique scientifique du CNRS s'appuie sur une vision claire et partagée des orientations prioritaires, l'interdisciplinarité, la concertation, l'évaluation et la prospective.
Pour ce faire, différents moyens d'action sont engagés :

. Programmes interdisciplinaires de recherche.
. Créations d'unités de recherche.
. Associations avec des laboratoires universitaires, des grandes écoles ou d'autres organismes
. Groupements d'intérêt public
. Gestion de grands instruments scientifiques en partenariat international
. Bourses
. Conventions de collaboration de recherche

Technopolis International

Principaux établissements publics de recherche

le CNRS: Centre national de la recherche scientifique

En 1994, il employait 26 792 chercheurs, ingénieurs, techniciens, administratifs. Il a sept départements: sciences physiques et mathématiques, physique nucléaire, sciences de l'ingénieur, sciences de l'univers, sciences chimiques, sciences de la vie, sciences de l'Homme et de la société.
Budget: plus de 11 milliards de francs.

le CEA: Commissariat à l'énergie atomique

Il est spécialisé dans la recherche et le développement du nucléaire civil et militaire.

le CNES: Centre national d'études spatiales

Il travaille sur des projets européens comme Ariane, Spacelab, Météosat...

le CNET: Centre national d'études des communications

Centre de recherche de France Télécom.

IFREMER: Institut français de recherche pour l'exploitation de la mer

Il a remplacé le CNEXO en 1984.

INRIA: Institut national de recherche d'informatique et d'automatique

INRA: Institut national de la recherche agronomique

Il est chargé du développement de l'agriculture.

Institut Pasteur

Centre spécialisé dans la recherche médicale, créé en 1887 à l'initiative de Louis Pasteur. Il a obtenu huit prix Nobel depuis 1900.

INSERM: Institut national de la santé et de la recherche médicale

ONERA: Office national d'études et de recherches aérospatiales

5.15

Modes de concertation et d'intégration de la recherche en Europe

SYNTHÈSE DES EXPOSÉS.
DÉBATS ET COMMENTAIRES

[...]
La France met en œuvre depuis 1939 une politique scientifique originale que l'on peut qualifier de Colbertisme scientifique (Pierre Papon, 1993).

Le premier temps fort de cette politique qui voit la naissance de la plupart des grands organismes de recherche nationaux est la période de la deuxième guerre mondiale (CNRS : 1939, IFP–IRSID : 1943 ; CNET : 1944, CEA : 1945, ONERA : 1945, INRA : 1946). Cette politique vise à compenser le retard pris par la recherche en France, elle répond en grande partie à des besoins de défense nationale.

Face à une situation où la recherche universitaire est très pauvre, où la recherche industrielle ne s'est pas remise de la grande dépression de 1929 et où l'économie dirigée s'installe en France une « stratégie de l'arsenal » est poursuivie dont la logique est de décider « en haut lieu » la recherche industrielle sur la base des besoins nationaux.

Le deuxième temps fort, suit dans les années soixante, le retour au pouvoir du Général De Gaulle. Le choix politique d'une indépendance nationale (qui va de pair avec l'idée de Grandeur de la France et avec l'ambition de lui conserver le rang de puissance mondiale) conduit alors à la création du CNES (1960), de l'INSERM (1964), de l'IRIA(1967), du CNEXO (1967).

Ce Colbertisme scientifique était en voie de régression dans la période 1945–1958 durant laquelle la recherche française s'est réorganisée en référence au modèle américain avec une ouverture internationale.

De même depuis 1969 la volonté politique d'européanisation d'une part, la conscience des limites de la richesse nationale face au coût croissant des « moyens lourds », conduisent à des approches plus ouvertes à la coopération européenne et internationale.

Le Colbertisme scientifique a produit, a connu des succès indéniables (TGV, électro-nucléaire, bombe H, vaccins). Ses échecs sont tout aussi retentissants (plan calcul), ils montrent que cette politique a comme limite les ressources financières disponibles.

L'Europe peut dans certains cas s'inspirer de cette stratégie de l'arsenal, la plupart des états membres sont cependant attachés à des pratiques plus libérales.
[...]

– Le « système » allemand est construit sur de solides équilibres et sur la recherche du consensus. La structure fédérale pondère les rôles de l'état et des régions. Les financements en provenance de l'industrie représentent une grande part du budget total de la recherche nationale (bien plus élevée qu'en France) qui contrebalance les budgets publics. Le transfert de la recherche amont vers l'application finale est assez efficace.

– Le système britannique applique une doctrine libérale qui soumet le financement de la recherche à la preuve préalable de la valeur applicative des résultats recherchés. Ceci pose un problème difficile d'évaluation de « l'intérêt » de la recherche, accroît la compétition entre domaines thématiques et rend la vie difficile à la recherche de base. Il y a à la fois centralisme dans la décision et « éclatement » **[1]** des institutions de recherche.

preliminary

Ce faisant les Universités britanniques sont bien plus autonomes que les laboratoires français, habituées au seul financement externe des projets, elles assurent le financement du fonctionnement des laboratoires. Il est cependant difficile de faire la part entre les effets de la politique libérale stricte et ceux d'une crise économique plus accentuée qu'ailleurs dans le passé proche.

Les représentants de ces nations notent que le portrait de la recherche en Allemagne est idéalisé tandis que celui de la recherche au Royaume Uni est un peu caricatural : tous cependant s'accordent à penser que, indépendamment des spécificités nationales, la recherche connaît une situation difficile dans son dialogue avec l'autorité politique.

Actes du Colloque de CNRS, 22–23 avril 1993, dans Perspectives européennes de la recherche scientifique, CNRS

SUJET DE REFLEXION

Elie Cohen pose la question (document 5.16): "le modèle français est-il généralisable et quel est son avenir?"

S'agit-il à vos yeux d'un modèle typiquement français? Comment la recherche est-elle organisée dans votre pays par exemple? ■

1 éclatement: prolifération

5.16 Le modèle

TGV, Ariane, Concorde, Minitel... ces réalisations qui chatouillent notre patriotisme ont en commun d'associer l'État français et les industriels dans de grands projets où la prouesse technologique fait plus ou moins bon ménage avec la logique économique. À l'ère de l'électronique, ce colbertisme « high tech » ressuscite une grande tradition d'intervention industrielle au service de la grandeur de la France et de la puissance de son État. En mobilisant la commande publique, la recherche et le financement publics, l'État a su faciliter la naissance de champions nationaux devenus depuis entreprises multinationales. L'interrogation est inévitable: [...] s'agit-il d'un modèle généralisable, et quel est son avenir?

	Pétrole	Telecom	Aéromilitaire	Aérocivil	Spatial	Nucléaire	Fer	Moteur
Exploitant	ELF	DGT	DGA	Airbus indus.	Arianespace	EDF	SNCF	CFM
Chercheur	IFP	CNET	Dassault	Coopé	CNES	CEA	SNCF	Onera
Financier	T. Parafiscale	Plan	Loi/Prog.	Aide remboursable	Budget	Plan	FDES	Aidremo
Industriel	ELF	CGE	Dassault	SNIAS	SNIAS	Fram	CGE	Snecma
Régulateur	Dica	DGT	DGA	DAC	Dél. Esp.	DGEMP	DTT	DAC
Corps	Mines-Ponts	Telecom	Armement	Armement	-	Mines	Mines	-
Compétition marché national	Cartel	Monopole exploitation	Monopole bilatéral	Monopole bilatéral	Monopole bilatéral	Monopole bilatéral	Monopole exploitation	Oligopole

E. Cohen, Le Colbertisme 'High Tech'

5.17 Échec de l'intervention de l'État en informatique

Aujourd'hui, nos dirigeants politiques ne parlent plus guère d'informatique. C'est un grand changement par rapport aux années passées et récentes où l'ordinateur était l'objet de toutes les sollicitudes, décorait tant de discours, justifiait tellement de plans et de constructions publiques.

Depuis 1966, et le lancement du Plan calcul, les innovations de l'État ne semblaient plus avoir de limite. Les effets d'annonce se succédaient. Des organismes publics spécialisés naissaient régulièrement : de la Délégation à la Mission à l'informatique, du Comité Interministériel de l'informatique et de la Bureautique à la Mission aux nouvelles technologies. Eux-mêmes ouvraient de nouvelles agences, lançaient de nouveaux projets publics :Agence de l'informatique, Centre mondial de l'informatique, Plan informatique pour tous - pour ne parler que des plus grandioses.

L'État a engagé, en un quart de siècle, plus de 40 milliards de nos francs actuels « en faveur de l'informatique ». Hélas, après nous avoir tant parlé des *projets*, on ne nous dit rien aujourd'hui des *résultats* obtenus. Nos dirigeants se comporteraient-ils comme ces cadres en difficulté qui parlent toujours de leurs efforts et jamais de leurs résultats?

Pourtant certains faits ne peuvent nous échapper : en 1960, la France possédait en Bull le deuxième constructeur mondial. En 1992, en dépit de multiples acquisitions, il est devenu le treizième en chiffre d'affaires et le dernier par les résultats nets rapportés au chiffre d'affaires. Ses pertes - 10 milliards en deux ans, 15 en trois ans - risquent de le forcer prochainement à abandonner son activité de constructeur généraliste.

Toujours en 1960, le Japon ne comptait aucun constructeur d'ordinateurs dans les 20 premiers du monde. Depuis, il a placé à la fois NEC et Fujitsu dans les cinq premiers, plus un troisième groupe, Hitachi, entre le cinquième et le dixième rang.

Pendant ces trente ans, le contribuable japonais a-t-il été plus sollicité en faveur d'aides directes à l'informatique nippone que le contribuable français ne l'a été pour la sienne ? Il ne le semble pas.

Du côté des indicateurs globaux, les chiffres ne sont pas meilleurs. Le déséquilibre de notre balance des paiements s'accentue chaque année depuis plus de dix ans. L'informatique française, proclamée secteur d'avenir par excellence, voit ses entreprises nationalisées détruire des emplois ; le tissu des constructeurs nationaux s'est réduit en quelques années, au seul groupe Bull.

Les chiffres parlent d'eux-mêmes. La balance des échanges de la France pour l'informatique est devenue déficitaire en 1979. Depuis, elle se dégrade à grande vitesse. Son solde négatif augmente chaque année de plus d'un à deux milliards de francs. Cette dégradation ne provient pas de la seule croissance du marché : en effet le taux de couverture des besoins nationaux par la production nationale régresse, ce qui traduit la perte de compétitivité de nos produits. En 1985, le déficit annuel des échanges approchait les 10 milliards. Le plongeon s'est poursuivi implacablement depuis. Aujourd'hui, le solde négatif est voisin de 20 milliards.

Si cette tendance devait persister, l'informatique finirait par dépasser le pétrole comme cause numéro un des déséquilibres du commerce extérieur de la France. Une tendance négative comparable s'observe dans d'autres pays européens. Mais ne doit-on pas plutôt se comparer au grand gagnant, le Japon, parti de rien il y a trente ans, aujourd'hui formidable exportateur ?

Les constructeurs moyens, en France, ont tout simplement disparu en dix ans. [...]

J-P Brulé, L'Informatique malade de l'État

Science et société: défis, atouts et menaces

Le développement vertigineux des sciences et des techniques est-il en train de nous conduire vers le "meilleur des mondes" que nous annonçait Aldous Huxley? Quel effet a-t-il sur les êtres humains, supposés en être les principaux bénéficiaires?

Les enquêtes montrent que la science, source d'espoir, est aujourd'hui – comme par le passé, d'ailleurs – source d'inquiétude. On craint les atteintes à la liberté individuelle et le développement de techniques dont les effets sont encore mal compris, incontrôlables et incontrôlés.

L' "affaire du sang contaminé" restera peut-être dans l'esprit des Français comme l'un des exemples les plus marquants et les plus impardonnables de ce manque de contrôle. À cette occasion, un institut public de distribution de sang, le CNTS (Centre national de transfusion sanguine) a en effet oublié ses fonctions de service public pour des motifs bassement financiers. Des milliers d'hémophiles paieront cette faute de leur vie.

Cette affaire a bouleversé les Français car elle leur a montré les limites de la médecine, science noble entre toutes à leurs yeux, et qui finalement n'est aussi bonne que les personnes qui l'appliquent.

5.18 LES FRANÇAIS FACE À LA SCIENCE

Les Français sont plus méfiants à l'égard de la science et du progrès technique.

Leur attitude à l'égard de la science est ambivalente. Ils lui sont certes reconnaissants d'avoir historiquement combattu l'obscurantisme, l'ignorance et les privilèges et, plus récemment, amélioré les conditions de vie et de travail, vaincu certaines maladies, permis les progrès de la connaissance.

Mais ils sont aussi de plus en plus conscients des risques qu'elle fait peser aux hommes et des menaces qu'elle représente pour l'avenir. Si le nucléaire a permis de fournir de l'électricité (à un prix qui n'est peut-être pas aussi bas qu'on l'a dit), il a aussi rendu possible la bombe atomique et il est responsable de la catastrophe de Tchernobyl. Si les progrès de la biologie permettent de guérir certaines maladies génétiques, ils pourraient demain autoriser des manipulations et peser sur l'évolution de l'espèce humaine.

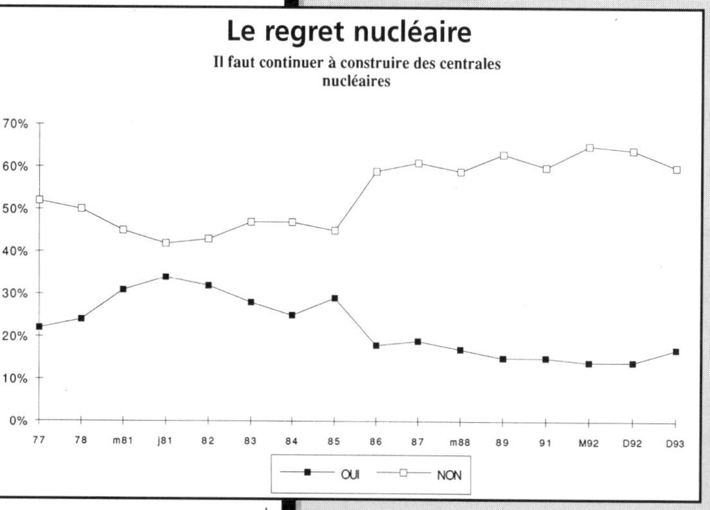

Agoramétrie

La corrélation entre progrès et bien-être ne paraît plus évidente.

Au cours des années récentes, les Français ont eu le sentiment que l'augmentation de leur niveau de vie s'accompagnait d'une diminution de la qualité de la vie. Une impression paradoxale, qui remettait brutalement en cause le postulat sur lequel est basée toute la civilisation.

L'idée d'un découplage entre l'abondance et le bien-être (voire même la liberté) est aujourd'hui partagée par un nombre croissant de Français. Certains sont même convaincus que l'accroissement du confort matériel a entraîné celui de l'inconfort moral. L'énorme succès des *Visiteurs* (13 millions de spectateurs) est significatif de cette nouvelle disposition d'esprit; débarqués brutalement de leur Moyen-Age, les deux héros constatent combien l'euphorie moderniste du XXe siècle est pitoyable.

Le rationalisme du XVIIIe siècle et le scientisme du XIXe , qui plaçaient dans la science tous les espoirs de l'humanité, ont donc fait place au scepticisme. Les Français se sont rendu compte que la science n'était pas bonne ou mauvaise en elle-même, mais que son influence dépendait avant tout de l'utilisation qui en est faite par les hommes. Il n'y a pas d'indépendance de la science ; il n'y a pas non plus de fatalité de la catastrophe.

Les craintes concernant l'environnement s'accroissent.

Les accidents liés au développement technologique ont provoqué en France, comme dans d'autres pays industrialisés, une croissance des inquiétudes concernant l'environnement. Les préoccupations prioritaires concernent la pollution de l'eau courante et les maladies liées à la dégradation de la flore et de la faune (craintes plus répandues chez les femmes). Le réchauffement de l'atmosphère, les changements de climat et l'élimination des déchets sont ressentis comme des menaces moins importantes, sans doute parce qu'elles apparaissent plus lointaines. Le développement du nucléaire arrive en dernière position, bien que les Français lui soient majoritairement défavorables.

L'écologie est devenue une dimension incontournable de la vie sociale, politique, industrielle et philosophique.

L'écologie était apparue en France au début des années 70, comme une suite logique de l'esprit de Mai 68, dont elle fut peut-être le dernier sursaut. Mais la crise économique allait mettre au premier plan des préoccupations plus immédiates, comme le chômage. L'écologie fut alors considérée comme un luxe hors de saison. Il aura fallu l'accident de Tchernobyl et les grandes campagnes de sensibilisation médiatique sur la fissure de [la] couche d'ozone, l'effet de serre ou la disparition de la forêt amazonienne pour qu'elle fasse un retour remarqué, dans les mentalités plus que dans les urnes.

S'ils accusent volontiers les industriels, les politiques et les scientifiques de ne pas avoir suffisamment protégé la nature, les Français n'ont cependant pas encore le réflexe, à l'échelon individuel, de participer à cet effort, même s'ils se disent prêts à le faire. Ainsi, huit sur dix se déclarent prêts à ne pas utiliser leur voiture pour des trajets inférieurs à un kilomètre, alors que ces trajets représentent en réalité un quart de l'ensemble des trajets.

Le bruit, ennemi public numéro un

Les Français se plaignent plus du bruit que des autres nuisances. 2 millions d'entre eux sont exposés sur leur lieu de travail à des bruits jugés dangereux (supérieurs à 85 décibels, avec parfois des pointes à 120 décibels). Environ 20 000 plaintes sont enregistrées chaque année dont plus de la moitié à Paris.

Dans la vie quotidienne, les véhicules sont les principaux responsables: au cours des 25 dernières années, le parc automobile a triplé et le trafic aérien a décuplé. Les sirènes des voitures de police, la multiplication des systèmes d'alarme des logements et des voitures (dont beaucoup se déclenchent de façon intempestive) ont accru le niveau, déjà élevé, du bruit ambiant dans les villes.

Le bruit serait à l'origine de nombreuses maladies. Selon le CDIA, il est responsable de 15 % des journées de travail perdues chaque année et de 20 % des internements psychiatriques, sans oublier la consommation de certains médicaments (somnifères, hypnotiques...).

La résistance des Français aux excès de la modernité commence à s'organiser.

Elle se manifeste en particulier par une transformation profonde des comportements en matière de consommation, sensible depuis 1991. Les valeurs matérielles sont devenues moins prioritaires, les besoins plus intériorisés, les comportements d'achat plus rationnels, les acheteurs moins fidèles. Le succès des produits est moins lié à la mode, donc à la modernité. Dans toutes les couches de la société, la « néophilie » **[1]** est en forte régression et les « néomaniaques » **[2]** constituent une espèce en voie de disparition.

Cette résistance à la modernité s'est aussi traduite par une volonté de préserver les avantages acquis et accumulés pendant les périodes précédentes. Un instinct de « conservation » s'est développé, qui a incité les Français à se tourner vers le passé et à refuser le présent. C'est ce qui explique par exemple le goût de la mémoire et de la commémoration ou l'engouement récent pour la philosophie.

Régressions

On peut voir dans les attitudes des Français depuis quelques années des marques évidentes de régression, aux deux acceptions du terme. D'abord, à travers le sentiment que le progrès n'est plus synonyme d'amélioration de la qualité de la vie, mais qu'il a parfois des effets inverses. Cette régression française se manifeste par la récession économique, mais aussi par la volonté de retour à des situations antérieures.

Une autre régression se manifeste, au sens psychanalytique. Elle est particulièrement sensible dans les rapports que les Français entretiennent avec les animaux. Tout se passe comme si l'homme qui se sent aujourd'hui coupable de détruire la nature, tentait de se racheter en traitant les animaux comme des semblables. Il cherche inconsciemment à retrouver sa place parmi les mammifères, comme l'attestent les succès du *Grand Bleu* **[3]** ou plus récemment, de *Jurassic Park* **[4]**, le film de Spielberg.

Le contrôle social de l'activité scientifique apparaît de plus en plus nécessaire.

Les Français considèrent que la science est une chose trop importante pour être laissée aux seuls scientifiques, dont la bonne conscience apparaît parfois comme de la naïveté, les certitudes comme de l'arrogance. C'est pourquoi il leur semble de plus en plus nécessaire de contrôler les applications des recherches, voire la nature même de ces recherches.

S'ils ne font pas confiance aux savants et aux experts, les Français ne font pas davantage confiance aux hommes politiques. Dans un pays démocratique et un monde complexe, la société civile souhaite être à la fois informée des enjeux et prendre part aux décisions. Les catastrophes récentes ont laissé une trace indélébile dans la mémoire collective. La logique technocratique ne s'accommode pas toujours de la volonté démocratique.

La demande d'éthique et de morale est de plus en plus forte.

Le débat sur l'éthique est lancé en France depuis plusieurs années. Il concerne aussi bien les médecins et les chercheurs, qui jouent avec la vie, que les entreprises ou les politiciens, qui exercent une influence sur l'environnement. Il cherche à donner au citoyen un pouvoir de contrôle, à créer des contre-pouvoirs ou à renforcer ceux qui existent déjà. Il s'agit de réduire l'écart existant entre la puissance, qui s'est accrue dans des proportions considérables avec les progrès de la science, et la sagesse, qui ne semble guère avoir progressé.

Ce débat a donné naissance à des comités d'éthique. Il a contribué à l'explosion de l'écologie comme nouvelle force politique. Il explique aussi la suspicion des Français à l'égard de la science et leur attirance croissante pour l'irrationnel.

G. Mermet, Francoscopie 1995,

SUJET DE REFLEXION

Le sentiment des Français face à la science est sans doute partagé par les citoyens de votre pays. Essayez de trouver des exemples:

- **de méfiance croissante de vos compatriotes envers le progrès technique.**
- **de problèmes écologiques qui les inquiètent en ce moment.** ■

1 néophilie: (tendance à aimer ce qui est neuf)
2 néomaniaques: personnes qui n'aiment que le neuf
3 *Le Grand Bleu*: (film de Luc Besson sur la relation entre un homme et les grands fonds marins)
4 *Jurassic Park*: (film sur les dinosaures)

5.19 Et les femmes dans tout ça?

Entretien avec Elizabeth Thouret-Lemaître

Ingénieur et responsable de l'Association des femmes ingénieurs

Comment avez-vous pensé à devenir ingénieur ? Est-ce une tradition familiale?
J'appartenais à une famille d'agriculteurs, non de « paysans » au sens propre puisque mon père avait fait des études et souhaitait que ses enfants, garçons et filles, en fassent. J'ai d'ailleurs toujours su que l'argent ne tombait pas du ciel et qu'il fallait travailler pour le gagner, et cela avant même de choisir ma voie. Ensuite, comme j'étais particulièrement bonne en mathématiques et en sciences, c'est assez naturellement que j'ai pris cette orientation. Mes frères et sœurs sont également tous scientifiques. Ma mère n'avait pas fait d'études et les femmes de la famille ne travaillaient pas professionnellement – si ce n'est qu'elles participaient aux travaux des champs – jusqu'à ma génération. Je n'ai pas imaginé un instant ne pas utiliser mon diplôme. Et au cours de ma carrière, je n'ai jamais eu la tentation d'abandonner. J'aimais mon travail, et aussi l'autonomie qu'il me donnait. J'ai aussi toujours eu envie de réussir.

Depuis quand les écoles d'ingénieurs sont-elles ouvertes aux femmes ?
Les premières, dès le début du siècle. La dernière, Polytechnique **[1]**, depuis dix ans. Il y a aujourd'hui de 30 à 50 % de femmes dans ces écoles. Mais elles se répartissent encore différemment selon les secteurs : beaucoup dans l'agro-alimentaire par exemple, et très peu en mécanique, en raison des images féminines dominantes. Par contre, dans la profession, on en compte à peu près 10 %. Beaucoup ne pratiquent pas, ou s'orientent vers la recherche ou l'enseignement. Mais ce décalage tient au fait que celles qui sont dans la vie professionnelle appartiennent à une génération antérieure, dont le pourcentage dans les études était inférieur. Il faut donc attendre les statistiques concernant l'entrée dans la vie active de celles – plus nombreuses – qui font actuellement des études.

Quel est le problème majeur qu'une femme ingénieur rencontre dans sa profession ?
Il ne tient pas à l'exercice de sa profession même, mais davantage à la compatibité de celle-ci avec une vie de famille et surtout avec la charge des enfants. Il ne leur est donc pas propre puisqu'il concerne toutes les femmes qui travaillent. On ne peut pas faire une carrière sans temps et sans disponibilité d'esprit.

[. . .] Moi-même, j'ai deux enfants et j'ai choisi la solution confortable de la garde à domicile qui me donnait toute sécurité. C'est une solution onéreuse et presque tout mon salaire y passait. Mais nous étions deux, je gagnais bien ma vie, et cette formule me permettait de préserver ma carrière et mon avenir. Mes enfants ne semblent pas avoir souffert d'avoir une mère qui travaillait. J'ai un garçon et une fille que j'ai élevés de la même manière. Mon fils est scientifique lui aussi, ma fille choisira sans doute une autre voie.

Pour ce qui concerne d'autre part la vie de couple, une première difficulté tient à la mobilité nécessaire dans certains secteurs de la profession. Les entreprises ont des sièges multiples, et des déplacements dans le pays ou à l'étranger peuvent s'imposer (ce n'est pas mon cas puisque j'ai fait toute ma carrière à Paris). Dans ce cas, qui suit l'autre ? Il est vrai que des femmes renoncent à des promotions parce que leur mari ne veut ou ne peut se déplacer avec elles. Je connais cependant deux cas dans mon entourage où c'est le mari qui a suivi sa femme. Cela ne pose pas de problèmes insurmontables dans la mesure où les propositions d'emploi ne sont pas rares.

Une autre difficulté est d'ordre psychologique et on ne peut la sous-estimer. Un homme supporte mal qu'une femme ait une profession égale, voire supérieure, à la sienne et un salaire qui peut parfois lui aussi être supérieur. C'est tout un changement de mentalité qui est nécessaire et, à cet égard, nous appartenons à une génération de femmes qui paye parfois cher sa progression. Mais qui y trouve aussi d'énormes bénéfices. On peut espérer que les fils de mères qui travaillent auront appris à accepter une autre vie de couple.

Je voudrais être optimiste pour l'avenir mais je constate cependant que les vieux schémas tiennent bon, ou même reviennent en force. Les médias continuent à valoriser les femmes « à la maison » ou dont la féminité ne peut s'accommoder d'un véritable engagement professionnel. On continue à faire miroiter aux jeunes hommes l'idéal de femmes disponibles, à leur disposition.

Dans leur vie professionnelle, les femmes ingénieur(e)s rencontrent-elles des difficultés particulières dans leurs rapports aux hommes, soit ceux qui les embauchent ou les dirigent, soit ceux qu'elles doivent commander ?
Pour l'embauche, tout dépend de la personnalité du responsable. Dans mon entreprise, par exemple, j'ai pu constater un ralentissement de l'embauche des femmes à partir d'un changement de direction. En principe, une femme a les mêmes chances qu'un homme et c'est la qualification qui est déterminante mais il est vrai que des facteurs subjectifs interviennent. Nous devons élever des fils non sexistes. . . En ce qui concerne la suite de la carrière, il n'y a pas de difficulté majeure. Il faut avant tout s'affirmer avec compétence et fermeté, et savoir se défendre. Il y a certainement encore des femmes qui jouent de leur féminité pour leur promotion – être la petite amie du PDG **[2]** est certes avantageux – mais ce sont des cas relativement rares et généralement assez mal jugés par la profession. Pour diriger des hommes, il faut de la même manière trouver la bonne attitude, se faire respecter par son autorité et sa compétence. Il ne faut pas jouer sur la féminité. On ne dirige pas un chantier en talons aiguilles.

Votre vision optimiste de la situation ne concerne-t-elle pas les femmes « exceptionnelles », d'une compétence ou d'une combativité un peu hors du commun ? En est-il de même des femmes qui sont dans la moyenne par rapport aux hommes moyens ?
Il est vrai qu'il faut peut-être encore aux femmes un certain « plus » par rapport aux hommes de leur catégorie. Mais de toutes manières, à l'heure actuelle encore, choisir certaines carrières, adopter certains comportements, demande aux femmes une initiative, un effort particuliers alors que pour les hommes, c'est naturel et plus banal. En tout cas, les filles qui choisissent aujourd'hui les études d'ingénieur ont de réelles chances professionnelles. Le marché est ouvert : les ingénieur(e)s

sont recherchés. Il n'y a pas de chômage. De plus, les salaires sont confortables et certainement plus élevés que dans l'enseignement ou la recherche. Ne pas se sentir superflue, avoir d'emblée sa place dans la vie sociale, jouir d'un certain confort financier sont des éléments dynamisants dans la vie, sans compter l'intérêt du travail lui-même (que l'on peut trouver aussi dans d'autres professions). Dans ce métier, nous n'avons pas le sentiment de devoir éliminer les autres pour trouver notre place, même si une certaine compétition pour la promotion existe comme partout ailleurs.

Je peux vous paraître très optimiste. Il y a à cela des facteurs subjectifs : j'ai toujours été une « battante ». Mais nous sommes sans doute moins angoissées que les « littéraires », d'une part en raison même de notre orientation scientifique, plus positive, mais aussi en raison des assurances professionnelles et financières qui sont les nôtres et de la sécurité qu'elles nous donnent.

Pensez-vous que l'entrée massive des femmes dans la profession et d'une manière générale dans les sciences et les techniques modifierait celles-ci, favoriserait une autre organisation du monde – comme le pensent surtout les anglo-saxonnes ?

Que les femmes produisent une autre science ou une autre technique, je ne le pense pas. Mais qu'elles produisent une autre organisation du travail, j'en suis convaincue. Leur fonctionnement est très différent de celui des hommes, infiniment plus pragmatique et donc efficace. Elles s'attachent moins au détail, vont droit à l'essentiel, perdent moins de temps. En gestion du personnel, elles sont plus aptes à obtenir de chacun le meilleur de lui-même. On n'imagine pas le temps que perdent les hommes en réunions, en discussions sur des détails futiles, l'énergie qu'ils déploient pour se mettre artificiellement en valeur, l'importance qu'ils attachent à des signes de gloire personnelle. Je pense à des compétitions infinies pour l'obtention du meilleur bureau, celui qui a quatre fenêtres au lieu de deux, à l'importance qu'ils attachent à l'obtention d'une décoration qu'ils s'empressent de coudre (ou de faire coudre) sur tous leurs costumes. Contrairement à ce que l'on pense généralement, il y a dans la gestion des hommes un gaspillage important d'énergies. Les femmes, encore une fois, sont plus pragmatiques et cela conduit finalement à une meilleure productivité. Il y a moins de pesanteurs dans une gestion du travail par les femmes.

Le Sexe des sciences, n°6

sew

sluggishness

1 Polytechnique: (L'École Polytechnique est l'une des grandes écoles les plus prestigieuses de France pour la formation des ingénieurs)

2 PDG: Président-Directeur Général (souvent dans les entreprises moyennes, une seule personne remplit les deux fonctions : il est actionnaire de l'entreprise et il la dirige)

5.20 UN CONTRE-POUVOIR FACE À L'INFORMATIQUE

« *Mme X a souffert d'une dépression nerveuse, il y a plusieurs années, mais dans le dossier de son employeur figure toujours la mention 'état dépressif'.* » ou bien encore : « *L'association des anciens élèves de l'école de M. Y a vendu son fichier à un parti politique : depuis, M. Y reçoit régulièrement des lettres d'un parti dont il ne partage pas les idées.* » Voilà deux des exemples que la Commission nationale de l'informatique et des libertés (Cnil) utilise à destination du public pour illustrer les effets pervers de l'informatique. Le premier montre comment la mémoire de l'ordinateur peut menacer notre « droit à l'oubli », le second comment des fichiers peuvent être utilisés abusivement par des tiers. Des exemples presque anodins en regard des menaces que l'ordinateur peut parfois faire peser sur notre vie privée.

« *Peu de personnes ont conscience que l'informatique est de nature à porter directement atteinte à leur identité humaine ou à leur vie privée* », souligne Jacques Fauvet, président de la Cnil. « *L'informatique est un pouvoir, et confère plus de pouvoir à ceux qui en ont déjà beaucoup ; il faut donc un contre-pouvoir. En se donnant des lois protectrices des données personnelles, les régimes démocratiques ont reconnu que, dans ce domaine aussi, il convient que le pouvoir arrête le pouvoir, selon Montesquieu* **[1]**, *ou tout au moins l'équilibre.* » La France s'est dotée le 6 janvier 1978 d'une loi « relative à l'informatique, aux fichiers et aux libertés ». C'est pour faire respecter les dispositions de cette loi que la Cnil a été créée.

Article 1er : L'informatique doit être au service de chaque citoyen (. . .). Elle ne doit porter atteinte [2] ni à l'identité humaine, ni aux droits de l'homme, ni à la vie privée, ni aux libertés individuelles ou publiques.

Dans ses grandes lignes, la loi du 6 janvier 1978 peut se résumer ainsi : tout traitement d'informations nominatives **[3]** doit être déclaré à la Cnil. Chaque individu possède un droit d'accès aux données qui le concernent : il peut, le cas échéant, faire rectifier ces informations si elles sont inexactes ou les faire supprimer si elles sont périmées. Sauf dans des cas très particuliers, un fichier ne peut comporter sans accord exprès de l'intéressé des indications relatives aux origines raciales, aux opinions politiques, philosophiques ou religieuses ou bien encore aux appartenances syndicales d'une personne. Les traitements intéressant la Défense, la sûreté de l'Etat et la sécurité publique peuvent bénéficier de dérogations spéciales par décrets en Conseil d'Etat, après avis de la Cnil.

L'appellation générale « informatique et libertés » est sans doute trop large. « *Si c'était à refaire, je pense qu'il serait préférable de parler de loi relative à l'informatique et à la vie privée* », note Jacques Fauvet.

Comment donc défendre vie privée, intimité et identité humaine quand l'ordinateur permet de collecter et de stocker un nombre considérable d'informations personnelles, quand bien même elles n'auraient que peu de rapport avec la finalité du traitement, et quand les mémoires informatiques peuvent conserver ces informations ad vitam aeternam ? Il fallait bien dresser des garde-fous **[4]**. . . et se donner les moyens de les faire respecter.

Légiférer sur l'informatique n'est pas un luxe pour société bourgeoise décadente. Ce d'autant moins que la machine peut aussi être dangereuse dans les comportements qu'elle induit et dans les utilisations qui en sont faite. « *Ses oracles ont,* pour reprendre Michel Serre, *la légitimité de la vérité* ». Et Jacques Fauvet souligne : « *C'est informatique, donc c'est vrai.* » Pour lutter contre cette force de conviction parfois pernicieuse, il n'était pas inutile que l'article 3 de la loi stipule que « *toute personne a le droit de connaître et de contester (. . .) les raisonnements utilisés dans les traitements automatisés dont les résultats lui sont opposés* ».

On peut discourir à loisir les dangers de l'informatique, mais rien ne vaut des exemples concrets. En voici quelques-uns.

Article 2 : Aucune décision de justice (respectivement administrative ou privée) impliquant une appréciation sur un comportement humain ne peut avoir pour (respectivement seul) fondement un traitement automatisé d'informations donnant une définition du profil ou de la personnalité de l'intéressé.

Nous sommes tous victimes de boîtes aux lettres engorgées : les messages publicitaires – souvent personnalisés – s'y entassent. C'est la manifestation la plus courante, la plus bénigne aussi, d'un emploi abusif de fichiers. La vente par correspondance et le marketing direct reposent en grande partie sur l'exploitation et la cession de fichiers de clientèle. Les professionnels de ces secteurs se sont toutefois engagés à effacer des fichiers les noms des personnes qui en feraient la demande, afin de respecter le droit de chacun à s'opposer à figurer dans un traitement (article 26 de la loi).

[. . .] En juin 1985, la Commission était saisie d'une plainte à l'encontre d'une agence matrimoniale ; la plaignante avait eu la surprise d'apprendre qu'elle figurait sur le fichier informatisé de l'agence, alors qu'elle ne l'avait jamais contactée. De plus, ce fichier, qui n'avait pas été déclaré à la Cnil, contenait des informations relatives à la religion des personnes. Cette application contrevenait ainsi à pas moins de trois articles de la loi.

Science et technologie

1 Montesquieu: (écrivain français (1689–1755) célèbre pour son livre *De l'Esprit des lois* dans lequel il analyse notamment l'importance de la séparation des pouvoirs [voir page 4])
2 porter atteinte à: mettre en danger
3 informations nominatives: informations portant le nom d'une personne
4 garde-fous: protections

5.21 **SOCIÉTÉ**

Pour le confort et la sécurité du citoyen, techniciens et informaticiens font des prouesses. Mais à quel prix pour notre vie privée? La Commission nationale de l'informatique et des libertés vient de publier son rapport pour 1993 : il y a de quoi s'inquiéter. . .

CARTES À PUCE, CAMÉRAS, TÉLÉPHONE. . .

L'araignée informatique étend sa toile

C'est vrai que les cartes à puce facilitent la vie quotidienne, vrai que beaucoup de citadins se sont habitués à la présence de caméras dans le métro, dans les banques, dans les magasins, dans les rues et parfois même en redemandent, vrai que l'usager veut pouvoir vérifier ses factures de téléphone et donc accepte ou ne songe même pas aux dispositifs mis en place par France Telecom. Pour le confort, la sécurité, la tranquillité du citoyen, techniciens et informaticiens font des prouesses. Mais quel est le prix à payer ?

Derrière la vidéo-surveillance, les autocommutateurs téléphoniques ou les réseaux bancaires, des milliers de fichiers informatiques, du plus petit au plus grand, se constituent. Enregistrant nos habitudes, nos manies et, quelquefois, nos vices cachés. « *Tous fichés* », clament Claude-Marie Vadrot et Louisette Gouverne, qui énumèrent dans leur ouvrage [*Tous fichés*] les mille et une menaces que « *l'informatique totalitaire* » ferait peser sur nous. Paranos ? Peut-être. La France est un pays démocratique et ces brassées d'informations sur nos existences ne sont pas recueillies pour un flicage général de la population **[1]**. N'empêche. . .

En France, 31 millions d'abonnés utilisent le téléphone, autant dire tout le monde. Or ce merveilleux instrument de communication est terriblement indiscret. Que vous appeliez d'une cabine publique ou d'un poste privé, tous vos coups de fil sont enregistrés. Certes, pas vos paroles ni votre identité, mais votre numéro d'appel, celui de votre correspondant, la date, l'heure et la durée de la conversation. Les références de milliards de communications sont ainsi stockées, centralisées dans les ordinateurs de France Telecom. Et ce pendant plus d'un an ! Une simple cabine téléphonique utilisée avec une carte à puce personnalisée ou une carte bleue peut devenir un redoutable témoin à charge. Vous avez pianoté **[2]** sur un minitel rose **[3]** un soir de l'été dernier ? Il en reste une trace. Si vous êtes l'objet d'une enquête judiciaire, la police aura vite fait, en accédant légalement à deux ou trois grands fichiers nationaux, d'établir votre « profil ».

Même chose pour vos coups de fil passés d'un hôtel. Si le standard est équipé d'un autocommutateur, finie la discrétion : rien n'oblige l'hôtelier à détruire la liste détaillée de vos appels. Il est seulement tenu d'avertir la Commission nationale de l'informatique et des libertés – la Cnil – qu'il possède ce matériel. Ce qu'il fait de vos communications privées, vous n'en savez rien. Désagréable, et, là encore, pratique pour la police et la justice.

Jean-Pierre Bernès, ex-dirigeant de l'OM **[4]**, l'a constaté à ses dépens : le juge a pu démontrer qu'il avait bien été en contact avec un joueur valenciennois avant le match grâce à l'enregistrement de ses appels passés depuis un hôtel. Dans la même affaire, l'ancien ministre Jacques Mellick a aussi été trahi par ses traces informatiques. En l'occurrence, sa carte à puce utilisée pour payer le péage de l'autoroute du Nord.

Aujourd'hui, avec plus de 1000 km équipés en télépéage sur son réseau, la Société des autoroutes du Nord et de l'Est propose aux automobilistes pressés d'adopter son badge « Voie rapide ». Avec ce sésame en poche, plus d'arrêt au péage. Mais les 48 000 possesseurs du badge ont-ils conscience qu'ils ont fini de rouler incognito ? Pendant un an tous leurs passages sont mémorisés dans les ordinateurs de Senlis, Reims ou Metz. « *Cette orgie d'informations stockées pour 20 ou 30 F de péage, c'est débile*, assure Roland Moreno, l'inventeur de la carte à puce. *Il faudrait utiliser des cartes prépayées, style Telecom, qui se déchargent au passage de la voiture.* » Avantage : ni vu ni connu.

Plus inquiétant encore, certains envisagent de « filer » nos voitures, et nous avec, pour les protéger contre le vol. Déjà, l'entreprise Volback a fait installer en France 1 500 boucles de détection sous la chaussée aux points névralgiques de passage (autoroutes, carrefours, aéroports. . .) Une puce placée sous le véhicule est activée dès qu'il y a déclaration de vol, et l'auto est repérée lors de son passage sur une borne. Alors un ordinateur central envoie un fax ou un message vocal qui la signale aux services de police les plus proches. « *Les forces de l'ordre et les assureurs sont très intéressés*, souligne-t-on fièrement au siège de Volback, *et la Commission informatique et libertés nous a donné son accord sans problème.* » « *Faux*, rétorque la Cnil. *Comme il s'agit d'une entreprise privée, nous n'avons même pas d'autorisation à accorder.* »

En revanche, la Cnil a bien autorisé, en 1988, les pompiers et le Samu **[5]** à disposer d'un système affichant instantanément le numéro de téléphone des personnes qui les appellent. Une possibilité déjà offerte aux particuliers abonnés au réseau Numéris. Ils sont encore peu nombreux mais la technique est prête, et ce service pourrait facilement être généralisé. Bonjour les dérives **[6]**. . . Plus possible d'appeler de Marseille en faisant croire que l'on est à Paris. Vous êtes immédiatement repéré.

Si l'on n'y prend garde, les informaticiens n'auront aucun mal, au nom de la sécurité maximum et de l'efficacité, à nous tisser un monde à la Orwell. Déjà, tout est en place.

L'Événement du jeudi

1 un flicage général de la population: un contrôle général de la société par la police (flic: mot familier)
2 pianoté: tapé sur le clavier
3 minitel rose: (services du minitel spécialisés dans les rencontres amoureuses)
4 l'OM: l'Olympique de Marseille (club de football impliqué dans une affaire de corruption de joueurs du club de Valencienne)
5 Samu: Service d'aide médicale d'urgence (En France on compose le 15 pour obtenir le Samu)
6 bonjour les dérives: (expression empruntée à une publicité contre l'abus d'alcool "un verre ça va, deux verres bonjour les dégâts!". Les dérives sont les risques d'utilisations abusives)

5.22 Menaces aux libertés: quelques exemples

Nice : la pointeuse au bahut [1]

Etablissement privé sous contrat, l'école Sasserno a mis en place à la rentrée dernière une « badgeuse ». Véritable verrou, ce système permet de contrôler les entrées et les sorties de 800 collégiens et lycéens grâce à une carte magnétique individualisée. Pour rentrer en cours, l'élève-matricule doit glisser sa carte dans la machine. S'il est en retard, le portail refuse de s'ouvrir. Idem pour ressortir : le potache **[2]** ne peut quitter son lycée qu'à l'heure prévue. Plus question de sécher **[3]** une heure de maths. A tout moment, l'ordinateur central peut livrer la liste des présents et des absents. *« Nous envisageons d'étendre le système à la cantine en délivrant des cartes de couleurs différentes aux externes* **[4]** *et aux demi-pensionnaires* **[5]***, ce qui nous permettra de connaître dès le matin le nombre de repas à prévoir »*, explique Claude Blanco, conseiller pédagogique et initiateur du système.

Prochainement, la badgeuse de Sasserno devrait même gérer le centre de documentation et d'information. Avec de vrais risques de dérapages à la clé. Un professeur curieux pourrait être tenté, à partir d'un écran, de surveiller les lectures de ses élèves ; un responsable de l'établissement consigner, à l'insu des lycéens, leur préférence pour Marx ou Leibniz. *« Il y a, bien sûr, des limites à ne pas dépasser »*, convient Claude Blanco, assurant que le système mis en place à Sasserno a obtenu l'aval de la Cnil. De son côté, Pierre Ferrari, recteur de l'académie de Nice, suit l'expérience d'un œil vigilant. *« A priori, je ne suis pas contre, la carte à puce envahit tous les domaines de la vie quotidienne. Mais nous n'y avons pas encore réfléchi. »* Attentif aux dangers que comportent les développements de ce système, notamment en matière de violation du secret médical, le patron de l'académie est en revanche très intéressé par le contrôle automatique des présences. La pointeuse, oui. La ficheuse, non !

Hôpital : les sous avant les soins ?

L'Assistance publique – Hôpitaux de Paris avait saisi la Cnil d'un projet de fichier clients destiné au recouvrement des impayés. Dès l'arrivée du malade au service des admissions d'un hôpital, un employé pourrait vérifier si le candidat aux soins n'avait pas laissé une ardoise **[6]** dans un des quelques vingt établissements de l'AP. Certes, il ne s'agit que de tenter un règlement à l'amiable, les actions contentieuses relevant du comptable public. Mais on peut redouter que cette innovation rende encore plus dissuasif l'accès aux hôpitaux des plus démunis.

La Cnil a proposé que le compte clients ne soit consulté qu'en cours d'hospitalisation ou à la sortie. Elle a seulement obtenu des assurances sur la discrétion de la démarche et rappelé que les hôpitaux doivent être ouverts à tous, sans aucune discrimination. Avis favorable mais pour une période probatoire de deux ans.

Vidéo-surveillance : Pasqua sort ses caméras

Voulu par Charles Pasqua **[7]** et adopté en Conseil des ministres le 22 juin, le nouveau projet de loi sur la sécurité pourrait légaliser la mise en place de caméras vidéo sur la voie publique. Ainsi, on pourrait non seulement filmer tous les lieux « sensibles » mais encore enregistrer les images. Certes, hormis lors d'enquêtes pénales, leur destruction est prévue dans un délai d'un mois. Mais, en soutenant que l'enregistrement d'images ne relève pas de la loi Informatique et libertés, Pasqua inquiète la Cnil. Rappelant que ce stockage permet de constituer un fichier des personnes filmés, la commission recommande la plus grande vigilance dans l'utilisation des caméras dans les lieux publics.

« Les 220 caméras installées dans les rues de la capitale ne servent qu'à une chose : surveiller le trafic automobile », affirme le sous-directeur de la circulation à la préfecture de police. Mais avec des caméras « de plus en plus performantes dont certaines opèrent à 360 degrés », comment ne pas douter ? Déjà, la tentation doit être grande, lors d'une manifestation, de zoomer sur quelques trublions **[8]**. Si le projet Pasqua est finalement adopté, les magnétoscopes vont tourner.

L'Événement du jeudi

1. bahut: lycée (mot familier utilisé par les jeunes)
2. le potache: l'élève de lycée (mot familier utilisé par les jeunes)
3. sécher: ne pas aller à [un cours] (mot familier utilisé par jeunes)
4. externes: (élèves qui rentrent à la maison pour manger à midi et pour dormir le soir)
5. demi-pensionnaires: (élèves qui mangent à la cantine mais qui rentrent à la maison le soir)
6. une ardoise: une note impayée
7. Charles Pasqua: (ministre de l'Intérieur en 1994)
8. trublions: agitateurs

SUJET DE REFLEXION

Surveillance à l'école, à l'hôpital, dans la rue. Connaissez-vous des exemples autres que ceux cités ici montrant la façon dont "l'araignée électronique étend sa toile" dans la société d'aujourd'hui?

Quel est l'aspect de l'informatique qui vous semble le plus dangereux pour votre liberté individuelle? ■

5.23 Science et argent
L'affaire du sang contaminé

Depuis le début des années quatre-vingt-dix, la société française dans sa totalité, et pas seulement les hémophiles ou les transfusés, la presse et les politiques, les médecins et les chercheurs, tous individuellement, ont été bouleversés par le drame du sang contaminé. Il est apparu au grand jour que plusieurs centaines d'hémophiles et de transfusés ont été contaminés par le virus du SIDA entre 1983 et 1985. Le docteur Michel Garetta, ancien directeur du Centre national de transfusion sanguine (CNTS) et le docteur Jean-Pierre Allain, chef du département de recherche et de développement du CNTS, ont été accusés « de tromperies sur les qualités substantielles d'un produit ». Il s'agissait de l'écoulement de produits non chauffés destinés aux hémophiles entre juin et octobre 1985. Le professeur Jacques Roux, ancien directeur général de la Santé, et le docteur Robert Netter, ancien directeur du Laboratoire national de la santé ont été accusés « de non-assistance à personnes en danger » **[1]**.

Ces personnes ont été jugées. Des condamnations pénales ont été prononcées.

Ces contaminations auraient-elles pu être évitées ? Comment les découvertes scientifiques ont-elles interagi avec les décisions de santé publique ? Ces questions continuent à agiter bien des esprits.

Le SIDA a été identifié pour la première fois aux États-Unis en 1981 comme maladie transmissible chez des homosexuels.

Dès 1982, le même syndrome a été reconnu chez des hémophiles : cette observation était fondamentale, car ces hémophiles avaient reçu des produits dérivés du sang – des concentrés – qui avaient été filtrés bactériologiquement, ce qui montrait que l'agent infectieux était présent dans le sang et relativement résistant puisqu'il avait supporté les différentes étapes de purification partielle de ces produits.

[...]

Dès le début de nos recherches sur le SIDA, nous nous sommes intéressés aux hémophiles, en effet certains d'entre eux étaient infectés, nous avons donc suspecté que le virus pouvait se transmettre par le sang. Nous avons d'ailleurs effectué dès 1983 un premier isolement de virus à partir du sang d'un jeune hémophile.

En 1983–1984, nous avons commencé une étude sérologique comparant les taux de séropositivité en fonction des différents produits de substitution que les hémophiles avaient reçus. Certains avaient reçu régulièrement des concentrés à l'hôpital Necker, d'autres uniquement des cryoprécipités à l'hôpital Saint-Antoine. Les derniers étaient belges et avaient reçu des produits nationaux. Il y avait moins de 5 % de contamination chez les hémophiles belges, 10 % chez ceux de Saint-Antoine, et presque 60 % chez ceux traités à Necker. Ces résultats furent pour nous un choc. Ils mettaient en évidence des taux de contamination importants et très différents selon le type de traitement des hémophiles.

Cependant leur interprétation n'était pas simple [...]

Tous ces résultats ne sont pas restés un secret de laboratoire, mais ils ont rencontré l'incrédulité ou l'indifférence.

Une décision énergique, qui aurait pu suivre notre enquête de 1984, aurait pu être d'arrêter dès 1984 tout traitement prophylactique des hémophiles avec des concentrés. Elle aurait été fort impopulaire chez les médecins transfuseurs et les hémophiles eux-mêmes. Avertir d'un danger de mort ceux qui n'étaient pas encore infectés, c'était en même temps annoncer aux 60 % déjà séropositifs la probabilité d'une mort prématurée.

En 1985, les connaissances étaient plus avancées et la recommandation d'utiliser des produits chauffés se généralisait. Notre étude sur les hémophiles italiens parue en février 1985, bien qu'imparfaite et fragmentaire, pouvait contribuer à lever les doutes à la fois sur l'efficacité du chauffage et sur le risque des effets secondaires. Les dirigeants du CNTS ont continué à diffuser entre juillet et octobre 1985 des produits qu'ils savaient potentiellement contaminés. La restriction de leur usage aux hémophiles infectés (séropositifs) n'a sans doute été qu'imparfaitement suivie. Habituellement, lorsqu'un produit s'avère dangereux, il est retiré immédiatement du circuit des utilisateurs par la compagnie qui le fabrique.

L'erreur des autorités de santé publique fut de ne pas avoir considéré ces produits comme des médicaments et d'en avoir confié le monopole à une entreprise qui n'avait pas le statut d'une entreprise pharmaceutique. De manière générale, les fabriquants ne peuvent être leur propre contrôle. Aujourd'hui, ceci a été pris en ligne de compte dans la nouvelle organisation de la transfusion et de la fabrication des produits sanguins.

L. Montagnier, Des virus et des hommes,
© Editions Odile Jacob, septembre 1994

1 non-assistance à personnes en danger: (délit très grave en France)

5.24

LES DERNIERS JOURS DU PROCÈS DU SANG

Du drame au scandale

Les avocats des Drs Garretta et Allain ont plaidé (une fois de plus) « les incertitudes de l'époque » pour atténuer les responsabilités de leurs clients. Une semaine de témoignages a montré (une fois de plus) que cet argument ne résistait pas à l'examen.

Outre les parents des malades et des morts, dix-neuf personnes ont donc témoigné, la semaine dernière, devant la cour d'appel de Paris. Des chercheurs, des médecins, des fonctionnaires. Cette funeste trinité a peu à peu découvert sous ses contradictions, sa mauvaise foi et ses litotes, le tableau d'un monde inquiétant : celui où, en 1985, un nombre indéterminé d'hémophiles fut contaminé, en connaissance de cause et d'effet, par le CNTS et certains médecins. Au fond, si compliquée soit-elle dans le détail de ses actions et démissions, l'affaire du sang reste assez simple. La défense des deux principaux accusés, les Drs Garretta et Allain, n'a d'ailleurs qu'un argument essentiel, les fameuses « incertitudes de l'époque », et le décline à tout propos.

INCERTITUDES QUANT AU VIRUS : Ils n'auraient été persuadés que très tard du lien entre sida et virus HIV. Par conséquent, les hémophiles montrant un déficit immunitaire n'auraient pas forcément été, dans leur esprit, infectés. Les témoignages des Prs Luc Montagnier et Jean-Claude Chermann ont remis les choses au point : en avril 1984 au maximum, le lien est parfaitement établi et le danger, clair : on sait déjà que 10 % des malades, au moins, développeront un sida. Il y a donc assez d'éléments, a rappelé Luc Montagnier, pour retenir l'hypothèse la plus inquiétante.

INCERTITUDES QUANT AUX EFFETS NOCIFS DE LA SURCONTAMINATION: On sait qu'en mai 1985, le CNTS prend la décision de livrer des produits non chauffés, contaminés à 99 % aux hémophiles déjà séropositifs. Rien ne prouve, plaident les accusés, que surcontaminer soit nocif. A quoi les deux chercheurs répondent : Rien ne prouve le contraire. « *Dans le doute*, conclut Luc Montagnier, d'une voix douce, *il convient mieux de s'abstenir* ». Phrase modérée, claire condamnation.

INCERTITUDES, ENFIN, SUR L'EFFICACITÉ ET LA SÛRETÉ DES PRODUITS CHAUFFÉS. Les virologues savent que les rétrovirus sont sensibles à la chaleur. Il est donc logique de penser que le virus HIV, une fois découvert, pourrait être inactivé par le chauffage. Luc Montagnier en parle, dès 1983, au Pr Soulier, alors directeur du CNTS. Yvette Sultan, de l'hôpital Cochin, réclame la même année des produits chauffés pour ses malades : elle n'est sûre de rien, mais préfère appliquer la « *théorie du moindre risque* ». On les lui refuse – sauf sur une petite échelle, pour des essais. La plupart des témoignages montrent en fait que, courant 1984, l'ensemble des intéressés travaille ou réfléchit sérieusement sur les produits chauffés. Nous ne pouvions en importer ou en fabriquer comme ça ! rétorquent les accusés. Il fallait tester, étudier, valider, vérifier qu'il n'y avait pas d'effets secondaires.

Soit ; mais alors comment expliquer que le centre de Lille ait mis au point, dès la fin 1984, son propre procédé de chauffage, et que le CNTS n'ait pas répondu, en 1985, à ses offres ? Comment expliquer qu'il ait au contraire empêché au maximum la « *pénétration du marché Lille* » ? Et comment justifier sa surdité face aux entreprises européennes et américaines qui, depuis un ou deux ans, fabriquaient des produits chauffés agréés par leurs propres administrations ?

La réponse est malheureusement claire : elle ne dépend plus des chercheurs, mais des administrateurs et des comptables. Le CNTS veut assurer, par tous les moyens, son monopole et son chiffre d'affaires. Quelques hauts fonctionnaires ont rappelé à la barre que les ministères de tutelle furent trop heureux de cautionner, en silence, ce beau souci économique. Durant les deux années précédentes, le bénéfice du doute n'avait déjà guère profité aux malades ; mais il semble qu'on ne condamne pas des médecins pour ça. A partir de 1985, le doute n'est plus permis. On passe du drame au scandale, a répété Luc Montagnier. Nous voilà dans un monde de borgnes : le Dr Garretta et sa tutelle tournent leur unique œil vers les comptes ; l'autre, celui qui devrait relire le serment d'Hippocrate, est définitivement clos. Jean-Pierre Allain, qui travaille sous les ordres du premier, proteste par écrit, puis se tait et poursuit ses études.

La suite est en effet pleine de certitudes. Les témoins n'étaient pas venus pour la dire, mais il faut la rappeler. Deux dates. Le 9 mai 1985, Michel Garretta écrit à la sous-direction des soins que « *c'est maintenant d'une urgence absolue d'interrompre la propagation de cette contamination chez les hémophiles et leur famille* », *puisque* « *trois mois de retard signifie à terme la mort de 5 à 10 hémophiles et d'un certain nombre de leurs proches* »; mais le 29 mai, il devient urgent, pour le CNTS, de ne rien faire ; de ne pas rapatrier les lots contaminés ; de laisser la tutelle (qui ne sait pas tout et préfère ignorer ce qu'elle sait) décider. Les produits non chauffés seront remboursés par la Sécurité sociale jusqu'au 1er octobre 1985.

Le dernier témoin parti, la mère d'un hémophile décédé a rappelé ceci : « *Mon fils n'a pas voulu mourir à l'hôpital où on lui avait donné la mort.* »

L'Événement du jeudi

SUJET DE REFLEXION

Y a-t-il eu un scandale similaire au sujet des hémophiles transfusés avec du sang contaminé par le virus HIV dans votre pays?

Pourquoi la situation semble-t-elle plus grave en France que dans d'autres pays? ■

5.25 *Interview avec Pr. Jean Bernard, président du Comité national d'éthique :*

« Le progrès, remède au progrès »

Doit-on craindre le pouvoir toujours plus grand que la science confère à l'homme sur le vivant ? Le Pr. Jean Bernard, président du Comité national d'éthique, évoque les plus récents progrès de la connaissance dans les domaines de la reproduction, de l'hérédité, et de la maîtrise du système nerveux, et souligne les problèmes concrets qu'il peuvent parfois poser.

Science & Technologie : La Commission de l'informatique et des libertés (Cnil) s'est récemment prononcée défavorablement sur un projet de l'Ined (Institut national d'études démographiques) ayant pour objet l'élaboration d'une base de données sur les porteurs de certains marqueurs génétiques rares. La constitution d'une telle base soulève d'importants problèmes éthiques : la connaissance du diagnostic générique peut conduire un patient à ne pas avoir d'enfants ou à devoir vivre avec l'idée qu'il est porteur du gène d'une maladie inguérissable. La Cnil a signifié la nécessité de reconsidérer ce dossier, après consultation du Comité national d'éthique. Qu'en pensez-vous ?

Pr. Jean Bernard : Il s'agit là d'un problème très important, qui soulève des questions capitales. Quelles sont les relations entre les progrès de la génétique et leurs applications et la vie privée des personnes ? Dans le cas que vous citez, il y a plusieurs points, qu'il est nécessaire de considérer séparément.

Le premier, c'est la possibilité de faire in utero le diagnostic d'une maladie très grave de l'enfant. Exemple caractéristique à l'heure actuelle : celui des maladies héréditaires de l'hémoglobine, comme la thalassémie (forme grave d'anémie). Dans certaines îles de la Méditerranée (Chypre et Sardaigne), cette maladie est si fréquente que si l'on traite les enfants atteints des formes mortelles, on ne peut plus soigner les autres enfants atteints, eux de maladies curables, tant est coûteux le traitement. Or, on est capable à l'heure actuelle d'effectuer, à deux ou trois mois de grossesse, le diagnostic des formes majeures de la maladie. Les autorités médico-administratives de ces deux îles ont recommandé le diagnostic in utero, et l'interruption de grossesse le cas échéant, uniquement pour des raisons économiques et ce dans deux îles très religieuses, l'une catholique, l'autre orthodoxe. Vous mesurez la gravité du problème posé. Encore plus grave quand on sait qu'il existe un traitement, la greffe de moelle osseuse, qui, effectuée peu après la naissance, guérit un grand nombre de ces enfants. Mais le traitement coûte 500 000 à 600 000 francs.

Deuxième point, plus émouvant peut-être, la possibilité de faire, peu après la naissance, le diagnostic d'une maladie qui n'apparaîtra qu'à l'âge de 35 ou 40 ans. Le cas le plus typique est celui de la chorée de Huntington, une maladie grave du système nerveux. Or, si l'on est capable de réaliser ce diagnostic précoce, on ne dispose malheureusement d'aucun traitement pour cette maladie irréversible. Si l'on ne prévient pas l'homme qui est atteint, il aura une vie normale, mais sa femme et ses enfants se trouveront subitement sans soutien quand il mourra vers l'âge de 40 ans. Si on l'informe de sa maladie, vous imaginez quelle sera sa vie, s'il se sait condamné ?

[...]

L'exploration du génome humain, en particulier le grand projet de séquençage exhaustif de l'ADN des chromosomes, va peut-être permettre à terme de « mettre en fiche » l'identité génétique de chaque individu. On peut imaginer le pire...

Toute découverte a des bons et des mauvais côtés. Lorsque je suis entré à l'Institut Pasteur vers 1930, les patrons de cet Institut, qui avaient été disciples directs de Pasteur, racontaient qu'à l'époque les premières cultures microbiennes avaient soulevé une énorme émotion. Ne risquait-on pas de répandre des épidémies dans le monde ? Là, c'est un peu identique. Il est capital de connaître le patrimoine génétique des individus. [...]

Le Comité d'éthique a également été interrogé sur les fécondations in vitro. Généralement, pour plus de sûreté, on prépare à cette fin sept ou huit embryons. Si la femme est enceinte à la troisième tentative, que faut-il faire des quatre ou cinq embryons restants ? Les garder pour le même couple ? Combien de temps ? Un an, trente ans ? S'en servir pour un autre couple – une sorte d'adoption ? La loi française ne le prévoit pas. Les utiliser pour des expériences ? Les tuer ? Il n'y a pas de solution. Il y en aura une un jour, parce que les travaux en cours permettent de penser que dans quatre ou cinq ans on saura congeler les ovules. Dans ce cas, on pourra garder le sperme d'un côté, les ovules de l'autre, et réaliser l'embryon à la demande. Il n'y aura donc plus de problème.

Cela rejoint une idée qui m'est chère, et qui pourrait s'appliquer à l'ensemble des questions que vous traitez : très souvent, ce sont les progrès mêmes de la connaissance qui règlent les problèmes que le progrès précédent a créés. Mais jusqu'à maintenant, les hommes de science n'ont pas tous eu cette notion. Je fais ma découverte, je me lave les mains, et que la société se débrouille ! Aujourd'hui, de nombreux chercheurs sont justement préoccupés par les conséquences de leurs découvertes. L'exemple que je viens de donner est caractéristique, mais il y en a bien d'autres.

[...]

Science et technologie

Exemple de synergie réussie entre science, industrie, architecture et loisirs: Le Futuroscope à Poitiers

5.26

Le parc européen de l'image

L'image, omniprésente, rythme notre vie et modifie notre perception du monde. Elle nous passionne pour de nouvelles connaissances, elle nous séduit par des spectacles normalement inaccessibles, elle nous ouvre les voies de la communication, elle devient l'un des principaux outils de l'éducation.

Chaque année, le Futuroscope présente de nouveaux programmes utilisant les systèmes de projection les plus sophistiqués et pour certains d'entre eux, uniques au monde. Le Futuroscope est également le premier producteur européen de médias spéciaux.

LE PAVILLON DE LA VIENNE

Nouveau bâtiment à l'architecture faite de mur d'eau et d'aluminium ondulé, le Pavillon de la Vienne, qui ouvrira ses portes au printemps 1994, abrite deux procédés révolutionnaires : "Le Mur d'Images" et "le Simulateur".

LE MUR D'IMAGES

Très apprécié lors de l'exposition universelle de Séville, ce mur d'images, le plus grand du monde, est composé de 850 écrans vidéo couvrant une surface de 162 m^2. Les 7 vidéodisques qui sont nécessaires à la diffusion des films sont synchronisés par 5 ordinateurs. Grâce à ce gigantesque système, le visiteur pourra partir à la découverte du Futuroscope et en apprécier l'exceptionnelle dimension technologique.

LE SIMULATEUR

Fondé sur le même principe que le Cinéma Dynamique déjà existant sur le Parc mais en version plus douce, le Simulateur associe le mouvement et l'image. 190 fauteuils, installés par paires, sont articulés et synchronisés avec les images du film au moyen d'un système hydraulique de haute technologie, assisté par ordinateur. Face à un écran géant de 300 m^2, le spectateur est ainsi transporté au cœur de l'image et de son rythme.

[...]

LE SOLIDO

Entrer dans l'image comme on entrerait dans un rêve devient une réalité dans la première salle permanente au monde équipée d'un projecteur Solido.

Placé au cœur d'un écran hémisphérique de 800 m^2, le spectateur, équipé de lunettes à cristaux liquides, est totalement cerné par l'image stéréoscopique. Qu'il regarde devant, sur les côtés ou au-dessus de lui, il est entouré d'objets en trois dimensions qui le frôlent et qu'il voudrait saisir.

[...]

LE TAPIS MAGIQUE

Le double système Imax, composé de deux écrans de 700 m^2 chacun, est une exclusivité mondiale du Futuroscope. L'originalité de ce procédé permet au spectateur de voir les images défiler devant lui et sous ses pieds, lui procurant ainsi l'étrange impression de "flotter" sur un plancher de verre.

[...]

LE CINÉAUTOMATE

L'interactivité du procédé donne le pouvoir au spectateur de participer au scénario du film.

L'installation se compose d'un écran principal et deux écrans latéraux où 192 personnes peuvent visionner un film en 35 mm comprenant 5 séquences, entrecoupées d'intermèdes vidéo et de dessins animés. Au moyen d'un bouton équipant leur siège, chaque spectateur peut choisir l'une des cinq suites possibles diffusées sur les écrans latéraux. Huit scénarios sont ainsi soumis au vote du public.

[...]

L'OMNIMAX

Créé par la société canadienne Imax, l'Omnimax du Futuroscope est l'une des premières salles de ce type installées en France.

Couvrant les limites du champ visuel humain (180°), la projection se fait au moyen d'un objectif "fish-eye" sur un écran semi-sphérique perforé pour des raisons acoustiques.

[...]

LE CINÉMA CIRCULAIRE

Ce procédé, installé et mis au point par la firme américaine Iwerks, est composé de 9 projecteurs de 35 mm et de 9 écrans d'une superficie totale de 312 m^2. Il permet la projection de 9 films synchronisés électriquement et offrant un champ de vision pour le spectateur de 360°.

Seulement une dizaine de salles dans le monde en sont équipées et c'est le Futuroscope qui a produit le premier film européen utilisant ce système.

[...]

LE PAVILLON DE LA COMMUNICATION

LE SPECTACLE MULTI-ÉCRANS

Dix projecteurs de 35 mm diffusent sur 10 écrans de tailles différentes, dont un sphérique, un véritable ballet d'images. Cette projection, qui retrace l'histoire des communications humaines, est l'œuvre du Musée Canadien des Civilisations d'Ottawa, dont le Futuroscope est partenaire.

LE SHOWSCAN

C'est Douglas Trumbull, l'inventeur des effets spéciaux de "2001 Odyssée de l'espace" qui a mis au point ce procédé qui projette 60 images à la seconde au lieu de 24. Le film, tourné en 70 mm, sature la rétine par un flot d'images donnant au spectateur l'illusion parfaite de la réalité, voire le conduisant à une impression de vertige dans les séquences liées à la vitesse.

[...]

LE CINÉMA EN RELIEF

Installé par la firme américaine Iwerks, ce procédé est fondé sur la projection (en 35 mm ou 70 mm) de deux images légèrement décalées. Les images, ainsi projetées sont restituées

en relief par l'utilisation de lunettes spéciales polarisées.
[...]

LE CINÉMA DYNAMIQUE

Le principe du mouvement associé à l'image a été mis au point par la société suisse Intamin. Montés sur vérins hydrauliques, le mouvement des sièges est synchronisé avec l'action qui se déroule sur l'écran, le tout étant géré par un système informatique. Pour accroître encore les sensations obtenues par ce procédé, l'ensemble a été combiné avec le système de projection Showscan. Devant le succès de ce spectacle, une deuxième salle vient d'ouvrir ses portes.
[...]

LE KINEMAX

600 m² d'écran plat reçoivent des images dix fois plus grandes que les images 35 mm classiques (70 mm – pellicule Imax – 5 perforations et défilement horizontal) et d'une étonnante définition. Première salle Imax en France, l'écran se soulève à la fin de la projection pour laisser sortir les spectateurs.
[..]

L'AQUASCOPE

Programmé au début de l'été 1994, ce système de projection utilisera 2 principes fondamentaux :
- *le système Polyrama, 3 projecteurs 35 mm synchrone diffusant une image de 31 m par 7,90 m sur un écran quasi semi-cylindrique de 146°.*
- *et un système informatique, permettant, à l'aide d'une console, de jouer en répondant à des questions posées durant le film.*

[...]

Documentation du Futuroscope

5.27

René Monory a présidé ce week-end à sa réouverture saisonnière

Les paris gagnés du Futuroscope

Huit ans après sa création, à l'instigation de l'actuel président du Sénat, le parc de Poitiers est devenu le troisième site culturel le plus visité de France. Et il ne manque pas d'ambitions.

« La chance que l'on a eue par rapport à Eurodisney, c'est de ne pas avoir d'argent au départ. Cela nous a amenés à nous développer de manière progressive. Et, du même coup, on a pu s'adapter aux demandes du public. » En rouvrant « son » Futuroscope le week-end dernier à Poitiers, René Monory, président du Sénat mais père du parc qu'il a fondé, voici huit ans, en tant que président du conseil général de la Vienne – et maire de la ville voisine de Loudun – a fait preuve d'un triomphe modeste. Pour lui, ce succès n'a pas de véritable secret. Si le Futuroscope est devenu l'an dernier le troisième site le plus visité de France, c'est grâce aux notions « *d'équipe* » *et de* « *pédagogie douce, distillée sans agressivité, dans le cadre de loisirs accessibles dans un bon rapport qualité-prix* » qui ont présidé à son évolution, constante depuis son ouverture.

« Parc européen de l'image », le Futuroscope s'est spécialisé dans une forme de spectacle qui permet de se cultiver sans s'en rendre compte, ou presque. En acquittant les 135 francs qui permettent de profiter des présentations au long d'une journée entière, le visiteur peut en effet goûter à tout ce qui annonce le « cinéma total » de demain, celui qui donnera le vertige, parfois jusqu'au point de croire que l'on va tomber de son siège.

On a par exemple l'impression de voler en s'initiant au « Tapis magique », une salle dans laquelle le spectacle se déroule simultanément sur deux écrans géants, de 700 m² chacun : l'un vertical, est déjà saisissant, mais l'exclusivité mondiale du concept réside dans la position horizontale du second, situé à 10 m sous une épaisse dalle de verre supportant les fauteuils des spectateurs.

Exclusivité renversante

Autre exclusivité du parc, renversante au vrai sens du terme, le « Solido », présenté sous un dôme de 800 m² de surface de projection : le premier cinéma en relief « hémisphérique », dont on profite grâce à d'étonnantes lunettes électroniques. Oubliées, les montures en carton supportant les fragiles filtres bleu et rouge. On chausse ici des lunettes électroniques à cristaux liquides, chargées d'occulter chacun des yeux tous les 43ème de seconde, au rythme des images stéréoscopiques projetées sur un écran qui englobe l'ensemble de la capacité de la vision périphérique. Résultat : des images qui vous frôlent à donner le frisson.

Réalisée à l'aide des procédés les plus performants en matière de prise d'images – le système Imax sur film 70 mm et le Show Scan à 60 images/seconde – la dizaine de films présentés au Futuroscope exploitent également les moyens permettant de renforcer la crédibilité de l'image : la qualité du son constitue ainsi un élément fondamental de chaque réalisation, dont certaines sont agrémentées d'effets beaucoup plus physiques.

Un film interactif

C'est notamment le cas du « cinéma dynamique », spectacle devenu total grâce au vent distribué par de puissants ventilateurs pour donner la sensation de course, et surtout, grâce aux mouvements plutôt brusques du fauteuil.

Ce concept permet de pleinement vivre une course de voitures dans les dunes d'un désert ou – pire encore – la folle dégringolade d'un wagonnet dans les galeries d'une mine abandonnée. Sensations garanties.

Le Futuroscope, qui avait reçu 225 000 visiteurs en 1987, en a accueilli l'an dernier 1,95 million, sans compter les 50 000 scientifiques enseignants et étudiants venus effectuer des stages ou participer à des séminaires.

Un succès économique d'autant plus important que, au-delà du chiffre d'affaires de 300 millions de francs (contre 7,5 en 1987), un total de 13 000 emplois ont ainsi été générés dans la région.

« Le Futuroscope compense la perte constatée ces dix dernières années dans la Vienne au niveau des activités industrielles et agricoles » souligne René Monory. Le cap des trois millions de visiteurs, dont près de 10 % venant de l'étranger, devrait être atteint cette année, assure-t-il.

En attendant des « *surprises* » à base d'images virtuelles en 1995, le parc va se doter d'un deuxième cinéma dynamique et proposer deux nouveautés dès avril : un « mur vidéo » unique au monde qui se composera de 850 écrans de téléviseurs permettant de présenter la Vienne, ainsi que l'Aquascope, dans lequel, après avoir franchi un étonnant mur d'eau, le spectateur pourra « jouer » avec un film interactif rappelant le caractère aussi fragile que vital de ce liquide.

Le Figaro

Et demain? L'art délicat de la prospective

Jules Verne (1828–1905) est l'un des écrivains les plus traduits dans le monde. Ses romans, avec "leur prodigieux pouvoir de nous faire rêver" (Michel Butor), mêlent science et science-fiction, mondes connus et inconnus et ont enchanté des générations de jeunes et de moins jeunes.

Le capitaine Nemo et son "Nautilus" (*Vingt mille lieues sous les mers*) sont connus de tous:

5.28 TOUT PAR L'ÉLECTRICITÉ

« Monsieur, dit le capitaine Nemo, me montrant les instruments suspendus aux parois de sa chambre, voici les appareils exigés par la navigation du *Nautilus*. Ici comme dans le salon, je les ai toujours sous les yeux, et ils m'indiquent ma situation et ma direction exacte au milieu de l'Océan. Les uns vous sont connus, tels que le thermomètre qui donne la température intérieure du *Nautilus* ; le baromètre, qui pèse le poids de l'air et prédit les changements de temps ; l'hygromètre, qui marque le degré de sécheresse de l'atmosphère ; le storm-glass, dont le mélange, en se décomposant, annonce l'arrivée des tempêtes ; la boussole, qui dirige ma route ; le sextant, qui par la hauteur du soleil m'apprend ma latitude ; les chronomètres, qui me permettent de calculer ma longitude, et enfin des lunettes de jour et de nuit, qui me servent à scruter tous les points de l'horizon, quand le *Nautilus* est remonté à la surface des flots.

– Ce sont des instruments habituels au navigateur, répondis-je, et j'en connais l'usage. Mais en voici d'autres qui répondent sans doute aux exigences particulières du *Nautilus*. Ce cadran que j'aperçois et que parcourt une aiguille mobile, n'est-ce pas un manomètre ?

– C'est un manomètre, en effet. Mis en communication avec l'eau dont il indique la pression extérieure, il me donne par là même la profondeur à laquelle se maintient mon appareil.

– Et ces sondes d'une nouvelle espèce ?

– Ce sont des sondes thermométriques qui rapportent la température des diverses couches d'eau.

– Et ces autres instruments dont je ne devine pas l'emploi ?

– Ici, monsieur le professeur, je dois vous donner quelques explications, dit le capitaine Nemo. Veuillez donc m'écouter. »

Il garda le silence pendant quelques instants, puis il dit :

« Il est un agent puissant, obéissant, rapide, facile, qui se plie à tous les usages et qui règne en maître à mon bord. Tout se fait par lui. Il m'éclaire, il m'échauffe, il est l'âme de mes appareils mécaniques. Cet agent, c'est l'électricité.

– L'électricité ! m'écriai-je assez surpris.

– Oui, monsieur.

– Cependant, capitaine, vous possédez une extrême rapidité de mouvements qui s'accorde mal avec le pouvoir de l'électricité. Jusqu'ici, sa puissance dynamique est restée très restreinte et n'a pu produire que de petites forces !

– Monsieur le professeur, répondit le capitaine Nemo, mon électricité n'est pas celle de tout le monde, et c'est là tout ce que vous me permettrez de vous en dire.

– Je n'insisterai pas, monsieur, et je me contenterai d'être très étonné d'un tel résultat. Une seule question, cependant, à laquelle vous ne répondrez pas si elle est indiscrète. Les éléments que vous employez pour produire ce merveilleux agent doivent s'user vite. Le zinc, par exemple, comment le remplacez-vous, puisque vous n'avez plus aucune communication avec la terre ?

– Votre question aura sa réponse, répondit le capitaine Nemo. Je vous dirai, d'abord, qu'il existe au fond des mers des mines de zinc, de fer, d'argent, d'or, dont l'exploitation serait très certainement praticable. Mais je n'ai rien emprunté à ces métaux de la terre, et j'ai voulu ne demander qu'à la mer elle-même les moyens de produire mon électricité.

– A la mer ?

– Oui, monsieur le professeur, et les moyens ne me manquaient pas. J'aurais pu, en effet, en établissant un circuit entre des fils plongés à différentes profondeurs, obtenir l'électricité par la diversité de températures qu'ils éprouvaient ; mais j'ai préféré employer un système plus pratique.

– Et lequel ?

– Vous connaissez la composition de l'eau de mer. Sur mille grammes on trouve quatre-vingt-seize centièmes et demi d'eau, et deux centièmes deux tiers environ de chlorure de sodium ; puis, en petite quantité, des chlorures de magnésium et de potassium, du bromure de magnésium, du sulfate de magnésie, du sulfate et du carbonate de chaux. Vous voyez donc que le chlorure de sodium s'y rencontre dans une proportion notable. Or, c'est ce sodium que j'extrais de l'eau de mer et dont je compose mes éléments.

– Le sodium ?

– Oui, monsieur. Mélangé avec le mercure, il forme un amalgame qui tient lieu du zinc dans les éléments Bunsen. Le mercure ne s'use jamais. Le sodium seul se consomme, et la mer me le fournit elle-même. Je vous dirai, en outre, que les piles au sodium doivent être considérées comme les plus énergiques, et que leur force électromotrice est double de celle des piles au zinc.

– Je comprends bien, capitaine, l'excellence du sodium dans les conditions où vous vous trouvez. La mer le contient.

Bien. Mais il faut encore le fabriquer, l'extraire en un mot. Et comment faites-vous ? Vos piles pourraient évidemment servir à cette extraction ; mais, si je ne me trompe, la dépense du sodium nécessitée par les appareils électriques dépasserait la quantité extraite. Il arriverait donc que vous en consommeriez pour le produire plus que vous n'en produiriez !

– Aussi, monsieur le professeur, je ne l'extrais pas pour la pile, et j'emploie tout simplement la chaleur du charbon de terre.

– De terre ? dis-je en insistant.

– Disons charbon de mer, si vous voulez, répondit le capitaine Nemo.

– Et vous pouvez exploiter des mines sous-marines de houille ?

– Monsieur Aronnax, vous me verrez à l'œuvre. Je ne vous demande qu'un peu de patience, puisque vous avez le temps d'être patient. Rappelez-vous seulement ceci : Je dois tout à l'océan ; il produit l'électricité, et l'électricité donne au *Nautilus* la chaleur, la lumière, le mouvement, la vie en un mot.

Jules Verne, Vingt mille lieues sous les mers

SUJET DE REFLEXION

Un siècle plus tard, quelles sont les choses décrites par Jules Verne qui sont restées du domaine de la science-fiction?

Pour quelles raisons recommanderiez-vous la lecture de *Vingt mille lieues sous les mers* à des jeunes aujourd'hui? ■

5.29 Prévision technologique en 1990

IMAGINATION ET PROSPECTIVE

H. G. Wells a imaginé dans ses écrits romancés, l'avion, le tank et la bombe atomique. Mais lorsqu'on lui demande de faire un pronostic sérieux sur ce qui se passera au milieu du vingtième siècle, il considère que les transports aériens n'ont, en 1902, pas d'avenir, que le tank n'est, en 1901, pas une invention raisonnable et, en 1924, qu'il s'écoulera des siècles avant qu'on ne parvienne à appliquer la théorie d'Einstein et à maîtriser la désintégration de l'énergie.

En outre, son esprit se "refuse à concevoir des sous-marins qui fassent autre chose qu'étouffer leur équipage ou s'échouer au fond de la mer."

En 1913, au contraire, le père de Sherlock Holmes, Sir Arthur Conan Doyle écrit une nouvelle dans laquelle une nation européenne imaginaire réussit à imposer autour d'elle un blocus total à l'aide de sous-marins. Dans le même magazine, la rédaction interroge divers experts qui jugent l'histoire parfaitement invraisemblable, ne serait-ce que parce qu'elle envisage l'éventualité que les sous-marins tirent sur des navires non armés ! "Rien de tel que les ignorants pour avoir des instincts" écrivait Victor Hugo à son ami Nadar en 1864.

Sous la direction de T. Gaudin, 2100 récit du prochain siècle, © 1990 Editions Payot

SUJET DE REFLEXION

Quelles sont, dans la culture de votre langue maternelle, les représentations populaires du scientifique ou du savant typique?

Comparez les images que cela vous évoque avec la façon dont sont présentés les scientifiques dans *Le mythe du savant fou* [voir document 5.30]. ■

5.30 Le mythe du savant fou

UN HOMME PRÉHISTORIQUE!
Eh oui...

...Plus exactement un homme singe-un Pithécanthropus -vieux de 300 ou 400 mille ans, qui était pris dans une gangue de tourbe gelée et que le docteur DIEUDONNÉ a ramené intact d'une expédition en Sibérie.

MESSIEURS, AU TRAVAIL!
HA! HA! HA! HA!
Ce type est fou.

Pousse-toi, Robert, on commence.

Tout est prêt. DIEULEVEULT, VAS-Y!
Nous avons reconstitué artificiellement la première phase de la méthode BOUTARDIEU... ATTENTION!

HA! HA!

GZZZSSSHHHZZZSSZZHHZZ
Je n'aime pas beaucoup voir DIEULEVEULT tripoter cet appareil, mais c'est lui qui l'a mis au point.

ZSSHGZZZGHGZZZZZGH

Extrait de l'ouvrage Les Aventures Extraordinaires d'Adèle Blanc-Sec: Le Savant Fou, J. Tardi, © Casterman

Politique et économie

Les pouvoirs sous la Vᵉ République

La naissance de la Vᵉ République

Depuis la Révolution de 1789, les Français ont du mal à se doter d'une forme de gouvernement conciliant démocratie et autorité. C'est par crainte d'un retour aux régimes autoritaires du passé que les IIIᵉ et IVᵉ Républiques ont limité les pouvoirs de l'exécutif (président et gouvernement), pour renforcer ceux du Parlement, lieu où la volonté populaire s'exprimait par la voix de ses représentants. À la merci de coalitions parlementaires souvent divisées, les gouvernements voyaient leur action paralysée, et étaient fréquemment renversés: ainsi, sous la IVᵉ République (1946–58), la durée moyenne de vie des gouvernements n'excédait guère six mois. Discréditée aux yeux de l'étranger, pour qui la France était devenue "l'homme malade de l'Europe", la IVᵉ République perdait aussi la confiance des Français.

C'est l'impuissance des gouvernements à régler le problème de la guerre d'Algérie qui précipite la crise du régime en mai 1958: prenant la tête d'une insurrection de pieds-noirs **[1]** d'Alger, l'armée française semble défier le gouvernement légal de la République. La France est au bord de la guerre civile. Le général de Gaulle, qui avait marqué son refus de la IVᵉ République en démissionnant du gouvernement en 1946, apparaît comme le seul recours possible. Il met cependant une condition à son retour: il exige les pleins pouvoirs pour élaborer une nouvelle constitution. Ainsi naît la Vᵉ République, dont la constitution est approuvée au référendum de septembre 1958 par une forte majorité de Français.

La Constitution

Le texte de la Constitution

Afin de corriger les défauts des Républiques précédentes, la nouvelle Constitution réduit les pouvoirs du Parlement, renforce ceux de l'exécutif. Elle conserve cependant les mécanismes essentiels des Républiques précédentes: face à un Parlement (Assemblée nationale et Sénat) qui vote la loi et le budget, et contrôle l'action du gouvernement, elle institue un exécutif à deux têtes:

(a) le président de la République (chef de l'État):

- qui est élu pour sept ans (depuis la réforme constitutionnelle de 1962, il est élu au suffrage universel);
- qui n'est pas responsable devant l'Assemblée nationale (celle-ci ne peut le renverser);
- qui nomme le Premier ministre et les ministres;
- qui peut dissoudre l'Assemblée nationale.

(b) le gouvernement, composé du premier ministre (chef du gouvernement) et des ministres:

- qui est responsable devant l'Assemblée nationale (celle-ci peut, par une motion de censure, l'obliger à démissionner);
- qui "détermine et conduit la politique de la nation".

Le texte de la Constitution semble ainsi donner au gouvernement l'essentiel des pouvoirs politiques. Le président, bien qu'il partage avec le gouvernement les responsabilités politiques en matière de défense et d'affaires étrangères, ne "gouverne" pas: son rôle est celui d'un "arbitre", incarnant l'unité nationale, au-dessus des divisions politiques.

La pratique constitutionnelle

Dans la pratique, le président de la République a concentré entre ses mains une part de plus en plus importante du pouvoir politique, le Premier ministre se contentant d'assumer des fonctions de coordination de l'activité gouvernementale et d'exécution des orientations politiques fixées par le président.

Comment expliquer cette évolution?

- La personnalité et l'autorité même du premier président, Charles de Gaulle: celui-ci a tenu à prendre lui-même "charge de l'essentiel".

1 pieds-noirs: population française d'origine européenne, installée en Afrique du nord

- L'habitude a été prise par les présidents successifs de renvoyer le premier ministre quand ils le jugeaient utile, contrairement à ce que prévoit la Constitution. Le premier ministre, supposé être le chef du gouvernement, apparaît ainsi davantage comme "l'homme du président".
- L'élection au suffrage universel a fait du président "l'homme de la nation", lui conférant une fonction de direction politique.
- Jusqu'en 1986, les présidents successifs ont pu s'appuyer sur des majorités parlementaires qui soutenaient leur politique.

Devenu le pilier du régime, le président apparaît ainsi comme un véritable "monarque républicain", opérant une synthèse originale entre la nostalgie de l'autorité et le désir de démocratie, deux tendances qui s'étaient violemment opposées depuis deux siècles.

À partir de 1981, la Ve République a survécu à "l'alternance", la gauche arrivant pour la première fois au pouvoir lors de l'élection de François Mitterrand. Autrefois très critique du régime, celui-ci s'est finalement montré aussi "royal" que ses prédécesseurs. Cette République a aussi, à deux reprises, survécu à la "cohabitation": face à une nouvelle majorité parlementaire de droite hostile à sa politique, François Mitterrand ne pouvait rien faire d'autre que nommer un premier ministre de droite (Jacques Chirac de 1986 à 1988, Edouard Balladur de 1993 à 1995), et le laisser gouverner, le président retrouvant un rôle "d'arbitre" plus conforme au texte initial de la Constitution.

6.1 Le retour de de Gaulle

CONFÉRENCE DE PRESSE TENUE AU PALAIS D'ORSAY LE 19 MAI 1958

Mesdames, Messieurs,

Il y aura tantôt trois années que j'ai eu le plaisir de vous voir. Lors de notre dernière rencontre, je vous avais fait part de mes prévisions et de mes inquiétudes, quant au cours des événements, et de ma résolution de garder le silence jusqu'au moment où, en le rompant, je pourrais servir le pays.

Depuis lors, en effet, les événements ont été de plus en plus lourds. Ce qui se passait en Afrique du Nord, depuis quatre ans, était une très dure épreuve. Ce qui se passe en ce moment en Algérie par rapport à la Métropole et dans la Métropole par rapport à l'Algérie peut conduire à une crise nationale extrêmement grave. Mais aussi, ce peut être le début d'une sorte de résurrection. Voilà pourquoi le moment m'a semblé venu où il pourrait m'être possible d'être utile encore une fois directement à la France.

Utile, pourquoi? Parce que, naguère, certaines choses ont été accomplies, que les Français le savent bien, que les peuples qui sont associés au nôtre ne l'ont pas oublié et que l'étranger s'en souvient. Devant les difficultés qui nous assaillent et les malheurs qui nous menacent, peut-être ce capital moral pourrait-il avoir son poids dans la politique, en un moment de dangereuse confusion.

Utile, aussi, parce que c'est un fait que le régime exclusif des partis n'a pas résolu, ne résout pas, ne résoudra pas, les énormes problèmes avec lesquels nous sommes confrontés [. . .]

Utile, enfin, parce que je suis un homme seul, que je ne me confonds avec aucun parti, avec aucune organisation, que depuis cinq ans je n'exerce aucune action politique, que depuis trois ans je n'ai fait aucune déclaration, que je suis un homme qui n'appartient à personne et qui appartient à tout le monde.

Utile, comment? Eh bien! si le peuple le veut, comme dans la précédente grande crise nationale **[1]**, à la tête du gouvernement de la République Française. [. . .]

Q. — Certains craignent que, si vous reveniez au pouvoir, vous attentiez aux libertés publiques.

R. — L'ai-je jamais fait ? Au contraire, je les ai rétablies quand elles avaient disparu. Croit-on, qu'à 67 ans, je vais commencer une carrière de dictateur?

Nous sommes affaiblis, aux prises dans un monde terrible avec d'extrêmes difficultés et de grandes menaces. Mais, dans le jeu de la France, il y a de bonnes cartes pour l'avenir: la natalité, l'économie qui a dépassé le cap de la routine **[2]**, la technique française qui va se développant, le pétrole qu'on a découvert au Sahara. Ces données de notre jeu peuvent permettre demain un vrai renouveau français, une grande prospérité française. Il s'agira que tous les Français en aient leur part et qu'y soient associés des peuples qui en ont besoin et qui demandent notre concours. Mais il est bien vrai que, pour le moment, la passe est mauvaise **[3]**. Si la tâche devait m'incomber de tirer de la crise l'État et la Nation, je l'aborderais sans outrecuidance **[4]**, car elle serait dure et redoutable. Comme j'aurais, alors, besoin des Françaises et des Français ! J'ai dit ce que j'avais à dire. À présent, je vais rentrer dans mon village et m'y tiendrai à la disposition du pays.

De Gaulle, Discours et messages, Librairie Plon

1 précédente grande crise nationale: (défaite de la France face à l'Allemagne nazie en 1940, après laquelle de Gaulle a quitté la France pour Londres et a organisé la Résistance)
2 a dépassé le cap de la routine: se développe de façon remarquable
3 la passe est mauvaise: la situation est difficile
4 sans outrecuidance: sans confiance excessive en moi-même

EXTRAITS DE LA CONSTITUTION DE LA Ve RÉPUBLIQUE

TITRE PREMIER
De la souvraineté
Article 2

La France est une République indivisible, laïque, démocratique et sociale. Elle assure l'égalité devant la loi de tous les citoyens sans distinction d'origine, de race ou de religion. Elle respecte toutes les croyances.

(Loi constitutionnelle n° 92-554 du 25 juin 1992, art. 1er) « La Langue de la République est le français »

L'emblème national est le drapeau tricolore, bleu, blanc, rouge.

L'hymne national est *La Marseillaise*.

La devise de la République est « Liberté, Egalité, Fraternité ».

Son principe est: gouvernement du peuple, par le peuple et pour le peuple.

Article 3

La souveraineté nationale appartient au peuple qui l'exerce par ses représentants et par la voie du référendum.

[. . .]

TITRE II
Le Président de la République
Article 5

Le Président de la République veille au respect de la Constitution. Il assure, par son arbitrage, le fonctionnement régulier des pouvoirs publics ainsi que la continuité de l'Etat.

Il est le garant de l'indépendance nationale, de l'intégrité du territoire, du respect des accords de Communauté et des traités.

Article 6 (1)

[. . .]

Le Président de la République est élu pour sept ans au suffrage universel direct.

Article 7 (1)

[. . .]

Le Président de la République est élu à la majorité absolue des suffrages exprimés. Si celle-ci n'est pas obtenue au premier tour de scrutin, il est procédé, le deuxième dimanche suivant, à un second tour. Seuls peuvent s'y présenter les deux candidats qui, le cas échéant après retrait de candidats plus favorisés, se trouvent avoir recueilli le plus grand nombre de suffrages au premier tour.

[. . .]

Article 8

Le Président de la République nomme le Premier ministre. Il met fin à ses fonctions sur la présentation par celui-ci de la démission du Gouvernement.

[. . .]

Article 9

Le Président de la République préside le Conseil des ministres.

[. . .]

Article 12

Le Président de la République peut, après consultation du Premier ministre et des présidents des assemblées, prononcer la dissolution de l'Assemblée nationale.

[. . .]

Il ne peut être procédé à une nouvelle dissolution dans l'année qui suit ces élections.

[. . .]

Article 15

Le Président de la République est le chef des armées. Il préside les conseils et comités supérieurs de la défense nationale.

Article 16

Lorsque les institutions de la République, l'indépendance de la Nation, l'intégrité de son territoire ou l'exécution de ses engagements internationaux sont menacées d'une manière grave et immédiate et que le fonctionnement régulier des pouvoirs publics constitutionnels est interrompu, le Président de la République prend les mesures exigées par ces circonstances, après consultation officielle du Premier ministre, des présidents des assemblées ainsi que du Conseil constitutionnel.

[. . .]

TITRE III
Le Gouvernement
Article 20

Le Gouvernement détermine et conduit la politique de la Nation.

Il dispose de l'administration et de la force armée.

Il est responsable devant le Parlement dans les conditions et suivant les procédures prévues aux articles 49 et 50.

Article 21

Le Premier ministre dirige l'action du Gouvernement. Il est responsable de la défense nationale. Il assure l'exécution des lois. [. . .]

TITRE IV
Le Parlement
Article 24

Le Parlement comprend l'Assemblée nationale et le Sénat.

Les députés à l'Assemblée nationale sont élus au suffrage direct.

Le Sénat est élu au suffrage indirect.

[. . .]

TITRE V
Des rapports entre le Parlement et le Gouvernement

[. . .]

Article 50

Lorsque l'Assemblée nationale adopte une motion de censure **[1]** ou lorsqu'elle désapprouve le programme ou une déclaration de politique générale du Gouvernement, le Premier ministre doit remettre au Président de la République la démission du Gouvernement.

[. . .]

TITRE VI
Des traités et accords internationaux
Article 52

Le Président de la République négocie et ratifie les traités.

[. . .]

La Constitution, République Française, Journal Officiel

1 motion de censure: (procédure par laquelle les députés expriment leur manque de confiance dans le gouvernement. Si elle est votée, la motion de censure entraîne la démission du gouvernement)

SUJET DE REFLEXION

Regardez de près la dernière question posée au général de Gaulle lors de sa conférence de presse du 19 mai 1958, sur le danger possible de voir s'installer un dictateur en France [document 6.1].

Après avoir lu la Constitution, identifiez l'article qui, selon vous, justifierait cette crainte.

Réfléchissez à ce qui se passerait dans votre pays en cas de crise politique très grave. ■

6.3 Présidents et Premiers ministres

Charles de Gaulle

Georges Pompidou

Valery Giscard d'Estaing

François Mitterrand

Jacques Chirac

Les élections présidentielles de la Ve république

- *Élections des 5 et 19 décembre 1965*: Le général de Gaulle, élu en 1958 au suffrage universel indirect, est réélu en 1965 au second tour avec 55,2 % des suffrages, contre 44,8 % à F. Mitterrand.
- *Élections des 1er et 15 juin 1969*:
  Après la démission du général de Gaulle à la suite du référendum du 27 avril 1969, G. Pompidou est élu au second tour de scrutin avec 58,2 % des suffrages contre 41,8 % à A. Poher.
- *Élections des 5 et 19 mai 1974*:
  Provoquées par le décès du président Pompidou. V. Giscard d'Estaing l'emporte au second tour contre F. Mitterrand avec 50,8 % des voix.
- *Élections des 26 avril et 10 mai 1981*:
  F. Mitterrand est élu au second tour contre V. Giscard d'Estaing avec 51,8 % des voix.
- *Élections des 24 avril et 8 mai 1988*:
  F. Mitterrand l'emporte au second tour avec 54 % des voix contre 46 % à J. Chirac.
- *Élections des 23 avril et 7 mai 1995*:
  J. Chirac est élu au second tour avec 52,7 % des voix contre 47,3 % à L. Jospin.

LES PREMIERS MINISTRES DE LA Ve RÉPUBLIQUE

- *Présidence du général de Gaulle:*
  Michel Debré: 8 janvier 1959 – 14 avril 1962
  Georges Pompidou: 14 avril 1962 – 10 juillet 1968
  Maurice Couve de Murville: 10 juillet 1968 – 20 juin 1969.
- *Présidence de Georges Pompidou:*
  Jacques Chaban-Delmas: 20 juin 1969 – 5 juillet 1972
  Pierre Messmer: 5 juillet 1972 – 27 mai 1974.
- *Présidence de Valéry Giscard d'Estaing:*
  Jacques Chirac: 27 mai 1974 – 25 août 1976
  Raymond Barre: 25 août 1976 – 13 mai 1981.
- *Présidence de François Mitterrand:*
  Pierre Mauroy: 21 mai 1981 – 17 juillet 1984
  Laurent Fabius: 27 juillet 1984 – 20 mars 1986
  Jacques Chirac: 20 mars 1986 – 10 mai 1988
  Michel Rocard: 10 mai 1988 – 15 mai 1991
  Edith Cresson: 15 mai 1991 – 2 avril 1992
  Pierre Bérégovoy: 2 avril 1992 – 29 mars 1993
  Edouard Balladur: 30 mars 1993 – 18 mai 1995
- *Présidence de Jacques Chirac:*
  Alain Juppé: 18 mai 1995 – 2 juin 1997
  Lionel Jospin: 2 juin 1997 –

SUJET DE REFLEXION

Réfléchissez, de préférence le crayon à la main, aux différences entre le système politique qui existe dans votre pays et en France. Par exemple:

- **Régime parlementaire ou présidentiel?**
- **Constitution écrite ou non écrite?**
- **Qui est le chef de l'État?**
- **Qui est le chef du gouvernement?** ■

6.4 La présidentialisation du régime

L'arbitrage

Aux termes de l'article 5 de la Constitution: « Le président veille au respect de la Constitution. Il assure, par son arbitrage **[1]**, le fonctionnement régulier des pouvoirs publics ainsi que la continuité de l'Etat. Il est le garant de l'indépendance nationale, de l'intégrité du territoire, du respect des traités ».

Du fait de la généralité de ses formules, cet article peut donner lieu à des interprétations différentes selon la volonté du président en exercice et la conjoncture politique. Si l'accent est mis sur la notion d'arbitrage **[2]**, le président de la République sera celui qui, placé au-dessus des luttes politiques et ne s'impliquant pas dans la gestion quotidienne des affaires, est avant tout le gardien de la Constitution et le garant des intérêts supérieurs de l'Etat. Au contraire, dans le cadre d'une interprétation présidentialiste **[3]** du régime, cet article sera utilisé pour justifier l'affirmation de la primauté présidentielle.

Depuis les débuts de la Ve République, tous les présidents sans exception se sont faits les défenseurs d'une conception présidentialiste des institutions et ont mis en oeuvre une pratique politique confirmant le rôle prédominant du chef de l'Etat. Cette présidentialisation du régime a été rendue possible grâce à la légitimité donnée au président par son élection au suffrage universel direct. L'élection directe par les citoyens fait du président le représentant du peuple, incarnant la souveraineté nationale au même titre que l'Assemblée nationale. [. . .]

Ce n'est qu'en période de cohabitation que la pratique politique se rapproche du parlementarisme classique: le gouvernement détermine et conduit réellement la politique de la nation, conformément à ce que prévoit l'article 20 de la Constitution, et le président, tout en préservant son « domaine réservé », retrouve pour l'essentiel un rôle d'arbitre.

Le Particulier, septembre 1994

1 par son arbitrage: en agissant comme un gardien impartial
2 si l'accent est mis sur la notion d'arbitrage: (si le président en fonction estime que son rôle d'arbitre impartial est le plus important)
3 dans le cadre d'une interprétation présidentialiste: (si le président estime que son rôle consiste à guider l'action politique selon ses idées et sa personnalité)

6.5 EXISTE-T-IL UN "DOMAINE RÉSERVÉ" DU PRÉSIDENT?

Bien que la Constitution de 1958 place la conduite des relations internationales au nombre des pouvoirs partagés et attribue au Premier ministre la responsabilité de la défense nationale, tous les présidents de la Ve République sans exception ont fait de ces deux matières leur « domaine réservé ». Il est vrai qu'en vertu de l'article 5 de la Constitution le chef de l'Etat est le garant de l'indépendance nationale, de l'intégrité du territoire et du respect des traités.

C'est donc lui qui définit les orientations de la politique étrangère, représente la France dans les rencontres internationales et européennes, discute avec les chefs d'Etat et de gouvernement étrangers, négocie les traités les plus importants pour la nation.

La définition des grandes options de défense et de la doctrine militaire relève aussi de sa compétence **[1]**, *en tant que chef des armées. C'est le président qui engage les forces conventionnelles* **[2]** *dans des opérations extérieures (Tchad, Liban, guerre du Golfe. . .). Si seul le Parlement peut déclarer la guerre, c'est le président qui décide de l'emploi de l'arme nucléaire.*

Même en période de cohabitation, le président conserve d'ailleurs un rôle actif en matière de politique étrangère et de politique de défense, mais il doit alors agir en concertation avec le Premier ministre [. . .].

Le Particulier, septembre 1994

1 relève [. . .] de sa compétence: est du domaine de sa responsabilité
2 les forces conventionnelles: (les forces armées à l'exclusion de la force nucléaire)

6.6 LE PRÉSIDENT EN MAJESTÉ

L'esprit de 1958

Certes, le président de la République apparaît comme « le juge supérieur de l'intérêt national » et « la clef de voûte **[1]** » du nouveau système. Certes, il sert de soutien au gouvernement. Mais sans avoir à gouverner à sa place. Sauf ses pouvoirs exceptionnels de l'article 16 quand la République ou la Nation sont en grave péril, le chef de l'Etat est surtout conçu comme l'arbitre des institutions. [. . .] Le président de 1958 apparaît comme le fidèle gardien des institutions. Garant du respect de la règle du jeu, il se garde de se mêler au jeu lui-même. Placé au-dessus de la vie politique quotidienne, il arbitre, mais ne gouverne pas.

[. . .] C'est au gouvernement, dirigé par le premier ministre – et à lui seul – qu'il appartient de conduire le pays. Comme le précise très nettement l'article 20 de la Constitution: « Le Gouvernement détermine et conduit la politique de la Nation. »

L'envahissement

Telle était la théorie. Telle ne sera pas la pratique. Très vite, le pouvoir présidentiel va descendre de son Olympe **[2]** et, progressivement, tout envahir. De débordement en débordement, il va remplir toute la sphère de l'exécutif. En dessaisissant le premier ministre et le gouvernement de **[3]** leurs tâches constitutionnelles et de leur autonomie.

Rien ne pourra contenir ou endiguer ce flux présidentiel, qui va submerger tous les secteurs de compétence.

[. . .]

[De Gaulle transforme le régime en "monarchie présidentielle"] Il en fait, bientôt, la théorie dans sa mémorable conférence de presse du 31 janvier 1964. C'est l'autoportrait d'un président en majesté. D'un président « évidemment seul à détenir et à déléguer l'autorité de l'Etat ». Que dit « l'homme de la Nation »?

« Il doit être évidemment entendu que l'autorité indivisible de l'Etat est confiée tout entière au Président par le peuple qui l'a élu, qu'il n'en existe aucune autre, ni ministérielle, ni civile, ni militaire, ni judiciaire, qui ne soit conférée et maintenue par lui. . . »

Ce langage royal évoque l'Ancien Régime. Il rappelle Louis XIV et ses *Mémoires*: « Toute puissance, toute autorité résident dans la main du roi et il ne peut y en avoir d'autre dans le royaume que celle qu'il y établit ».

Georges Pompidou, qui lui succède, se garde d'employer le même ton impérial. Mais il maintient très fermement le dogme de la primauté présidentielle. On le voit bien dès sa première conférence de presse, le 10 juillet 1969: « Le choix fait par le peuple français démontre son adhésion à la conception que le général de Gaulle a eue du rôle du président de la République: à la fois chef suprême de l'exécutif, gardien et garant de la Constitution. . ., à la fois arbitre et premier responsable national. »

C'est, de nouveau, l'image d'un *Janus bifrons* **[4]**. Arbitre et acteur. Juge et partie. Comme si cela était possible. Comme si le garant de la règle du jeu pouvait se mêler au jeu lui-même. Sans perdre sa neutralité. Et donc son crédit.

R. G. Schwartzenberg, La Droite absolue

1 la clef de voûte: l'élément le plus important
2 va descendre de son Olympe: va abandonner sa neutralité distante (l'Olympe est le domicile des dieux grecs)
3 en dessaisissant le premier ministre et le gouvernement de: en privant le premier ministre et le gouvernement de
4 *Janus bifrons*: (dieu romain à double visage)

1 que le Premier consul à tirer l'Empire du Consulat: (référence à Napoléon Bonaparte qui, devenu consul en 1799, se fit sacrer empereur en 1804)

6.7 Quelques citations de François Mitterrand

. . . sur de Gaulle

« Le général de Gaulle ne prit pas plus de temps pour transformer la Ve République en monarchie absolue que le Premier consul à tirer l'Empire du Consulat » **[1]** *« [. . .] La France aura appris du plus illustre de nos contemporains le mépris de la loi et l'oubli des principes démocratiques qui commandent l'équilibre d'une société démocratique »*

Le Coup d'Etat permanent, 1964

« Je ne crois pas qu'on puisse concilier, en France pas plus que dans n'importe quel autre pays latin, l'attribution à un homme de pouvoirs considérables et la garantie sérieuse des institutions et des libertés publiques. Je crois au risque fatal d'un glissement vers l'autoritarisme ».

Lettre à M. Duverger (1961), Le Monde

. . . sur V. Giscard d'Estaing

« Le président de la République peut tout; le président de la République fait tout; le président de la République se substitue au gouvernement; le président s'occupe de tout, même des jardins le long de la Seine ».

Assemblée nationale, 1979

« Il nous paraît dangereux que le chef de l'Etat concentre dans ses mains, comme c'est le cas aujourd'hui, la totalité des pouvoirs. Il nous paraît plus dangereux encore qu'un tel état de choses puisse durer plus longtemps. » « Nous ne sommes déjà plus tout à fait en République. »

Les 110 propositions de F. Mitterrand, candidat à l'élection présidentielle 1981

6.8 MITTERRAND PRÉSIDENT

Quant à François Mitterrand, il se fit monarque lui aussi, et tout autant que ses prédécesseurs. Son caractère d'ailleurs l'y prédisposait grandement.

[. . .] Le Président préside, vigoureusement, et utilise sans hésiter les mille ressources de ses privilèges institutionnels. Il incarne la Nation et l'Etat, prend d'ailleurs grand plaisir et grand intérêt à les représenter à l'étranger. Ce pourfendeur du protocole **[1]** de ses devanciers adore les voyages officiels et il les multiplie. Il prend en charge directement, selon toutes les traditions de la Ve République, les Affaires étrangères et la coopération, la défense nationale et les affaires culturelles. Ces questions-là dépendent du chef de l'Etat et non du chef du gouvernement. Sommets des grands pays industriels, sommets européens restent son apanage **[2]**. La politique extérieure est sienne. Le Général de Gaulle doit sourire dans sa tombe en se remémorant les philippiques **[3]** enflammées d'un fort brillant député de la Nièvre **[4]** contre la personnalisation du pouvoir.

[. . .] Cette République apparaît donc aussi mitterrandienne qu'elle put être gaullienne, pompidolienne ou giscardienne. Le Président choisit et opte, le Premier ministre réalise et applique.

[. . .] Dans son pays, le Président américain ne possède pas la moitié de cette influence-là. En France, la main du Roi s'impose presque partout.

A. Duhamel, Le complexe d'Astérix

1 ce pourfendeur du protocole: cet ardent critique du protocole
2 apanage: domaine exclusif
3 philippiques: discours hostiles
4 député de la Nièvre: (Mitterrand devint député de la Nièvre en 1946)

6.9 LA COHABITATION

Lorsque les élections législatives amènent à l'Assemblée nationale une majorité opposée aux options politiques du président de la République et que celui-ci décide malgré tout de rester au pouvoir – comme la Constitution l'y autorise –, s'ouvre alors une période de « cohabitation ». Le président [est] dans l'obligation de travailler avec un gouvernement issu d'une majorité qui lui est hostile.

La première période de cohabitation a eu lieu de 1986 à 1988. Une nouvelle période de cohabitation s'est ouverte à la suite des élections législatives de mars 1993.

Pour que les institutions puissent fonctionner pendant la cohabitation, il est nécessaire que le président de la République accepte de renoncer à une partie de ses prérogatives. Il n'a pas d'autre possibilité que de choisir le Premier ministre dans la majorité parlementaire (J. Chirac en 1986, E. Balladur en 1993) et il ne peut plus intervenir dans la formation du gouvernement. Il est, en outre, privé de la plupart de ses possibilités d'initiative habituelles et doit s'en tenir essentiellement à un rôle d'arbitre.

Dans la pratique, le président conserve son pouvoir de parole – il peut critiquer plus ou moins ouvertement l'action du gouvernement – et surtout il ne renonce pas à intervenir en matière de politique étrangère et de défense. D'où la nécessité de la recherche du consensus dans ces domaines, comme cela a été le cas pour le dossier du GATT **[1]**.

Le Particulier, septembre 1994

1 le dossier du GATT: les négociations commerciales du GATT (General Agreements on Tariffs and Trade)

6.10 Le protocole de la cohabitation

La cohabitation de 1986–8: le Président et le Premier ministre

Les partis politiques

6.11 Quelques citations sur la cohabitation

1986 Le protocole

Juste avant le déjeuner, **Jacques Chirac** téléphone à François Mitterrand: *J'insiste vraiment pour assister à la première séance du Sommet de Tokyo. C'est là où se passera la discussion politique.*

François Mitterrand: *Non, encore une fois non. Il n'y a qu'un représentant par pays, celui qui est en charge de la politique étrangère. Et c'est moi.*

J. Attali, Verbatim II

En s'exaspérant des balades digestives du président, Jacques Chirac, alors Premier ministre:

« Pendant qu'on se démène, lui, il se balade ! » (*Mitterrand de A à Z*, Aymar du Chatenet et Bertrand Coq.)

Peruca, Monsieur Chirac changez rien – changez tout

Lundi 10 août 1987
François Mitterrand: *Chirac pense comme il monte les escaliers; il parle comme il serre les mains; il devrait prendre le temps de s'asseoir.*

J. Attali, Verbatim II

La gauche et la droite

La distinction gauche/droite est l'une des plus anciennes du vocabulaire politique français: c'est en effet en 1789 que les députés de l'Assemblée constituante prirent l'habitude de se regrouper à la droite ou à la gauche du président de séance selon leur affinité politique. Cette distinction spatiale se perpétue dans l'hémicycle (demi-cercle) de l'Assemblée nationale, ainsi que dans la culture politique des Français: ainsi, les Assemblées issues des élections législatives de 1988 et de 1993 sont représentées dans *Le Monde* de la façon suivante:

6.12

L'Assemblée nationale élue en juin 1988

L'Assemblée nationale élue en mars 1993

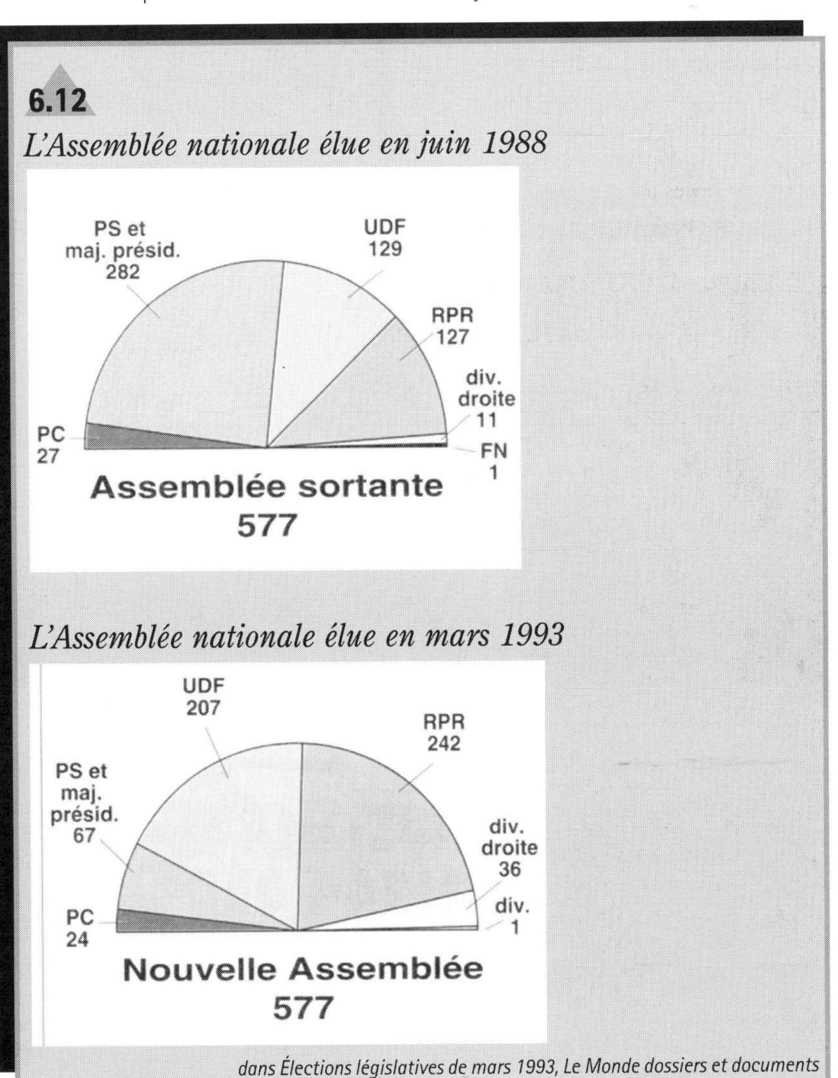

dans Élections législatives de mars 1993, Le Monde dossiers et documents

La grande majorité des Français continuent aujourd'hui de se situer eux-mêmes sur l'axe gauche/droite et d'associer à leur choix des valeurs spécifiques; il y a ainsi des "mots" de gauche et des "mots" de droite:

6.13 *Sondage Sofres, août 1992*

Mots de GAUCHE pour les électeurs de gauche		Mots de DROITE pour les électeurs de droite	
- protection sociale	80 %	- sécurité	69 %
- tolérance	70 %	- entreprise	67 %
- droits de l'homme	68 %	- ordre	64 %
- liberté	66 %	- propriété	63 %
- égalité	64 %	- progrès	60 %
- Europe	54 %	- patrie	59 %
- participation	53 %	- religion	58 %
- changement	52 %	- rigueur	58 %
- culture	50 %	- nation	56 %
		- libéralisme	54 %
		- compétition	54 %
		- liberté	51 %
		- effort	50 %

dans J. Charlot, La Politique en France

Depuis les années 80, cependant, on a assisté à de fréquents changements de majorité (81–86 et 88–93 pour la gauche, 86–88 et depuis 93 pour la droite), et un nombre croissant de Français a du mal à percevoir des différences significatives entre les politiques suivies par ces majorités:

6.14 *Sondage Sofres 1993*

Selon vous, y a-t-il actuellement de grandes différences ou peu de différences entre la droite et la gauche en ce qui concerne:

	Grandes différences	*Peu de différences*	*Indice de différence*
L'immigration	61 %	32 %	+ 29
La défense nationale	35 %	47 %	- 12
La politique étrangère	32 %	47 %	- 15
La politique économique	35 %	52 %	- 17
La lutte contre la délinquance	36 %	55 %	- 19
La construction de l'Europe	30 %	55 %	- 25
Les problèmes des banlieues	30 %	55 %	- 25
L'école	30 %	57 %	- 27
La protection sociale	25 %	65 %	- 40
La lutte contre le chômage	15 %	77 %	- 62

Etat de l'opinion 1993

Prisonnière d'un environnement économique international contraignant, l'action des gouvernements successifs tend de plus en plus à décevoir les électeurs de chaque camp. Ce désenchantement amène une bonne partie de l'électorat français à se détourner des "partis de gouvernement" traditionnels, soit pour s'abstenir, soit pour donner ses suffrages à divers petits partis contestataires dits "hors système" (extrême gauche, extrême droite, écologistes), qui rassemblaient 37% des voix au premier tour des élections présidentielles de 1995:

Résultat du premier tour des élections présidentielles de 1995

Jospin*	(Parti socialiste)	24%
Chirac*	(RPR: gaulliste)	20%
Balladur*	(RPR: gaulliste)	19%
Le Pen	(Front National)	15%
Hue	(Parti communiste)	9%
de Villiers	(Mouvement pour les valeurs)	5%
Laguiller	(Lutte ouvrière: parti trotskyste)	5%
Voynet	(Verts: écologiste)	3%

*Les candidats des "partis de gouvernement"

Les partis de gouvernement

Le Parti socialiste

1905 Naissance de la SFIO (Section française de l'internationale ouvrière).
1920 Congrès de Tours: la SFIO se divise, la majorité la quittant pour fonder le Parti communiste.
1936 Gouvernement de Front populaire sous le socialiste Léon Blum.
1969 Échec du candidat SFIO aux élections présidentielles: 5% des voix. Dissolution de la SFIO, naissance du Parti socialiste.
1971 Congrès d'Épinay: Mitterrand entre au Parti socialiste, en devient le chef, et fait adopter une stratégie d'union avec les communistes.
1972 Signature du Programme Commun de la Gauche avec le Parti communiste.
1977 "L'Union de la Gauche" profitant exclusivement au Parti socialiste aux élections, le Parti communiste met fin à l'alliance avec le Parti socialiste.
1981 Mitterrand élu président.
1988 Mitterrand réélu.

Traditionnellement, le Parti socialiste était caractérisé par:

- une culture "révolutionnaire", profondément influencée par le marxisme: un an avant de parvenir au pouvoir en 1981, son programme se donnait comme objectif "la rupture avec le capitalisme";
- son éloignement du pouvoir: participant épisodiquement à des coalitions qu'il ne contrôlait pas sous la IVe République, constamment dans l'opposition sous la Ve, le Parti socialiste a attendu 1981 pour faire face à l'épreuve du pouvoir;
- son infériorité électorale, de 1945 aux années soixante-dix, par rapport au Parti communiste.

Depuis 1971, il a été "le parti de François Mitterrand", qui l'a conduit dans un premier temps à devenir le parti dominant à gauche, puis à conquérir le pouvoir. L'exercice du pouvoir a amené les socialistes à passer brutalement d'une culture d'opposition à une culture de gouvernement, et à réviser fondamentalement leur politique, à la lumière des échecs économiques des années 1981–3. Les socialistes d'aujourd'hui sont bien loin de l'époque où ils se proposaient de "changer la vie" et d'abattre "le grand capital" [voir document 6.15].

Si le Parti socialiste demeure le grand parti à gauche, comme en témoigne le score très honorable de son candidat Lionel Jospin (47,4% des voix) face à Jacques Chirac à l'élection présidentielle de 1995, il souffre d'un certain nombre de faiblesses:

- le problème de la succession de François Mitterrand, avec une propension aux divisions et aux querelles internes.
- il demeure coupé du monde ouvrier et du monde de l'entreprise: sans liens avec les syndicats ouvriers, le Parti socialiste a peu d'adhérents (150 000 selon certaines sources), et ceux-ci sont en majorité issus des classes moyennes et du secteur public.
- un problème d'identité: usé par une pratique du pouvoir que beaucoup de ses partisans ont jugée "de droite", le Parti socialiste doit aujourd'hui redéfinir son socialisme.

6.15

CHANGER LA VIE

PROGRAMME DE GOUVERNEMENT DU PARTI SOCIALISTE

ET PROGRAMME COMMUN DE LA GAUCHE

PRESENTATION DE F. MITTERRAND

Le but des socialistes est que cesse l'exploitation de l'homme par l'homme. Pour eux, le socialisme est une libération. Ils savent qu'avant eux, dans le cours de l'Histoire, il y eut d'autres justes causes. Mais ils considèrent qu'à notre époque, il est vain de vouloir libérer l'homme si l'on ne brise pas d'abord les structures économiques qui ont fait du grand capital le maître absolu de notre société.

La révolution de 1789 a fondé la démocratie politique en France. Le socialisme de 1973 jettera les bases de la démocratie économique.

La démocratie économique existera quand les richesses appartiendront à ceux qui les créent, quand les hommes partout où ils se trouvent seront maîtres des décisions qui les concernent, quand la satisfaction des besoins de tous primera le profit de quelques-uns.

Là où est la propriété, là est le pouvoir. Lorsque la propriété devient si importante, si dominatrice que ceux qui la possèdent détiennent par là même un énorme pouvoir, il y a danger.

Programme de gouvernement du Parti socialiste 1971

La "droite classique": le RPR et l'UDF

La droite se caractérise par la diversité des organisations qui la composent. À côté du RPR (Rassemblement pour la République), créé en 1976 par Jacques Chirac et se réclamant de l'héritage gaulliste, l'UDF (Union pour la démocratie française), créée la même année par Valéry Giscard d'Estaing, est elle-même une confédération de plusieurs partis, soucieux de préserver chacun leur identité, et dont les principaux sont le Parti républicain (PR) et le Centre des démocrates sociaux (CDS) aujourd'hui rebaptisé Force Démocrate.

Cette diversité, ainsi que les querelles de personnalités qui l'accompagnent, n'ont pas empêché ces partis de maintenir la solide coalition qui les unit depuis les années soixante.

De Gaulle et Giscard d'Estaing sont les héritiers de deux familles de droite, déjà présentes au XIXème siècle selon l'historien René Rémond, le bonapartisme et l'orléanisme. On peut noter, entre autres, deux différences qui ont séparé ces deux familles dans les années soixante et soixante-dix:

- Le gaullisme met l'accent sur la nation et l'indépendance nationale, se méfie de l'hégémonie américaine; le giscardisme est plus européen et atlantiste.
- Le gaullisme met l'accent sur l'autorité de l'État, en particulier sur son rôle moteur dans l'économie (ainsi, la planification devient une "ardente obligation" sous de Gaulle); le giscardisme se veut économiquement plus libéral, et plus décentralisateur.

Ces deux différences tendent cependant à s'effacer depuis les années quatre-vingt, le gaullisme de Chirac étant devenu moins nationaliste et étatiste. Il n'est pas facile aujourd'hui de percevoir ce qui sépare politiquement le RPR de l'UDF. Mieux organisé et plus dynamique, le RPR demeure le partenaire principal de la coalition.

6.16

LA FRANCE POUR TOUS AVEC JACQUES CHIRAC

Mes chers Amis,

La France est aujourd'hui dans une situation paradoxale. Quatrième puissance économique du monde, elle dispose de l'un des niveaux de vie les plus élevés de la planète. Ses atouts sont multiples: sa démographie qui, malgré ses faiblesses actuelles, en fait encore le pays le plus fécond d'Europe. Ses savants, qui la placent dans le peloton de tête de la recherche scientifique. Ses principaux groupes industriels et de service, parmi les plus performants au monde. Ses petites et moyennes entreprises dynamiques et innovatrices, colonne vertébrale de son économie. La richesse de son potentiel agricole. La richesse de son potentiel maritime. Son rayonnement international auquel contribuent nos départements et territoires d'Outre-Mer, l'espace francophone et les Français de l'étranger. Par la force et l'universalité de sa culture, elle reste un pôle irremplaçable de créativité.

Et pourtant, les Français sont déroutés, inquiets, angoissés. C'est que la France est un pays où se développent les inégalités. Inégalité devant l'emploi pour des millions de nos compatriotes privés de statut social et, pour nombre d'entre eux, de dignité personnelle. Inégalité devant le logement, l'accès à la santé, le service public, la sécurité, la formation. Inégalité devant la vie.

La France fut longtemps considérée comme un modèle de mobilité sociale. Certes, tout n'y était pas parfait. Mais elle connaissait un mouvement continu qui allait dans le bon sens. Or, la sécurité économique et la certitude du lendemain sont désormais des privilèges. La jeunesse française exprime son désarroi. Une fracture sociale se creuse dont l'ensemble de la Nation supporte la charge.

La machine France ne fonctionne plus. Elle ne fonctionne plus pour tous les Français.

La machine France ne fonctionne plus.

Au terme de la longue période de réflexion que je me suis imposée, après être allé, jour après jour, à la rencontre des Français, je suis arrivé à la conviction que cette situation a une cause principale.

De même que les succès de la France tenaient aux valeurs qui avaient rassemblé les Français, la crise sociale, culturelle, morale qu'elle traverse tient à ce que ces valeurs ont été oubliées ou négligées.

Du plus lointain de notre histoire, quelques valeurs essentielles se sont imposées. Ces valeurs se sont incarnées dans la République: la solidarité nationale, l'intégration, la laïcité, la tolérance, la juste récompense du mérite, l'égalité des droits et des chances, la primauté de l'intérêt général. Là se trouve le socle de la citoyenneté, avec ses droits et ses devoirs. La citoyenneté qui s'impose au-delà des particularismes et au-dessus des privilèges.

Ces valeurs fondent la cohésion de notre pays et garantissent l'unité de la Nation. Elles lui ont valu son destin exceptionnel. Ces valeurs ne sont ni de droite, ni de gauche. Elle sont le fondement de la République. Au-delà de la forme institutionnelle, la République, c'est un modèle social, c'est une référence morale.

Ce modèle, cette référence sont aujourd'hui compromis.

Nous avons perdu nos repères.

Et la France va mal.

Sans doute avons-nous oublié que la République, même si nul n'ose la contester vraiment, ne va pas de soi **[1]**. C'est une construction fragile.

Et la République est affaiblie, oubliée quand triomphe le chacun pour soi, quand on bascule de la saine émulation à la loi du plus fort **[2]**, quand l'intérêt général s'efface devant les intérêts particuliers.
[. . .]

Car, finalement, nous en sommes arrivés à penser que nous n'avions prise sur rien **[3]**. Que le pouvoir d'un gouvernement se résumait à gérer, prudemment, les contraintes imposées par la mondialisation des économies. Que nos marges de manœuvre étaient nulles, dans un environnement où les marchés dictaient leur loi.

Oh, je mesure, autant que quiconque, les exigences de la concurrence extérieure et des marchés financiers. Je sais, bien sûr, que la France ne peut se couper du marché international et des débouchés qu'il offre à nos entreprises. Je connais les disciplines que nous imposent les interdépendances, l'ouverture des frontières, la mobilité des capitaux. Mais je crains que nous ayons tendance à exagérer nos propres contraintes, et à reporter sur d'autres le poids de nos propres inerties.

Alors je suis venu dire aux Français qu'**il est temps de renoncer au renoncement.** Rien d'inéluctable ne justifie le pessimisme ambiant.

Je suis venu dire, redire, que la politique n'est pas seulement l'art du possible. Et qu'il est des moments où elle devient l'art de rendre possible ce qui est nécessaire.

La politique n'est pas l'art du possible mais l'art de rendre possible ce qui est nécessaire.

Campagne présidentielle 1995

1 la République [. . .] ne va pas de soi: (les valeurs républicaines ne se maintiennent pas automatiquement)
2 on bascule de la saine émulation à la loi du plus fort: les rapports sociaux dégénèrent et ce qui était saine compétition devient domination par les plus forts
3 nous n'avions prise sur rien: nos actions n'avaient plus aucune influence

SUJET DE REFLEXION

Vous savez que Jacques Chirac est un président issu d'un parti de droite. Est-ce que ce fait vous semble apparaître clairement lorsque vous lisez sa profession de foi [voir document 6.16]? Pourquoi?

Quels étaient, selon vous, les objectifs de sa campagne électorale? ■

Les partis d'opposition contestataire

Le Parti communiste français

Depuis sa naissance en 1920 jusqu'à l'effondrement de l'empire soviétique, le Parti communiste français a été l'un des plus fidèles soutiens de l'Union Soviétique. Souvent accusé d'être "le parti de l'étranger", il a connu de longues périodes d'isolement dans la vie politique française, entrecoupées de brèves périodes d'ouverture.

Par leur participation très active à la résistance contre l'occupant de 1941 à 1944, les communistes sortent grandis de la guerre, ce qui vaut à leur parti d'être le plus grand parti de France à la Libération: fort de ses 800 000 membres et du soutien d'un quart des électeurs, il participe alors au gouvernement du pays (1945–7).

Hostile au retour de de Gaulle et à la Ve République, le Parti communiste français perd un grand nombre d'électeurs en 1958. Ni sa brève alliance avec les socialistes (1972–7), ni la participation de quatre ministres communistes au premier gouvernement de la présidence de Mitterrand (1981–4) ne lui permettent de retrouver sa splendeur passée. Son déclin se précipite dans les années quatre-vingts: la crise a décimé les industries lourdes ainsi que les bataillons ouvriers sur lesquels le parti s'appuyait essentiellement; bien plus, à l'élection présidentielle de 1995, il ne rassemble plus que 15% des voix ouvrières, alors que le Front national en recueille 30%.

Georges Marchais, qui a dirigé le parti pendant vingt-cinq ans, s'est retiré en 1994, remplacé par Robert Hue. Celui-ci, qui s'efforce de donner du communisme français un visage plus souriant et ouvert à la discussion, semble en mesure de stabiliser son parti autour de 10% des voix. En cette fin de XXème siècle, il est cependant devenu difficile d'incarner la tradition anticapitaliste du mouvement communiste français.

6.17 *Robert Hue: Le travail*

Prenons la question de l'emploi, du travail. Avec des millions de gens, les communistes veulent un travail pour tous. C'est d'un vrai emploi qu'il s'agit. Pas d'un « petit boulot » **[1]** précaire. Un travail de notre temps pour les hommes et les femmes de notre temps. Un travail qui s'enrichisse de leur formation, de leur qualification. Et aussi – peut-être même d'abord – de leur besoin d'être respectés, écoutés. Dans ce cadre, les nouvelles technologies, pour devenir des progrès, doivent servir non pas à supprimer des emplois, mais à rendre le travail moins pénible, moins long, plus intéressant.

Une telle conception suppose à l'évidence qu'on cesse de traiter la « force de travail » humaine en simple « marchandise ». Mais cette « évidence », ce n'est pas rien!. . . C'est de l'essence même du capitalisme qu'il s'agit!

Marx affirmait qu'avec le communisme le travail allait être « aboli ». Est-ce à dire qu'il rêvait à l'oisiveté comme but suprême de la civilisation? Sûrement pas. À vrai dire, ce n'était pas son genre **[2]**. . .

En fait, c'est le « travail » tel qu'il est et s'impose à ceux qui n'ont que lui pour vivre qu'il s'agit d'« abolir ». Au lieu de dire: « je vais au travail », les vieux ouvriers disaient souvent: « je vais au chagrin » . . . L'expression dit bien ce qu'elle veut dire! Le travail doit évidemment être radicalement autre chose que ce « chagrin » qui use la vie.

Il doit au contraire concourir à lui donner tout son sens. En permettant notamment aux êtres humains de s'approprier les progrès technologiques, d'être les partenaires de la « modernité », et non ses rivaux ou ses victimes, et d'en maîtriser le développement.

C'est dans cette direction que vont les propositions des communistes. [. . .] Une politique créant des emplois non pas avec comme but premier la « valorisation » des capitaux, mais la réponse aux besoins des êtres humains. J'entends par là les besoins matériels, moraux et culturels de la personne humaine.

Évoquer le travail, c'est évoquer aussi – ne serait-ce qu'à propos de sa durée – le temps, la vie « hors travail ». Le temps libre. J'ai proposé, au cours de la campagne électorale, la semaine de trente-cinq heures de travail sans diminution de salaire. Ce serait évidemment un progrès social. Ce serait aussi un stimulant économique, permettant de créer des centaines de milliers d'emplois. Mais, bien au-delà, ce serait reconnaître enfin la légitimité du temps que doivent avoir les êtres humains pour se cultiver, se former afin que leur travail soit plus intéressant, plus motivant, mais aussi se consacrer à leur famille, se distraire, s'épanouir. Ce serait aussi dégager du temps pour la démocratie: pour s'informer, débattre, participer, décider, s'investir dans la vie associative **[3]**, syndicale, dans la vie politique. Du temps pour être citoyen, ce qui est pour le moins aussi important que du temps pour « produire ».

R. Hue, Communisme, la mutation

SUJET DE REFLEXION

Trouvez-vous la position du leader communiste [voir document 6.17] plutôt révolutionnaire ou plutôt modérée? Donnez vos raisons.

Y a-t-il un parti communiste dans votre pays? Si oui, soutient-il une approche semblable à celle de Robert Hue sur la question du travail? Faites une liste contenant quelques éléments qui justifient votre réponse. ■

1 petit boulot: (emploi de courte durée, sous-qualifié et sous-payé, que l'on fait en attendant mieux)

2 ce n'était pas son genre: ce n'était pas sa façon de penser

3 la vie associative: (l'adhésion à des groupes culturels, politiques, économiques, sociaux)

Le mouvement écologiste

Composé initialement de multiples associations de défense du cadre de vie, le mouvement écologiste a commencé à se politiser dans les années soixante-dix, présentant des candidats aux élections. Il faut cependant attendre 1984 pour voir se créer un parti national structuré, les Verts. À la fin des années quatre-vingts, le mouvement semble sur le point de percer aux élections: 10,6% aux élections européennes (1989), près de 15% aux élections régionales de 1992. Ces succès sont cependant demeurés sans lendemain, la candidature de Dominique Voynet à l'élection présidentielle de 1995 n'ayant recueilli que 3% des suffrages.

À côté des Verts, un nouveau parti, "Génération Écologie", est apparu, et les écologistes souffrent de leurs divisions, qui portent essentiellement sur la question de savoir s'ils doivent s'allier avec des mouvements de gauche ou maintenir une totale indépendance. Bien que l'écologie soit de plus en plus présente dans le débat public, l'influence du mouvement écologiste ne s'étend guère au-delà d'un électorat jeune et à haut niveau d'éducation.

6.18

Oser Dominique Voynet ça change tout!

Mes 5 engagements:

1. Pour préserver notre environnement:
- Favorisons les économies d'énergie et les énergies nouvelles pour permettre la sortie progressive du nucléaire.
- Développons les transports en commun et privilégions le rail pour les marchandises.
- Protégeons nos fleuves, nos forêts, nos espaces naturels remarquables.
- Faisons adopter une loi sur la qualité de l'air.

2. Pour lutter contre le chômage et l'exclusion:
- Passons tout de suite aux 35 heures et préparons les 30 heures.
- Créons des emplois d'utilité écologique et sociale.
- Redistribuons les richesses.

3. Pour réinventer la citoyenneté et la démocratie:
- Instaurons la parité femme-homme, la proportionnelle, le référendum d'initiative citoyenne, le droit de vote des résidents étrangers aux élections locales, adoptons le Contrat d'union civile.
- Renforçons et démocratisons les régions.

4. Pour la paix et la solidarité entre les peuples:
- Réduisons les budgets militaires et les ventes d'armes, arrêtons les essais nucléaires, annulons la dette des pays pauvres, impulsons des relations internationales équitables.

5. Pour lutter efficacement contre le Sida:
- Engageons un plan d'urgence: recherche, prévention, soins.
- Mettons en œuvre une véritable politique d'accompagnement social et humain.
- Médicalisons les drogues dures pour protéger les toxicomanes et casser les trafics mafieux.

Aujourd'hui, vous pouvez choisir!
Voulez-vous la résignation ou l'audace?
L'égoïsme ou la fraternité?
Avec moi, choisissez l'écologie et la solidarité.

Dominique VOYNET

Les Verts

"Vu, la candidate."

Les Écologistes

Le Front national

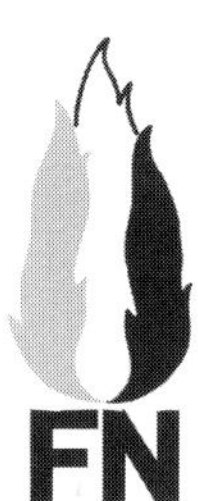

1972	Fondation du Front national.
1974	Élections présidentielles: 0,76% (Le Pen).
1981	Élections présidentielles: pas de candidat.
1983	Élections municipales de Dreux. 1er tour: le Front national obtient 16,7% des voix. 2ème tour: le RPR/UDF accepte de s'allier avec le Front national et gagne la mairie de Dreux.
1984	Élection européenne: 11%.
1986	Élections législatives: 9,8%, 35 députés.
1988	Élections présidentielles: 14,4% (Le Pen).
1993	Élections législatives: 12,6%.
1995	Élections présidentielles: 15% (Le Pen).
1995	Élections municipales: le Front national gagne les mairies de Toulon, Marignane et Orange dans le Sud de la France.

Le Front national est l'héritier d'une extrême droite nationaliste et antisémite, née à la fin du siècle dernier, et qui s'est manifestée, de façon épisodique, à des moments de crise: affaire Dreyfus, années trente, régime de Vichy. Au lendemain de la Deuxième Guerre mondiale, les idées d'extrême droite semblent à jamais discréditées et resteront marginalisées jusqu'aux années quatre-vingts.

D'abord limitée à des élections locales ou de faible importance (élections européennes), la résurgence de l'extrême droite semble au début n'être qu'une manifestation temporaire de mécontentement. Plus de dix ans plus tard, il faut se rendre à l'évidence: le Front national s'est implanté durablement dans le paysage politique français, avec ses 50 000 militants, très actifs sur le terrain, ses centaines d'élus locaux, un électorat de plus en plus fidèle, plus attiré par le programme du parti que par la personnalité de son chef, Jean-Marie Le Pen.

Le succès du Front national est avant tout le symptôme d'une crise sociale, celle qui a atteint les zones industrielles et urbaines du Nord, de l'Est et du Sud méditerranéen, là où vit également la majorité des immigrés. Venus de droite comme de gauche, appartenant à des classes sociales diverses, pauvres et moins pauvres, les électeurs du Front national partagent la même hantise d'une France menacée d'invasion, le même rejet de l'immigré, surtout maghrébin, qui est tenu responsable de tous les problèmes: emploi, insécurité, délinquance, déficit de la Sécurité sociale, etc.

Certes, le Front national est aussi le parti le plus rejeté: les deux tiers des Français le considèrent comme un danger pour la démocratie et déclarent qu'ils ne voteraient en aucun cas pour lui. Cependant l'influence de ce parti et de ses modes de pensée semble s'étendre bien au-delà de son électorat réel ou potentiel.

SUJET DE REFLEXION

On reconnaît dans les engagements de Dominique Voynet [document 6.18] le discours des écologistes tel qu'il existe aussi dans d'autres pays. Énumérez au brouillon quelques éléments qui justifient cette opinion.

Pensez-vous qu'il existe un discours de gauche? De droite? Choisissez une (ou plusieurs) des déclarations politiques de ce chapitre, et identifiez des exemples qui justifient votre opinion. ■

6.19 APPEL AUX FRANÇAIS

Candidat à la Présidence de la République, je suis citoyen français comme vous. Orphelin de guerre, boursier de l'Etat, dirigeant étudiant, officier combattant, créateur et dirigeant de PME, père de famille, député français et européen, je connais, pour les avoir vécus et pour les vivre, vos problèmes, vos soucis, vos angoisses, vos espoirs.

Parce que je dis la vérité, j'ai été insulté et diabolisé [1].

Par qui? Par ceux qui, aujourd'hui, peuplent les cabinets des juges d'instruction **[2]** et les boxes des tribunaux correctionnels; les Noir, Tapie, Carignon, Longuet, Fabius, Emmanuelli **[3]**, etc.

Mon crime, à leurs yeux: mon patriotisme, mon amour de la France et des Français d'abord, qu'ils baptisent xénophobie ou racisme.

Votre choix va être capital pour la France, pour vous-mêmes, pour vos enfants. Maintenant, c'est à vous de décider.

Si vous trouvez que les problèmes français qui continuent de s'aggraver depuis 20 ans vont recevoir une solution grâce aux belles promesses de la campagne électorale, vous avez un large choix, puisque les responsables de cette situation se présentent aux élections: Balladur, Chirac, deVilliers, Jospin, tous énarques **[4]**, tous ministres de cette période.

Mais si vous souffrez de la décadence de la France, de la ruine de pans entiers de son économie industrielle, agricole, commerciale, artisanale; si vous avez déjà perdu ou si vous avez peur de perdre votre emploi ou que vos enfants n'en trouvent pas un; si vous êtes les victimes de l'immigration massive, de l'insécurité, du fiscalisme écrasant, de l'appauvrissement, si vous avez peur pour votre retraite et êtes lassés d'être de plus en plus considérés comme des étrangers dans votre propre pays, alors, je vous le dis carrément, vous n'avez pas d'autre choix que celui de voter pour moi.

Parce que je suis, comme l'immense majorité d'entre vous, issu du peuple, d'un père patron pêcheur et d'une mère paysanne, que je suis le seul candidat à avoir connu les rudesses du travail manuel, la gêne **[5]** et même la pauvreté, que j'ai créé et dirigé pendant 25 ans une petite entreprise tout en continuant le combat politique pour le redressement de la France.

Certains disent vouloir la France pour tous.
Moi, je veux la France pour tous les Français. Entendez bien la différence !

Jeanmarie Le Pen

Jean-Marie LE PEN
Candidat à la Présidence de la République

Le Front national

1 diabolisé: traité comme si j'étais le Diable
2 juges d'instruction: magistrats (chargés de préparer un procès)
3 les Noir, Tapie, Carignon, Longuet, Fabius, Emmanuelli: (personnalités politiques de droite et de gauche impliquées dans divers scandales)
4 énarques: anciens élèves de l'ENA (École nationale d'administration, qui forme les hauts fonctionnaires de l'État)
5 la gêne: les difficultés d'argent

Politique économique

D'un point de vue économique, la France est considérée comme un pays riche. Cette richesse ne repose pas sur des ressources naturelles abondantes mais sur l'efficacité du système économique et social qui fait de la France un pays compétitif et riche en savoir-faire. En 1994, elle occupait une place tout à fait respectable dans l'économie mondiale:

- Quatrième puissance commerciale du monde.
- Deuxième pays après les États-Unis pour l'exportation des services.
- Première destination touristique des étrangers devant les États-Unis.

Elle est membre du G7, groupe des sept pays les plus riches du monde qui représentent à eux seuls 60% de la richesse mondiale. Son PIB (Produit Intérieur Brut) par habitant la plaçait au septième rang mondial en 1991:

6.20 La richesse « relative » des nations

(PIB par tête en dollars constants)

		1960		1991
1	Etats-Unis	9 983	Etats-Unis	22 130
2	Suisse	9 313	Suisse	21 780
3	Canada	7 758	Luxembourg	20 800
4	Nouvelle-Zélande	7 222	Allemagne	19 770
5	Australie	7 204	Japon	19 390
6	Luxembourg	6 970	Canada	19 320
7	Suède	6 483	France	18 430
8	Royaume-Uni	6 370	Danemark	17 880
9	Allemagne	6 038	Autriche	17 690
10	Danemark	5 900	Belgique	17 510
11	Pays-Bas	5 587	Suède	17 490
12	Norvège	5 443	Islande	17 480
13	Islande	5 352	Norvège	17 170
14	France	5 344	Italie	17 040
15	Belgique	5 207	Pays-Bas	16 820
16	Finlande	4 718	Australie	16 680
17	Autriche	4 476	Royaume-Uni	16 340
18	Italie	4 375	Finlande	16 180
19	Israël	3 958	Nouvelle-Zélande	13 970
20	Irlande	3 214	Israël	13 400

Le Monde, juillet 1994

Pourtant aujourd'hui, devant la montée inexorable du chômage, les Français s'inquiètent et s'interrogent sur leur avenir et celui de leurs enfants.

6.21 Les différentes phases de la politique économique depuis 1945

1945

La France est un pays dévasté par la guerre. Les pertes en vies humaines s'élèvent à 600 000 morts. Les ports, les ponts, les voies ferrées sont détruits ou endommagés, rendant les approvisionnements difficiles. Un énorme effort de reconstruction est à mettre en place et l'État paraît seul capable d'assurer cette charge immense. De nombreuses entreprises dans les secteurs clés et une grande partie du système bancaire sont nationalisées. Un premier plan se concentrant sur les secteurs prioritaires entre en vigueur. La planification à la française est née (il s'agit d'une planification souple, à la fois indicative et incitative **[1]**). D'autre part, le plan Marshall aide à financer la reconstruction entre 1947 et 1952.

1947–77

Cette période a été appelée "les Trente Glorieuses" par l'économiste Jean Fourastié. La France connaît une période de croissance économique ininterrompue. L'agriculture et l'industrie se modernisent. Le PIB **[2]** croît de 4% par an en moyenne, un taux de croissance supérieur à celui des États-Unis et de la Grande-Bretagne. Cette période se caractérise par le plein emploi, bien que les chiffres du chômage augmentent lentement mais sûrement, et par la naissance de la société de consommation. Pendant toute cette période, la France reste un pays protectionniste, malgré son ouverture sur l'Europe à la suite de la signature du Traité de Rome en 1957, qui institue la Communauté économique européenne. À partir de 1973, la crise fait son apparition lorsque le prix du pétrole est multiplié par quatre. Pour payer la facture pétrolière, la France doit exporter davantage.

1977–81

La France se remet lentement du premier choc pétrolier lorsqu'arrive le second en 1979. Cette fois, les déséquilibres sont sérieux: inflation, commerce extérieur déficitaire, augmentation du chômage. Les politiques économiques traditionnelles ne semblent plus efficaces devant la persistance à la fois de l'inflation et du chômage. La sidérurgie en Lorraine est en crise: elle perdra 100 000 emplois!

1981–3

L'inquiétude causée par la montée du chômage contribue à l'élection de François Mitterrand, le 10 mai 1981. Le gouvernement socialiste s'engage dans de grandes réformes, qui vont, selon lui, encourager la consommation et être bénéfiques pour l'emploi: retraite à soixante ans, cinquième semaine de congé, semaine de 39 heures, augmentation du SMIC et des prestations sociales, création d'emplois dans la fonction publique, grand programme de nationalisations. Cette politique ne prend pas en compte "la contrainte extérieure": la relance de la consommation **[3]**, à un moment où d'autres pays ralentissent la leur, profite essentiellement aux industries étrangères, ce qui fait monter la facture des importations.

Depuis 1983

À la suite de la troisième dévaluation du franc en quelques mois, la France s'engage dans une "politique de rigueur". L'expérience socialiste de relance par la consommation a échoué. La France choisit la mondialisation, l'intégration européenne, l'ouverture de son économie, le maintien d'un franc fort, mais aussi la montée du chômage, la réduction du pouvoir d'achat et l'accroissement des inégalités. Cette politique est suivie par tous les gouvernements, qu'ils soient de gauche ou de droite depuis 1983.

---

1 indicative et incitative: qui est destinée à informer et à encourager les entreprises (plutôt qu'à les forcer à agir)
2 PIB: Produit Intérieur Brut (valeur totale des productions du pays)
3 la relance de la consommation: l'augmentation des ventes après la stagnation

6.22 Entreprise

Divinité moderne à laquelle tout est dû, tout est pardonné, tout est dédié. L'entreprise est la nouvelle religion, le nouveau totem, le nouveau tabou. On en parle avec respect, sérieux, admiration. Tout patron est compétent, tout produit est noble, toute décision est bonne. L'entreprise investit. Hosanna! L'entreprise licencie: elle a ses raisons. Promue religion, l'entreprise a son pape: le patron; ses évêques: les cadres supérieurs; ses curés: les autres cadres; ses fidèles: les salariés; sa terre de mission: le marché; son credo: la culture d'entreprise; sa bonne parole: la communication; son église: le siège social; ses péchés: la mévente, la perte de compétitivité, la dégradation de l'image; ses hérétiques: les syndicalistes.

Il fut un temps où tout cela était inversé: l'entreprise était le lieu de l'exploitation, de l'aliénation, de l'arbitraire patronal et de la misère salariale. Dans la mentalité de l'époque, l'entreprise devait être contestée, subvertie, transformée, expropriée, autogérée. Temps tout aussi ridicule. La gauche jouait à faire peur. Elle agitait le spectre de la socialisation générale sans y croire et disqualifiait sans raison industriels et financiers, alors qu'elle en aurait le plus grand besoin le jour venu.

L'entreprise produit la richesse; elle assure l'emploi; le profit permet l'investissement et la rémunération du risque. Ces vérités élémentaires, la gauche les ignorait ou les combattait contre toute raison. Elle vira sa cuti **[1]** une fois arrivée au pouvoir. Mais cette conversion, qui fut celle de la société française dans son ensemble, a tourné au ridicule. Démonisée, l'entreprise s'est retrouvée canonisée. On attend d'elle exploits économiques, protection sociale et lumières philosophiques. Le patron est devenu le père et le sage de la société moderne. Le langage du marketing et de la gestion a acquis le statut du latin à l'époque classique: la langue de la culture et du savoir. La langue du pouvoir. Dire que la publicité n'est pas forcément le sommet de l'art et de la pensée, que le licenciement n'est pas toujours décidé dans l'intérêt bien compris du salarié, que l'on s'ennuie souvent dans les usines et les bureaux, que le salarié, après tout, n'est pas obligé d'adhérer avec enthousiasme aux « valeurs maison », que les salaires sont un peu bas, que les conditions de travail pourraient être améliorées, bref, que tout n'est pas pour le mieux dans le meilleur des mondes entrepreneuriaux, c'est se désigner comme un homme du passé, un original ou un adversaire de l'économie moderne.

Il est temps de retrouver une conception plus sereine, plus saine, de l'entreprise. Comme toute institution sociale, elle peut être contestée, remise en question, contredite. Sa légitimité est entière, mais ses intérêts ne sont pas toujours ceux de ses salariés. Bref, l'entreprise a besoin de plus de modestie, et de contrepouvoirs. Moyennant quoi **[2]**, elle méritera le respect.

L. Joffrin, La Gauche retrouvée, © Editions du Seuil, 1994

1 elle vira sa cuti: elle changea d'avis
2 moyennant quoi: si elle se conforme à cela (à ce qui est dit dans la phrase précédente)

SUJET DE REFLEXION

L'entreprise, divinité moderne ou l'entreprise, lieu d'exploitation: laquelle de ces deux visions correspond le mieux à votre propre façon de considérer l'entreprise? Expliquer les raisons de votre choix. ■

6.23

Comment vit-on avec . . .

Marie-Noëlle Duhamelle, agent hospitalier, 6 700 F par mois

« Divorcée, avec deux enfants, je survis »

« Agent hospitalier à l'hôpital Brousse à Villejuif depuis quatorze ans, je gagne 6 765,93 F net. Nous avons bien deux primes de présence d'environ 3 000 F chacune mais, pour les percevoir, il ne faut pas être malade! Et ces primes servent, en décembre, aux jouets des enfants, et en juin aux vacances.

Divorcée, avec mes deux filles de 4 et 8 ans qui sont à ma charge, je survis plutôt que je vis. Mon mari me verse 1 600 F de pension alimentaire, j'ai 635 F d'allocations familiales, et une aide au logement de 1 000 F. Mais il me faut payer mon loyer, 2 200 F, et un crédit de 1 300 F pour une cuisine aménagée. J'ai calculé que je dépensais, toutes les trois semaines, 1 800 F de nourriture, 1 400 F tous les deux mois pour la garderie, la cantine et le centre de loisirs de mes filles. Je n'ai pas de voiture, j'accompagne et je vais chercher mes enfants à pied. Leur école est à vingt minutes de mon logement, à Villejuif.

L'année dernière, mes revenus étaient si bas que je n'étais pas imposable. Croyez-moi, je souhaiterais franchement payer l'impôt sur le revenu, ça voudrait dire que je serais un peu plus à l'aise pour vivre. Pour moi, je n'achète rien. C'est tout pour les enfants, et c'est normal. De temps en temps, quand je suis seule, un petit ciné. Ou avec les filles, un MacDo, elles adorent ça. Pour nos dernières vacances, on nous a prêté une maison. J'ai juste payé l'eau et l'électricité. Il faut tout le temps jongler. »

Brigitte Sotello, Secrétaire, 6 500 F par mois

« Je ne déjeune pas, je grignote »

« Je suis secrétaire chez un revendeur en informatique depuis trois ans. J'ai un bac G1 **[7]** et j'ai trouvé ce travail par une amie. 6 500 F par mois, ce n'est pas lourd. Je suis mariée et j'ai un petit garçon de 2 ans. Mon mari, manutentionnaire, est smicard **[8]**. Nos comptes sont vite faits: son salaire sert à payer le loyer (3 500 F) et la crèche (1 500 F). Moi, je paie tout le reste: électricité, assurances, cartes Orange **[9]**, téléphone, nourriture et soins médicaux. Certes, ces derniers sont remboursés, mais il faut les avancer. Je fais attention à tout. Ainsi, je n'ai jamais acheté un vêtement neuf à mon enfant, je ne l'habille que d'habits donnés ou prêtés. Question bouffe, on fait des prouesses à la cuisine en essayant de varier entre le riz et les spaghettis. Comme nous n'avons pas de voiture, nous allons au supermarché le plus proche. A midi je n'ai pas de tickets-repas, aussi je ne déjeune pas, je grignote. Evidemment, pas de ciné, pas de restaurant. Notre seule grosse dépense: mon mari est péruvien, et nous économisons pour qu'il puisse aller voir sa famille au Pérou. Mais il y a va seul. Moi, je me contente de vacances à la campagne. »

Virginie Marek, Forfaitiste [1], 6 900 F par mois

« Je travaille aussi le week-end »

« J'ai fait beaucoup de petits boulots, tels que vendeuse ou pion **[2]**, et j'ai cherché à faire une formation qui puisse déboucher sur un vrai travail. Le tourisme me plaisait bien: je parle espagnol et j'ai suivi six mois de formation rémunérée par l'Etat. J'ai eu la chance, dès ma sortie, de trouver un travail chez un tour-opérateur où j'ai été embauchée à 5 900 F, puis augmentée de 1 000 F. Mais j'ai des objectifs de vente que je dois atteindre absolument. Quand j'ai payé mon loyer (3 500 F), mon électricité et mon assurance, mon budget est sérieusement écorné **[3]**. Heureusement, je ne téléphone pas beaucoup, et les fringues **[4]** d'hiver ne m'attirent pas. Question bouffe **[5]**, j'ai la chance d'avoir des amis qui habitent deux étages au-dessus de chez moi et qui m'invitent souvent. Cela dit, je trouve que mon salaire n'est pas très élevé, et je travaille aussi le week-end comme serveuse dans un restaurant de banlieue. Les vacations sont inégales selon les mois. Ça met, comme on dit, du beurre dans les épinards **[6]**. J'aime bien boire, et cela coûte cher.

Travaillant dans le tourisme, j'ai le privilège de bénéficier d'une remise de 75 % sur certains vols. L'année dernière, je suis allée au Costa Rica pour 2 500 F. Je me suis arrêtée longtemps à Miami parce que j'y ai un copain qui pouvait m'héberger. Il faut savoir se débrouiller. »

L'Événement du jeudi, 1994

1 forfaitiste: vendeuse de voyages organisés
2 pion: surveillant (elle aurait pu utiliser le féminin, *pionne*. Il s'agit d'un travail peu rémunéré, effectué par des jeunes filles ou jeunes gens chargés de surveiller les élèves des collèges et lycées lorsqu'ils ne sont pas sous la responsabilité d'un professeur)
3 écorné: réduit
4 fringues: vêtements (argot)
5 question bouffe: quant à la nourriture (langage familier)
6 ça met [. . .] du beurre dans les épinards: ça permet de s'offrir un peu de luxe
7 bac G1: baccalauréat avec spécialisation secrétariat
8 est smicard: gagne le salaire minimum
9 cartes Orange: cartes de réduction (dans les transports parisiens)

6.24 Mort de bateaux, mort de pêcheur

Voilà plus de trois ans – depuis le suicide d'Albert Péron, le patron du chantier naval – que la mort habite le petit port breton. Mort des bateaux qui rouillent faute d'équipage, mort des pêcheurs qui craquent [1] devant la mort de la pêche. . .

L'hiver avait la même couleur à Camaret le jour où Jacques Quéré a fait flamber son bateau sur la grève. C'était le *Pierre-Marie*, une solide petite coque blanche sur laquelle le Jacques avait tout essayé, filets, casiers, palangres **[2]**. Mais, même avec un seul matelot, même après des nuits et des nuits à labourer la mer, son poisson était toujours « trop cher » à l'arrivée au quai.

Ces flammes qui léchaient les galets en décembre 1991, c'était le malheur qui s'installait dans ce petit port de la pointe du Finistère. Ce n'est pas un hasard si les pêcheurs en grève, blottis derrière les vitres embuées du bar de la Criée **[3]**, en parlent encore aujourd'hui avec leurs mots raides et solennels: « *Ça te retournait l'âme* **[4]** *de voir ça chez nous. . .* » Ils furent quelques centaines au long des côtes bretonnes à céder au plan Mellick **[5]** qui subventionnait ceux qui mettaient définitivement hors d'usage leur bateau. La prime était maximale si le navire était détruit devant huissier *« par le fer ou par le feu »*. Un véritable autodafé administratif et, pour ces hommes pêcheurs de père en fils, une mise à mort. Ici, depuis toujours, les vieux bateaux ont le droit de mourir lentement sur les grèves, dans leur linceul d'embruns salés **[6]**. Ils furent quelques centaines, en Bretagne, à brûler leur bateau, l'âme retournée. « *C'est bien plus qu'une maison, un bateau* », lâche Henri Téphany, le taiseux **[7]**, un patron pêcheur à la retraite.

UN PASSÉ PRESTIGIEUX DE GRANDE PÊCHE

Ils sont quelques-uns, autour de la table, thé, chocolat ou gros rouge. Les jeunes boivent moins que les anciens. La grève reconduite, ils se sentent maladroits à quai, sans la mer sous les jambes. Et, lorsqu'ils se nomment, ils donnent en premier le nom de leur bateau. Il y a là Gilles, Christian, Jean-Marc et Brigitte, mais surtout le *Breiz a Tao*, l'*Albatros*, le *Labrador* et le *Shaddok*. Chalutiers, fileyeurs ou coquillers paralysés dans la même révolte du désespoir de ne plus pouvoir vivre de la pêche.

Voilà plus de trois ans que la mort habite les têtes de tous les anciens coureurs de mer à Camaret. Depuis le suicide d'Albert Péron, le patron de ce chantier naval tant et tant représenté par les peintres, avec ses bâtiments noirs huilés, juste derrière la chapelle Rocamadour. Péron avait fait travailler jusqu'à trente-huit ouvriers charpentiers de marine, coûte que coûte **[8]**, il voulait continuer à rêver chaque matin dans l'odeur du bois que l'océan serait toujours assez grand. Jusqu'au jour de septembre 1990 où il déplie son journal comme chaque matin et se découvre à la « une » en photo, avec l'annonce de la faillite de son entreprise. Il a bu son café, replié son journal et s'est dirigé vers son chantier. Les ouvriers l'ont trouvé pendu, entre deux coques en construction, les pieds à 20 centimètres au-dessus de la sciure de bois. Sans doute avait-il fait des erreurs de gestion, sans doute aurait-il dû licencier des ouvriers au lieu d'investir encore dans la construction du *Ruillannec*, ce chalutier de 22 mètres, rien que pour leur donner du travail. Sans doute. Mais le désespoir de voir tout ce que vous aimez disparaître est plus fort que les discours de gestion à la mode. [. . .]

L'Événement du jeudi, 1994

1 craquent: subissent une dépression nerveuse (langage familier)
2 palangres: lignes (avec des cordelettes auxquelles sont attachés des hameçons)
3 bar de la Criée: (le nom de ce bar vient du marché aux poissons, qu'on appelle la "criée" parce que les vendeurs "crient" les prix)
4 ça te retournait l'âme: cela rendait très triste
5 plan Mellick: (mesure gouvernementale destinée à décourager la pêche)
6 linceul d'embruns salés: (image poétique se référant aux fines gouttes d'eau de mer soulevées par les vagues, et qui enveloppent les bateaux comme avec un drap mortuaire.
7 le taiseux: (sobriquet donné à Henri Téphany, peut-être parce qu'il est taciturne)
8 coûte que coûte: même si c'était financièrement très difficile

6.25

PAUVRETÉ

Les exclus combien de divisions?

Ils sont isolés et souvent résignés. Mais s'ils se révoltaient, ce serait une sacrée révolution: on dénombre 5 millions d'exclus en France. . .

[…] En dix ans, l'exclusion a littéralement explosé en France: plus de 1,2 million de chômeurs de longue durée, bientôt 1 million de bénéficiaires du RMI **[1]** (un doublement en cinq ans!), 500 000 personnes privées de domicile, sans compter tous ceux qui ne sont recensés nulle part. . . Selon la plupart des estimations, au moins 5 millions de personnes vivent aujourd'hui en France sous le seuil de pauvreté (moins de 2 300 F par mois). L'association ADT-Quart Monde **[2]** affirme de son côté que 15 % des Français (soit près de 3 millions de foyers) vivent dans la très grande pauvreté, et d'autres estimations font état de 450 000 personnes totalement dépourvues de couverture sociale **[3]**.

Fait nouveau: avec l'explosion du chômage, les risques d'exclusion se sont largement diffusés au sein de la société. « *Les pauvres ne forment pas un ensemble social très homogène*, rappellent les chercheurs du Cerc (Centre d'étude des revenus et des coûts) dans l'étude qu'ils ont consacrée, il y a un an, à la précarité et au risque d'exclusion en France. *La précarité apparaît comme un phénomène diffus qui touche des franges nombreuses de la population.* » Très souvent, l'exclusion est un processus cumulatif: on perd son emploi, les liens sociaux s'affaiblissent, on divorce, on perd son logement. . . Or des millions de Français peuvent à tout moment plonger: dans son étude, le Cerc a estimé à 5 millions le nombre de personnes en état de « *précarité professionnelle* » (sans emploi, risquant de le perdre ou vivant d'activités précaires) et à 7 millions les personnes « *socialement vulnérables* » (isolées ou risquant de basculer dans la précarité à tout moment).

Heureusement que la protection sociale est là: « *Au total, précise l'étude du Cerc, le nombre de personnes qui échappent à la pauvreté ou à une précarité financière grâce aux différents*

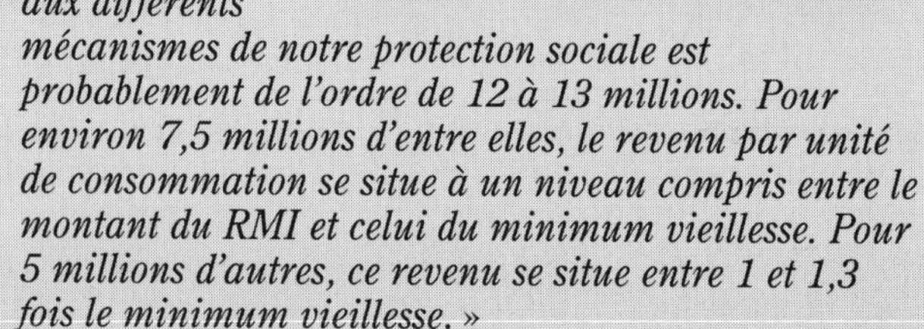

mécanismes de notre protection sociale est probablement de l'ordre de 12 à 13 millions. Pour environ 7,5 millions d'entre elles, le revenu par unité de consommation se situe à un niveau compris entre le montant du RMI et celui du minimum vieillesse. Pour 5 millions d'autres, ce revenu se situe entre 1 et 1,3 fois le minimum vieillesse. »

L'Événement du jeudi, 1994

1 RMI: Revenu minimum d'insertion (revenu garanti par la loi aux personnes les plus pauvres)

2 ADT-Quart Monde: Aide à toute détresse (nom d'une association qui s'occupe en France des gens très pauvres, que l'on appelle parfois le Quart Monde, par opposition aux pauvres des pays non-occidentaux qui sont parfois désignés par l'expression "Tiers-Monde")

3 dépourvues de couverture sociale: (qui ne contribuent pas à la Sécurité Sociale, et par conséquent ne reçoivent pas de remboursements des frais médicaux)

SUJET DE REFLEXION

Votre pays a sans doute vécu, dans les vingt dernières années, des drames économiques semblables à celui des pêcheurs bretons [document 6.24]. Dans quels secteurs ces drames ont-ils été ressentis le plus vivement?

Y avait-il selon vous un moyen de sauver les secteurs en difficulté? Notez vos idées. ■

6.26 Voilà donc à quoi nous ont menés les vingt dernières années. . .

Voilà donc à quoi nous ont menés les vingt dernières années: une économie qui produit de la richesse et qui détruit des liens sociaux dans un pays où la plupart des structures d'encadrement – famille, églises, syndicats, etc. – se sont, elles aussi, affaiblies. La France a joué, pour son plus grand bien, le jeu de l'ouverture au monde; elle a accepté les pressions de la compétition internationale. Elle a tenu. Mais, faute de faire les bons arbitrages internes, elle a laissé se développer une société d'exclusion de plus en plus large qui a payé, pour le compte commun, le prix de cette ouverture réussie. Chacun perçoit qu'il n'est pas possible de poursuivre sans inflexion dans la même voie, et imposer aux mêmes le poids des ajustements et ce d'autant plus que les efforts financiers faits en leur faveur, expression d'une « compassion collective », deviennent eux aussi insupportables. Tel est le défi auquel nous sommes confrontés pour les années à venir.

Alain Minc, La France de l'an 2000

La politique extérieure

Au-delà des différences d'époques, de style, ainsi que des changements de majorité, la politique extérieure de la France depuis 1958 frappe par sa continuité. Deux constantes dans cette politique: l'affirmation de l'indépendance nationale, d'une part, la construction de l'Europe, de l'autre.

L'indépendance nationale

Manifestée avec éclat dans les années soixante, cette politique marque la volonté de faire entendre la voix de la France, et le refus, proclamé avec force par de Gaulle, de voir la France intégrée dans un bloc atlantique dominé militairement et culturellement par les États-Unis.

Défense:

- Développement d'un armement nucléaire indépendant.
- Retrait, en 1966, de la France du commandement intégré de l'OTAN.

Avec la disparition du bloc soviétique, l'apparition de nouveaux types de conflits (guerre du Golfe, Yougoslavie), et les progrès de la construction européenne, la politique française de défense n'est plus aussi isolationniste que par le passé, et le gaulliste Chirac semble renouer des liens avec l'Alliance Atlantique. Cependant, cette politique d'indépendance militaire n'a été remise en cause par aucun président français, comme en témoigne l'obstination avec laquelle le même Chirac a poursuivi en 1995–6 son programme d'essais nucléaires dans le Pacifique.

Culture:

- De de Gaulle à Mitterrand, la France s'efforce de maintenir des liens privilégiés avec les pays francophones (voir Chapitre "La Francophonie").
- La France tente de préserver la culture et la langue françaises de l'influence "anglo-saxonne": ainsi, elle s'est opposée avec un certain succès à l'inclusion de produits culturels (programmes télévisés, notamment) du champ des négociations du GATT.

La construction européenne

Pour tous les gouvernements français depuis les années cinquante, la construction de l'Europe a eu un objectif essentiellement politique: développer entre ces pays des liens tels qu'ils ne puissent plus se faire la guerre; créer une Europe capable de faire entendre sa voix dans un monde dominé par les deux superpuissances, américaine et soviétique.

Au cœur de la politique européenne de la France, on trouve la question des relations franco-allemandes: l'Europe a d'abord été un moyen de neutraliser l'Allemagne; puis de Gaulle et Adenauer ont scellé la réconciliation entre les deux pays; depuis lors, le "couple franco-allemand" (Giscard d'Estaing et Schmidt, puis Mitterrand et Kohl) a joué un rôle décisif dans la construction européenne.

Il peut paraître paradoxal qu'un pays attaché à son indépendance nationale poursuive en même temps une politique visant à l'intégrer dans un ensemble plus vaste: c'est peut-être ce qu'ont pensé les 49% de Français qui ont voté "Non", en 1992, au référendum de Maastricht. Les quelques textes qui suivent vous permettront peut-être d'éclairer cette apparente contradiction!

6.27 L'indépendance nationale selon de Gaulle

CONFÉRENCE DE PRESSE 28 octobre 1966

Dans le monde tel qu'il est, on affecte parfois de s'étonner des soi-disant changements et détours de l'action de la France au-dehors, et même il y en a qui ont parlé de contradictions ou de machiavélisme. Eh bien! Je crois que, si les circonstances changent autour de nous, en vérité il n'y a rien de plus constant que la politique de la France. Cette politique, en effet, à travers les vicissitudes très diverses que nous présentent notre temps et notre univers, cette politique tend essentiellement à ce que la France soit et demeure une nation indépendante. Pourquoi? Pour qu'elle joue son rôle à elle dans le monde. En vue de quoi? En vue de l'équilibre, du progrès et de la paix. Cela ne veut pas dire, bien entendu, contrairement à ce que certains affirment, que nous voulions rester isolés et que jamais nous ne devions, nous ne voulions, lier notre action à celle des autres. Bien au contraire, nous n'avons pas vécu aussi longtemps et aussi durement comme peuple au milieu des peuples, sans avoir appris que nos moyens ont leurs limites, que notre géographie nous expose à de grands périls, que notre économie exige des échanges, que notre progrès est conjugué avec celui de l'humanité, que, par conséquent il nous faut nécessairement coopérer avec des partenaires. Mais l'indépendance signifie que nous décidions nous-mêmes de ce que nous avons à faire et avec qui, sans que cela nous soit imposé par aucun autre État et par aucune collectivité.

De Gaulle, Discours et messages, Librairie Plon

6.28 Le pré-carré revendiqué par Mitterrand

Depuis le début du siècle, les renoncements de la France aux attributs de sa souveraineté ne se comptent plus. C'est à Bruxelles que sont arrêtés les objectifs de la politique agricole, à La Haye que sont jugés les procès internationaux où nos intérêts sont en cause, à Luxembourg que sont tranchés les conflits internes à la Communauté. Le G.A.T.T. engage notre commerce, le S.M.E. **[1]** intervient dans la gestion de notre monnaie, la Communauté dans la fixation de nos zones de pêche et des normes de pollution de nos automobiles, et nous adhérons à des conventions de toutes sortes sur lesquelles nul ne songe à revenir. Je me réjouis de ce que, sur notre planète rétrécie, s'élargisse le champ du contrat. Mais il est des domaines non négligeables, un pré-carré **[2]** dont je revendique, lorsqu'il est empiété, qu'il soit reconquis et rendu à la France. Dans ce pré-carré, je distingue en premier notre langue, notre industrie et notre sécurité, qui sont autant de fronts où garder nos défenses sans les quitter des yeux. Que l'une cède et la citadelle tombera.

F. Mitterrand, Réflexions sur la politique extérieure de la France

1 SME: Système monétaire européen
2 pré-carré: domaine bien déterminé

6.29 La France et l'Europe

de Gaulle européen. . .

Pour moi j'ai, de tous temps, mais aujourd'hui plus que jamais, ressenti ce qu'ont en commun les nations qui la peuplent. Toutes étant de même race blanche, de même origine chrétienne, de même manière de vivre, liées entre elles depuis toujours par d'innombrables relations de pensée, d'art, de science, de politique, de commerce, il est conforme à leur nature qu'elles en viennent à former un tout, ayant au milieu du monde son caractère et son organisation.

. . . contre la fusion des peuples

Je crois donc qu'à présent, non plus qu'à d'autres époques, l'union de l'Europe ne saurait être la fusion des peuples, mais qu'elle peut et doit résulter de leur systématique rapprochement. Or, tout les y pousse en notre temps d'échanges massifs, d'entreprises communes, de science et de technique sans frontières, de communications rapides, de voyages multipliés. Ma politique vise donc à l'institution du concert des États européens, afin qu'en développant entre eux des liens de toutes sortes grandisse leur solidarité. Rien n'empêche de penser, qu'à partir de là, et surtout s'ils sont un jour l'objet d'une même menace, l'évolution puisse aboutir à leur confédération.

De Gaulle, Mémoires d'espoir

6.30 Hugo au Congrès de la paix, 1849

. . . "Un jour viendra où la guerre vous paraîtra aussi absurde et aussi impossible entre Paris et Londres, entre Petersbourg et Berlin, entre Vienne et Turin, qu'elle serait impossible et paraîtrait aujourd'hui absurde entre Rouen et Amiens. Un jour viendra où vous, France, vous Russie, vous Italie, vous Angleterre, vous Allemagne, vous toutes nations du continent, sans perdre vos qualités distinctes et votre glorieuse individualité, vous vous fondrez étroitement dans une unité supérieure et vous constituerez la fraternité européenne.

Un jour viendra où il n'y aura plus d'autres champs de bataille que les marchés s'ouvrant au commerce et les esprits s'ouvrant aux idées.

Un jour viendra où les boulets et les bombes seront remplacés par les votes" . . .

Victor Hugo

VICTOR HUGO
au Congrès de la paix
Paris, Août 1849

6.31 L'EUROPE SELON DE GAULLE

Notre politique (. . .) c'est de réaliser l'union de l'Europe. Si j'ai tenu à réconcilier la France et l'Allemagne, c'est pour une raison toute pratique: c'est parce que cette réconciliation est le fondement de toute politique européenne.

Mais quelle Europe? Il faut qu'elle soit véritablement européenne. Si elle n'est pas l'Europe des peuples, si elle est confiée à quelques organismes technocratiques plus ou moins intégrés, elle sera une histoire pour professionnels, limitée et sans avenir. Et ce sont les Américains qui en profiteront pour imposer leur hégémonie. L'Europe doit être *in-dé-pen-dante.* C'est là ma politique (. . .).

Ce que veulent les Anglo-Saxons, c'est une Europe sans rivages, une Europe qui n'aurait plus l'ambition d'être elle-même. L'Europe sans frontières – l'Europe à l'anglaise. L'Europe où l'Angleterre n'aurait pas surmonté elle-même ses vieilles habitudes, pour devenir vraiment européenne. C'est en réalité l'Europe des Américains. L'Europe des multinationales. Une Europe qui, dans son économie, et davantage encore dans sa défense et dans sa politique, serait placée sous une inexorable hégémonie américaine. Une Europe où chaque pays européen, à commencer par le nôtre, perdrait son âme. . .

Il se trouve que la France est seule à vouloir une Europe qui en soit une, à pouvoir la vouloir (. . .). Le drame de l'Europe, c'est qu'à part nous, il n'y a personne qui ait l'ambition d'être vraiment européen.

Propos rapportés par Alain Peyrefitte
C'était de Gaulle. Editions de Fallois-Favard, 1994

dans P. Milza et S. Bernstein, Histoire

SUJET DE REFLEXION

Peut-on poursuivre à la fois une politique d'indépendance nationale et une politique européenne? Notez les raisons qui justifient votre opinion.

Quelle serait votre propre définition de l'expression: "une ambition d'être vraiment européen"? ■

6.32 MITTERRAND S'ADRESSE AUX FRANÇAIS SUR LE RÉFÉRENDUM DE MAASTRICHT

Mes chers compatriotes,

J'ai signé ce matin le décret qui soumet à vos suffrages le traité d'Union européenne ou traité de Maastricht, et j'ai fixé au dimanche 20 septembre prochain la date de ce référendum.

Pourquoi un référendum? J'aurais pu me contenter de l'approbation du Parlement, où il existe, cela vient d'être démontré, une forte majorité favorable au traité, mais j'ai pensé que sur un tel sujet, qui engage comme rarement dans notre histoire l'avenir de la France, je devais m'adresser directement à vous.

Le 20 septembre, vous mesurerez, j'en suis sûr, l'importance de votre choix. En disant « oui » à la question très simple, dégagée de tout esprit partisan, qui vous sera posée, vous déciderez de mener à bien la construction européenne, commencée au lendemain de la Deuxième Guerre mondiale, il y a plus de quarante ans, et poursuivie depuis lors, chacun à sa manière, par tous ceux qui ont la charge du pays. Mais, si vous votez « non », vous refuserez à l'Europe le moyen de se faire.

Vous connaissez ma propre conviction. L'Union européenne représente à mes yeux un immense projet, l'un des plus ambitieux que nous ayons connus. Elle réunit de grandes, de vieilles nations, qui se sont longtemps combattues jusqu'au jour où elles ont compris qu'elles sacrifiaient en vain leurs enfants, et donc leur espoir. Elle rend toute guerre impossible entre ceux qui la constituent. Comment ne pas songer à cela au moment où se réveillent à l'est de l'Europe tant de rivalités sanglantes, de haines ancestrales?

D'un côté, l'Europe qui s'unit, de l'autre, celle qui se déchire dans d'atroces convulsions. On comprend pourquoi, partout sur notre continent, il n'est pas de peuple qui ne rêve de nous rejoindre et d'appartenir le plus tôt possible à notre Communauté.

Mais il est d'autres raisons qui nous invitent à préférer l'Europe au repli sur soi. Je ne les énumérerai pas ce soir.

Près de trois mois vont s'écouler pendant lesquels vous pourrez réfléchir, débattre, et choisir, où tous les arguments vous seront exposés. Laissons maintenant la démocratie s'exprimer.

Je remarquerai seulement qu'une Europe unie, comme vous le propose le traité que je vous demande d'adopter, sera seule en mesure, avec une monnaie, une banque centrale et un marché unique, de faire front devant la puissance économique que représentent des pays extérieurs à notre continent, comme les Etats-Unis d'Amérique et le Japon.

De plus, se développera avec le temps, dans tous les peuples de la Communauté, le sentiment d'être citoyens de l'Europe, comme ils sont déjà citoyens de leur propre patrie.

Bien entendu, rien ne sera acquis pour autant. Il faudra continuer de lutter pour plus de justice et de prospérité, comme dans toute société humaine.

Lors du référendum du 20 septembre, il n'y aura pas de bons et de mauvais Français, mais simplement des femmes et des hommes libres, maîtres de leur destin.

Vive la République!

Vive la France!

F Mitterrand, Message télévisé, 1er juillet 1992

submit to

approval

6.33 Comment les Français ont voté au référendum de Maastricht (septembre 1992)

Tableau 1.
LES PRIVILÉGIÉS FACE AUX DÉFAVORISÉS

Oui		Non	
Cadres supérieurs	70 %	Agriculteurs	71 %
Professions intermédiaires	57 %	Ouvriers	58 %
Inactifs, retraités	55 %	Employés	56 %
Diplômés du supérieur	71 %	BEPC, CAP, BEP	60 %
Bacheliers	61 %	Sans diplôme	57 %

Tableau 2.
LES MODÉRÉS FACE AUX PROTESTATAIRES

Oui		Non	
Socialistes	76 %	Front national	93 %
UDF	59 %	Communistes	84 %
Génération Ecologie	57 %	RPR	69 %
Gauche	75 %	Extrême-gauche	54 %
Centre	51 %	Droite	57 %
		Extrême-droite	80 %

Sondage post-électoral de la SOFRES du 23 au 26 septembre 1992 sur "le référendum du 20 septembre 1992", réalisé aupres d'un échantillon national de 2 000 électeurs.

Tableau 3.
LES PERMISSIFS FACE AUX RÉPRESSIFS

	Intention de vote	
	Oui	Non
Jugent les hommes politiques corrompus	39 %	62 %
Partisans de la peine de mort	49 %	75 %
Jugent les mœurs en France trop libres	39 %	57 %
Partisans d'exclure de la salle de classe les jeunes filles portant le foulard islamique	41 %	57 %

Tableau 4.
LES CHEFS-LIEUX FACE AUX CAMPAGNES

(% des suffrages exprimés)	Oui	Non
Chefs-lieux des départements	56,7 %	43,3 %
Autres communes des départements	49,8 %	50,2 %

Sondage SOFRES des 16 et 17 septembre 1992 sur "le profil des électeurs du Oui et du Non au référendum sur le Traité de Maastricht", réalisé pour LE NOUVEL OBSERVATEUR.

Le Monde, septembre 1992

Politique en panne ou grand dessein?

6.34 *Notre maladie endémique*

A le bien penser, le principal ennemi du Français n'est pas ailleurs qu'en lui-même. Le pessimisme est une maladie nationale qu'on n'hésite pas à soigner avec des ordonnances médicales: aucun peuple au monde ne favorise autant l'industrie pharmaceutique. [. . .]

Le thème de l'Europe suscite [. . .] des épanchements languides. En raison de l'incapacité de nos dirigeants à promouvoir l'idée européenne, [. . .] à en expliquer la nécessité tout en précisant à quelles conditions – parfois douloureuses – elle peut être réalisée, on en est arrivé à présenter l'Union européenne comme responsable de nos difficultés économiques, du chômage, de la nouvelle pauvreté, *et tutti quanti* **[1]**. N'est-il pas paradoxal de constater que nos agriculteurs, auxquels l'ouverture des marchés extérieurs a offert des marchés inespérés, indispensables, ont répondu en masse par un vote négatif au référendum sur le traité de Maastricht ? En cet automne 1992, le vieux protectionnisme soufflait partout comme une idée neuve. Notre pays a beau être **[2]** le quatrième pays exportateur du monde – ce qui est remarquable vu le chiffre de sa population –, cela n'a pas empêché les orateurs de la France recroquevillée, de la France barricadée, de la France seule, de faire salle comble partout où ils passaient. Serrons-nous les uns contre les autres, il fait froid dehors.

Le vieux dada **[3]** du déclin hante notre pays, à tous les niveaux d'intelligence et d'activité.

L'Allemagne, qui n'est plus une ennemie, comme nous le disions, continue néanmoins à nous donner tous les complexes en économie. Il est de bon ton de dire qu'à côté des Allemands « nous ne faisons pas le poids ». Notre indiscipline, notre prétendue paresse (Pétain flétrissait déjà notre goût de la jouissance), notre inaptitude au commerce international, la frilosité **[4]** de nos banques, la dispersion de nos efforts, que sais-je encore, tout pousse à conclure à notre nullité.

Il y a quelque temps, je me trouvais dans un colloque organisé par l'université allemande de Fribourg. Nous parlions de l'image que nous avions les uns des autres, Allemands et Français. Quelle ne fut pas ma surprise d'entendre dans la bouche d'un professeur d'Outre-Rhin que ce qui l'inquiétait, lui, c'était notre *hybris* **[5]** technologique: le nucléaire, les fusées, les avions supersoniques, le TGV, [. . .] et ainsi de suite, où était donc la France de Chaminadour **[6]**? Il y a décidément un malentendu entre ce que nous pensons de nous-mêmes – une vieille patache **[7]** tirée par un bidet poussif **[8]** – et ce qu'en redoutent les autres.

Pourtant, nous sommes un peuple chauvin, on le sait bien! Comment expliquer cette contradiction ? Il vaudrait mieux dire que nous cultivons le maso-chauvinisme, une sorte de dégoût glorieux ou de fierté malheureuse que nous traînerions depuis des lustres.

Sans aller jusqu'au catastrophisme, cultivé par certains, l'écrivain est toujours porté à flatter le passé contre un présent invivable. Souvenirs de guerre, souvenirs de révolution même si ce n'était pas la révolution, souvenirs, souvenirs, que reste-t-il de nos amours et de nos rages? Un esprit rassis pourrait faire modestement observer que la France est enfin en paix, depuis qu'en 1962 s'est achevée la guerre d'Algérie. Que les institutions, malgré tout ce qu'on en a dit depuis 1958, ont résisté au temps et à la manie nationale d'en changer sans arrêt. Que l'économie et le niveau de vie ont fait des progrès sensibles. Que les hommes et les femmes s'usent moins au travail. Qu'ils sont mieux logés. Qu'ils vivent plus longtemps. Que l'accès aux études secondaires est donné à tous; et déjà c'est la majorité d'une classe d'âge qui ayant obtenu le baccalauréat, peut entrer à l'Université. Mais tout cela et bien d'autres choses encore ne comptent pour rien, puisqu'il y a: le chômage, l'immigration, la criminalité, la peur de l'avenir. . .

Un de nos hommes politiques disait: il nous manque un grand dessein. Cela me paraît faux, car nous avons l'Europe, qui n'est pas un petit programme d'arrondissement **[9]**. Mais force est de constater que l'Europe n'a jamais été une passion, sinon pour quelques-uns, les pionniers. Nous sommes en panne de cause et d'évangile. Du moins en apparence, car, sans parler des causes humanitaires qui nous appellent chaque jour, la politique a toujours besoin de dévouement et d'intelligence.

Les tâches ne manquent pas dans la France d'aujourd'hui: reconstruire notre système éducatif, répondre au chômage par des solutions originales, associer notamment les sans-emploi à une politique de l'environnement dans tous les sens du mot, assainir en profondeur le climat des « banlieues », freiner la spirale de tous les individualismes, avoir la volonté d'en finir avec le scandale des SDF **[10]** comme jadis un Chaban-Delmas **[11]** décida d'en finir avec les bidonvilles. . . La liste n'en finirait pas de s'allonger. Un grand dessein? Mais la lecture quotidienne du journal nous suggère un millier de desseins qui en s'additionnant en font un grand. En un mot, je rêve que nous redonnions sens à la politique. Sens et dignité.

M. Winock, Parlez-moi de la France, Librairie Plon

1 *et tutti quanti*: et toutes les autres choses de ce style (langage familier)
2 notre pays a beau être: même si notre pays est
3 le vieux dada: la vieille idée fixe
4 la frilosité: l'attitude peu courageuse
5 *hybris*: arrogance (parfois écrit "hubris", ce mot vient du grec et désigne une arrogance toujours punie par les dieux)
6 la France de Chaminadour: la France provinciale traditionnelle (Chaminadour est le nom d'un village fictif qui symbolise le style de vie paisible de la France provinciale. Référence à *Chaminadour*, un roman de Marcel Jouhandeau, 1941)
7 patache: mauvaise voiture
8 bidet poussif: cheval qui n'avance pas
9 arrondissement: (division administrative du département)
10 SDF: sans domicile fixe
11 Chaban-Delmas: (Premier ministre gaulliste de 1969 à 1972)

CHAPITRE 7

La francophonie

Qu'est-ce que la francophonie? Face à cette question en apparence toute simple, définitions et opinions divergent:

"C'est une sorte d'école de la fraternité humaine".
(Haut comité de la langue française, 1977)

"La francophonie est une entreprise culturelle de type néo-colonialiste".
(L'Humanité Nouvelle, 1968)

"La francophonie repose sur la volonté d'une parfaite intégration de la communauté francophone au monde de demain".
(Xavier Deniau, France, 1968)

"C'est un lobby..., le grand fou qui cache des idées généreuses et des arrière-pensées suspectes".
(C. Humblot, 1980)

"La francophonie est en passe de devenir une chance pour la France".
(Albert Memmi, Tunisie, 1986)

Un peu d'histoire tout d'abord pour éclairer ce concept un peu flou. La francophonie n'est pas une idée neuve puisque le mot "francophonie" fut inventé en 1880 par le géographe Onésime Reclus pour définir les pays de langue française *et* les personnes parlant français dans le monde.

En 1962, le président du Sénégal, Léopold Sédar Senghor, lance l'idée d'un "Commonwealth à la française". Il est appuyé par le président de la Tunisie, Habib Bourguiba, qui voit dans la langue française un moyen pour les pays d'Afrique qui viennent récemment d'acquérir leur indépendance, d'accéder à la modernité occidentale.

La France, quant à elle, est assez réticente à l'époque. Il faudra attendre 1970 pour que se mette en place le premier organisme officiel d'échanges économiques et culturels, l'ACCT (l'Agence de coopération culturelle et technique).

En 1986 se tient le premier sommet de la francophonie à Versailles, réunissant des chefs d'état et de gouvernement de quarante et un pays francophones.

Au sens **institutionnel**, la francophonie est donc aujourd'hui un mouvement organisé avec des structures bien définies:

- des structures politiques avec des sommets tous les deux ans
- des structures économiques comme l'ACCT qui coordonne des projets de développement
- des structures culturelles avec de nombreuses associations comme l'*Association internationale des femmes francophones*, l'*Union internationale des journalistes et de la presse de langue française*, l'*Association francophone internationale des directeurs d'établissements scolaires*, etc.
- des structures sportives depuis que les premiers *Jeux de la francophonie* ont eu lieu au Maroc en 1989.

Il existe cependant d'autres façons de définir la francophonie:

Au sens **géographique** du terme, la francophonie représente l'ensemble des régions qui ont le français comme langue maternelle, officielle ou administrative. Dans quarante-huit régions ou pays du monde, le français est utilisé dans le fonctionnement des institutions.

Dans certains pays d'Afrique du Nord par exemple, le français est la langue administrative. Il complète l'arabe, qui est la langue officielle, dans certains secteurs de la vie publique. Dans les pays d'Afrique noire francophone, le français sert de langue commune du fait de l'existence de multiples ethnies ayant chacune leur propre langue.

Selon le Haut Conseil de la Francophonie, il y avait dans le monde 104 612 000 francophones *réels* en 1989, c'est-à-dire des personnes qui avaient le français comme langue maternelle. Il y avait en plus une soixantaine de millions de francophones occasionnels.

Au sens **linguistique**, ce sont toutes les personnes qui utilisent le français comme langue internationale.

Le français est utilisé comme langue de travail dans les institutions européennes, les organismes internationaux comme l'ONU et les Jeux olympiques.

De plus, près de cent millions de personnes dans le monde ont appris le français comme langue étrangère. En ce moment, le français est enseigné à plus de 25 millions d'élèves par environ 250 000 professeurs.

Au sens **spirituel**, c'est un sentiment d'appartenance à la langue et à la culture française, culture aux valeurs humanistes à prétention universelle.

Au-delà des pieuses définitions, la domination de la langue française est ressentie comme une intrusion dans bien des pays où les habitants parlent une ou plusieurs autres langues dans leur vie quotidienne. La remise en cause du français est particulièrement vive dans les îles où domine le créole.

Cependant, on ne peut nier la réalité économique. Il existe des intérêts communs entre pays francophones, qui se définissent en termes monétaires. Les industries de la langue sont en passe de devenir des industries dominantes dans le monde de demain. Un pays qui pourra écouler ses "produits culturels" dans sa langue sera en position de force quand il s'agira de développer CD-ROMs, logiciels, émissions de télévision, livres, films, etc., tous liés à une langue spécifique et à l'existence d'un grand marché.

Qu'est-ce que la francophonie?

7.1 Combien de francophones y a-t-il?

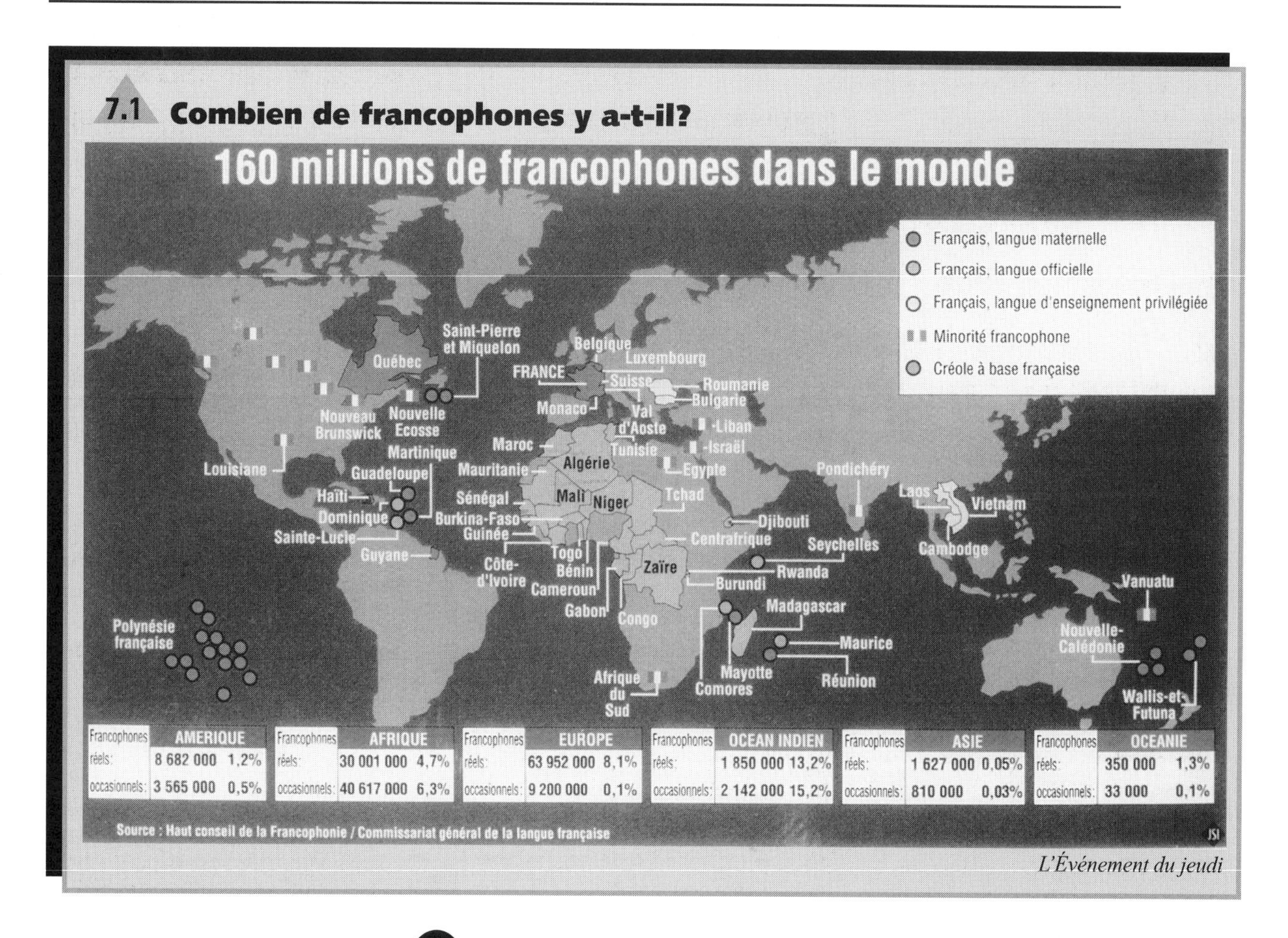

Francophones	AMERIQUE		AFRIQUE		EUROPE		OCEAN INDIEN		ASIE		OCEANIE	
réels:	8 682 000	1,2%	30 001 000	4,7%	63 952 000	8,1%	1 850 000	13,2%	1 627 000	0,05%	350 000	1,3%
occasionnels:	3 565 000	0,5%	40 617 000	6,3%	9 200 000	0,1%	2 142 000	15,2%	810 000	0,03%	33 000	0,1%

Source : Haut conseil de la Francophonie / Commissariat général de la langue française

L'Événement du jeudi

7.2 *État de la francophonie dans le monde 1990*

Régions	Francophones réels		Francophones occasionnels		Population
	Nombre	%	Nombre	%	
AFRIQUE	30 001 000	4,7	40 617 000	6,3	645 000 000
Afrique du Nord-Est	219 000	0,3	1 700 000	2	83 400 000
Maghreb	14 455 000	24,7	17 030 000	29	58 400 000
Afrique subsaharienne	13 477 000	3,3	19 745 000	4,8	489 140 000
OCÉAN INDIEN	1 850 000	13,2	2 142 000	15,2	14 060 000
AMÉRIQUE	8 682 000	1,2	3 565 000	0,5	714 000 000
Amérique du Nord	7 286 000	2,9	3 2000 000	1,3	247 806 000
Amérique centrale, Caraïbes	1 216 000	0,7	365 000	0,2	176 794 000
Amérique du Sud	180 000	0,06			289 4000 000
ASIE	1 627 000	0,05	810 000	0,03	3 060 000 000
Proche et Moyen-Orient	1 491 000	0,8	800 000	0,4	186 000 000
Extrême-Orient	136 000	0,005	10 000	0,0004	2 874 000 000
EUROPE	63 952 000	8,1	9 200 000	0,1	789 000 000
Europe de l'Ouest	62 872 000	17,5	5 200 000	1,4	360 000 000
Europe de l'Est et URSS	1 080 000	0,3	4 000 000	0,9	429 000 000
OCÉANIE	350 000	1,3	33 000	0,1	26 000 000
MONDE	104 612	2	54 225 000	1	5 234 000 000

Etat de la francophonie dans le monde: rapport 1990, La documentation française, Paris 1990

SUJET DE REFLEXION

Dans les pages qui suivent, vous verrez de nombreuses références à diverses fonctions que peut avoir une même langue. Réfléchissez aux définitions couvertes par la terminologie suivante:

- **une langue officielle**
- **une langue maternelle**
- **une langue d'enseignement**
- **une langue administrative**
- **une langue internationale**
- **une langue d'accès à la modernité**
- **une langue de travail.**

Votre propre langue possède-t-elle tous ces différents statuts? ■

7.3 Les grandes dates de la francophonie

1880 Le terme de "francophonie" est inventé par le géographe Onésime Reclus (1837–1916). Il définit l'ensemble des personnes et des pays utilisant le français à des titres divers.

1950 Création de l'association internationale des journalistes de la presse de langue française (AIJPLF), première organisation se réclamant de la francophonie.

1960 Selon l'expression du poète et président du Sénégal, Léopold Sédar Senghor, la francophonie apparaît comme un "merveilleux outil" à de nombreux Etats africains qui accèdent à l'indépendance. La notion s'impose avec les années de la décolonisation. De Niamey à Brazzaville, d'Abidjan à Libreville, de Lomé à Dakar et de Bamako à Yaoundé, le français demeure la langue partagée. Une langue également commune à d'autres peuples dispersés sur les cinq continents.

Des personnalités comme Hamami Diori, Habib Bourguiba, Norodom Sihanouk et Léopold Sédar Senghor proposent alors de regrouper les pays nouvellement indépendants, désireux de poursuivre avec la France des relations fondées sur des affinités culturelles et linguistiques. Le Général de Gaulle refuse à l'époque cette proposition, considérée comme trop prématurée.

Constitution d'importantes associations : la conférence des ministres de l'éducation nationale (CONFEMEN), la conférence des ministres de la jeunesse et des sports (CONFEJES) et l'AUPELF (association des universités partiellement ou entièrement de langue française).

1965 Signature d'un accord bilatéral de coopération entre la France et le Québec dans le domaine de l'enseignement.

1966 Création du haut comité pour la défense et l'expansion de la langue française.

1967 Constitution de l'association internationale des parlementaires de langue française (AIPLF).
Création du conseil international de la langue française (CILF).

1969 Création de la fédération internationale des professeurs de français (FIPF).

1970 Lors de la conférence de Niamey, création du premier organisme intergouvernemental de la francophonie : l'agence de coopération culturelle et technique (ACCT). La charte créant l'agence est signée par 21 pays, le 20 mars 1970. Les années passent sans grands bouleversements. Alors qu'elle devrait être vivante et audacieuse, la coopération se limite à une coopération technique.

1975 Léopold Sédar Senghor réclame un "sommet francophone". Il ne sera pas entendu.

1977 Au Québec, après l'adoption en 1977 de la loi 101 qui fait du français la seule langue officielle, est créé un conseil de langue française.

1979 Création de l'association internationale des maires et responsables des capitales et métropoles partiellement ou entièrement francophones (AIMF).

1984 Création du haut conseil de la francophonie.
Première diffusion de TV5.

1986 Premier Sommet francophone à Paris. 41 pays sont représentés et décident de coopérer dans les secteurs de la culture, de la communication et des industries de la langue.

1987 Deuxième Sommet francophone à Québec (2–4 septembre) qui établit la cadence bisannuelle des Sommets. A cette occasion, ouverture de la première université multilatérale à l'échelle de 40 pays, l'université des réseaux d'expression française (UREF). De nouveaux champs de coopération se développent, notamment en matière d'agriculture et d'énergie avec la création de l'institut de l'énergie des pays ayant en commun l'usage du français (IEPF).

Etat de la francophonie dans le monde: rapport 1990, La documentation française, Paris 1990

Léopold Sédar Senghor est né au Sénégal en 1906. Le Sénégal était à cette époque-là une colonie française. Après avoir fait ses études à Dakar, il arrive à Paris en 1928 où il prépare l'entrée à l'École normale supérieure. C'est là qu'il rencontre Georges Pompidou, ancien président de la République, dont il restera l'ami pendant toute sa vie. Il devient le premier agrégé africain de grammaire.

Il se lie à deux intellectuels noirs, le Martiniquais Aimé Césaire et le Guyanais Léon Damas et ébauche une première réflexion sur *la négritude*. Il en donne cette définition:

> *Objectivement, la négritude est un fait: une culture. C'est l'ensemble des valeurs – économiques et politiques, intellectuelles et morales, artistiques et sociales – non seulement des peuples d'Afrique noire, mais encore des minorités noires d'Amérique, voire d'Asie et d'Océanie.*

Il devient le premier président du Sénégal lorsque celui-ci obtient son indépendance. Il occupera cette fonction jusqu'en 1980, date à laquelle il se retire de son plein gré.

7.4 *Discours sur la Francité par Léopold Sédar Senghor – 1965*

« Je n'ai cessé depuis vingt ans, de préconiser l'organisation de la Francophonie. En vérité, cette organisation a toujours été, dans mon esprit, le complément nécessaire à notre indépendance : à l'enracinement dans la Négritude **[1]**. […]

Précisément, pour que les vertus de la Négritude puissent germer et s'épanouir en valeurs modernes, elles ont besoin d'être fécondées par les pollens étrangers, osons le dire : par les vertus de la raison discursive. Ce sont ces apports que nous donnent la langue et la culture française.

Et ce qu'il y a d'admirable dans cette conjonction, c'est que pour nous la langue et la culture françaises sont également éléments du passé, puisque nous dénombrons trois cents ans de présence française au Sénégal. Il reste que la langue et la culture françaises sont, pour nous, avant tout, des réalités du présent et, encore plus, de moyens de l'avenir. […] Je ne reprendrai pas le discours de Rivarol **[2]**, vous savez quelles sont les vertus de la langue et de la culture françaises : de la Francité **[3]**. Pour ne m'en tenir qu'à la langue, le français nous offre ses vertus, difficilement remplaçables, de clarté et de richesse, de précision et de nuance, de logique et de dialectique. La Francité n'est, certes pas, une nouvelle manière de penser ; elle est une nouvelle manière de concevoir et d'agir. Or, nous avons besoin, en ce XXe siècle, d'une manière efficace de concevoir et d'agir, puisque nous voilà au seuil de la société industrielle : au seuil de l'action logique, de l'action dialectique, surtout de l'action efficace.

Je le dirai tout aussi franchement, la Francophonie ne s'oppose pas, elle ne va pas en guerre contre le monde anglo-saxon, ni contre le monde slave. Nous pensons, nous Négro-africains, en tout cas, nous Sénégalais, non pas en termes d'opposition, en termes de dichotomie, mais en termes de symbiose, en termes de complémentarité. C'est la raison pour laquelle nous donnons tant d'importance, au-delà du français, à l'enseignement des langues étrangères, en particulier à l'enseignement de l'arabe, parce que l'Arabité est un des éléments essentiels, aujourd'hui, de l'Africanité. […] »

dans J. Bruchet, Dictionnaire sur la langue française et sur la francophonie

1 la Négritude: les valeurs des populations de couleur noire
2 Rivarol: (auteur du *Discours sur l'universalité de la langue française*, 1784)
3 de la Francité: des caractères propres à la culture française (par contraste avec "la francophonie", qui signifie "l'ensemble des peuples de langue française" et réfère à leurs habitudes culturelles)

SUJET DE REFLEXION

Au vu de la date du discours du président Senghor, essayez de vous représenter la conjoncture politique et sociale dans laquelle il se place. En 1980, l'auteur guadeloupéenne Maryse Condé a dit: "Je n'y crois pas, à la francophonie. Seules comptent à mes yeux les fraternités". Le discours du président Senghor aurait-il pu être écrit de la même manière aujourd'hui? ■

7.5 Le Maroc pour les premiers jeux

Le 8 juillet 1989, le roi Hassan II du Maroc donnait le coup d'envoi des Premiers Jeux de la Francophonie.

Dans le stade de 80 000 places du complexe sportif Mohamed V à Casablanca, 10 000 jeunes marocains donnèrent une cérémonie d'ouverture digne des plus grands rendez-vous mondiaux. Premier pays d'accueil des Jeux de la Francophonie, le Maroc avait à son actif une solide expérience en matière d'organisation de ce type de manifestation : il avait déjà accueilli des réunions sportives de dimension internationale comme les Jeux méditerranéens, les Championnats d'Afrique d'athlétisme, ou la Coupe d'Afrique des Nations de football.

● Durant 16 jours, un million et demi de spectateurs assistèrent aux performances des 900 athlètes et des 600 artistes des 39 délégations présentes.
Les jardins suspendus de la vieille casbah **[1]** des Oudayas accueillirent les épreuves culturelles. Les finales sportives se déroulèrent au stade Mohamed V.

● Pour cette première édition des Jeux, quatre disciplines avaient été retenues : judo, basket-ball féminin, football et athlétisme. Trente-neuf records nationaux ont été battus, et trois pays se sont distingués au palmarès des médailles: la France, avec 73 médailles, dont 31 d'or, le Canada, avec 56 médailles, dont 11 d'or, le Maroc, avec 19 médailles, dont 6 d'or.

● Parmi les performances les plus remarquées : la superbe victoire sur 10 000 mètres du Marocain Ibrahim Boutayeb, celle du vice-champion olympique sénégalais Amadou Dia Bâ au 400 mètres haies, le record de France du 100 mètres de Laurence Bily, ainsi que les deux médailles d'or remportées sur 1500 et 3000 mètres par la Marocaine Fatima Aouam.

● Suivis à travers le monde par cent millions de téléspectateurs, les premiers Jeux de la Francophonie ont représenté un budget total de 44 millions de francs, dont 15,3 MF **[2]** apportés par la France et 8,5 MF par le Maroc.

● Particulièrement suivis au Québec et sur le continent africain, les Jeux furent l'occasion pour leurs partenaires de découvrir des marchés prometteurs : Bell Canada, (la compagnie de télécommunications québecoise) fournisseur des Jeux, est aujourd'hui chargée de la rénovation du système téléphonique de Casablanca, pour ne citer qu'un exemple.

● Avant même l'ouverture des deuxièmes Jeux en Île-de-France, notons que les troisièmes Jeux de la Francophonie, prévus en 1997, se dérouleront à Madagascar.

L'Événementiel

1 la vieille casbah: la vieille ville
2 MF: millions de francs

7.6 Vu du Maroc

Par Tahar Ben Jelloun

JEUX francophones ! Ces deux mots ne vont pas ensemble. La francophonie ne trouve toujours pas son partenaire. On devrait demander au ministre de la culture et de la... francophonie, M. Jacques Toubon, de lancer un concours pour changer ce mot chargé d'histoire, de politique et de malentendus. On pourrait même s'en passer. Ce serait le signe de la bonne santé de la langue française. A ma connaissance il n'existe pas d'anglophonie **[1]** ni, stricto sensu, de « Jeux anglophones ».

Ce qui importe, c'est qu'il s'agit de sports, de culture et de jeunesse venus de plusieurs pays. Pour une fois, les vieux ténors de **[2]** la défense de la langue française, les professionnels de la francophonie et les hommes politiques qui font semblant de s'y intéresser vont devoir céder la place à des centaines de jeunes pour lesquels il est naturel de parler français, pour la majorité en plus de leur langue maternelle, et qui aiment illustrer la joie bilingue aussi bien dans l'athlétisme, dans le tennis de table, dans le judo que dans la chanson, le conte, la danse, la peinture ou le théâtre. On nous annonce la présence de près de mille artistes pour participer à sept compétitions d'ordre culturel et deux mille sportifs pour sept disciplines sportives.

On comprend pourquoi les premiers Jeux francophones eurent lieu au Maroc, en juillet 1989. Le Maroc est une société trilingue. On y parle l'arabe, le berbère **[3]** et le français. La langue française s'insinue en permanence dans l'arabe dialectal. Pas de complexe! **[4]** L'identité arabo-berbéro-islamique du Maroc est non seulement sûre de ses racines mais peut se permettre d'être ouverte sur les autres langues sans que cela pose de problèmes.

Les Marocains ne comprennent pas pourquoi les écoles et lycées de la Mission française ne se développent pas, pourquoi il faut parfois des recommandations pour pouvoir inscrire leurs enfants dans cet espace culturel, même en payant des sommes importantes. On dirait que la France n'a plus besoin de séduire... Pendant ce temps-là le dépit (amoureux, évidemment) s'installe et grossit, la politique extérieure (guerre du Golfe, Rwanda **[5]** etc.) aidant. On a beau dire cela aux responsables français, qui souvent en conviennent, il n'y a rien à faire : la France préfère souvent s'investir dans des pays où elle n'est pas aimée. C'est son affaire ! Elle croit que le Mahgreb et son attachement à la langue française sont définitivement acquis. Quelle erreur !

La largeur du burnous

Comme le dit le dicton, « *le burnous* **[6]** *marocain est assez large* ». Il y a de la place pour d'autres langues et d'autres cultures. Le Maroc ne se sent pas concerné par le projet politique de la francophonie. En revanche il est tout à fait désireux d'entreprendre des échanges, des dialogues en dehors de toute connotation idéologique.

Que vient faire la jeunesse de la francophonie dans ces manifestations ? Rappeler aux responsables politiques de la France que cette francophonie est mieux traitée et peut-être plus considérée par les autres pays participant aux jeux que par certains intellectuels français... Dire que la langue française s'enrichit au contact d'autres langues en acceptant des mariages, des mélanges d'épices et de couleurs, en sortant de son égocentrisme et en se laissant aimer et bousculer par d'autres habitudes, d'autres imaginaires.

Curieusement on réserve la qualification « *francophone* » à tout écrivain non français. Peu de grands écrivains français d'aujourd'hui se reconnaissent dans cette appellation. C'est peut-être une tautologie **[7]** ; un écrivain français est forcément francophone, ce qui n'est pas le cas d'un Africain ou d'un Canadien.

Les Jeux ont-ils une langue ? Oui, une fraternité brève et amicale. Elle s'exprime dans une complicité de compétitions, dans des rencontres, dans une appartenance à une culture semblable et différente, dans la diversité qui réunit, stimule et lance des défis.

Pour un sportif, la seule langue qui compte est celle de ses muscles, de ses entraînements, de sa volonté. Mais est-ce suffisant ? N'a-t-il pas besoin d'autre nourriture, de nouvelles aventures de l'intelligence ? Ces Jeux qui ont quelque chose de particulier, puisqu'ils sont mêlés de culture, vont certainement les lui offrir.

Le Monde

1 il n'existe pas d'anglophonie: (vrai, mais il existe des jeux du Commonwealth que les jeux de la Francophonie essaient bien évidemment d'émuler)
2 les vieux ténors de: ceux qui parlent beaucoup, et depuis longtemps, de
3 le berbère: (langue qui date de la civilisation pré-arabe en Afrique du Nord et qui y est toujours parlée)
4 pas de complexe! : cela ne gêne personne!
5 Rwanda: (le Rwanda est un pays africain francophone, ce qui explique l'intérêt spécial porté par la France lors des conflits ethniques en 1994–95)
6 le burnous: (grand manteau de laine à capuchon et sans manches que portent les Arabes)
7 c'est peut-être une tautologie: c'est peut-être trop évident

7.7 Un entretien avec le ministre de la jeunesse et des sports, Michèle Alliot-Marie

« Nous voulons démontrer la vitalité de notre mouvement »

« Pourquoi le gouvernement a-t-il décidé de reprendre complètement à son compte l'organisation de cette deuxième édition des Jeux de la francophonie?

– Ces jeux devaient effectivement se dérouler l'an dernier. Mais quand je suis arrivée au ministère de la jeunesse et des sports, il y a un peu plus d'un an, j'ai fait le constat **[1]** avec les responsables des autres ministères que nous risquions d'avoir des problèmes d'organisation, d'hébergement et de sécurité. Compte tenu de l'impact que ces jeux ont sur nos partenaires des pays francophones, j'ai souhaité retarder cet événement pour en assurer la réussite. Cela nous a aussi permis d'avoir plus de participants que ce qui était envisagé au départ.

– Quel impact attendez-vous des différents événements qui vont se dérouler du 5 au 13 juillet en Ile-de-France ?

– Nous voulons d'abord amener l'élite sportive et culturelle des différents pays francophones à mieux se connaître. Nous voulons également démontrer le dynamisme de la francophonie. La francophonie, ce n'est pas simplement une histoire mais également un mouvement en devenir **[2]**.

» Ces jeux devraient également contribuer à renforcer l'intention de certains pays à rejoindre le mouvement francophone. Certains comme l'Uruguay veulent se rapprocher du monde francophone qui a une bonne image. C'est déjà réalisé pour d'anciens pays du bloc de l'Est comme la Roumanie et la Bulgarie, ou le Vietnam, le Laos et le Cambodge en Extrême-Orient. Le bloc francophone, avec ses valeurs comme le respect des autres, est aujourd'hui attirant pour nombre de pays.

– Le sport permet-il de retrouver certaines valeurs?

– Aujourd'hui, le sport de haut niveau a besoin de retrouver nombre de valeurs d'origine. Il doit aussi lutter contre certaines dérives **[3]**, notamment le gigantisme **[4]**, le poids de l'argent, le risque de dopage. Nous avons voulu organiser des jeux d'un haut niveau sportif mais dans des conditions financières qui n'excluent la participation d'aucun pays et qui n'empêchent aucun autre de se porter candidat à l'organisation des prochaines éditions **[5]**. C'est d'ailleurs Madagascar qui devrait accueillir les prochains Jeux de la francophonie.

» Nous voulons démontrer qu'on peut organiser des épreuves sportives de haut niveau dans un environnement chaleureux. C'est d'ailleurs un petit peu ce que nous a démontré la Norvège à l'occasion des derniers Jeux olympiques d'hiver **[6]**.

– Est-ce cette originalité dans le positionnement qui vous permettra de lutter, au mois de juillet, contre la concurrence médiatique du Tour de France et de la phase finale de la Coupe du monde de football ?

– Nous allons apporter une diversité d'activités sportives qui n'entrent pas, mis à part le football, en concurrence avec les autres événements de cette période.

Des manifestations gratuites

– Qu'attendez-vous de la participation du public de la région ?

– Il est important de donner aux jeunes qui ne seront pas partis en vacances à cette période de l'année la possibilité d'assister gratuitement à de belles manifestations sportives. Ils devraient voir des épreuves de qualité pratiquées dans un bon état d'esprit. La rencontre du sport et de la culture permettra aussi de revenir aux sources de l'olympisme. Ce sera une des originalités de cette manifestation. Cette rencontre se concrétisera dans les cérémonies d'ouverture et de clôture. Par ailleurs, avoir décidé, avec la Ville de Paris, d'accueillir nos invités dans la Cour carrée du Louvre pour l'ouverture de ces jeux, montre l'importance que la France attache à cette manifestation.

– A quels facteurs mesurerez-vous le succès de ces jeux ?

– Nous attendons d'abord de bons résultats sportifs, une participation importante du public. Mais ce qui comptera finalement, c'est l'image qui pourra rester de cette grande rencontre dans les pays francophones qui y participeront.

– Peuvent-ils contribuer à faire passer en France le message d'une francophonie

dynamique, et non plus défensive à l'image de la « loi Toubon » ?

– Il ne s'agit pas seulement d'une langue à défendre. Je crois que ces jeux sont aussi l'illustration d'une certaine culture, d'une certaine façon d'aborder la société et les problèmes avec les autres. Ce qui fait l'originalité de la francophonie, c'est qu'il n'y a pas un pays qui cherche à imposer une domination politique, économique, culturelle ou autre. Au contraire, il y a un véritable sentiment d'appartenance commune et de partage.

» Il n'y a pas encore en France de véritable prise de conscience de ce que peut représenter la francophonie. Ces jeux permettront de visualiser la francophonie dans sa diversité, à travers les groupes d'artistes. Dans son unité aussi à travers des attitudes et des liens affectifs qui se noueront à cette occasion.

– Pensez-vous pouvoir faire passer ce message dans les banlieues qui vont accueillir un certain nombre de manifestations ?

– Pour un certain nombre de jeunes des quartiers en difficulté, il y a un problème de racines. Ils se sentent français mais ils ont aussi besoin de connaître, de comprendre, de se rapprocher de ceux qui vivent dans d'autres pays. Ces jeux devraient ainsi donner des occasions de rencontres avec d'autres cultures.

Le Monde

1 j'ai fait le constat: j'ai constaté
2 en devenir: en train de se développer
3 lutter contre certaines dérives:empêcher certains excès
4 le gigantisme: les trop grandes manifestations sportives
5 prochaines éditions: jeux suivants
6 derniers Jeux olympiques d'hiver: (en 1994, les jeux olympiques d'hiver de Lillehammer (Norvège) ont montré qu'on pouvait organiser des jeux olympiques dans une bonne ambiance sans dépenser de grandes sommes d'argent)

SUJET DE REFLEXION

À partir des trois articles sur les jeux de la Francophonie [documents 7.5, 7.6 et 7.7], essayez de déterminer les objectifs poursuivis à l'occasion de tels jeux:

(a) par la France

(b) par les autres pays francophones.

D'après ce que vous connaissez sur l'organisation de ce type de rencontre, pensez-vous que ces objectifs puissent être atteints? ■

7.8 Les Francofolies

C'est en 1985 que naissent les premières Francofolies à la Rochelle, dont Jean-Louis Foulquier est l'instigateur, le créateur et le directeur. L'entreprise de valorisation de la chanson francophone prend aujourd'hui un essor auprès du public et des artistes qui adhèrent à cette idée de rencontre et de fête.

Les grands noms de la chanson francophone passent par La Rochelle, mais les Francofolies gardent la volonté de proposer ou d'affirmer de nouveaux talents, qu'ils viennent de France, de Belgique, d'Afrique, de Suisse, des Antilles ou du Canada.

C'est un festival dont la vitrine musicale s'ouvre de plus en plus sur le monde. Depuis 1989, les Francofolies existent à Montréal au Québec, en 1991 les premières Francofolies de Bulgarie ont lieu à Blagoevgrad permettant ainsi un échange des différentes cultures. D'autres projets sont en cours au Liban, au Japon, en Chine.

En juillet 1993 les Francofolies de la Rochelle ont connu une affluence record.

État de la francophonie dans le monde: rapport 1990, La documentation française, Paris 1990

7.9 Le coup de foudre de J.-L. Foulquier

« Y'a de la Francophonie dans l'air. . . »

Au cours d'un séjour au Québec, l'animateur de France-Inter découvre «à quel point la langue est importante». À son retour, il lance sur les ondes nationales «Y'a de la chanson dans l'air». Son pari ? Prouver que l'on peut programmer une émission sans passer un seul artiste anglo-saxon. C'est avec le même état d'esprit qu'il crée à La Rochelle, en 1985, les Francofolies. «*Je n'arrivais pas à comprendre pourquoi au Québec – alors qu'ils ne sont que six millions de francophones – des milliers de personnes se rendent chaque année à des "franco-fêtes" alors qu'en France on m'expliquait toujours qu'il fallait absolument des vedettes anglaises ou américaines pour intéresser le public*». Résultat : huit ans plus tard, les Francofolies attirent chaque année des milliers de spectateurs en France et maintenant au Québec, puisque les Francofolies ont traversé l'Atlantique.

L'Événementiel

7.10 Entre quotas et modèles neufs

La musique du non-alignement culturel

La musique a-t-elle une nationalité ? Posée de façon aiguë au début de cette année, au moment où le gouvernement français élaborait la loi dite des quotas, visant à imposer 40 % de musique francophone sur les radios de l'Hexagone, la question a soulevé de vastes problèmes d'identité. Car s'il est évident que la chanson sénégalaise, le raï algérien **[1]** ou la morna cap-verdienne **[2]** utilisent des langues, des rythmes et des mélodies différentes, malgré l'immense brassage auquel elles n'échappent heureusement pas, la variété française se démarque plus difficilement du swing américain, du rock anglais ou de la ballade à l'italienne. Il y a bien sûr la musicalité de la langue, le ton (un certain humour, une distance ironique pour la chanson française ?), mais les frontières se sont largement estompées depuis les années 60 sous l'effet de la vague rock et yéyé **[3]**.

Lors de la discussion de la loi sur les quotas et de ses modalités d'application, la définition même du terme « francophone » avait suscité de vives interrogations. Langue française ? Découpage géographique ? Le créole et le wolof **[4]** entrent-ils dans la sphère francophone ? Youssou N'Dour (Sénégal), Angélique Kidjo (Bénin), Esnard Boisdur (Guadeloupe), Boukman Eksperyans (Haïti), Ziskakan (la Réunion) devaient-ils être considérés comme étrangers à la culture française ? La loi sur les quotas, qui devrait entrer en vigueur en 1996, a choisi la définition restrictive. Est francophone ce qui parle français. Les stars de l'Afrique noire vont donc devoir entrer en compétition avec la chanson et le rock anglo-saxon, qui constituent 99 % des 60 % attribués à la musique étrangère, et dont on sait qu'ils sont un enjeu prioritaire pour les multinationales du disque, même quand elles sont à capitaux majoritairement européens (BMG, EMI) ou nippons (Sony). Et si les radios FM se sont violemment insurgées contre l'adoption de cette loi par l'Assemblé nationale, ce n'est pas pour monter au créneau **[5]** afin de défendre la diversité culturelle mondiale, mais pour appliquer leurs formats, calqués sur les FM américaines... La diversité de pensée et de création se trouve ainsi attaquée de plein fouet **[6]**, et la globalisation de la culture présentée comme le modèle marchand unique et exclusif.

Les modèles « alternatifs »

Et pourtant ! Plus la consommation de masse rejoint les modes anglo-saxonnes, plus les modèles « alternatifs » pointent à l'horizon, timides, mais déterminés à jouer leurs atouts **[7]** face au risque de mort lente. Englués dans la domination économique des Etats-Unis, les pays sud-américains revendiquent plus fortement leurs origines croisées **[8]**, leur latinité et leur métissage fondateur. Là-bas, la culture française reste porteuse de valeurs indélébiles. Son influence dans les arts plastiques en musique, en littérature reste prégnante **[9]**. Quand Joao Gilberto, l'inventeur de la bossa-nova, qui a tant inspiré le jazz américain, reprend *Que reste-t-il de nos amours ?*, de Charles Trenet, au milieu de classiques de la chanson espagnole ou italienne et de la samba, il signifie ainsi que les racines culturelles de sa musique sont largement ancrées en dehors du continent américain. Le bloc latin, auquel la France appartient, peut affronter la dictature du marché.

[...]

Le Monde

1. le raï algérien: (style musical né de l'improvisation traditionnelle du Maghreb mais ouvert aux influences américaines, qu'il intègre et transforme)
2. morna cap-verdienne: (musique des îles du Cap-Vert. De l'anglais *to mourn*).
3. yéyé: (vient du refrain des chansons anglaises des années 60 *(yeah, yeah)*. Par extension, représente la mode de ces années)
4. le wolof: (langue et nom d'un des peuples d'Afrique noire occidentale)
5. monter au créneau: se mettre en avant
6. de plein fouet: directement
7. jouer leurs atouts: mettre en valeur leurs avantages
8. leurs origines croisées: le fait qu'ils sont le produit de cultures mélangées
9. prégnante: très importante (terme littéraire)

7.11 La presse francophone

Presse : 4 000 titres en français

110 millions de lecteurs, 45 pays, des quotidiens de 40 pages à diffusion nationale, des bulletins de 4 pages pour expatriés : la presse francophone se porte plutôt bien.

Nicolas Trefeu.

AMÉRIQUE : Les Québécois ont le choix entre neuf quotidiens en français dont "Le journal de Montréal" et "Le journal de Québec" (424 000 exemplaires). Aux **États-Unis**, quelques rares bulletins régionaux paraissent régulièrement, notamment "le Soleil de Floride" et " La Gazette de Louisiane". A **Haïti**, "Le Matin" et "le Nouvelliste" (quotidiens) tirent tous les deux à 5 000 exemplaires.

PROCHE-ORIENT : Unique quotidien de langue française au **Liban**, "L'Orient-le Jour" est diffusé dans de nombreux aéroports internationaux. En **Israël**, le "Jerusalem Post" publie une édition française. En **Egypte**, "Le Journal d'Egypte" se vend chaque jour à 55 000 exemplaires, autant que nombre de quotidiens en arabe.

MAGHREB : Au total, près de 500 publications de langue française. En **Algérie** –premier producteur de quotidiens francophones au monde– paraissent une vingtaine de titres dont "El Watan", "le Soir d'Algérie", "le Matin" et "Liberté", qui tirent chacun à plus de 100 000 exemplaires. Au **Maroc**, quatre quotidiens (dont "le Matin du Sahara", 70 000 exemplaires) et autant d'hebdomadaires se partagent le marché. La **Tunisie** se contente de trois quotidiens francophones à diffusion nationale.

AFRIQUE NOIRE : En quatre ans, plus de mille titres répartis sur une vingtaine de pays ont vu le jour...parfois pour disparaître aussitôt, faute de lecteurs ou de moyens. Cette région n'en demeure pas moins la plus prolifique avec près de 500 journaux.

A côté des organes de parti, il existe quelques publications sérieuses ("La gazette du Golfe" éditée à **Dakar**) ou franchement satiriques : "Le cafard libéré" au **Sénégal**, "Le moustique déchaîné" au **Cameroun** ou "La cigale muselée" au **Mali**.

EUROPE : 8 quotidiens de langue française en **Belgique** (autant qu'en flamand) et 9 en **Suisse** romande, sans compter les hebdomadaires, les radios et les chaînes de télévision. Seul le **Luxembourg** se distingue en mélangeant allègrement les langues : les articles rédigés en français (18%), en allemand (80%) et en luxembourgeois (2%) se succèdent dans une même édition. **Bulgares**, **Roumains** et **Albanais** francophones se contentent de bulletins d'une huitaine de pages.

ASIE DU SUD-EST : Trois journaux nationaux francophones au **Viêtnam**, plus un mensuel, " Le Mékong", également diffusé au **Laos** et au **Cambodge**.

OCÉAN INDIEN : A **Madagascar**, trois journaux bilingues (12 000 exemplaires). Quelques publications aux **Seychelles**, aux **Comores** et à **l'île Maurice** où 90% des titres sont en langue française (trois quotidiens et de nombreux hebdomadaires).

OCÉANIE : **Vanuatu** : "Le Vanuascope", hebdomadaire bilingue de 8 pages. **Australie** : un bulletin diffusé exclusivement à Sydney.

L'Événement du jeudi

SUJET DE REFLEXION

En vous référant aux articles sur la chanson et la presse francophone [documents 7.10 et 7.11], pensez-vous que l'on puisse dire aujourd'hui que "le français n'appartient plus à la France"?

Existe-t-il un mouvement culturel identique affectant votre langue? Comment se manifeste-t-il? Est-il ressenti comme un enrichissement ou comme une menace? ■

SUJET DE REFLEXION

À la lecture du conte de Sainte-Lucie [document 7.12], relevez quelques particularités linguistiques du créole.

Quels arguments peut-on avancer en faveur ou à l'encontre du créole en tant que:

- **langue d'enseignement**
- **langue d'accès à la culture**
- **langue officielle ?** ■

La diversité du monde francophone

La langue française est présente sur tous les continents du monde. Cependant, en dehors de l'Europe, cette présence est vécue différemment selon les raisons qui expliquent son implantation à l'origine:

- La langue française est le berceau de l'identité des Canadiens francophones.
- En revanche, c'est la langue de la colonisation pour l'Afrique, l'Asie et l'Océanie, avec le sentiment d'infériorité envers les langues vernaculaires plus anciennes que cela supposait à l'époque. Ce sentiment n'a d'ailleurs pas totalement disparu aujourd'hui.

Les relations entre les différents peuples et la langue française sont donc complexes.

Le français et le créole

Le créole fait concurrence au français dans les îles des Caraïbes (Martinique, Guadeloupe etc.) et de l'océan Indien (Réunion, Maurice, Seychelles). Différent d'une île à l'autre, c'est maintenant la langue usuelle dans de nombreuses îles.

C'est le besoin d'une langue commune entre colons et esclaves africains qui a donné naissance au créole. La base est la langue du colonisateur à laquelle s'ajoutent des mots africains, indiens, chinois, espagnols, anglais, etc.

Langue orale au départ, le créole peut se transformer en langue écrite. Les Seychelles, qui ont appartenu à l'empire britannique entre 1794 et 1976 et qui sont aujourd'hui indépendantes, l'ont adopté comme langue officielle. Dans le monde francophone, le créole est revendiqué par certains comme langue officielle.

7.12 Bon jijman: Conte de Sainte-Lucie

Bon jijman

I ni adan moùn qui ni lajan, mé yo pa ka dépansé i. I ni lézòt qui ni èc yo ka fè cwéyans pou fè moùn sav yo nu an chay lajan.

Yon nòm té ka fè cwéyans évec lajan i. I alé adan yon ti boutiq pou manjé ec i achté yon qualité bon manjé qui ni bon lodè pou bwilé né ec zyé moùn. Mem lè a, yon lòt nòm antwé adan mem ti boutiq la, i achté dé pin sec ec i asiz douvan lòt nòm lan. I manjé tou lé dé pin an asou lodè bon manjé lòt nòm lan. Lè i fini manjé, i lévé ec i di :

– A oui ! Sa sété yon bon wipa. Boudin mwin byen plin !

Nòm cwéyans la tann sa ec i lévé faché. I di :

– Mwin kay fè plint cont ou pou dé pin sec la ou manjé asou lodè bon manjé mwin an.

Ec i pati.

Dé o twa jou apwé sa, lodyans la pawet. Dé nòm lan antwé lodyans. Lè kés la cwiyé, nòm lan di i coupab, con sa yo fè i péyé dis pòn. I alé lacay li pou pwan lajan an. I mété i adan youn sac ec i pwan yon bésìn.

Yon lòt mouman, i antwé an cay lodyans la épi sac la an yon lamin évec bésin nan an lòt lamin an. Lè yo di i péyé lajan an, i mété bésìn nan a tè ec i vidé dis pòn an lamonné adan i. Quon majestwa a vini pou anmasé i, nòm lan di i :

– Mwin manjé dé pin šec asou lodè bon manjé, con sa mwin ka péyé dis pòn asou son lajan mwin !

I anmasé bésìn lajan i ec i pati lacay li.

Un bon jugement

Il y a des gens qui ont de l'argent, mais ils ne le dépensent pas. D'autres en ont aussi qui en font étalage pour montrer à tout le monde qu'ils en possèdent beaucoup.

Il y avait un homme qui se plaisait à faire étalage de son argent. Il décida d'aller manger dans un bon petit restaurant. Il commanda un excellent repas dégageant une telle odeur que les yeux lui pétillaient et que l'eau lui venait à la bouche. Au même moment, un autre client entra dans le restaurant. Il n'acheta que deux pains secs et se mit à table devant l'autre homme. Puis il mangea les deux pains secs en profitant de l'odeur du bon repas de l'autre. À la fin du dîner, il se leva de table et dit :

– Ah oui ! Çà, c'était un fameux repas ! Je suis tout à fait rassasié.

En entendant cela, l'homme qui fait étalage de son argent se lève en colère. Il s'adresse à l'autre en disant :

– Je vais porter plainte contre toi pour avoir mangé tes deux pains secs en profitant de l'odeur de mon bon repas.

Et il quitte le restaurant.

Deux ou trois jours après l'incident, la cour de justice tient audience sur cette affaire. Les deux hommes entrent dans la cour. Quand le cas est cité **[1]**, l'homme qui est accusé se déclare coupable et la cour l'oblige à payer une amende de dix livres. Il retourne chez lui pour aller chercher l'argent. Il le met dans un sac mais il prend aussi une bassine.

Quelque temps plus tard, il entre de nouveau dans la cour de justice, portant le sac d'une main et la bassine de l'autre. Quand le juge l'oblige à remettre l'argent, il met la bassine par terre et y laisse tomber les dix livres de monnaie. Au moment où le juge se penche pour ramasser l'argent, l'homme lui dit :

– J'ai mangé deux pains secs à l'odeur d'un bon repas ; maintenant je paie les dix livres au son de mon argent !. . .

Il reprend son argent, ramasse sa bassine et retourne chez lui.

Contes créoles illustrés – textes bilingues créoles français

1 Quand le cas est cité: quand les adversaires sont appelés devant le juge

7.13 Musique nègre (1931)

D'Europe, sentez-vous cette souffrance
Et ce désespoir à nul autre égal
D'apprivoiser, avec des mots de France
Ce cœur qui m'est venu du Sénégal?

Ce cœur obsédant, qui ne correspond
Pas avec mon langage et mes costumes
Et sur lequel mordent comme un crampon
Des sentiments d'emprunt et des coutumes

J'entends en moi glapir, certains soirs, le lambi **[1]**
Qui ralliait mes ancêtres sur la montagne,
Je les revois, membres fourbus, couteau fourbi,
Avec le meurtre aux yeux et du sang sur leur pagne.

Mais aussitôt j'entends un air lent de Rameau
Qui s'englue aux clameurs de haines et de guerres.
Aux cris nègres se mêle alors un chalumeau,
Et de fins escarpins aux savates vulgaires.

Léon Laleau, dans l'Anthologie de la nouvelle poésie nègre et malgache de la langue française

1 le lambi: (gros coquillage dans lequel les nègres marrons, c'est-à-dire ceux qui s'étaient sauvés pour échapper à l'esclavage, soufflaient comme dans une trompe pour se repérer et se regrouper dans la nuit)

Le français en Afrique

En Afrique noire, les pays africains qui ont obtenu leur indépendance après la Seconde Guerre mondiale ont gardé le français (ou l'anglais dans certains pays d'Afrique anglophone) comme langue officielle et langue d'éducation en raison de la multiplicité des langues africaines appartenant à différentes ethnies. Au Sénégal par exemple, les ethnies Wolof, Sérère, Diola, Peul, Mandingue, Sarakholé etc., ont chacune leur langue, ce qui rend difficile le choix d'une langue officielle africaine.

La langue du colonisateur est donc utilisée dans l'administration et dans le système éducatif, bien que, dans la vie de tous les jours, les Africains parlent une ou plusieurs langues africaines.

À la suite de leur indépendance, les pays du Maghreb ont suivi une politique d'arabisation mais le français a survécu en tant que langue administrative ou première langue étrangère enseignée dans les écoles dans la plupart de ces pays. Les problèmes politiques en Algérie rendent toutefois la situation du français de plus en plus précaire.

7.14 L'enseignement du français à l'aube des indépendances

Au lendemain des indépendances, trois possibilités s'offrirent aux Etats africains pour ce qui était de l'enseignement du français à l'école :

1° Conserver le contenu et les méthodes de l'enseignement de type colonial, c'est-à-dire ne rien changer. C'est le choix que firent un certain nombre de pays de l'ex A.O.F. **[1]**, tout en africanisant le personnel enseignant. Cet enseignement monolingue conserva, cela va de soi, la langue française comme langue unique d'enseignement. Il conserva surtout les contenus idéologiques élitistes qui étaient ceux de l'école coloniale, ainsi que les méthodes et les manuels conçus pour des élèves français. Les rares références aux réalités socioculturelles africaines continuèrent, généralement, d'être utilisées pour mettre en valeur la civilisation française, occidentale et moderne. Ce type d'enseignement repose sur l'ignorance, le mépris ou la méconnaissance des réalités sociolinguistiques africaines, la péjoration des langues africaines **[2]** et la mauvaise appréciation des besoins spécifiques des élèves africains et des divers progrès réalisés dans le domaine des sciences humaines et particulièrement de la linguistique africaine, de la didactique des langues étrangères **[3]** et de la pédagogie.

2° Introduire les langues africaines dans l'enseignement et aboutir à un enseignement africain monolingue, le français n'intervenant, au mieux, que comme matière d'enseignement. C'est, mutatis mutandis **[4]**, la solution retenue par un pays comme la Tanzanie qui a fait du swahili sa langue officielle et où l'anglais intervient comme première langue étrangère.

3° Conserver le français comme langue unique d'enseignement, mais l'enseigner en tenant compte de sa situation par rapport aux langues et à la société africaines. Ce type d'enseignement, tout en restant monolingue et en accordant encore au français un statut privilégié, repose sur la reconnaissance des réalités sociolinguistiques africaines. Sa méthodologie est fondée sur des études de linguistique contrastive et ses contenus sont adaptés au contexte socioculturel et aux besoins des élèves.

Le Sénégal, comme un certain nombre d'autres Etats africains, a choisi la troisième solution. Ainsi, tout en conservant un horaire et des programmes de langue première, on a tenté d'adapter l'enseignement du français aux réalités socioculturelles sénégalaises. On a tenu compte, dans les contenus des dossiers pédagogiques élaborés entre 1965 et 1975, du contexte dans lequel vivent les élèves et, sur le plan linguistique, l'introduction de la langue parlée a permis une démocratisation du langage, le français n'étant plus seulement destiné à former une élite mais au contraire à permettre à tous, ou tout au moins au plus grand nombre, de satisfaire aux nouveaux besoins de communication, d'information et de formation. Le français ne devait donc plus être exclusivement écrit et littéraire, mais s'ouvrir aux divers domaines d'emploi de la langue courante pratique. Enfin, la méthodologie a été modifiée et s'appuie sur les récentes découvertes faites dans les domaines des sciences de l'éducation, de la linguistique, de la sociolinguistique et de la psycholinguistique.

P. Dumout, L'Afrique Noire peut-elle encore parler français?

1 A.O.F: Afrique Occidentale Française
2 la péjoration des langues africaines: (le fait de considérer les langues africaines comme inférieures au français)
3 la didactique des langues étrangères: la théorie de l'enseignement des langues étrangères (la pédagogie étant la pratique de l'enseignement)
4 mutatis mutandis: si l'on adapte un peu les éléments de la situation

7.15

Table ronde
Quel avenir pour la francophonie au Maghreb?

[...]

Serge BRIAND – *En quoi l'avenir de la langue française dans le monde peut-il intéresser le Maghreb ?*

Tahar BEN JELLOUN – Il ne faut pas oublier que le nombre de personnes qui parlent le français est beaucoup plus important hors de France qu'en France même. L'avenir de la langue française intéresse les Maghrébins. Si le Maghreb, et d'autres pays francophones, voient l'avenir de la langue française menacé en Europe ou en Amérique, peut-être pourraient-ils mieux la défendre, pour contrebalancer cette érosion. Mais si cette langue n'est pas défendue comme il le faut dans ses lieux naturels, les Maghrébins risquent aussi de s'intéresser à d'autres langues. La décision de l'Algérie – qui vit des problèmes très douloureux et très difficiles et veut se détacher du souvenir de la France – de proposer la langue anglaise au même niveau que le français dans les lycées est une décision politique et non pas une décision culturelle. C'est un signal auquel il faut prêter attention. . .

[...]

Serge BRIAND – *Nous pouvons, me semble-t-il enchaîner immédiatement avec la deuxième question, qui est liée à la première : quel pourrait être, selon vous, le devenir de la langue française au Maghreb, ces prochaines années ?*

Tahar BEN JELLOUN – Cet avenir dépendra en grande partie de la volonté politique de la France. Si elle souhaite que la langue française se maintienne et se développe, il faut qu'elle y consacre les moyens financiers nécessaires. Si on ne donne pas les moyens aux lycées, aux centres culturels, peu à peu la langue française va reculer et peut-être que d'autres langues vont prendre sa place. Cela, je l'ai répété des centaines de fois, aussi bien au Haut Conseil de la Francophonie, en présence du Président Mitterrand, que dans des articles. J'ai cependant l'impression que les autorités écoutent gentiment mais n'en tiennent pas compte, notamment pour la situation des lycées français, lycées payants qui doivent gérer une situation difficile et seront conduits, tôt ou tard, à supprimer des classes. [...]

Ahmed MOATASSIME – Est-ce que le devenir de la langue française est inscrit dans le futur ? J'émets quelques réserves. Il ne peut être automatiquement inscrit dans le futur, parce que le futur, je ne dirais pas, comme le font les musulmans, qu'il appartient à Dieu, mais tout simplement qu'il dépendra d'une volonté politique. Et cette volonté politique est liée à un certain nombre de mouvements sociaux et de mouvements internationaux. En admettant que les références sociales ou politiques intérieures permettent cette volonté politique, reste à tenir compte, sur le plan international, de deux faits d'importance capitale :

– Le premier fait est que l'on peut se demander jusqu'à quel point, en maintenant ou en développant comme auparavant la langue française, cela pourrait être accompagné d'une réciprocité. Car pour dialoguer, il faut être deux. Or, la langue française est imposée aux jeunes Maghrébins, malgré un coût très élevé, et on voit qu'en France, et en Europe, on choisit l'anglais pour 90 %, tandis que l'enseignement des langues dites mineures représente seulement 0,1 %. On dit qu'on laisse aux petits Français, ou aux petits Européens, le choix de l'apprentissage des langues étrangères. Ce choix les conduit automatiquement vers l'anglais, parce que c'est un choix libre.

– Le futur de la langue française est lié à une deuxième condition : la place de la langue française sur le plan international. Les chercheurs, tôt ou tard, se rendront compte, non pas seulement avec les bibliographies, mais par le simple fait de voyager, qu'une fois qu'on passe l'Hexagone ou la Belgique **[1]**, plus personne ne veut vous parler en français. Tous les colloques internationaux et parfois même ceux qui se passent en France se déroulent en anglais. Je voudrais prendre date ici **[2]** : si la langue française ne se redresse pas sur le plan international, si elle ne permet pas d'accéder à la technologie, à la science, de dialoguer avec l'universel scientifique et technologique, je ne crois pas que son avenir au Maghreb soit inscrit automatiquement dans l'histoire.

Serge Briand – *La question du rapport du français aux autres langues étrangères, notamment l'anglais, est d'actualité. Comment voyez-vous cette place ?*

Tahar Ben Jelloun – L'anglais n'est pas une langue de culture mais une langue de communication alors que, de plus en plus, on se rend compte que le français est une langue de culture, d'écriture et de création. L'écrasante majorité des gens qui apprennent l'anglais dans le monde ne l'apprennent pas pour Shakespeare, mais pour demander leur chemin ou commander une pizza à New-York. Il ne sert à rien de mener la guerre contre l'anglais ou l'allemand, de culpabiliser les gens qui étudient l'anglais. Il faut tout simplement cultiver, avec un maximum d'intelligence, et surtout de modestie, ce que la langue française a de meilleur : la littérature, la chanson, le cinéma. . .

Jean Dejeux – Ce n'est pas le décret algérien du mois de mars 1993 – qui met la langue anglaise sur le même plan que la langue française dans l'enseignement, alors que jusqu'à présent le français était langue seconde – qui va changer quelque chose à l'énorme demande en faveur de la langue française. Les anglophones, au niveau universitaire, et ceux qui, dans l'ombre, ont agi pour ce décret – y compris les anciens du FIS **[3]** – parlent français ou arabe dans la rue et, chez eux, ils ne parlent pas anglais. . . D'ailleurs, la réaction de la presse algérienne est assez vive contre ce décret.
[. . .]

Etat de la francophonie dans le monde: rapport 1990, La documentation française, Paris 1990

1 qu'une fois qu'on passe l'Hexagone ou la Belgique: que lorsque l'on va dans les pays du nord de l'Europe
2 prendre date ici: prendre le moment présent comme point de repère
3 FIS: Front Islamique de Salut

SUJET DE REFLEXION

"L'anglais n'est pas une langue de culture mais une langue de communication alors que, de plus en plus, on se rend compte que le français est une langue de culture, d'écriture et de création. L'écrasante majorité des gens qui apprennent l'anglais dans le monde ne l'apprennent pas pour Shakespeare, mais pour demander leur chemin ou commander une pizza à New-York."
Tahar Ben Jelloun

Est-ce que ce jugement de Tahar Ben Jelloun représente bien, selon vous, la situation actuelle de la langue anglaise?

Lorsque vous avez choisi de faire l'apprentissage de la langue française, quel était votre objectif principal? ■

L'attachement du Québec à la langue française

La langue française est le berceau de l'identité des Canadiens francophones qui s'en sont toujours servis comme d'une arme pour préserver leur singularité dans un territoire qui passa officiellement et entièrement aux mains des Anglais en 1763.

SUJET DE REFLEXION

D'après ce que vous savez sur le Québec, comment expliquez-vous que les Québécois ont réussi à préserver la langue française?

Y a-t-il dans votre pays des langues minoritaires? Quel est leur statut? Comment arrivent-elles à survivre face à la langue majoritaire? ■

7.16 *1937 – ABSORBÉS PAR L'ACCESSOIRE*

La Ligue d'action nationale a fait de nombreuses représentations auprès des pouvoirs publics fédéraux pour faire reconnaître le caractère bilingue du Canada. Nous reproduisons ici le texte de deux lettres envoyées, l'une au ministre des Finances, l'autre au ministre des Postes.

Montréal, le 20 mars 1937

Monsieur Charles Dunning
Ministre des Finances
Ministère des Finances
Ottawa

Monsieur le Ministre,

Le 18 février 1936 les directeurs de notre Ligue avaient l'honneur de vous prier de faire mettre des mots français à côté des mots « one », « five » cents, « five », « ten », « twenty » dollars sur nos pièces de cuivre, de nickel et d'or.

Et ils ajoutaient : « nous ne voulons pas la disparition pure et simple des mots anglais, comme on l'a jadis proposé pour les timbres-poste, nous voulons l'usage officiel des termes français afin de marquer le caractère bilingue de la Confédération canadienne. Notre élément **[1]** veut se sentir chez soi partout au Canada ».

Ce que nous demandions pour les pièces à l'effigie du roi Edouard VIII, nous le voulons, cela va de soi, pour celles qui seront bientôt frappées à l'effigie du roi George VI.

Recevez Monsieur le Ministre, l'assurance de mes sentiments dévoués.

Le secrétaire
Hermas Bastien

Montréal, le 19 mai 1937

Monsieur J.-C. Elliott,
Ministre des Postes
Ottawa.

Monsieur le Ministre,

Le 18 février 1936 j'avais l'honneur de vous demander au nom de notre Ligue, à l'occasion de l'accession au trône du roi Edouard VIII, de faire disparaître de la série actuelle de nos timbres-poste toutes les légendes anglaises qui n'ont pas été traduites.

Or, votre département vient d'émettre un timbre commémoratif de trois sous, où on lit : « H. M. George VI – H. M. Queen Elizabeth ». Ce timbre n'est que temporaire, nous ne soulèverons donc pas d'objections particulières à son sujet. Mais ce qui a nos yeux ne peut être toléré indéfiniment par l'élément français de ce pays à moins que le caractère de citoyens de seconde zone ne soit par lui jugé sans importance, c'est que la série actuelle des timbres canadiens comporte des légendes exclusivement anglaises, telles les suivantes : « R.C.M.P. », « Niagara Falls », « Parliament Building Victoria » et « Chaplain Monument ».

Comme nous le disions dans notre lettre de l'an dernier, de la loyauté envers le bilinguisme officiel dépendent le bon ordre et la bonne entente dans notre Confédération. Aussi nous vous demandons ou de traduire ces légendes ou de les faire disparaître.

Votre sincèrement dévoué

Le secrétaire
Hermas Bastien

dans G. Bouthillier et J. Meynard, Le Choc des langues au Québec, 1760–1970

1 notre élément: notre population

L'homme politique et historien français Charles Alexis de Tocqueville (1805-1859) décrit en 1831 la situation des Français du Québec. Il est charmé de ce qu'il voit, mais ne se fait pas d'illusions sur les rapports entre Anglais et Français dans ce territoire: "il est facile de voir que les Français sont le peuple vaincu. Les classes riches appartiennent pour la plupart à la race anglaise."

7.17 Voyage au Bas-Canada

25 Août 1831

Apparence extérieure : Le Canada est sans comparaison la portion de l'Amérique jusqu'ici visitée par nous, qui a le plus d'analogie avec l'Europe et surtout la France. Les bords du fleuve Saint-Laurent sont parfaitement cultivés et couverts de maisons et de villages, en tout semblables aux nôtres. Toutes les traces de la wilderness ont disparu ; des champs cultivés, des clochers, une population aussi nombreuse que dans nos provinces l'a remplacée. [...]

Toute la population ouvrière de Québec est française. On n'entend parler que du français dans les rues. Cependant, toutes les enseignes sont anglaises ; il n'y a que deux théâtres qui sont anglais. L'intérieur de la ville est laid, mais n'a aucune analogie avec les villes américaines. Il ressemble d'une manière frappante à l'intérieur de la plupart de nos villes de province.

Les villages que nous avons vus aux environs ressemblent extraordinairement à nos beaux villages. On n'y parle que le français. La population y paraît heureuse et aisée. Le sang y est remarquablement plus beau qu'aux Etats-Unis. La race y est forte, les femmes n'ont pas cet air délicat et maladif qui caractérise la plupart des Américaines.

La religion catholique n'est accompagnée ici d'aucun des accessoires qu'elle a dans les pays du midi de l'Europe où elle règne avec le plus d'empire. Il n'y a point de couvents d'hommes et les couvents de femmes ont des buts d'utilité et donnent des exemples de charité vivement admirés par les Anglais eux-mêmes. On ne voit point de *madone* sur les chemins. Point d'ornements bizarres et ridicules, point d'ex-voto **[1]** dans les églises. La religion [est] éclairée et le catholicisme ici n'excite ni la haine ni le sarcasme des protestants. J'avoue que pour ma part, elle satisfait plus à mon esprit que le protestantisme des Etats-Unis. Le curé est bien véritablement ici le pasteur du troupeau ; ce n'est point un entrepreneur d'industrie religieuse comme la plupart des ministres américains. Ou il faut nier l'utilité d'un clergé, ou l'avoir comme au Canada.

J'ai été aujourd'hui au cabinet de lecture **[2]**. Presque tous les journaux imprimés au Canada sont en anglais. Ils ont la dimension à peu près de ceux de Londres. Je ne les ai point lus. Il paraît à Québec un journal appelé la Gazette, semi-anglais, semi-français ; et un journal absolument français appelé le Canadien. Ces journaux ont à peu près la dimension de nos journaux français. J'en ai lu avec soin plusieurs numéros : ils font une opposition violente au gouvernement et même à tout ce qui est anglais. Le Canadien a pour épigraphe : notre Religion, notre langue, nos lois. Il est difficile d'être plus franc. Le contenu répond au titre. Tout ce qui peut enflammer les grandes et les petites passions populaires contre les Anglais est relevé avec soin dans ce journal. J'ai vu un article dans lequel on disait que le Canada ne serait jamais heureux jusqu'à ce qu'il eût une administration canadienne de naissance, de principes, d'idées, de préjugés même, et que si le Canada échappait à l'Angleterre, ce ne serait pas pour devenir anglais. Dans ce même journal se trouvaient des pièces de vers français assez jolis. On y rendait compte de distribution de prix **[3]** où les élèves avaient joué *Athalie, Zaïre, la Mort de César*. En général le style de ce journal est commun, mêlé d'anglicismes et de tournures étranges. Il ressemble beaucoup aux journaux publiés dans le canton de Vaud en Suisse. Je n'ai encore vu dans le Canada aucun homme de talent, ni lu une production qui en fit preuve. Celui qui doit remuer la population française, et la lever contre les Anglais n'est pas encore né.

Les Anglais et les Français se fondent si peu que les seconds gardent exclusivement le nom de *Canadiens*, les autres continuent à s'appeler Anglais.

dans G. Bouthillier et J. Meynard, Le Choc des langues au Québec, 1760–1970

1 ex-voto: (tableau ou objet placé dans une église pour remercier Dieu ou la vierge Marie)
2 au cabinet de lecture: à la bibliothèque
3 distribution de prix: (cérémonie de fin d'année scolaire où l'on distribuait des prix – souvent des livres – aux meilleurs élèves)

7.18 LOI SUR LA LANGUE OFFICIELLE (sanctionnée le 31 juillet 1974)

Attendu que la langue française constitue un patrimoine national que l'Etat a le devoir de préserver, et qu'il incombe au gouvernement du Québec de tout mettre en œuvre pour en assurer la prééminence et pour en favoriser l'épanouissement et la qualité.

Attendu que la langue française doit être la langue de communication courante de l'administration publique.

Attendu que les entreprises d'utilité publique et les professions doivent l'employer pour communiquer avec la population et avec l'administration publique.

Attendu que les membres du personnel des entreprises doivent pouvoir, dans leur travail, communiquer en français entre eux et avec leurs supérieurs ;

Attendu que la langue française doit être omniprésente dans le monde des affaires, particulièrement en ce qui concerne la direction des entreprises, les raisons sociales, l'affichage public, les contrats d'adhésion et les contrats conclus par les consommateurs.

Attendu qu'il importe de déterminer le statut de la langue française dans l'enseignement.

A ces causes, Sa Majesté, de l'avis et du consentement de l'Assemblée nationale du Québec, décrète ce qui suit :

TITRE 1

La langue officielle du Québec.

1. Le français est la langue officielle du Québec.

TITRE II

Dispositions d'ordre général.

2. En cas de divergence que les règles ordinaires d'interprétation ne permettent pas de résoudre convenablement, le texte français des lois du Québec prévaut sur le texte anglais.

[...]

dans J. C. Corbeil et L. Guilbert, Langue française, le français au Québec

Les Cajuns

"Le Grand Dérangement"

L'ancienne Acadie française se situait entre le Massachusetts et l'extrémité de la Nouvelle-Écosse. En 1713, tout ce territoire passa aux mains des Anglais qui y menèrent d'abord une politique assez libérale.

À la suite de conflits en Europe entre la France et la Grande-Bretagne, la position anglaise se durcit. En 1755, le gouverneur Charles Lawrence demanda aux Acadiens de prêter serment d'allégeance à la couronne britannique sous peine de déportation. Les Acadiens refusèrent de prêter serment et le gouverneur signa l'ordre de déportation.

La population fut entassée sur des bateaux qui débarquèrent sur la côte entre le Massachusetts et la Géorgie, au gré des vents. En huit ans, 14 600 Acadiens furent déportés.

Beaucoup moururent, certains rentrèrent au pays, d'autres enfin s'installèrent sur d'autres territoires. C'est ainsi que les Cajuns – Cajun est une déformation du mot Acadien – arrivèrent en Louisiane.

7.19 L'Amérique des Cajuns, française de mémoire

269 000 résistants à l'anglais

Au recensement de 1990, le premier dénombrant les ethnies des Etats-Unis, 1,1 million de Louisianais (sur 4,2 millions) se déclareront d'origine acadienne ou française, dont 269 000 (le plus souvent âgés) parlant français. En raison « *de sa forte culture française-acadienne, de sa langue et de ses traditions* », la région acadienne (*Acadiana* en anglais), qui couvre environ un tiers de l'Etat, est divisée en 1971 en vingt-deux paroisses (et non pas comtés, comme dans le reste des Etats-Unis). Catholiques (encore à 80 %), ils auront longtemps eu pour unique guide le prêtre, seul à savoir lire et écrire et remplaçant un Etat inexistant, avant de devenir le premier parmi les infidèles. Car l'une des plus sévères atteintes à l'identité francophone sera portée lorsque les curés se mettront à l'anglais.

L'offensive est multiple. Dès 1916, l'usage du français est interdit à l'école. Interdiction renforcée par la Constitution de 1921. Malgré cela, un rapport officiel présente en 1933 les Acadiens « *comme la dernière minorité non assimilée de la nation* ». Après que Roosevelt eut proclamé qu' « *il n'y a de place que pour une seule langue dans ce pays et c'est l'anglais, car nous devons nous assurer que le creuset produit des Américains et non pas quelques habitants réunis par hasard dans une pension polyglotte* », le sort du français n'aura plus rien à envier à celui des langues minoritaires en France. « *I will not speak French on the schoolgrounds* » (je ne dois pas parler français dans la cour de récréation) est le texte cent fois recopié d'une punition dont tous les anciens se souviennent.

Lafayette (Louisiane)

de notre envoyé spécial

« *Cajuns ? Attention ! Comment l'écrivez-vous ?* » Les francophones de Louisiane ne se satisfont plus de n'être reconnus que dans la langue dominante. Le *Petit Larousse,* adepte de ce *Cajun* qu'ils dénoncent comme graphie anglaise, est taxé de complaisance envers l'envahisseur **[1]**. Chaque faiblesse devant l'usage **[2]** leur paraît défaite d'autant plus grave que certains aspects de leur culture (musique, cuisine) sont plus largement reconnus, sans lever en rien les menaces qui pèsent sur leur langue – la nôtre.

Ils accepteraient « *Cadjin* », ou « *Cadjine »,* mais après avoir *« débattu durant trois ans pour savoir comment écrire ce qu'on dit* », explique Barry Jean Ancelet, professeur à l'université de la Louisiane Sud-Ouest à Lafayette, compte tenu de la suppression du a et de la prononciation du d en dj, ils se sont fixés sur *Cadiens* et *Cadiennes*. La reconquête de la langue passe désormais aussi par la fixation dans l'écriture des différences avec ce « *français de France* » désigné comme « *français international* ».

[...]

Irlandais, Écossais, Micmacs

Brutalement déportés – ce sera « *le Grand Dérangement* » – de l'Acadie originelle où ils prospéraient, ils sont exilés *manu militari* **[3]** à partir de 1755 par l'Anglais, qui prendra le soin cruel, pour éviter tout retour, de bien séparer les membres d'une même famille. Ces pacifiques colons (paysans français du Centre-Ouest, parmi lesquels se sont fondus quelques Irlandais, Ecossais et Indiens Micmacs ou Souriquois), deviennent dans la résistance un peuple authentique qui se reconstituera principalement à proximité de l'Acadie perdue (Nouvelle-Ecosse) et en Louisiane.

L'identité est devenue un marché

Lorsque tombe la Bastille, des centaines d'entre eux sont parvenus après des détours par les Antilles ou la France sur les rives du bayou **[4]** Lafourche, du bayou Teche et de False River, à proximité des Créoles francophones qui les avaient précédés.

Convaincus à jamais de l'infidélité de la France (royaume, république et jusqu'au consulat bradant leur refuge louisianais **[5]** en 1803 aux Etats-Unis), les Cadiens tireront leur opiniâtreté à demeurer eux-mêmes de cette fatalité de ne dépendre de personne. L'immense bassin de l'Atchafalaya leur offre un rempart de 2,5 millions d'hectares d'eau et de marécages, ses légions d'insectes, de serpents et d'alligators, qui les coupe du continent. Longtemps, l'Américain sera un étranger. Eux sont ailleurs.

Le maigre bagage qui leur sert de cuirasse enveloppe dans un sens communautaire exceptionnel la famille, la langue et la religion (catholique). L'entraide, jamais démentie, s'organise dans une économie de partage au goût de fête où s'entretient leur histoire. Ainsi continueront-ils de porter la meurtrissure et la hantise du « Grand Dérangement » jusqu'à notre siècle. A la différence des « cous-rouges », prêts à traverser le continent pour une meilleure paie, les Cadiens demeurent. Dans la crainte de quitter leur famille et leur « pays ».

Le temps du mépris

Réprouvé, le français demeure la langue de la communauté, de la vie en famille. On murmure le verbe « être » en français, mais on lit le verbe « avoir » en anglais. L'un reste une langue orale, bien propre que l'on cache en public, l'autre la langue écrite, mal comprise, de tous les actes officiels. Les Cadiens, petits propriétaires terriens ou marins-pêcheurs, sont considérés comme une sous-caste, souvent illettrée, arrimée au passé. C'est le temps du mépris.

Après la seconde guerre mondiale (où nombre d'entre eux rencontrent le français de France, tout en cachant honteusement leur francophonie), l'Amérique les découvre, autant dire les assiège, les envahit. Le boom pétrolier, le développement de la radiotélévision, la construction d'autoroutes et le succès de leur musique, ouvrent l'Acadie à l'américanisation. En trois générations, le passage du tout-français au tout-anglais est pratiquement effectué, et les grands-parents ne comprennent plus leurs petits-enfants. Mais les Américains s'étonnent encore de pouvoir voyager sans passeport entre la prairie d'Evangéline et les bayous de Terrebonne.

L'identité est devenue une valeur, et un marché. La honte des Cadiens s'est transformée en fierté de *Cajuns*. Il leur reste un nom et le poids de la famille, mais c'est en anglais qu'ils proclament leur volonté de ne pas être des Amish du Sud. Ils consentent à s'intégrer. Dans leur différence. Les politiciens patronnent leurs fêtes traditionnelles, les touristes dégustent leurs plats et leurs danses. Tout de même, ils s'inquiètent.

Une vision globale

La langue va disparaître, noyée dans les vapeurs du pétrole, lorsque la chute du prix du baril lui accorde un sursis. Les Texans s'enfuient devant la crise. « *Dans la recherche de nouveaux marchés, l'idée francophone apparaît alors comme naturelle* », dit Herman Mhire, directeur du Musée d'art contemporain. En 1987, il lance, en éclaireur, un festival international (théâtre, danse, musique, peinture, cuisine), qui se renouvellera chaque année en avril. Les Français, Belges et Québécois font place aux Antillais ou aux Africains « *Cela n'avait rien d'artificiel, nous découvrions à travers ces anciennes colonies françaises une partie de notre être. Les gens ont commencé à s'ouvrir. Les Cadiens ont pu passer d'une vision régionale à une vision globale. Ils se croyaient orphelins, et se découvraient une famille lointaine. Ils étaient citoyens du monde. L'isolationnisme était brisé.* »

Programmes d'immersion

Déjà, en 1968, la fondation du Codofil (Conseil pour le développement du français en Louisiane) avait représenté un premier tournant dans la sauvegarde du français. Mais les craintes d'une politisation à la québécoise, n'avait autorisé que des remèdes sans grands effets. Plus radicaux, les programmes d'immersion se sont imposés récemment, mais les générations qui en bénéficient doivent réapprendre la langue. Et le manque de moyens accable ses responsables. Richard Guidry, directeur de programme éducatif à la section langues étrangères du département de l'éducation de Louisiane, tonne : « *Nous sommes les enfants maltraités des Etats-Unis, mais aussi de la francophonie. Nous n'avons même pas les moyens d'avoir une bibliothèque francophone ! Comment refranciser sans livres ? Les Francolouisianais vont disparaître, remplacés par des jeunes francisés, mais on aura perdu une culture. On peut comprendre que les god dam' américains n'aient rien fait pour nous, mais la grand-mère patrie aurait pu nous aider tout de même !* »

Le Monde

1 taxé de complaisance envers l'envahisseur: accusé de vouloir plaire aux anglophones
2 chaque faiblesse devant l'usage: chaque fois que l'on ne résiste pas suffisamment à l'influence anglophone
3 manu militari: par l'armée
4 bayou: rivière stagnante
5 bradant: cédant à bas prix

La France et la défense du français

Et la France dans tout ça?

Fière de sa langue qu'elle protège et codifie depuis le XVIIème siècle – l'Académie française fut créée en 1635 dans ce but – la France se bat dans les organismes internationaux pour préserver le français comme langue de travail et pour qu'une seconde langue étrangère soit étudiée dans les écoles, espérant que la deuxième langue choisie sera le français.

Cependant, elle se sent aujourd'hui menacée par la domination de la langue anglaise.

7.20 Repères historiques sur la langue française

842	Serment de Strasbourg, plus ancien texte écrit en français (alliance entre Charles le Chauve et Louis le Germanique contre Lothaire). Séquence de Sainte Eulalie.
1080 **1523**	Chanson de Roland. Traduction en français du Nouveau Testament par Lefèvre d'Etaples.
1539	Ordonnance de Villers-Cotterêts édictée par François 1er, prescrivant l'emploi du français au lieu de latin dans les ordonnances et les jugements des tribunaux.
1549	Du Bellay : "Deffense et illustration de la langue francoyse".
1606	"Trésor de la langue française tant ancienne que moderne", de Aimar de Ranconnet et Jean Nicot (premier dictionnaire de la langue française).
1624	Autorisation de soutenir des thèses **[1]** en français.
1635	Création de l'Académie française.
1647	Vaugelas : "Remarques sur la langue française".
1694	Première édition du "Dictionnaire de l'Académie".
1714	"Traité de Rastadt" : établit l'emploi du français comme langue diplomatique (le restera par excellence jusqu'au Traité de Versailles, 1919).
1784	Antoine de Rivarol : "Discours sur l'universalité de la langue française".
An II **2 thermidor**	Loi de la Convention nationale imposant l'emploi du français dans la rédaction de tout acte public.
1832	La connaissance de l'orthographe est rendue obligatoire pour accéder aux emplois publics.
XIXe siècle	L'orthographe et la grammaire sont diffusées par l'enseignement.
1881–1886	Les lois de Jules Ferry organisent l'enseignement gratuit, obligatoire et laïque.
1966	Décret du 31 mars 1966 portant création du haut comité pour la défense et l'expansion de la langue française.
1972	Décret du 7 janvier 1972 relatif à l'enrichissement de la langue française. Prévoit la création de commissions ministérielles de terminologie pour l'enrichissement du vocabulaire français.
1975	Loi du 31 décembre 1975 relative à l'emploi de la langue française.
1984	Création du haut conseil de la francophonie.
1986	Décret du 11 mars 1986 relatif à l'enrichissement de la langue française, se substituant au décret de 1972. Désignation au sein du gouvernement d'un secrétaire d'Etat auprès du Premier ministre, chargé de la francophonie.
1989	Par décret du 2 juin 1989, création du conseil supérieur de la langue française et de la Délégation générale à la langue française, en remplacement du Commissariat général et du Comité consultatif de la langue française institués en 1984.
1992	La Loi constitutionnelle du 15 juin 1992 pose le principe suivant : "la langue de la République est le français".
1993	Le décret du 16 avril 1993 place les questions relatives à la langue française dans les attributions du ministre de la culture et de la francophonie et met la délégation générale à la langue française à la disposition de ce ministère. Tricentenaire du Dictionnaire de l'Académie française.

Etat de la francophonie dans le monde: rapport 1990, La documentation française, Paris 1990

1 soutenir des thèses: présenter son travail devant un jury de doctorat

7.21

Babel à Bruxelles

L'Europe des Douze fonctionnait avec neuf langues. On en parle désormais onze. Partie serrée entre le français et l'anglais pour la suprématie linguistique.

Ce n'est pas la guerre, loin s'en faut **[1]**, mais les escarmouches ne manquent pas. Une guérilla plus ou moins feutrée **[2]** s'est engagée à Bruxelles entre langues « dominantes », à coups d'*« instructions »* gouvernementales et de pressions. Dans le même temps, l'élargissement de l'Union européenne accroît les difficultés de communication et gonfle les effectifs – déjà considérables – des fonctionnaires affectés à l'interprétariat.

Jusqu'aux consignes pour les exercices d'incendie affichées dans les bureaux et rédigées en neuf langues, l'égalité linguistique entre les États membres de l'Union est hautement proclamée, tant dans la capitale belge qu'à Strasbourg. Toute réunion importante a lieu en présence d'une multitude d'interprètes enfermés dans les cages de traduction simultanée qui font partie du décor de l'eurocratie **[3]**. Partout, un tableau affiche le numéro des canaux disponibles: allemand, anglais, danois, espagnol, français, grec, italien, néerlandais et portugais. Les Irlandais ont fait preuve de compréhension en ne demandant pas l'introduction du gaélique. Le belge n'existe pas. Le luxembourgeois si, mais le grand-duché en a fait grâce à l'Union européenne **[4]**.

En dehors du corps d'élite des interprètes-traducteurs, le célèbre SCI, « service commun interprétation-conférences » de la Commission, des milliers de fonctionnaires européens sont payés uniquement pour remplir des tâches linguistiques. On atteint des records au Parlement européen, où il n'est pas question que le moindre communiqué, la moindre intervention en séance, soient ignorés des autres élus du peuple. La machine est impressionnante, grande consommatrice de papier. Avec parfois des dérapages spectaculaires, tel ce texte évoquant *« les avions sans pilote qui prennent pour cible les centrales nucléaires »*, alors que, dans la langue originelle, il s'agissait des *« avions qui survolent les centrales en pilotage automatique ». « D'ores et déjà* **[5]**, *1 % du budget des institutions communautaires* [proche de 500 milliards de francs au total en 1994] *est consacré à l'interprétation et à la traduction*, indique Philippe Petit-Laurent, ancien directeur du personnel à la Commission. *Cela mobilise 20 % des effectifs de la Commission, 50 % au Parlement et 80 % à la Cour de justice de l'Union européenne. Chaque langue nouvelle devrait entraîner le recrutement de quelque deux cents traducteurs. »* A douze, le nombre des combinaisons linguistiques (traduction d'une langue à l'autre et réciproquement) était de soixante-douze. A quinze, on atteindra la centaine et, avec l'entrée de la Hongrie, de la Pologne, de la République tchèque, de la Slovaquie et de la Slovénie, on en arriverait à quelque deux cents...

[...]

Sans remettre en question l'égalité linguistique pour les documents officiels, Alain Lamassoure, ministre délégué aux affaires européennes, a annoncé, le 14 décembre 1994, que la France profiterait de sa présidence de l'Union européenne – premier semestre 1995 – pour proposer *« la mise en place d'un régime de cinq langues de travail, régime limité au fonctionnement interne des institutions »*. La réaction a été immédiate : le gouvernement grec a vigoureusement protesté ; quant à la presse d'Athènes, elle est allée jusqu'à évoquer *« une Europe à deux vitesses, même pour les langues »*.

Jusqu'à présent, à Bruxelles, la cohabitation de fait de cinq « grandes » langues – anglais, français, allemand, espagnol et italien – a permis d'éviter le recours au tout-anglais, comme au FMI **[6]**, à la Banque mondiale et, dans une moindre mesure, à l'OTAN, sans parler de la situation spécifique à l'ONU. Mais, demande M. Petit-Laurent, spécialiste de ces questions à Bruxelles, *« si un peu de multilinguisme éloigne de l'anglais, beaucoup de multilinguisme ne risque-t-il pas d'y ramener immanquablement? »*. La question est posée depuis l'arrivée des Finlandais et des Suédois, qui, à l'image des Danois et des Néerlandais, ont tendance à s'exprimer spontanément dans la langue du commerce international. A la direction générale des relations extérieures de la Commission, de même que dans les services de « Phare » – où l'on met en œuvre la coopération avec les pays de l'Est ayant vocation à entrer un jour dans l'Union européenne –, on constate l'attirance des Polonais et des Hongrois pour l'anglo-américain basique, en passe de devenir ce *« volapük* **[7]** *intégré »* que moquait de Gaulle. Seuls, les Bulgares et les Roumains reviennent avec soulagement au français si, dans les nombreuses réunions de travail entre les Quinze et leurs partenaires, un natif de l'Hexagone ose prendre l'initiative de recourir à sa langue, ce qui n'est pas toujours le cas, malgré les consignes de Paris.

[...]

« Il n'est pas exagéré de dire que l'avenir du français, langue internationale, repose sur deux piliers: la francophonie d'outre-mer et les institutions européennes. »

Sans vouloir transformer la construction européenne en affrontement linguistique, certains francophones ne sont pas prêts à se laisser entraîner par le grégarisme anglophone de nombreux technocrates **[8]** et, loin de se cantonner dans une attitude défensive, ont opté pour un optimisme militant. *« Il n'est pas exagéré de dire que l'avenir du français, langue internationale, repose sur deux piliers: la francophonie d'outre-mer et les institutions européennes »*, concluait, en 1991, un groupe d'étude de l'Association des Français fonctionnaires des Communautés européennes. L'élargissement ne les a pas fait changer d'avis, même si le contexte est moins favorable.

Les premières escarmouches ont commencé en salle de presse. Tous les jours, à midi, en son siège du 45 avenue d'Auderghem à Bruxelles, la Commission vante ses travaux et ses œuvres. Des kilos de papier sont utilisés pour les communiqués et les fameuses « IP » (« informations de presse »), généralement en anglais et en français, avec une tendance à l'abandon de celui-ci quand le commissaire européen ou les « huiles **[9]** » de la direction générale concernés par l'ordre du jour **[10]** ne sont pas spontanément francophones. Mais, jusqu'à présent, la communication orale s'est faite exclusivement en français. La traduction simultanée ne fonctionnait qu'en cas de visite d'un commissaire ou d'un hôte de marque. Les journalistes britanniques – plus de quatre-vingts, dont une vingtaine pour la seule agence Reuter – se sont pliés à cette obligation, pour eux unique au monde. Non sans d'insidieuses manœuvres, afin d'amener les orateurs à dire quelques mots en anglais *« pour la BBC »*. L'afflux constant de nouveaux correspondants – Nordiques « citoyens » de l'Union ou Japonais attentifs aux débats de Bruxelles – remet ce monopole en question.

[...]

La suprématie originelle du français s'explique par l'adhésion tardive [(en 1973) et rétive **[11]** de la Grande-Bretagne à la CEE. En 1993, les Français constituaient 17 % du personnel d'encadrement de la Commission (agents de niveau A). A la même Commission, environ 70 % des textes originaux étaient encore en français, pourcentage situé tout de suite derrière celui de l'Organisation internationale du travail (85 %). A l'OCDE, au contraire, 75 % des originaux étaient en anglais. L'implantation de la Commission à Bruxelles joue, en outre, un rôle considérable. On ne dira jamais assez l'apport belge à la francophonie, par le biais des institutions européennes et même de l'OTAN. Pour des raisons évidentes, un bon tiers des effectifs subalternes de la Commission est constitué de Belges recrutés sur place. La langue naturelle de la majorité des secrétaires est celle des Wallons et des Bruxellois francophones. Dans les instances dirigeantes **[12]** de l'Union européenne, les Flamands s'expriment volontiers et aisément en français dès lors qu'ils sont soustraits aux querelles linguistiques belgo-belges **[13]**.

[...]

En fait, les problèmes linguistiques à la Commission sont le reflet de la situation prévalant sur le Vieux Continent, où la jeunesse cultivée est de moins en moins capable de communiquer dans une autre langue que l'anglo-américain. Actuellement, dans l'Europe des Quinze, parmi les élèves de l'enseignement secondaire, 83 % apprennent l'anglais comme première ou seconde langue étrangère, 32 % le français, et seulement 16 % l'allemand ; l'espagnol et l'italien sont de plus en plus délaissés. Puisqu'il est vain de parler de la construction européenne sans un minimum de plurilinguisme dans la population, la France va proposer la signature d'une convention intergouvernementale rendant obligatoire l'apprentissage de deux langues étrangères européennes pour tous les enfants de l'Union.

Le Monde

1 loin s'en faut: on en est loin (expression littéraire)
2 feutrée: discrète
3 l'eurocratie: la vie des bureaucrates de l'Union européenne à Bruxelles (terme utilisé par plaisanterie)
4 en a fait grâce à l'Union européenne: a autorisé l'Union européenne à l'ignorer
5 D'ores et déjà : Dès maintenant
6 FMI: Fonds Monétaire International
7 volapük: jargon (terme péjoratif)
8 le grégarisme anglophone de nombreux technocrates: le fait que de nombreux technocrates parlent anglais uniquement parce que d'autres le font ("grégarisme" est péjoratif)
9 les huiles: les dignitaires (terme humoristique)
10 concernés par l'ordre du jour: (pour qui l'un des sujets à débattre durant la réunion est particulièrement important)
11 rétive: hésitante et sans enthousiasme
12 dans les instances dirigeantes: parmi les chefs
13 belgo-belges: entre Belges et Belges (allusion au conflit flamand-wallon)

SUJET DE REFLEXION

Quelle est la situation linguistique du français dans les institutions européennes?

Est-ce que la proposition de la France d'utiliser cinq langues de travail vous semble justifiée?

Quelle sera, selon vous, l'issue du débat européen pour la suprématie linguistique? ■

C'est à l'initiative d'un Français, le baron Pierre de Coubertin, que la tradition olympique fut reprise en 1896. On pourrait donc dire que l'esprit des Jeux olympiques modernes est l'esprit français. C'est effectivement ce que reflète la lettre ouverte envoyée par Maurice Druon, membre de l'Académie française, à M. Samaranch, Président du Comité international olympique.

7.22 Lettre ouverte à M. Samaranch [1]

« Un peu de mémoire, Monsieur, c'est-à-dire un peu de culture... »

Monsieur le Président,

J'ai de mauvaises nouvelles d'Oslo. On m'écrit que, pour les Jeux olympiques d'hiver de Lillehammer, les écriteaux, brochures et documents en anglais ou en allemand sont beaucoup plus nombreux que ceux rédigés en français, et que ces derniers, établis à partir de l'anglais, présentent des traductions parfois inexactes ou incorrectes.

Un correspondant norvégien est scandalisé d'avoir reçu, à propos de la compétition du biathlon nordique, épreuve qui marie le ski de fond et le tir, et où nos athlètes se sont souvent distingués, une circulaire précisant que le français ne serait utilisé qu'accessoirement et dans des cas limités.

De Jeux en Jeux, d'Olympiade en Olympiade, la place de la langue française est sans cesse, et volontairement, diminuée, réduite, restreinte, comme si l'olympisme moderne tenait en mépris ses origines.

Ces mauvaises nouvelles, Monsieur le Président, vous venez de les confirmer vous-même, en choisissant, l'autre jour, à Monaco, principauté souveraine de langue française, de proclamer le siège des Jeux de l'an 2000 en anglais. Vous auriez pu, à tout le moins, faire cette annonce dans les deux langues, ce qui eût été conforme à vos règlements. [...]

Le Figaro

1 M. Samaranch: (Président du Comité international olympique [CIO]).

SUJET DE REFLEXION

Quels sont les principaux griefs de Maurice Druon à l'encontre de M. Samaranch?

Trouvez-vous sa position justifiable? Pourriez-vous identifier d'autres personnages publics ou organisations à qui un défenseur de la langue française pourrait envoyer une lettre semblable? ■

7.23 Le sommet francophone de l'île Maurice

Le Figaro

Faut-il être pessimiste sur l'avenir du français?

7.24 Les tendances générales récentes défavorables à la Francophonie

Dans la géolinguistique mondiale, deux pôles importants favorisent l'anglophonie généralisée : le bloc **arabo-anglophone** (Arabie Saoudite et Golfe) et le bloc de **l'Asie de l'Est** soumis souvent à l'influence japonaise et à l'usage exclusif de l'anglais comme langue internationale. L'anglais est la seule langue, commune de l'ASEAN **[1]**, le Japon s'extériorise en anglais ; en Malaisie, l'anglais est langue nationale officielle et obligatoire. L'Australie, très offensive **[2]** en Asie du Sud Est et dans le Pacifique Sud favorise aussi l'anglophonie.

[. . .] L'on sait par ailleurs que certains dirigeants de mouvements "intégristes" au Maghreb n'ont pas dissimulé leur volonté de substituer l'anglais au français comme langue étrangère privilégiée. Dans ce contexte la coopération francophone internationale ne semble pas accorder à l'Egypte l'intérêt qu'elle mérite, compte tenu de sa position stratégique et de sa population (60 millions d'habitants !), et l'anglais tend à devenir très majoritairement la langue étrangère privilégiée de ce pays (dans le secteur de l'économie et du tourisme) malgré l'action des congrégations religieuses catholiques scolarisant en français des élèves musulmans et coptes **[3]** et bénéficiant d'une excellente réputation. Au Liban, en revanche, malgré quinze années de guerre, la Francophonie reste très vivante et offre l'exemple d'une parfaite convivialité avec l'arabophonie (même si le trilinguisme arabo-français-anglais tend à se généraliser et si les jeunes Libanais se montrent très friands de culture anglo-saxonne). Dans le jeu des forces linguistiques internationales, le sort de la Francophonie nous semble lié à celui de l'arabophonie comme de la germanophonie ; des alliances et des connivences précieuses devraient être bien davantage nouées et entretenues.

La tendance se généralise hélas : se contenter d'une **seule langue internationale : l'anglais.** C'est le cas des pays qui se contentent d'apprendre une seule langue étrangère ; ou des pays qui, sortant de la dictature et de l'isolement, recherchent dans la culture américaine (mode de vie, musique. . .) un baptême de modernité et d'ouverture. En Albanie, par exemple, sévit une anglomanie délirante (qui a peu de rapport avec l'amour de l'Angleterre ou de la culture anglaise) et les parents d'élèves bousculent les quotas **[4]** réservés aux différentes langues étrangères, l'apprentissage de l'anglais par leurs enfants apparaissant comme le gage de la réussite sociale et du bien être matériel. Au Chili, les élèves apprenant le français ne sont plus que 25 000 contre 550 000 qui suivent les cours d'anglais. Une seule langue étrangère obligatoire, cela tend à aboutir à l'exclusivité anglophone ; c'est le cas de l'Italie et de la Grèce, de plus en plus. Les restrictions budgétaires aggravent cette tendance, c'est le cas de l'Argentine. L'américanisation croissante (ou l'américanophonisation croissante) de la vie professionnelle décourage les élèves boliviens de français ; démotivés, ils ne voient plus l'utilité d'apprendre le français, français optionnel qui est donc pratiquement éliminé des études. Monsieur Xavier

1 ASEAN: Association de Nations de l'Asie du Sud-Est
2 très offensive: très active commercialement
3 coptes: chrétiens d'Égypte (ou d'Éthiopie)
4 bousculent les quotas: (insistent pour que leurs enfants fassent de l'anglais, ce qui empêche les quotas de fonctionner)

Jaspar (du Cabinet S. G. Archibald) écrivait dans *Le Monde* du 9 décembre 1992 : « Il y a quelques années, un juriste parlant couramment anglais et pouvant pratiquer son métier dans cette langue était une recrue rare et de choix pour un cabinet d'avocats ; il s'agit aujourd'hui d'un critère de base, pratiquement omniprésent dans les offres d'emploi et dans la bouche des chasseurs de tête ».

En Roumanie même, si fortement arrimée à la culture francophone, l'anglais tend à submerger le secteur économique. Au Costa-Rica, l'écrasante supériorité de l'anglais décourage les francisants les plus zélés. En Haïti, il y a ciblage efficace des Américains en direction des enfants et du jeune public (grâce à Disney Channel et une chaîne musicale pour les jeunes), et la poussée américaine sur les radios s'est accrue avec le coup d'État qui a fait taire nombre de radios francophones ; les salles de cinéma ne projettent que des films américains. La stratégie américaine s'appuie souvent sur les ONG **[5]** et les associations confessionnelles, par exemple en Amérique latine ou en Afrique noire, on s'organise par l'octroi de bourses et de conditions alléchantes aux cadres, aux élites scientifiques, aux journalistes (zaïrois ou autres. . .)

La science en anglais, voilà un facteur très négatif dans l'évolution de la Francophonie mondiale. En Israël, les productions scientifiques en français ne représentent plus que 3 % du total ; au Costa-Rica, l'anglophonie scientifique jouit d'une écrasante supériorité aux dépens non seulement du français mais même de l'espagnol ; dans les sciences exactes, aux Pays-Bas, l'anglais est tellement envahissant qu'au printemps 1992 un projet de loi a été déposé visant à rétablir le néerlandais comme langue obligatoire dans l'enseignement supérieur. Il est vrai qu'en France même et dans toute l'Europe, l'anglais s'est imposé dans la publication des travaux de la recherche pour les sciences exactes [. . .]. Au Canada, le rôle du français comme langue de communication scientifique est quasi insignifiant, malgré la belle réussite de la revue franco-québécoise « Médecine Sciences ». La possibilité offerte récemment en Turquie de poursuivre des études supérieures en anglais a beaucoup favorisé le choix de l'anglais dans l'apprentissage d'une langue étrangère. La tendance, par ailleurs, à choisir **des experts scientifiques et techniques** anglophones auprès des institutions internationales a également beaucoup contribué à défavoriser la Francophonie.

La Francophonie (au sens global du terme, pédagogique, culturel, économique, politique) est à replacer dans un **champ plurilingue mondial** où elle joue sa partie avec d'autres aires linguistiques. Le français est en balance avec l'allemand en Irlande et en Slovénie, avec l'arabe dans le Nord du Nigéria, s'efface devant le russe, l'anglais et le japonais en Chine. On notera d'ailleurs un dynamisme du japonais en Australie, en Malaisie, en Birmanie, en Indonésie, en Nouvelle-Zélande, de l'espagnol, aux États-Unis (des jeunes des banlieues de Los Angeles arborent des tee-shirts où l'on peut lire : « Reconquista ! ») ; l'allemand est à l'offensive en Europe centrale et orientale et jusqu'en Ukraine.

Les limites de l'influence des radios et télévisions francophones, malgré leur dynamisme ne doivent pas être dissimulées. En Finlande, TV5 **[6]** a une très faible audience ; au Bangladesh, CFI **[7]** a une audience également très limitée (le coût des antennes de réceptions est très cher) ; en Roumanie, les programmes radiophoniques pour les jeunes sont largement ouverts à la musique anglo-saxonne et les cinémas roumains programment

5 ONG: Organisations non gouvernementales
6 TV5: (chaîne de télévision francophone diffusant par satellite des émissions françaises, belges, suisses, canadiennes et africaines)
7 CFI: (autre chaîne de télévision francophone)

aujourd'hui essentiellement des programmes américains. Au Costa-Rica, il y a 30 chaînes américaines, une chaîne italienne, une chaîne allemande, seule la télévision française est absente ; en Norvège, les taux d'audience des radios et télévisions francophones sont très faibles. Partout, ou presque partout, le film grand public américain envahit les salles (ou les vidéo-clubs comme en Russie). La privatisation de l'audiovisuel se généralise et favorise l'américanisation culturelle du monde. Les Allemands, les Espagnols, les Italiens sont noyés sous les flots de la vague des feuilletons et des films américains submergent les grands et les petits écrans. En Afrique, les choses sont plus partagées, les films de Kung-Fu et de karaté de Hong-Kong y sont très répandus. Le taux d'audience de TV5, en Grèce, ou en Suède, ne dépasse pas 1 %. En Roumanie, les chaînes non francophones imposent des délais plus courts dans les négociations relatives aux droits d'auteur. Au Danemark, l'audience de TV5 sur réseaux câblés est faible : 2 % des foyers.
[...]

Il faut également resituer la dynamique linguistique mondiale dans un autre contexte, celui de **la crise économique** qui affecte le pouvoir d'achat des populations et impose des contraintes budgétaires aux États. La crise affecte tous les systèmes scolaires et l'apprentissage de la langue écrite, même lorsqu'il s'agit de la langue maternelle (par exemple aux États-Unis). Mais la crise affecte la Francophonie doublement : quand le français est seconde langue étrangère les moyens qui sont attribués à son enseignement sont de plus en plus réduits ; quand le français est langue seconde et langue d'enseignement comme en Afrique, la crise budgétaire ajoutée à l'explosion démographique entraîne une dégradation grave de l'enseignement en général ; le handicap pour l'essor de la Francophonie est considérable. [. . .] Le taux de scolarisation au Sénégal n'arrive pas à dépasser la barre des 30 %. Au Tchad, le taux d'échec (essentiellement par abandon dès le primaire) atteint 70 ou 80 % dans le secondaire ! Bien souvent, les enseignants ne sont plus payés, et les classes de 200 élèves ne sont pas rares ! Le coût des fournitures scolaires interdit l'accès de l'école à beaucoup d'enfants d'Afrique francophone. Le système scolaire roumain est très affecté par les difficultés budgétaires, la fonction enseignante (comme partout dans le monde) subit une grave crise. Cette crise menace particulièrement la Francophonie, du fait de la situation fréquente de deuxième langue étrangère ou de langue seconde non maternelle qu'occupe le français dans le monde.

Les prix trop élevés de la presse française ou du livre français représentent des obstacles sérieux au développement de la Francophonie. En Hongrie, la presse française tend à être moins diffusée, compte tenu de l'augmentation des tarifs, et le livre français au Liban est, pour les populations modestes, inabordable depuis la chute de la livre libanaise. Les livres français ont des prix trop élevés pour le pouvoir d'achat des Syriens. **La faiblesse de la commercialisation des biens culturels, de l'industrie du disque et des programmes audiovisuels** représente, dans un contexte économique par ailleurs dépressif, un point faible de la Francophonie. Même dans un pays à haut niveau de vie comme le Luxembourg, la musique anglo-saxonne exerce une très grande domination sur la jeunesse. Des conditions psychologiques interviennent donc aussi, qui sont en étroite liaison avec des considérations économiques (les grands circuits de production et de commercialisation de la chanson sont américanophones même quand ils ne sont pas américains.)

Etat de la francophonie dans le monde: rapport 1990, La documentation française, Paris 1990

SUJET DE REFLEXION

"Une seule langue internationale, l'anglais"

Selon le Haut conseil de la francophonie, sur quels facteurs repose cette domination de la langue anglaise?

Si vous deviez faire des propositions concrètes pour améliorer la position de la francophonie dans le monde, qu'est-ce que vous suggéreriez? ■

Acknowledgements

In addition to those credited throughout the book, the authors and publishers are grateful to the following for permission to reproduce copyright material:

1.1: S. Citron, *Le mythe national,* Les Editions de l'Atelier, 1989; 1.6, 1.14 & 1.39: *Histoire 2ème*, sous la direction de Robert Frank, Editions Belin, 1989; 1.9: *Histoire/géographie 4°*, sous la direction de J-M. Lambin, P. Desplanques, et J. Martin, Hachette Livre, 1989; 1.44: Pierre-Jakez Hélias, *Le cheval d'orgeuil*, Librairie Plon, 1991; 1.45: Marcel Pagnol, *La Femme du Boulanger*, Editions de Fallois, 1938; 1.52: A. Brissaud, *La dernière année de Vichy*, Librairie Académique Perrin, 1965; 1.53: Général de Gaulle, *Mémoires de Guerre*, Librairie Plon, 1994; 1.56: Georges Pompidou, *Le nœud gordien*, Librarie Plon, 1974.

2.1: Recensement de la population, Mars 1990, INSEE, La Documentation Française, Paris 1990; 2.5: Driss, "Halima", *Ils tissent les couleurs de la France*, Les Editions de l'Atelier, 1985; 2.6, 2.7 & 2.24: M. L. Bonvicini, *Immigrer au féminin*, Les Editions de l'Atelier, 1992; 2.10: "Actifs par catégorie socioprofessionnelle et nationalité en 1990" issu de l'exploitation du recensement de 1990; "Taux de chômage par sexe, âge et nationalité en 1992" issu de l'exploitation de l'enquête sur l'emploi de 1992, INSEE; 2.12: *Penser l'intégration*, 27.3.1991, Centre Nationale de Documentation Pédagogique; 2.13: Cécile Dollé, "Ces imigrés dont on a besoin", *L'Expansion*, 17-30.6.93: Harlem Désir, *Sos Désirs* © Calmann-Lévy, 1987; 2.15 & 2.26: Juliette Minces, *La Génération Suivante*, Flammarion, 1986; 2.16: Adil Jazouli, "La parole aux jeunes maghrébins", *Droit de vivre*, septembre-octobre 1994; 2.17, 2.25: Tahar Ben Jelloun, *L'Hospitalité française* © Editions du Seuil, 1984; 2.18 & 2.20: *L'Evénement du jeudi*, 3-9.5.1990; p.59: "Touche pas à mon pote", S.O.S. Racisme; 2.22: "Origine du conjoint", *Le Monde*, 23.3.95; 2.27: Djura, *Le voile du silence*, Editions Michel Lafon, 1991; 2.28: E. Morin, "La francisation par l'école", *Le Monde*, 5.7.91; 2.29: "Pratique religieuse", *Le Monde*, 23.3.95; 2.31: Gilles Kepel, *Les banlieues de l'islam*, coll. *L'Epreuve des Faits* © Editions du Seuil, 1987; 2.32: Maurice T. Maschino, *Etes-vous vraiment français*, Editions Bernard Grasset, 1988; 2.33: R. Solé, "Derrière le foulard islamique", *Le Monde*, 13.9.94; 2.34: *Le Monde de l'éducation*, octobre 1994; 2.36: *L'Evénement du jeudi*, 13-19.10.1994; 2.38 & 2.41: *Croissance* n° 364, octobre 1993; 2.40: *Le Nouvel Observateur*, 13-19.5.1993; 2.42: *Le Nouvel Observateur*, 6-12.5.1993.

3.3: "Lady Di: je ne me vois pas reine", Copyright © *Le Figaro* 9632012 par Jacques Duplouich; 3.4: *France Soir*, 21.11.95; 3.5: *Libération*, 22.11.95; 3.6: *L'Humanité*, 22.11.95; *Le Monde*, 26-27.11.95; 3.8: Michel Mathien, *La presse quotidienne régionale*, Presses Universitaires de France; 3.9: Hervé Michel, *Les grandes dates de la télévision française*, Presses Universitaires de France, 1995; p.85: NRJ for the logos of NRJ & Chérie FM; Europe 1 for their logo; 3.12: "L'audience générale de la radio...", *Francoscopie 1995*, Larousse; "La radio omniprésente" & "RTL toujours leader" © Médiametrie; 3.13: Michèle Cotta, *Miroirs de Jupiter* © Librarie Arthème Fayard, 1986; 3.14: Jean Kouchner, *Radio locale, mode d'emploi*, Editions de CFPJ; 3.17, 3.22 & 3.34: Supernana et Eric Laugérias, *Tout ce que vous pensez de la télé sans oser le dire dans les dîners* © Belfond, 1994; 3.19: *L'Evénement du jeudi*, 28.11-4.12.91; 3.20: Gérard Mermet, *Francoscopie 1995*, Larousse; 3.25: *La vie*, n° 2556, 25.8.94; 3.27: *L'Express*, 17.11.94; 3.28, 3.29 & 3.30: *Le Point*, 5.11.94; 3.33: *L'Evénement du jeudi*, 14-20.4.94; 3.34: *Télérama*, n° 2392, 15.11.95; 3.35: "Télévision et déontologie", *Dossier de l'audiovisuel* n° 36, La Documentation Française, Paris 1991; 3.36: *Télérama*, n° 2390, 1.11.95; 3.39: © Gracia.

4.1: "La fièvre des conservateurs", E. de Roux et Ph. Dagen, *Album du Cinquantenaire du Monde 1944-1994*; 4.2: Paris Tonkar, *4 ans de graffiti 1987-1991*, Tarek Ben Yakhlef et Sylvain Doriath, Florent et Romain Pilement Editeurs, 1991; 4.3: "On ne tue pas une grande idée" reproduced by kind permission of the Musée d'histoire contemporaine (BDIC); Toulouse-Lautrec poster reproduced by kind permission of the Victoria and Albert Museum; 4.10: "Prenez votre culture en main", *Télérama*; 4.13, 4.17 & 4.22: R. Desneux, *Jack Lang, la culture en mouvement*, Favre, Lausanne, 1990; 4.14: Catherine Golliau, "La Grande Arche: un monument et des bureaux", *Le Nouvel Economiste* n° 703, 14.7.89; 4.15: Jean Pierrard, "Musée du Louvre: Grandissime!", *Le Point* n° 1105, 20.22.93; 4.16: reproduced by kind permission of Plantu; 4.18: Mark Hunter, *Les jours les plus Lang*, Editions Odile Jacob; 4.19: B. Le Gendre, "La Culture, valeur marchande", *Le Monde*, 22.11.93; 4.21: D. Heymann & J-M. Frodon, "Un entretien avec M. Jack Lang", *Le Monde*, 9.3.91; 4.24: Jean Vilar, *Mémento* © Editions Gallimard; 4.25: Charles Debbasch, *La France de Pompidou*, Presses Universitaires de France; 4.26: "La politique culturelle de la France", Programme européen d'évaluation, La Documentation Française, Paris 1988; 4.27: Henri Bonnier, *Lettre recommandée à Jack Lang et aux Fossoyeurs de la Culture*, Editions du Rocher, 1992; 4.29: Alain Duault, "La prise de la Bastille", *L'Evénement du jeudi*, 13-19.7.89; 4.30 & 4.31: *L'Evénement du jeudi*, 13-19.7.89; 4.33 & 4.37: J-F. Godcheau, *L'Etat de la France 94/95*, Editions La Découverte; 4.34: Jacqueline Guilloux, "Que sera demain la culture en France", *Revue politique et parlementaire*, février 1994; 4.35: Maryvonne de Saint-Pulgent, "Le concert déconcerte", *Le Point* n° 1062, 23.1.93; 4.37: M. Braudeau, "Livres de lumière", *Le Monde*, 10.11.94; 4.38: "Resister à la pression anti-intéllectuelle", *Le Point* n° 1066, 20.2.93.

5.2: Jérôme Duhamel, *Grand inventaire du génie français en 365 objets*, Albin

Michel; 5.11: Michel Rachline, *La saga nucléaire*, Albin Michel; 5.5: *Le Provençal*, 20.9.91, Agence France Presse; 5.6: Reproduced by kind permission of Plantu; 5.7: Alain Coursier, *Le dossier du tunnel sous la Manche*, Editions Tallandier Historia; 5.8: *Science Illustrée*, nº 11, novembre 1994, Editions Fogtdal; 5.9: *Le Monde*, 22.7.92; 5.10: "Production brute d'électricité nucléaire dans le monde en 1993" & "Part du nucléaire dans la production d'électricité en 1992", Commissariat à l'énergie atomique; 5.13: Daniel Le Conte des Floris & Thierry Grillet, "PMI à la conquête du monde", *France HighTech*, p. 267, Autrement, 1985; 5.15: *Actes du Colloque du CNRS*, 22–23.4.1993, CNRS; 5.16; Elie Cohen, *Le Colbertisme 'High Tech'*, Collection Pluriel, Hachette; 5.17: J-P. Brulé, *L'Informatique malade de l'Etat*, Les Belles Lettres; 5.19: "Entretien avec Elizabeth Thouret-Lemaître", *Le sexe des sciences* nº 6, octobre 1992, Autrement; 5.20 & 5.25: *Science et technologie* nº 13, mars 1989; 5.21 & 5.22: *L'Evénement du jeudi*, 30.6–6.7.94; 5.24: *L'Evénement du jeudi*, 3–9.6.93; 5.27: "Les paris gagnés..." Copyright © *Le Figaro* 9632020, par Jean Paul Croize.

6.1 & 6.27: De Gaulle, *Discours et messages*, Librairie Plon; 6.4, 6.5 & 6.9: *Le Particulier*, septembre 1994; 6.12: "Elections léglisatives de mars 1993", Dossier et documents, *Le Monde*; 6.13: Sondage Sofres, août 1993; 6.14: Sofres/O.Duhamel, *Etat de l'opinion 1993*, Editions du Seuil, 1993; p193: Parti socialiste for their logo; p.194: Rassemblement pour la République for their logo; p.194: Union pour la démocratie française for their logo; p.195: Parti communiste for their logo; p.197: Les Verts for their logo; p.198: Front national for their logo; 6.20: "La richesse relative des nations", *Le Monde*, 30.7.94; 6.22: Laurent Joffrin, *La Gauche retrouvée*, © Editions du Seuil, 1994; 6.23: *L'Evénement du jeudi*, 17–23.3.94; 6.24: *L'Evénement du jeudi*, 17–23.2.94 & 29.12.94; 6.25: *L'Evénement du jeudi*, 4.1.95; 6.33: 1. & 2. Sondage Soffres 23–26.9.92; 3. & 4. Sondage Soffres 16–17.9.92, réalisé pour *Le Nouvel Observateur*, 6.34: Michel Winock, *Parlez-moi de France*, Librarie Plon.

7.1 & 7.11: *L'Evénement du jeudi*, 11–17.8.94; 7.2, 7.3, 7.8, 7.15, 7.20 & 7.24: *Etat de la francophonie dans le Monde: rapport 1990*, La Documentation Française, Paris 1990; 7.4: Josseline Bruchet, *Dictionnaire des citations sur la langue française et sur la francophonie*, Délégation Générale à la Langue Française,1989; 7.5 & 7.9: *L'Evénementiel*, 5–13.7.94, L'Evénementiel Editions; 7.6: Tahar Ben Jelloun, "Vu du Maroc", *Le Monde*, 1.7.94; 7.7: C. de Chenay, "Un entretien avec...", *Le Monde*, 1.7.94; 7.10: V. Mortaigne, "La musique du...", *Le Monde*, 1.7.94; 7.12: *Contes créoles illustrés: textes bilingues créole-français*, co-ordinator D. Maurice Bricault, design Judith Klein, Agence de coopération culturelle, 1976; 7.13: Léon Laleau, cited in *Anthologie de la nouvelle poésie nègre et malgache de la langue française*, PUF, Paris, 1948; 7.14: Pierre Dumont, *L'Afrique noire peut-elle encore parler français*, Editions l'Harmattan, 1986; 7.16 & 7.17: G, Bouthillier & J. Meynaud, *Le choc des langues au Québec*, Presse de l'Université du Québec, 1972; 7.19: J-L. Perrier, "L'Amérique des Cajuns...", *Le Monde*, 12.1.95; 7.21: J. de la Guérivière, "Babel à Bruxelles", *Le Monde*, 12.1.95; 7.22: "Lettre ouverte à M. Samaranch", Copyright © *Le Figaro* 9632020 par Maurice Druon; 7.23: reprinted by kind permission of Jacques Faizant.

In addition to those credited throughout the book, the authors and publishers are grateful to the following for permission to reproduce photographic material:

p.3, Louis XIV: Giraudin/Bridgeman Art Library; p.4, Montesquieu: Lauros-Giraudin/Bridgeman Art Library; p.4, Rousseau: Bridgeman Art Library; p.9, Robespierre: Giraudin/Bridgeman Art Library; p.13, bottom: Giraudin/Bridgeman Art Library; p.27, bottom: Bridgeman Art Library; p.82, top: © AFP/Popperfoto; p.115, Le Cargo: The Open University; p.122: The Open University, photos taken with the kind permission of La Géode, L'Institut du Monde Arabe and Le Centre Beaubourg; p.123, La Grande Arche: The Open University; p.124: The Open University, photo taken with the kind permission of the Musée du Louvre; p.137: The Open University, photo taken with the kind permission of Le Centre Beaubourg; p.140: The Open University, photo taken with the kind permission of the Opéra de la Bastille; p.155, TGV: The Open University; p.150, Les Frères Lumières, Marie Curie: © Mansell Collection Ltd; p.153, Concorde: Air France; pp.203, 204: © Life File; p.186, C. de Gaulle, G. Pompidou, V. Giscard d'Estaing, F. Mitterrand: © Roger Viollet/FSP; p.186, J. Chirac: © Francis Apesteguy/Gamma/ FSP; p.190, 6.10: © Imapress/Camera Press London.